U0522306

Practical Logic of
Rule of Law in China

李霞 著

法治中国的
实践逻辑

中国社会科学出版社

图书在版编目(CIP)数据

法治中国的实践逻辑／李霞著．—北京：中国社会科学出版社，2020.5
ISBN 978-7-5203-6471-3

Ⅰ.①法… Ⅱ.①李… Ⅲ.①法治—研究—中国 Ⅳ.①D920.4

中国版本图书馆 CIP 数据核字（2020）第 077419 号

出 版 人	赵剑英
责任编辑	许　琳
责任校对	王　龙
责任印制	郝美娜

出　　版	中国社会科学出版社
社　　址	北京鼓楼西大街甲 158 号
邮　　编	100720
网　　址	http://www.csspw.cn
发 行 部	010-84083685
门 市 部	010-84029450
经　　销	新华书店及其他书店
印刷装订	北京市十月印刷有限公司
版　　次	2020 年 5 月第 1 版
印　　次	2020 年 5 月第 1 次印刷
开　　本	710×1000　1/16
印　　张	24.75
字　　数	329 千字
定　　价	138.00 元

凡购买中国社会科学出版社图书，如有质量问题请与本社营销中心联系调换
电话：010-84083683
版权所有　侵权必究

目　录

前　言 ………………………………………………………… (1)

第一章　良法善治：立法与法律监督的实践创新 ………… (1)
　第一节　"立法以典民则祥"：以良法促善治 ……………… (1)
　第二节　"一切权力属于人民"：与时俱进的人民代表
　　　　　大会制度 ………………………………………… (34)
　第三节　"在权利与权力之间"：人大监督的演进与
　　　　　发展 ………………………………………………… (44)
　第四节　护航"法治中国"：地方人大监督的探索与
　　　　　创新 ………………………………………………… (59)

第二章　法治政府：信息化时代的冲击与应对 …………… (107)
　第一节　行政执法原则与体制的更新 ……………………… (107)
　第二节　从政府信息公开走向透明政府 …………………… (146)
　第三节　"互联网＋政务"背景下的中国行政服务
　　　　　中心 ………………………………………………… (152)
　第四节　风险社会背景下的重大改革决策社会稳定
　　　　　风险评估 …………………………………………… (168)

**第三章　实现反腐败"全覆盖"：法治监督体系发展与
　　　　经验** ………………………………………………… (177)
　第一节　一体推进：围绕"三不腐"机制的建构 ………… (177)

第二节　重典治贪：刑事反腐的特色和经验 …………（194）
第三节　地方实践：以湖南为样本的分析 ……………（209）

第四章　地方法治：迈向内生型驱动与法治化治理法 ………（222）
第一节　地方法治动力机制：从经济增长驱动到法治指标驱动 …………………………………（222）
第二节　基层治理法治化：新时代"枫桥经验"的新实践 ……………………………………（234）
第三节　特殊地方的法治保障定位：首都"四个中心"核心定位与功能实现 …………………（248）
第四节　地方法治社会化的推进：基本民族地区普法实践的观察 …………………………（275）

第五章　公私合作：国家治理法治化的模式创新 …………（289）
第一节　公用事业规制中的公众参与 ……………………（289）
第二节　"互联网+"时代的公众参与及其法律规制 ……（315）
第三节　个人信息保护中的公私共治 ……………………（327）
第四节　公私合作治理的兴起与规范 ……………………（352）

参考文献 ……………………………………………………（366）

前　言

一

法治，究其本质，是依循规则的一种治理模式。它从人类历史的深处徐徐走出，镌刻在古巴比伦《汉穆拉比法典》和古罗马《十二铜表法》的古老石柱上，书写在《英国大宪章》《法国民法典》和《美国联邦宪法》里，镶嵌在中华帝国的《唐律疏议》《宋刑统》《大明律》和《钦定宪法大纲》中，体现在新中国的《共同纲领》和五四宪法中，隐现于四十年波澜壮阔的改革开放历程里，更是闪耀在中国特色社会主义法律体系中。

法治被视为人类文明的基本共识和价值准则，被尊崇为现代文明与进步的典型象征。然而，法治并不仅仅是高高在上的律令，更是"被民族的生活所创造的"，是"隐蔽在法律理论和法律实践中的一系列政治、社会和经济生活的不断重现或'地方志'"，是"当时的总体状况的产物和缩影"。普适性和地方性、理论性和实践性、科学性和经验性，在漫长的岁月中，共同塑造了法治的性格。

在法治的多重性格中，笔者更关注法治的地方性、实践性和经验性，注重运用特定的法律价值观、立场与视域，来审视特定历史条件、文化背景、具体情境下生成的法治；注重对地方（既包括全球视野下作为"地方"的中国，也包括本土视野下作为"地方"的地方）法治的描述，强调法治是一系列发展变化的历史条件和具体情境下法治实践的总和。

"法治中国",既是一个恢宏壮阔的时代命题,也是一个真切复杂的现实课题;既是历史的、人民的、必然的选择,也是一段艰难曲折的探索历程。"法治中国"具有实践的品格,契合实践的需求,塑造了实践的逻辑。本书的主旨正是依循实践之维,秉持法理之器,对中国改革开放以来的法治实践进行细致观察和深入剖析,追问法治中国的逻辑与规律。

二

中国在通往法治的道路上步履维艰。历史上,中华法系曾以其体系庞大、规范严密、德法兼备而独树一帜,为人类法治文明的丰富与发展做出重要贡献。迄至近代,中华民族遭受深重苦难,通过效仿西国、变法立宪来改变民族前途命运的努力终告失败。新中国成立后,在共同纲领和五四宪法的基础上,初步确立了法律制度的基本框架,新中国社会主义建设的各项事业逐步趋于法治化。然而在法治轨道尚未完全铺设完毕之前,受各种政治运动的冲击,中国的法治建设一度停滞,甚至出现了相当程度的倒退。中国共产党在历史的经验中逐渐认识到治理国家必须依靠法治。20世纪70年代末,改革开放开启,法治建设也得以重启。经过持续不断的探索和努力,法治中国建设取得了卓有成效的进步。随着全国范围内法治建设的有序推进,法治逐渐成为一项重要的社会共识,法律体系逐步成型并日趋成熟,执法和司法日益规范化,社会各领域的法治化程度不断提高。今日之中国,正处于一个大转型的时代,也是全面推进依法治国的时代。

回顾中国法治的历程,不难发现:它既不是简单照搬西方法治模式,也不是闭门造车,而是"摸着石头过河"的经验主义的策略;既有大胆借鉴国外制度的成分,也有沿袭社会主义传统的因素,但更多的是立足中国实际,不断推进法治实践创新的结果。不可否认,法治中国的实践色彩斑斓、丰富多彩,但这些实践却并非先有理论设计,然后再用理论裁剪出来。中国法治的基本架构,包括立法、执法、司法等机制,与西方法治国家存在显著差异。拿国外通行的法治理论来解释中国法治实践,注定是隔靴搔痒、乏善可陈。

与中国四十多年来经验主义和实用主义的改革方法论一样,法治中国建设也呈现出明显的实践导向、问题导向的特点。从法治经验来看,许多中央层面的法律制度都是对基层法治实验成功后的经验成果的总结和提升。作为单一制国家,中国的政治权力结构和法律体系具有高度统一性,国家法治建设在整体上呈现自上而下的"变法式"推进;作为一个广土众民的大国,中国各地在经济水平、社会结构、地理环境、地域文化等方面客观存在的巨大差异,又使得法治发展呈现出明显的地域特殊性和不平衡性。自党的十八大以来,在国家法治统一的大框架下,各省、自治区和直辖市进行了具有鲜明地方特色的实践探索,诠释并丰富了"依法治国,建设社会主义法治国家"的意旨和内涵。地方法治探索创新、不断深化的格局正在形成,各地法治建设进入比较借鉴、全面发力的阶段。不同地域、不同层级的地方法治实践作为中国特色社会主义法治体系的有机组成部分,成为中国法治发展中最有生命力、最具实践性的要素。

习近平总书记指出,当代中国正经历着我国历史上最为广泛而深刻的社会变革,也正在进行着人类历史上最为宏大而独特的实践创新。新时代法治中国建设的实践为法学理论创新提供了广阔的空间,实践中有可能找到在书斋中得不到的答案。实践之树常青,但没有理论指导的实践是盲目而轻率的。"这是一个需要理论,而且一定能够产生理论的时代。"在世界百年未有之大变局中,国际形势云谲波诡,各类风险层出不穷,黑科技不断涌现,冲击着既定的法律规则,冲撞着当下的法治实践,也冲刷着传统的法学理论。中国大地上每天都在发生的、各个领域、各个地方、无处不在的丰富的实践创新,需要学者的"在场式"关注,深入探知其背后的理论逻辑,提供理论阐释,并不断推进理论创新。没有理论的透镜,我们看到的丰富实践不过是管中窥豹，甚至只是盲人摸象；缺乏理论的指导，法治实践注定无法行稳致远。

三

"有道以统之，法虽少，足以化矣；无道以行之，法虽众，足以乱矣。"对零散的法治碎片进行理论阐释，并予以进一步体系化，是当下法学研究的一项长期课题。从理论上对法治中国实践进行总结和提炼，探求丰富多彩法治实践背后的"道理"恰是本书的着力点。基于公法的视角，如何制约权力和保护权利，既是法治中国建设的核心问题，也是本书一以贯之的立场和方法论。

完备的法律规范体系是良法善治的前提，立法是法治中国建设的重要环节。与国外宪法体制不同，人民代表大会制度是我国立法体制的根本制度框架。当前，全国人大作为国家立法机关在完善法律体系方面做了很多工作，地方人大在坚持科学立法、民主立法过程中，有许多经验和做法值得理论关注。本书对人大立法的实践运作机制进行了调研和分析，特别是对我国地方人大如何尽善其立法角色和监督角色进行了分析研究。

法治政府是法治中国建设的重中之重。当前我国已经步入信息化发展阶段，如何应对信息化的挑战，是法治政府建设乃至法治中国建设的一个重要课题。网络安全、电子政务、大数据保护等对我国法治政府建设提出了更高的要求，新技术的运用也带来了新的风险，对社会风险治理提出了新的挑战。如何从法治上解决这些新问题，是研究的重要课题。本书针对行政执法体制、透明政府、互联网政务服务、风险应对等重要问题进行了专题研究。

2018年宪法修改以后，我国基本法治框架发生了重要变化。监察权成为一种新型且独立的国家权力，监察制度成为规范和制约公权力的重要制度。法治是加强权力监督制约，稳步推进反腐败的根本依据。本书对法治反腐的体制机制进行了较为系统的研究，期望为规范和制约公权力，完善我国反腐败法律机制提供理论支持。

地方法治是法治中国建设最生动、最有活力的领域。回顾中国法治历程，地方先行先试积累依法治理经验是法治改革的重要途径。本书对地方法治生成的内在机理和基层依法治理进行的实证研究表明，地方法治的动力机制正在从经济增长驱动过渡到法治指标驱动。这恰恰是法治中国建设进一步深化的重要标志之一。

从世界范围看，公私合作治理模式的兴起是依法治理方式的重大变革，也是国家治理方式的重大创新。如何回应已经普遍应用的公私合作治理的新模式，构成法治中国建设的一个重要课题。本书从比较法角度分析了世界各国公私合作治理的不同模式，并对研究我国相关制度提供了理论上的分析框架和实践中的应对策略。

四

前文试图阐释"法治中国的实践逻辑"；那么，什么又是"法治中国实践的逻辑"？亦即，法治中国建设实践中，体现的规律、总结的经验、展现的趋势、蕴含的道理、内在的关联，有哪些？

第一，坚持党的领导和以人民为中心相结合。习近平同志指出："中国特色社会主义法治道路，是社会主义法治建设成就和经验的集中体现，是建设社会主义法治国家的唯一正确道路。"坚持中国特色社会主义法治道路，核心要义是坚持党的领导、人民当家作主、依法治国有机统一，坚持中国特色社会主义制度，贯彻中国特色社会主义法治理论。法治中国的实践，从中央的顶层设计到地方的实践创新，立法、执法、司法和法律监督的体制、机制、理念、手段、方式、重点、内容、目标，都深刻体现了"三者有机统一"，体现了坚持党的领导和坚持以人民为中心的结合。党的领导贯穿法治中国建设的全过程和各方面，是法治中国建设的一条基本经验，也是社会主义建设规律和党的执政规律的合理体现。党在整个国家治理中处于总览全局、协调各方的领导核心地位，党在不同时期做出的各项重大决策，决定了法治建设的总体方向和重大措施。将为了人民、依靠人民、造福人民、保护人民，体现人民利益、反映人民愿望、维护人民权益、增进人民福祉，始终作为法治中国建设的重要方向和依归，是法治中国建设得以持续顺利推进，能取得人民群众拥护、各方面力量支持的至为关键的原因。

第二，改革与法治双轮驱动。党的十八大以来，中国始终坚持运用法治思维和法治方式深化改革，发挥法治对改革的引领和推动作用，确保重大改革于法有据，以法治凝聚改革共识、以法治引领改革方向、以法治规范改革行为、以法治化解改革风险、以法治巩固改革成果。同时，把法治纳入全面深化改革的总体部署，立法主动适应改革的要求，加强重点领域立法，修改和废止不适应改革要求的法律，同步推进立法体制、执法体制和司法体制改革。坚持立法决策和改革决策相统一，在全面深化改革总体框架内全面推进依法治国各项工作，坚定不移推进法治领域各项改革，以改革思维和改革方式推进法治中国建设。

第三，尊重法治内在规律与服务于国家发展事业大局相结合。任何事物都存在符合自身特点的规律，法治亦不例外。法治中国建设中，不论是方案的设计还是推进，不论是制定还是执行法律，都坚持从实际出发，体现客观规律，找准理想与现实之间的平衡点和结合点，既有理想又不过于理想化；既尊重法治内在规律，又接地气、照顾现实，不墨守成规、因循守旧；既认真学习和借鉴人类法治文明的有益成果，又坚持自我，不简单照搬照抄外国的法律制度和司法体制。始终坚持从国家的现实条件出发推进法治建设，使法治建设更加符合国情实际，更加具有中国特色，更加契合社会发展规律，全面反映中国特色社会主义法治理论和制度，促进和保障国家发展的事业大局。

第四，全面推进与突出重点相结合。法治中国建设是一项长期而艰巨的历史任务和系统工程，涉及法治建设的各个环节、各个领域、各个方面和各种要素，必须全面推进、不留死角。但是从工作的角度来看，平均用力的结果往往是眉毛胡子一把抓、难见成效，甚至导致资源浪费。在法治中国建设中，特别注意在坚持全面推进的同时，扭住关键，突出重点、问题导向，根据不同发展阶段的特点，针对突出的问题进行重点突破。例如，将充分发挥人大及其常委会的立法和监督功能，作为近年来完善人民代表大会制度的重要任务；将简政放权与行政审批改革、政务公开和政府信息公开、行政执法"三项制度"等，作为现阶段法治政府建设的抓手；将制定和完善反腐倡廉的国家法律与党规党纪、推进国家监察体制改革、紧盯"关键少数"，作为反腐败法治的重要举措；将司法员额制、司法责任制改革，作为司法体制改革的重点来推进。

第五，坚持中央的顶层设计、科学布局与重视地方的试点探索、积极创新相结合。作为单一制国家，我国的政治权力结构和法律体系具有高度统一性，国家法治建设在整体上呈现自上而下的"变法式"推进。党的十八大以来，以习近平同志为核心的党中央加强了对法治改革和法治建设的集中统一领导和顶层设计，为法治中国建设注入了强大动力。同时，作为一个广土众民的大国，不同地方在基础条件、发展阶段和制度需求等方面存在较大差异，法治发展呈现出重要的地域特殊性和不平衡性。因此，中央在加强集中统一领导和顶层设计，促进国家法制统一的同时，也为地方留下结合本地实际创新制度实施方式方法的空间，鼓励和支持地方先行先试，将中央的决策部署与本地区的创造性结合起来；地方在实践中探索的可复制可推广的经验，又为顶层设计提供了实践基础和现实依据。法治建设方面的许多重要的制度创新，如人大财政预算监督、人大代表民主测评、政府信息公开、行政执法责任制、"大市场监管"模式、公用事业价格听证、综合行政执法、综合政务服务大厅、权责清单制度、社会信用评分、行政诉讼集中管辖、土地使用权转让、农村集体土地产权流转等，都是先由地方做起，中央再在总结地方经验的基础上进行制度设计，进而推广到全国。地方这种"诱致性制度变迁"相较于自上而下的"强制性制度变迁"，制度磨合成本更低、风险更小、效果更好，较大程度地弥补了中央制度供给。

第六，鼓励地方良性法治竞争与推进整体国家法治建设相结合。

改革开放四十多年来，地方政府在经济建设领域的相互竞争，整体上促成了中国经济发展的"奇迹"；这一场景在法治建设领域同样上演：在坚持国家法制统一、政令统一的前提下，在中央的统筹部署和推动下，以地方政府为主体架构来推进区域法治，地区间逐渐形成了法治良性竞争的格局，给作为整体的法治中国建设带来了勃勃生机。从法治发展的动力角度来观察，改革开放以来中国法治由经济挂帅的政绩导向的"法治指标驱动型"，逐渐演变为将法治本身作为目的而非手段的"法治指标驱动型"，地方党委和政府通过完善法治指标体系和评价机制，将法治纳入政绩考核体系，发挥了中国官僚体制特有的优势，有效调动了各级官员推进依法治理的积极性。但此二者都过多依赖于党委和政府体制内部的推动，缺乏"体制外"的动力作为支撑。目前阶段，法治发展正在体制内外寻求新的动力机制，以强大的市民社会和成熟的社会法治观念作为依托，充分调动社会主体的积极性，培育以开放、参与、合作与回应为特色的"开放协作型"动力机制。

第七，立基中国国情与科学借鉴域外经验相结合。法治中国建设中的大量概念、原则、规则都来自域外，这既是我国目前发展阶段的"不得不"，也体现了我们的后发优势。中国始终坚持以开放的心胸"学习外来"，积极学习和借鉴域外法治的有益经验，推动法治中国建设。但法治有其特定的时空性，是"地方性的知识"，在具体制度设计上不宜照搬照抄其他国家的模式。在法治中国建设中，始终能够遵照中国特色社会主义政治制度的方向指引，关照我国经济社会的发展现实，即使是借鉴国外的制度，在其具体内涵和适用范围等方面也都结合中国实际加以调整。例如，近年来在法治腐败、监察体制、行政决策、依法行政考核、简政放权、电子政务等许多方面，都体现了我们自己的制度创新。法治中国建设，打破了西方法治模式的神话，开创了社会主义法治建设的独特模式，为世界各国法治建设提供了非西方的生动理论和实践范本。

第八，法治中国实践与法学理论研究相结合。我国法学界通过对法治理论的研究，包括对法治基本理论和法治建设基本规律的抉发、对域外理论和制度的引介、对中国现行制度存在问题的发现与阐释，以及对未来制度改革走向的对策建议，助力法治中国建设的推进。例如，在行政法治领域，行政指导、行政协议、正当程序、比例、信赖保护、听证等重要概念、原则和制度，都是通过行政法学界而为我国立法或司法实践所接受，极大地推动了行政法治建设。另一方面，立法、执法和司法的实践，也为法学理论研究提供了重要的动力、素材和灵感。

整体而言，本书对中国法治实践的调查研究和理论归纳仍有较大提升空间，如何进一步体系化将是未来继续努力的方向。法治中国实践创新在不断深入，理论阐释的使命远未完成。灰色的法治理论注定赶不上变化的法治实践。因而，在此意义上，本书也仅是一个基于中国法治实践的初步理论尝试，法治中国建设实践的富矿仍有待理论研究者深入挖掘并在理论上不断拓展创新。

第 一 章

良法善治：立法与法律监督的实践创新

第一节 "立法以典民则祥"：以良法促善治

管仲尝云"立法以典民则祥，离法而治则不祥"[①]，此语历2700余年而弥真。在现代中国，立法是实行法治和依法治国的前提，是分配正义与和谐的重要制度。国家立法的主要社会功能，是通过立法的形式，实现对社会关系的法律调整，对社会利益的法律分配，对社会秩序的法律规制，对社会建设成果的法律确认。

立法是全面依法治国的基础，是实行法治的前提。全面依法治国，建设中国特色社会主义法治体系，建设社会主义法治国家，必须坚持立法先行。依法治国基本方略正式确立二十年来，从中央到地方，中国人大立法在立法形式、立法理念、立法内容、立法体制方面全面升级，使立法实现了从量到质的全面突破，中国特色社会主义法律体系已经形成。尤为令人瞩目的是，党的十八大以后，全国人大和有立法权的地方人大进一步加强和改进立法工作，加快形

---

① 管仲：《管子任法》。

成完备的法律规范体系，为协调推进"五位一体"总体布局和"四个全面"战略布局，提供了坚实的法律支撑和制度保障。

一 "立法以典民则祥"：以良法促善治

中国作为一个成文法国家，法律体系是全部现行法律规范的集大成，是国家各方面、各层次、各领域立法的综合结果，其首要的政治价值和社会功能，是以国家意志和法律规范的形式，对社会主义革命、建设和改革成果予以确认和保护。

1997年9月，党的十五大明确提出了到2010年形成有中国特色社会主义法律体系的立法工作目标。这一目标从提出到实现，大致可分为三个阶段：第九届全国人民代表大会期间（1997—2003年）："初步形成中国特色社会主义法律体系"；第十届全国人民代表大会期间（2003—2007年）："基本形成中国特色社会主义法律体系"；第十一届全国人民代表大会期间（2007—2010年）："形成中国特色社会主义法律体系"。初步形成、基本形成、形成，唯几字之差，却凝聚着中国人民特别是立法者多年来的奋进与求索。自2010年至今的十年中，全国人民代表大会及其常委会坚持立法先行，抓住事关改革发展稳定的重大立法项目，相继出台一批重要法律，为法治中国打造国之重器，为善治奠定良法根基，以宪法为核心的中国特色社会主义法律体系正加速完善。①

中国特色社会主义法律体系的形成和逐步完善，具有重大的历史和现实意义。它反映了中国改革开放和现代化建设的进程，是对改革开放所形成的基本经验的法律总结，是对中国现代化建设所取得成果的法律肯定，是对中国共产党领导人民进行建设和改革事业的基本路线方针政策的法律确认，是对中国特色社会主义道路、中国特色社会主义理论与实践的法律化概括。中国特色社会主义法律

---

① 参见《党的十八大以来我国全面推进依法治国新成就综述》，《人民日报》2018年9月7日第5版。

体系的形成，既是对改革开放以来中国共产党依法执政、立法机关民主立法、行政机关依法行政、司法机关建设公平正义的司法体制、全体公民学法守法用法取得明显进步的充分肯定，亦是举国上下弘扬法治精神、传播法治文化、坚持和实行依法治国基本方略取得的阶段性成果。[1]

在中国特色社会主义法律体系形成和逐步完善的过程中，中国的全国人大立法在立法内容、立法形式、立法格局、立法理念等方面都实现了升级和突破，为未来坚定不移地加强民主法治建设、不断完善中国特色社会主义法律体系提供了一个良好平台，成为坚定不移地全面落实依法治国基本方略、加快建设法治国家的新起点。

(一) 立法形式：立改废释并举

在立法形式上，为适应不同的立法需求和立法任务，立法者综合运用了立、改、废、释等多种立法形式：针对法律空白领域和出现了新的问题需要制定规范的，区别轻重缓急，集中有限的立法资源予以填补；对于已经不适应新形势、新情况，需要变更和变革的制度，根据现实的需要及时进行修改和完善；有些过时的法律，要及时废止；实践中有理解偏差的，就要解释法律。根据不同的立法需求、立法任务，综合运用多种立法方式，科学推进中国特色社会主义法律体系形成和完善，亦是推进国家治理体系和治理能力现代化的重要举措。正如习近平总书记所说："推进国家治理体系和治理能力现代化，就是要适应时代变化，既改革不适应实践发展要求的体制机制、法律法规，又不断构建新的体制机制、法律法规，使各方面制度更加科学、更加完善，实现党、国家、社会各项事务治理制度化、规范化、程序化。"[2]

---

[1] 李林：《改革开放30年与中国立法发展（下）》，《北京联合大学学报》（人文社会科学版）2009年第2期。

[2] 习近平：《切实把思想统一到党的十八届三中全会精神上来》，《十八大以来重要文献选编》（上），中央文献出版社2014年版，第549页。

从立法总的趋势来看，修改和补充旧有法律的比重越来越大，说明国家和社会对立法提出了新的、更高的要求——不仅要创制新法以调整规范社会关系，而且要修改完善旧法以保证法律体系的与时俱进。目前中国已经修改法律的数量约占整个立法比例的50%。

1. 立新法：填补法律空白

法律空白是存在于任何时代、任何民主法治现代化程度的国家的客观现象。在各国的理论与实践中，法律空白都是社会的焦点问题。一种社会现象出现后，相关问题无法通过其他途径解决而诉诸法律，而法律却无明文规定，这就是法律空白。法律空白的存在不仅会带来社会纠纷的积累，而且会影响一国内部的社会关系，甚至影响国家间的关系。

随着我国改革开放不断深入，全面建设小康社会不断推进，特别是在大变革、大发展时期，新事物不断涌现，做好新领域的立法工作需要付出艰苦努力。中国特色社会主义法律体系初步形成、基本形成、形成和逐步完善的过程，就是无法可依的状况逐步转变、法网逐渐细密、法律空白逐渐填补的过程。依法治国基本方略确定以来的二十年，是我国改革开放和经济发展的黄金期，也是社会矛盾的凸显期。政治和经济体制转换、社会结构调整、社会阶层分化等必然触及不同群体的利益，引发和激化社会矛盾。中央集中有限的立法资源，科学规划，正视社会热点、难点，突出重点，出台了多部重要法律，以规范和调整经济建设、民生保障、国家稳定中的社会关系，统筹兼顾多元化的利益诉求，积极、稳妥地化解各种矛盾，逐步解决个别领域无法可依的状况，填补相关领域的空白。

空白填补式立法比比皆是，其中不少经过了很长的酝酿时间。例如，从1995年联合国第四次世界妇女大会达成《北京宣言》成为中国反家暴进程的起点，到2015年12月27日《反家庭暴力法》正式通过，走过了20年。《反家庭暴力法》的出台标志着中国开始试图用法律来解决家庭暴力这一严重的问题，家庭暴力不再被认为是一个家庭的私事，而是以公权力介入并构建一套预防和处理的法律体系，意味着我国在尊重和保障公民人权方面再次取得新进展。《电影产业促进法》在酝酿12年后终于出台，电影领域加快立法，也被认为是我国文化产业发展进一步法治化的标志之一。《社会保险法》酝酿了16年之久，它明确了社会保险参保人员的权利义务，有助于保障公民共享社会发展成果、促进社会和谐稳定。《旅游法》立法更是30年磨一剑，早在1982年，国务院有关部门就着手起草旅游法，终于在2013年10月开始实施，对于转变旅游发展方式、调整旅游产业和产品结构，规范旅游市场秩序、保护旅游者和旅游经营者合法权益，协调行业管理关系、促进旅游业及相关行业发展等，发挥了重要作用。为贯彻总体国家安全观，先后制定了《国家安全法》《反间谍法》《反恐怖主义法》《境外非政府组织境内活动管理法》《网络安全法》《国家情报法》等，为维护国家安全和核心利益提供有力的法治保障。电子商务作为新生事物，发展日新月异，立法机关在立法过程中非常谨慎，《电子商务法》从提出到2018年8月表决通过，历时5年，经两届全国人大常委会四次常委会会议审议。整个电子商务法起草和审议过程，较好地体现了人大对立法工作的组织协调，发挥了人大有关专门委员会和工作委员会的主导作用，同时广泛听取了各方意见。它将成为"未来一段时期指导电子商务产业发展、规制电子商务行业秩序的纲领性法律文件。"① 为贯彻落实党中央关于深化国家监察体制改革决策部署，全国人大常委会就国家监察体制改革先后两次作出改革试点决定，在改革试点的基础上，2018年3月出台了《监察法》，在国家监察领域确立起一部具有统领性、基础性作用的法律，它体现、确认和巩固了国家监察体制改革的成果，标志着"用法治思维和法治方式惩治腐败走向制度化、规范化"②。

---

① 徐卓斌：《〈电子商务法〉对知识产权法的影响》，《知识产权》2019年第3期。

② 吴健雄：《新中国反腐的历史轨迹和实践经验》，《国家检察官学院学报》2020年第2期。

2. 修法：及时回应时代需要

在中国特色社会主义法律体系逐步形成的过程中，立法工作的重点也逐步从制定法律转到根据国家改革开放的需要修改完善现行法律上来。随着中国特色社会主义法律体系的形成，修法在我国民主法治建设中具有独特的价值。透过修法，我们可以看到中国法治理念的提升，可以把握中国法治建设的时代脉搏。

最引人注目的是三大"诉讼法"的修改。《刑事诉讼法》在2012年完成了第二次"大修"，是一次中国特色社会主义司法制度的健全和完善，积极回应了广大人民群众对我国刑事司法制度改革的吁求。这次修改涉及100多处，修改比例超过总条文的50%。其中一个最突出的特点就是集中体现了惩罚犯罪与保障人权并重的原则。为配合《刑事诉讼法》的修改，全国人大常委会一下子修改了7部相关法律，为未来法律制定、修改中协调与相关法律的关系提供了很好的模式。2012年《民事诉讼法》也迎来了修改，此次修改反映出中国民事司法制度的新发展，顺应了时代与社会发展的需要。修改后的《民事诉讼法》明确规定，进行民事诉讼应当遵循诚实信用原则，完善了调解与诉讼相衔接的机制，进一步保障了当事人的诉讼权利，完善了当事人举证、简易程序、审判监督程序、执行程序等的规定，强化了法律监督；很多内容如公益诉讼、小额诉讼、检察建议、调解协议的司法确认、实现担保物权案件等，都是首次作出规定。2014年，对于推动中国法治政府建设有着重要作用的《行政诉讼法》也完成了修改，明确了行政诉讼解决行政争议的目的，扩大了受案范围，将规章以下规范性文件纳入审查范围，尤其是率先落实了《中共中央关于全面推进依法治国若干重大问题的决定》提出的立案登记制要求，并注重立案环节的便民，延长起诉期限，明确要求行政首长出庭应诉，允许跨区域管辖行政案件，加大对拒绝履行判决、裁定、调解书的行政机关直接责任人的问责力度。

《立法法》因涉及一国最重要的国家权力——立法权，被称为

"小宪法"①。它于 2015 年进行了修改，明确了立法权限，赋予设区的市地方立法权，落实税收法定原则，对规章的权限进行规范。《立法法》修改的核心是完善立法体制，实现立法和改革决策相衔接，健全保证科学立法、民主立法的机制和程序，为地方立法机关出台高质量的法规提供空间。《预算法》的修改是财税法领域的盛事，新的立法宗旨明确为"规范政府收支行为""加强对预算的管理和监督""建立健全全面规范、公开透明的预算制度"，初步体现了"控权法"新理念，使《预算法》从"政府管理"的工具开始向"管理政府"转型，这也是顺应新的形势作出的战略性调整，意义极为重大。此次修订注重完善政府预算体系，健全透明的预算制度；改进了预算控制方式，建立跨年度预算平衡机制；着力规范地方政府债务管理，严控债务风险；要求完善转移支付制度，推进基本公共服务均等化；坚持厉行节约，强化预算支出约束。《选举法》《全国人民代表大会和地方各级人民代表大会代表法》《村民委员会组织法》被称为人大"三法"，是我国政权建设的三部重要法律。它们的修改，对于加强基层人大工作和建设、坚持人民主体地位、充分发挥地方国家权力机关的作用具有非常重要的意义，也充分体现了党毫不动摇坚持、与时俱进完善人民代表大会制度的自信和决心。《安全生产法》《环境保护法》《大气污染防治法》等也进行了修改，进一步完善了相关领域的管理机制。《国家赔偿法》《行政监察法》《保守国家秘密法》《税务行政复议规则》等法律法规的修改，加大了对公权力运行的监督制约力度。《著作权法》《专利法》《商标法》等法律法规的修改，加强了对智力成果和创新活动的保护。2020 年1 月 1 日，新修正的《土地管理法》开始全面施行，它被称为"农村土地制度实现重大突破"，为市场化推进农村改革与发展提供了制度保证，也为城乡融合发展注入了新的强大动力。《土地管理法》修

---

① 杨利敏：《我国〈立法法〉关于权限规定的缺陷分析》，《法学》2000 年第 6 期。

改过程中全国人大常委会委员程立峰的话,可以帮助我们理解我国法律修改的总体原则和理念:"本次法律修改采取积极稳妥的态度,将看得准的问题、改革实践证明可行的做法上升为法律,对一些一时看不准、不成熟的做法,还继续开展试点,特别是要加大土地制度综合性改革措施力度,为改革于法有据提供更多的实践经验和立法基础。"①

3. 废法:推陈法以出新规

中国经济社会的变化日新月异,一些过去制定的法律随着形势的变化,已经与现实社会不相适应。同时,随着一些新的法律出台,旧法不可避免地存在与新法相冲突的地方。因此,对现有的法律进行清理,废止已经过时的立法,修改与现实社会不适应的立法,既是保证立法与时俱进的需要,也可以保证法制的统一,维护法律的权威和尊严。

因此,中国立法者注重与时俱进,通过对既有法律法规的清理,协调新法制定与旧法清理之间的关系,适时解决法律制度滞后与经济社会不断发展之间的矛盾。法律清理的重点是,解决改革开放早期制定的与经济社会发展特别是社会主义市场经济要求明显不适应的法律规定以及法律之间明显不一致、不协调的问题。② 具体包括:废止明显不适应现实要求、已基本不适用的法律;对有些法律中明显不适应社会主义市场经济和经济社会发展要求的规定进行修改或废止;对法律之间新旧不一致、不衔接造成法律执行困难,并且适用《立法法》规定的法律适用规则也难以解决的规定进行修改或废止旧法;对操作性不强,难以用国家强制力来保证实施的法律进行修改或废止。通过对一系列法律的清理,立法机关力求解决和应对经济社会不断发展进程中遇到的各种新问题、新情况。对于现行法

---

① 参见《土地管理法草案分组审议》,网址:https://mksohu.com/d/387951384?channelId=1&page=1,最后访问日期:2020年4月10日。

② 参见胡健《新中国立法工作七十年》,《中国法律评论》2019年第5期。

律中存在的问题，根据不同情况，区分轻重缓急，按照修改、废止、解释、督促制定配套规定和纳入立法计划等方式，分类进行处理。

4. 释法：运用有权解释践行法治精神

法律解释不是新创设法律制度，也不是对现行法律作修改，而是明确法律规定的含义和适用。学者们无不认同法律解释之于法律发展的特殊意义："法律是解读而成的，不是书面写就的"[1]，"后世的罗马法学家正是通过对《十二铜表法》进行解释和阐发而最终构建了罗马法律体系"[2]，"无论立法者多么高明，规章条文也不能网罗一切行为准则，不能覆盖一切具体案件。因此，在某种意义上可以认为：法律本身的天然局限性就是法律解释学的根源。"[3]

1981年6月，全国人大常委会通过的《关于加强法律解释工作的决议》提出，"凡关于法律、法令条文本身需要进一步明确界限或作补充规定的，由全国人民代表大会常务委员会进行解释或用法令加以规定"；1982年《宪法》第67条规定，解释宪法是全国人民代表大会常委会的职权之一；修改前和修改后的《立法法》分别在第42条和第45条中规定，"法律解释权属于全国人民代表大会常务委员会。法律有以下情况之一的，由全国人大常委会解释：（一）法律的规定需要进一步明确具体含义的；（二）法律制定后出现新的情况，需要明确适用法律依据的。"通过法律解释进一步明确法律规定，有利于增强法律的可执行性、可操作性；并且，针对实践中出现的新问题新情况作解释，也有利于维护法制统一。

运用宪法和法律赋予的法律解释权，全国人大常委会积极开展了立法解释工作。从1996年起，共作过20多个法律解释，主要分三种情况：一是关于国籍法在香港澳门的适用；二是关于香港澳门

---

[1] ［美］博西格诺：《法律之门：法律过程导论》，邓子滨译，华夏出版社2002年版，第26页。

[2] 张生：《十二铜表法评介》，载《世界著名法典汉译丛书》编委会《十二铜表法》，法律出版社2000年版，第6页。

[3] 季卫东：《法治秩序的建构》，中国政法大学出版社1998年版，第87—88页。

基本法规定的含义;① 三是关于刑法规定的含义和适用问题。这些解释解决了司法实践中认识不清楚，理解、执行不统一的问题，保障了对法律的正确理解和有效的贯彻实施，符合法治的精神和法治中国建设的要求。

全国人大法工委立法规划室在2015年9月对从十届到十二届全国人大常委会平均每次常委会会议审议的法律、法律解释、有关法律问题的决定草案数量进行了统计。统计表明，这一数量总体趋势是略有减少，但通过的法律、法律解释以及有关法律问题的决定数量总体平稳。本书作者依据历次《全国人大常委会公报》对2016—2019年的相关数据亦作了统计，发现这一大体趋势没有改变（见下表）。

**十届全国人大以来每年每次常委会会议
审议法律、法律解释以及有关法律问题的决定草案数量表**② 单位：个

届次	年份	法律草案	法律解释草案	有关法律问题的决定草案	每年审议数量	平均每次常委会会议审议数量
十届	2003	23	—	1	24	4
	2004	28	2	5	35	5
	2005	30	3	3	36	6
	2006	34	—	6	40	6.7
	2007	41	—	4	45	7.5

---

① 全国人大常委会对基本法做出过五次解释，分别涉及"吴嘉玲案"、政改方案、补选产生的行政长官的任期、国家豁免问题是否属于外交事务、宣誓问题等。参见韩大元《〈香港特别行政区基本法〉第18条的形成过程及其规范含义》，《法学评论》2020年第1期。

② 全国人大法工委立法规划室：《十届全国人大以来每年每次常委会会议审议和通过的法律、法律解释以及有关法律问题的决定有关情况》（2015年9月），中国人大网，网址：http://www.npc.gov.cn/npc/lfzt/rlyw/2015-09/28/content_1947308.htm，以及历次《全国人大常委会公报》（2016—2019年）。

续表

届次	年份	法律草案	法律解释草案	有关法律问题的决定草案	每年审议数量	平均每次常委会会议审议数量
十一届	2008	24	—	—	24	4
	2009	33	—	1	34	5.7
	2010	27	—	2	29	4.8
	2011	23	2	5	30	5
	2012	29	—	8	37	6.2
十二届	2013	15	—	1	16	2.7
	2014	24	3	8	35	5.8
	2015	13	—	4	17	5.7
	2016	13	—	7	20	4
	2017	16	—	9	25	4.1
十三届	2018	21	—	14	35	5
	2019	10	—	11	21	2.6

5. 修改宪法

宪法是国家的根本法，是治国安邦的总章程。根本法的性质要求"依法治国，首先是依宪治国；依法执政，关键是依宪执政。"① 宪法要具备生命力，就必须具备与时俱进的品性，即一方面要通过宪法修改，为国家的未来发展设置科学的战略方向和框架；另一方面要不断将党领导人民取得的制度创新实践、理论创新成果等通过宪法予以确认。②

面对党领导人民在中国革命、建设和改革中取得的成绩，以及党的领导成为中国特色社会主义制度的最大优势的现实，宪法做出的积极回应突出表现在 2018 年的宪法修改中。2018 年 3 月 11 日，十三届全国人大第一次会议第三次全体会议表决通过《中华人民

---

① 习近平：《习近平谈治国理政》，外文出版社 2014 年版，第 141 页。
② 参见钱锦宇《从法治走向善治的中国特色社会主义治理模式》，《法学论坛》2020 年第 1 期。

共和国宪法修正案》，这是第五次对现行宪法部分内容作出重要修正。宪法修正案共21条，12个方面，包括确立了习近平新时代中国特色社会主义思想在国家政治和社会生活中的指导地位，完善依法治国和宪法实施举措等。宪法修正案全面体现了自上一次修宪以来党和人民在中国特色社会主义建设和改革实践中取得的重大理论创新、实践创新、制度创新的成果，体现了党依宪执政、依宪治国的理念。

（二）立法格局：经济立法、社会立法与其他立法协调发展

法治中国建设是一个综合发展的概念，同时也是一个历史的过程，因此不可能一蹴而就，也不可能单兵突进，而是必须要求各个领域，包括政治、文化、教育、经济等诸多方面的立法齐头并进。

但齐头并进并不意味着步调统一。立法权是一项稀缺资源，在一定时期内，国家的立法资源和社会的承载能力有限，立法者主观意愿的实现与人民客观需求的满足要受制于外部条件。[①] 如何科学、合理、高效、公平地分配这一资源，是一个重要课题。[②] 近年来，中国的立法工作全面落实依法治国的要求，突出重点，统筹兼顾，加快步伐，完善机制，在一批重要立法项目上取得了新进展，以新的法治思维、理念和方略，大力推进社会主义法治国家建设不断呈现新局面，推进国家治理体系和治理能力现代化。在注重完善法律规范的同时，立法机关还注重法律法规之间的相互衔接，注重整体化的架构，以使其真正发挥效力。总的来看，立法门类广，涉及经济、政治文化、社会、生态文明等各方面，立法内容由片面强调经济立法逐渐转变为经济立法、社会立法、民事立法、刑事立法等全面协调发展，程序性立法与实体性立法并重发展，逐步调整了过去以经济立法为中心的立法格

[①] 参见王怡《社会主义核心价值观如何入法：一个立法学的分析框架》，《法学》2019年9月。

[②] 李林：《统筹经济社会发展的几个立法问题》，《法学》2005年第9期。

局，转而强调经济立法、社会立法和其他立法协调发展。

1. 以经济立法为主的格局没有改变

以经济建设为中心、坚持改革开放，是改革开放以来中国经济社会发展的主旋律。立法要适应并服务于经济社会发展和改革开放的需要，是中国立法的又一基本经验。1992 年以后，我国法学界提出了"市场经济在一定意义上就是法治经济"的命题，以这种理论创新来使立法观念适应建立社会主义市场经济体制的需要，从而丰富了"以经济建设为中心"的立法观念的具体内容。①

我国在经济法律制度建设上，制定了规范市场经济体制的法律制度，调整市场主体关系、维护市场经济秩序、保证公平竞争的法律制度，改善和加强国家宏观调控、促进经济协调发展方面的法律制度。这些成就，是在我国改革开放和现代化建设进程推进、综合国力和人民生活不断迈上新的台阶、人民生活水平总体上实现由温饱到小康的历史性跨越的大背景下取得的。法治建设的成就既充分反映了我国经济发展、社会进步的现实要求，又以这些年经济与社会的快速健康发展为基础。

市场经济体制建设的日益深化和现代化建设的充分发展，成为法治得以不断完善的动力源泉。近年来，随着包括市场经济体制在内的各项改革渐入深水期，立法针对改革中存在的经济结构不合理、分配关系尚未理顺、农民收入增长缓慢、就业矛盾突出、资源环境压力加大、经济整体竞争力不强等问题，交出了一份份成绩单：为确立并完善民事基本制度，完善民事主体、市场主体和中介组织法律制度，制定了《民法总则》《侵权责任法》；为完善产权法律制度，规范和理顺产权关系，保护各类产权权益，制定了《物权法》《农村土地承包经营纠纷调解仲裁法》《企业国有资产法》《科学技术进步法》，修正了《土地管理法》《专利法》《商标法》《农村土地承包法》《促进科技成果转化法》；为完善市场交易制度，保障合

---

① 参见李林《统筹经济社会发展的几个立法问题》，《法学》2005 年第 9 期。

同自由和交易安全,维护公平竞争,制定了《反垄断法》《反不正当竞争法》《旅游法》《证券投资基金法》《资产评估法》《电子商务法》,修订了《广告法》《中小企业促进法》;为完善预算、税收、金融和投资等法律法规,规范经济调节和市场监督,修订了《预算法》《证券法》《个人所得税法》《保险法》《环境保护税法》《外商投资法》《台湾同胞投资保护法》;完善劳动、就业和社会保障等方面的法律法规,切实保护劳动者和公民的合法权益,制定了《劳动争议调解仲裁法》,修改了《农民专业合作社法》。2020年5月,十三届全国人大三次会议表决通过《中华人民共和国民法典》,婚姻法、继承法、民法通则、收养法、担保法、合同法、物权法、侵权责任法、民法总则同时废止。民法典一向被视作"人类共同生活的一般规则的总和"①。《中华人民共和国民法典》作为新中国第一部以典命名的法律,②"是改革开放40多年民事立法的集大成者,不仅能够真正从制度上保证市场经济的发展和完善,为市场经济健康有序的发展奠定坚实的基础,将为我国在21世纪经济的腾飞、文化的昌明、国家的长治久安提供坚强有力的保障,还为世界民法典体系构建提供了中国方案"③。

2. 社会立法、生态立法逐步加强

改革初期"只重视经济增长,而忽视社会发展的现象",使得经济与社会发展"'一条腿长、一条腿短'的失衡现象"存在,这种现象在立法领域同样存在。④ 社会立法很长一段时期处于相对滞后状

---

① [德] 拉德布鲁赫:《法哲学》,王朴译,法律出版社2013年版,第38页。
② 针对"典"字的重要意涵,孙宪忠教授做了历史考察。他认为,使用"典"字至少有三层含义:该法律的地位很重要,需上升到国家基本典章的高度;该法律的作用范围很大,涉及的事务内容较其他法律更多、更广泛;体现了立法体系性和科学性的逻辑问题。参见孙宪忠《论民法典贯彻体系性科学逻辑的几个要点》,《东方法学》2020年第4期。
③ 王利明:《彰显时代性:中国民法典的鲜明特色》,《东方法学》2020年第4期。
④ 本书编写组编著:《党的十六届三中全会〈决定〉学习辅导百问》,党建读物出版社2003年版,第20页。

态。随着经济社会的高速发展，社会关系、社会结构和环境生态也发生了巨大变迁。为适应新形势下的社会发展要求，为构建社会主义和谐社会、建设美丽中国提供有力的法律保障，必须加强社会领域和环境生态领域立法。

自十届全国人大以来，社会立法和生态立法在整个国家立法格局中的比重越来越大，经济立法与社会立法不协调、不平衡的问题，正逐步得到解决。不仅体现为社会和生态立法的数量增多、社会和生态立法所占的比重大幅提高，而且社会和生态立法的质量亦得到了提高。为加强和完善社会领域、文化领域和可持续发展等方面的立法，促进经济社会全面进步，全国人大常委会制定了《促进就业法》《未成年人保护法》《社区矫正法》《基本医疗卫生法》《公共图书馆法》《土壤污染防治法》《核安全法》《公共文化服务保障法》《国家情报法》《环境保护税法》，修订了《妇女权益保护法》《水污染防治法》《野生动物保护法》《海洋环境保护法》《大气污染防治法》《森林法》等。

其中，环境生态领域立法的加速显示了国家对治理环境污染的决心和信心。例如，《循环经济促进法》将鼓励资源的减量化、再利用、资源化等政策措施法定化，以增强全社会的环境保护意识，构建资源节约型、环境友好型社会。修订的《水污染防治法》规定了水环境保护目标责任制和考核评价制度、水环境生态保护补偿机制、重点水污染物排放总量控制、水污染应急机制等制度，以解决近年来水环境逐步恶化的问题。《公共机构节能条例》重在推动公共机构节能，提高公共机构能源利用效率，发挥公共机构在全社会节能方面的表率作用。《环境保护税法》将排污费改为排污税，一方面实现了税负平衡；另一方面加强了环境保护制度建设。

（三）立法理念和成就

1. 引领和推动改革

早在1996年，中国的立法者就已清楚地认识到，立法工作应当坚持立法与改革发展和现代化建设进程相适应，为改革发展和现代化建设创造良好的法治环境；应当认真总结改革开放和现代化建设的基本经验，把实践证明是正确的经验用法律肯定下来，巩固改革开放和现代化建设的积极成果，保障和促进经济社会又好又快发展。对于那些应兴应革的重大决策，尽可能作出法律规范，力求用立法引导、推进和保障改革开放和现代化建设的健康发展。① 而"改革开放越往纵深发展，发展中的问题和发展后的问题、一般矛盾和深层次矛盾、有待完成的任务和新提出的任务越交织叠加、错综复杂"②，因此"要坚持改革决策和立法决策相统一、相衔接，立法主动适应改革需要，积极发挥引导、推动、规范、保障改革的作用，做到重大改革于法有据，改革和法治同步推进，增强改革的穿透力"③。

习近平同志在庆祝改革开放四十周年大会上的讲话中指出，"创新是改革开放的生命"，"我们要坚持创新是第一动力、人才是第一资源的理念……"④ 这是对改革开放四十年经验的总结。2014 年党的十八届四中全会审议通过的《中共中央关于全面推进依法治国若干重大问题的决定》指出制度创新需要立法先行，也就是，要在立法中对创新性的制度做出安排，以法律的形式固定制度经验，形成立法创新。

在改革开放渐往纵深发展的进程中，中国的立法活动一直致力于为深化改革提供法治保障，以消除改革道路上的法制障碍，解决发展中的问题和发展后的问题，解决一般矛盾和深层次矛盾，完成有待完成的任务和新提出的任务。"对实践证明已经比较成熟的改革

---

① 田纪云：《第八届全国人民代表大会第四次会议全国人民代表大会常务委员会工作报告》（1996 年）。

② 习近平：《在十八届中央政治局第二次集体学习时的讲话》，2012 年 12 月 31 日。

③ 习近平：《在省部级主要领导干部学习贯彻党的十八届四中全会精神全面推进依法治国专题研讨班上的讲话》，2015 年 2 月 2 日。

④ 习近平：《在庆祝改革开放 40 周年大会上的讲话》，2018 年 12 月 18 日。

经验和行之有效的改革举措，要尽快上升为法律。对部门间争议较大的重要立法事项，要加快推动和协调，不能久拖不决。对实践条件还不成熟、需要先行先试的，要按照法定程序作出授权，既不允许随意突破法律红线，也不允许简单以现行法律没有依据为由迟滞改革。对不适应改革要求的现行法律法规，要及时修改或废止，不能让一些过时的法律条款成为改革的'绊马索'。"①

"放管服"改革和政府职能转变是本届政府改革的主旋律。与此相适应，制度变革的重点，是以清单建设明确政府职责边界，以商事制度改革破除市场发展桎梏，以一门式办理、网上办理优化政府公共服务推进国家治理现代化。② 2013 年 6 月，全国人民代表大会常务委员会通过一揽子修改法律的方式，取消和下放了部分法律设定的行政审批事项，为依法推进行政审批制度改革和政府职能转变提供了法律保障。《预算法》的修改直接为落实《中共中央关于全面深化改革若干重大问题的决定》提出的改进预算管理制度、完善税收制度、建立事权和支出责任相适应的制度要求，提供了法律依据。2019 年，全国人民代表大会常务委员通过了"升级版"证券法，它是我国资本市场完善基础制度的又一崭新成果，标志着我国资本市场的市场化、法治化迈上新台阶。新证券法从证券发行制度、股票发行注册制改革、大幅度提高证券违法成本、强化投资者保护、强化信息披露等方面进行了全面完善，护航资本市场高质量发展。③

在其他改革领域，国家立法者也进行了顶层设计。例如，在价格改革方面，国家取消或者下放了一批政府定价权，并对涉及的法

---

① 习近平：《在省部级主要领导干部学习贯彻党的十八届四中全会精神全面推进依法治国专题研讨班上的讲话》，2015 年 2 月 2 日。

② 参见王湘军《国家治理现代化视域下"放管服"改革研究——基于 5 省区 6 地的实地调研》，《行政法学研究》2018 年第 4 期。

③ 关于此次《证券法》修改的成果与未尽问题的讨论很丰富。参见彭冰《聚焦〈证券法〉的修改》，《中国法律评论》2019 年第 4 期；彭冰《魔鬼隐藏在细节中：证券法大修中的小条款》，《中国法律评论》2019 年第 4 期；唐应茂《证券法、科创板注册制和父爱监管》，《中国法律评论》2019 年第 4 期。

律进行了修改，如《公证法》将公证的收费标准下放至省级价格主管部门，由其会同同级司法行政部门制定。在政治体制改革方面，基层人大的履职能力和保障机制得到加强，如《全国人民代表大会和地方各级人民代表大会代表法》赋予了乡镇人大代表参加本级人民代表大会主席团的执法检查和其他活动的资格。《地方各级人民代表大会和地方各级人民政府组织法》修改后，县级人大可以根据需要设置法制委员会、财政经济委员会等专门委员会。

根据我们的统计，自2012年至2020年3月，全国人大常委会共通过了24项有关暂停（和延长暂停）法律实施的授权决定（见下表）。

年份	决定名称	暂停实施的法律	范围	期限
2012	关于授权国务院在广东省暂时调整部分法律规定的行政审批的决定	《海关法》《枪支管理法》《政府采购法》《招标投标法》《城乡规划法》《中外合作经营企业法》《母婴保健法》《职业病防治法》《广告法》《计量法》《安全生产法》《建筑法》《文物保护法》《气象法》《矿产资源法》《动物防疫法》《对外贸易法》《税收征收管理法》《大气污染防治法》	广东省	3年，后延长至2018年1月1日
2013	关于授权国务院在中国（上海）自由贸易试验区暂时调整有关法律规定的行政审批的决定	《外资企业法》《中外合资经营企业法》《中外合作经营企业法》	上海外高桥保税区、上海外高桥保税物流园区、洋山保税港区和上海浦东机场综合保税区基础上设立的中国（上海）自由贸易试验区	3年
2014	关于授权最高人民法院、最高人民检察院在部分地区开展刑事案件速裁程序试点工作的决定	《刑事诉讼法》	北京、天津、上海、重庆、沈阳、大连、南京、杭州、福州、厦门、济南、青岛、郑州、武汉、长沙、广州、深圳、西安	2年

续表

年份	决定名称	暂停实施的法律	范围	期限
2014	关于授权国务院在中国（广东）自由贸易试验区、中国（天津）自由贸易试验区、中国（福建）自由贸易试验区以及中国（上海）自由贸易试验区扩展区域暂时调整有关法律规定的行政审批的决定	《外资企业法》《中外合资经营企业法》《中外合作经营企业法》《台湾同胞投资保护法》	中国（广东）自由贸易试验区、中国（天津）自由贸易试验区、中国（福建）自由贸易试验区以及中国（上海）自由贸易试验区扩展区域内	3年
2015	关于授权国务院在部分地方开展药品上市许可持有人制度试点和有关问题的决定	《药品管理法》	北京、天津、河北、上海、江苏、浙江、福建、山东、广东、四川	
	关于授权国务院在实施股票发行注册制改革中调整适用《中华人民共和国证券法》有关规定的决定	《证券法》	拟在上海证券交易所、深圳证券交易所上市交易的股票	2年，后延期至2020年2月29日
	关于授权在部分地区开展人民陪审员制度改革试点工作的决定	《人民法院组织法》《刑事诉讼法》《民事诉讼法》	北京、河北、黑龙江、江苏、福建、山东、河南、广西、重庆、陕西	2年
	关于授权最高人民检察院在部分地区开展公益诉讼试点工作的决定	《行政诉讼法》《民事诉讼法》	北京、内蒙古、吉林、江苏、安徽、福建、山东、湖北、广东、贵州、云南、陕西、甘肃	
	关于授权国务院在北京市大兴区等三十三个试点县（市、区）行政区域暂时调整实施有关法律规定的决定	《土地管理法》《城市房地产管理法》	北京市大兴区等三十三个试点县（市、区）	2017年12月31日前，后延长至2019年12月31日
	关于授权国务院在北京市大兴区等232个试点县（市、区）、天津市蓟县等59个试点县（市、区）行政区域分别暂时调整实施有关法律规定的决定	《物权法》《担保法》	北京市大兴区等232个试点县（市、区）、天津市蓟县等59个试点县（市、区）	2017年12月31日前，后延长至2018年12月31日

续表

年份	决定名称	暂停实施的法律	范围	期限
2016	关于授权最高人民法院、最高人民检察院在部分地区开展刑事案件认罪认罚从宽制度试点工作的决定	《刑法》《刑事诉讼法》	授权最高人民法院、最高人民检察院在北京、天津、上海、重庆、沈阳、大连、南京、杭州、福州、厦门、济南、青岛、郑州、武汉、长沙、广州、深圳、西安开展	
	关于授权国务院在部分地区和部分在京中央机关暂时调整适用《中华人民共和国公务员法》有关规定的决定	《公务员法》	天津市市级机关及和平区、西青区各级机关，山东省省级机关及青岛市、潍坊市各级机关，湖北省省级机关及宜昌市、襄阳市各级机关，四川省省级机关及绵阳市、内江市各级机关，以及教育部、国家质量监督检验检疫总局、国务院台湾事务办公室、国家统计局本级机关（不包括直属机构）	2年
	关于授权国务院在河北省邯郸市等12个试点城市行政区域暂时调整适用《中华人民共和国社会保险法》有关规定的决定	《社会保险法》	河北省邯郸市、山西省晋中市、辽宁省沈阳市、江苏省泰州市、安徽省合肥市、山东省威海市、河南省郑州市、湖南省岳阳市、广东省珠海市、重庆市、四川省内江市、云南省昆明市行政区域	
	关于军官制度改革期间暂时调整适用相关法律规定的决定	《现役军官法》《中国人民解放军军官军衔条例》	由中央军事委员会组织制定和予以明确	军官制度改革期间
	关于在北京市、山西省、浙江省开展国家监察体制改革试点工作的决定	《行政监察法》《刑事诉讼法》《人民检察院组织法》《检察官法》《地方各级人民代表大会和地方各级人民政府组织法》	北京市、山西省、浙江省及所辖县、市、市辖区	未规定
2017	关于在全国各地推开国家监察体制改革试点工作的决定	《行政监察法》《刑事诉讼法》《人民检察院组织法》《检察官法》《地方各级人民代表大会和地方各级人民政府组织法》	全国	

续表

年份	决定名称	暂停实施的法律	范围	期限
2017	关于中国人民武装警察部队改革期间暂时调整适用相关法律规定的决定	《国防法》《人民武装警察法》	全国	人民武装警察部队改革期间
2018	关于国务院机构改革涉及法律规定的行政机关职责调整问题的决定	《人民检察院组织法》《检察官法》《地方各级人民代表大会和地方各级人民政府组织法》等	全国	未规定
2019	关于授权最高人民法院在部分地区开展民事诉讼程序繁简分流改革试点工作的决定	《民事诉讼法》	北京、上海市辖区内中级人民法院、基层人民法院，南京、苏州、杭州、宁波、合肥、福州、厦门、济南、郑州、洛阳、武汉、广州、深圳、成都、贵阳、昆明、西安、银川市中级人民法院及其辖区内基层人民法院，北京、上海、广州知识产权法院，上海金融法院，北京、杭州、广州互联网法院	2年

从试点改革内容的类别来看，授权暂停法律实施制度涉及的领域涵盖政治、经济、司法、社会等多项改革内容，以经济领域改革为主，不断向司法、政治、国防军队等领域扩展深化，包括行政审批制度改革、司法体制改革、行政管理体制改革、国家机构改革、国防和军队改革等。所有授权决定都规定了"对实践证明可行的，应当修改完善有关法律；对实践证明不宜调整的，恢复施行有关法律规定"，这表明，授权暂停法律实施不单纯是全面深化改革的工具，也是法律修改的先前试验阶段。

2. 以保障民生为导向

民生立法是"一种面向社会保证公民权利的法律活动"①。随着

---

① 陈苏：《行政法治视阈下的民生立法初探》，《法制与社会》2017年第28期。

改革开放带来的经济实力的增强,十届人大的立法工作开始把关注点从经济转移到民生。① 民生立法步伐加快,不仅意在调试改革成果的公平分配,也着眼于解决过往经济高速发展导致的不平衡问题。从侧重市场经济立法到侧重民生立法,反映了中国立法重点的一个转变,也反映了中国进入小康社会以后一个强烈的社会需求。②

在社会保障领域,中央下发了多个关于养老、医疗、工伤、社会救助等方面的文件,出台了《社会保险法》《全国社会基金保障条例》等法律法规。《残疾人保障法》的修订立足于保障残疾人的生存与发展,为适应近年来社会发展对进一步保障残疾人合法权益、促进残疾人更好地参与社会活动等的需求,从多个方面对原有制度进行了修订和完善。《社会保险法》系统地规定了基本养老保险、基本医疗保险、工伤保险、失业保险、生育保险等制度,为公民在年老、疾病、工伤、失业、生育等情况下依法从国家和社会获得物质帮助提供了法律依据。《未成年人保护法》的及时修改,进一步强化了家庭、社会、学校、政府的保护责任,突出了未成年人的受教育权。《义务教育法》的全面修订,将义务教育经费保障机制以法律形式固定下来,将义务教育均衡发展作为目标确定下来。在慈善事业领域,2016年9月起实施的《慈善法》是中国首部慈善法律,标志着中国的慈善活动走向法治轨道。为完善慈善法律制度,民政部及相关部门也出台了如《慈善组织认定办法》《关于慈善组织登记等有关问题的通知》等一系列规章、规范性文件作为配套。在环境保护方面,针对民众最关切的污染问题,继新《环境保护法》通过后,全国人民代表大会常务委员会修改了《大气污染防治法》,新增加"重点区域大气污染联合防治"和"重污染天气应对"两章,还增加了建立大气环境保护目标责任制和考核评价制度、重点领域大气

---

① 郝铁川:《中国改革开放以来法治现代化的范式转型》,《法学》2019年第5期。
② 参见孙宇挺《观察:从"经济"走向"民生"中国立法重点转变》,中国新闻网,网址: http://www.chinanews.com/gn/news/2009/03 - 10/1595679.shtml,最后访问日期:2020年4月10日。

污染防治、重污染天气的预警和应对等内容,提高了对大气污染违法行为的处罚力度。《物权法》第一次确认了物权的平等保护原则,强化个人所有权保护,严格规定征收制度,为解决实践中最普遍的侵害物权的行为(滥用征收制度)提供了法律依据。从不动产登记到居民住宅的停车位、电梯、水电管线的归属和维护,《物权法》清清楚楚地显示出对公民物权的保护。该法明确了食品安全监管体制,规定设立食品安全委员会,进一步明确了地方政府的领导责任;建立了食品安全风险监测和评估制度;明确了食品安全标准基本原则和食品生产经营质量安全规范;强化了食品检验工作,规范了食品进出口的质量安全监管制度,建立健全了食品安全事故处置机制,强化了食品安全监督管理机制,加大了对违法行为的打击力度。

保障食品安全,加强食品生产监管,仍然是保障公民健康权的重要内容。原国家质量监督检验检疫总局、原卫生部等国家部委制定了《食品生产许可管理办法》《餐饮服务食品安全监督管理办法》《餐饮服务许可管理办法》《食品添加剂新品种管理办法》等规章,修订了《食品标识管理规定》,为贯彻实施《食品安全法》而制定和修改的配套法规将会为公民生命健康和安全筑起一道坚实的食品安全法律屏障。2019年12月,《疫苗管理法》、修正后的《药品管理法》和《食品安全法实施条例》正式实施,强化了对违法违规行为惩罚,增设"处罚到人"制度,最高可处法定代表人及相关责任人年收入10倍罚款;建立健全了药品追溯制度严防假药劣药进入流通渠道,对网络销售药品坚持线上线下相同标准、一体监管原则;对疫苗犯罪行为,依法从重追究刑事责任;对违法生产销售假劣疫苗等行为,设置比一般药品更高的处罚;落实"处罚到人"要求,实行罚款、行政拘留、从业禁止直至终身禁业。

同时需要正视的是,我国关于民生的立法在传统上具有行政主导的特性,这种模式一定程度上制约了民生立法的法治化。民生立法目前仍然存在着体系整合的零散性、部类分布的非均衡性、典则构型的不完整性以及覆盖事域的模糊性等问题,需要对立法问题及技术进行深层次的调整。①

3. 规范和制约公权力

"法律是治国之重器，良法是善治之前提。"依法规范、制约和监督公权力运行始终是建设社会主义法治的重要内容。

立法机关于近几年密集出台、修改或修订了一批法律，加大了对公权力运行的规范和监督力度，完善了权力监督体系。2011年，经过近12年漫长的立法进程，《行政强制法》获得通过，其宗旨是通过规范行政强制的设定与实施，保障和监督行政机关依法履行职责，维护公共利益和社会秩序，保护公民、法人和其他组织的合法权益。该法的亮点是，强调法律保留（第10条、第13条）、贯彻比例原则（第5条、第43条）、遵循正当程序（第14条、第3章、第4章），确立了实施行政强制应将对相对人的损害降至最低且不以影响当事人的基本生活为代价的原则。《国家赔偿法》于2010年、2012年两度修改，修改后的《国家赔偿法》确立了包括违法归责原则（即以行政主体行为的违法性作为承担国家赔偿责任的基本要件）和结果归责原则（即以行政主体的行为给行政相对人造成危害后果为承担国家赔偿责任的基本要件）在内的多元归责原则，拓宽了国家赔偿范围，改进了国家赔偿程序，明确了赔偿义务机关的举证责任，细化了赔偿标准，将精神损害赔偿纳入赔偿费用的具体范围，完善了赔偿费用的支付机制。《国家赔偿法》的修订改变了其长期被诟病为"国家不赔法"的尴尬局面，推动其向建设责任型政府迈出实质性的一步。修订后的《保守国家秘密法》缩小并严格控制了国家秘密的范围，增加了确定国家秘密事项的标准，降低了确定国家秘密的任意性，科学地设置了定密权限，规定了保密期限与解密条件，提高了政府工作的透明度，实现了信息安全与信息公开的有机统一。《防震减灾法》则强化了政府在防震减灾方面的职能、职责，加强了物质保

---

① 参见张淑芳《行政法治视阈下的民生立法》，《中国社会科学》2016年第8期。

障、科技保障与法律责任方面的规定。

4. 维护和保障国家安全

国家安全和社会稳定是改革发展的前提。只有国家安全和社会稳定，改革发展才能不断推进。为维护国家安全和社会稳定，全国人民代表大会常务委员会加强了重点领域的立法工作。

2005 年，为了遏制"台独"的分裂国家的逆流，制定和通过了《反分裂国家法》，必要而及时地用法律来捍卫国家和民族最高和核心利益。[1] 尽管《反分裂国家法》关于和平统一的许多方针政策是针对台湾这个特殊历史条件下造成的特殊问题而提出的，但事实上，这部法律所规定的反对分裂势力分裂国家，维护国家主权和领土完整，维护中华民族的根本利益，维护国家主权和领土完整是全体中国人民的共同义务，以及中国内部事务不受外国干涉等基本原则和基本精神，适用于一切反分裂斗争，成为凝聚全体中国人民的意志和力量，反对分裂，捍卫国家主权、安全和领土完整的利器。2015 年，全国人民代表大会常务委员会审议通过了《国家安全法》。这部法律的出台很好地体现了总体国家安全观的各项要求，特别是深刻地反映了习近平总书记关于建立国家安全体系、保证国家安全各个方面的工作都做到有法可依的新理念新思想新战略，是全面推进依法治国的治国方略在国家安全领域的生动体现。在维护国家网络安全方面，2017 年 6 月开始实施的《网络安全法》确定了网络空间主权原则，[2] 明确了网络空间的治理目标，完善了网络安全的监管体

---

[1] 《反分裂国家法》是我国现行有效法律中唯一一部名称前没有冠以"中华人民共和国"的法律。原因在于，该法第 2 条规定"世界上只有一个中国，大陆和台湾同属一个中国，中国的主权和领土完整不容分割。维护国家主权和领土完整是包括台湾同胞在内的全体中国人民的共同义务"，明确该法反对分裂的是中国，因此法名前没有冠以"中华人民共和国"。参见乔晓阳《论宪法与基本法的关系》，《中外法学》2020 年第 1 期。

[2] 在《网络安全法》颁布前，2015 年通过的《国家安全法》第 25 条已明确提出要维护网络空间主权，2016 年 12 月出台的《国家网络空间安全战略》和 2017 年 3 月出台的《网络空间国际合作战略》对网络空间主权做了具体的阐述。

制，划分了政府各部门的职责和权限，加大了对破坏网络安全违法行为的惩戒力度。在强化国防交通建设方面，《国防交通法》对国防交通规划、交通工程设施、民用运载工具、国防运输、国防交通保障、国防交通物资储备等内容作了规定，其中特别规定了公民的配合与保密的义务，如依法征用民用运载工具时公民有配合义务，从事国防交通工作的公民应承担保密义务等。国防交通建设法治化有利于提高战略投送能力，有效保障国家安全。在规范境外组织活动方面，《境外非政府组织境内活动管理法》为规范境外非政府组织在中国境内的活动提供了指引，保障正常公益活动的合法权益，依法惩戒损害国家利益的行为。2019年10月，《密码法》由十三届全国人大常委会第十四次会议表决通过，并于2020年1月1日起施行。这是我国密码领域的第一部法律，填补了我国密码领域长期存在的法律空白，有利于规范密码应用和管理，保障网络与信息安全。推动构建以密码技术为核心、多种技术交叉融合的网络空间新安全体制，对于加快密码法治建设，理顺国家安全领域相关法律法规关系，完善国家安全法律制度体系具有重要意义。

二 "工欲善其事，必先利其器"：优化立法体制以提升立法质量

立法体制是关于立法权、立法权运行和立法权载体诸方面的体系和制度所构成的有机整体，其核心是有关立法权限的体系和制度。立法体制是一国立法制度的最重要的组成部分。[①] 好的立法体制，是立法质量的保证。

（一）立法体制的沿革

在立法体制上，自1978年以来，中国逐步确立了充分发挥中央立法与地方立法积极性的"集权的分权立法体制"。现行宪法的颁

[①] 周旺生、朱苏力主编：《北京大学法学百科全书（法理学·立法学·法律社会学）》，北京大学出版社2010年版，第616—617页。

行，奠定了中央与地方分享立法职权体制的宪法基础。之后，还采用了一般立法、授权立法、特区立法等方式，使宪法确立的立法体制在实践中得到不断完善、充实和发展。宪法、法律和立法授权决定的这些规定，使中国的立法权限在形式上得到了初步划分，加上从法律体系的构成上对行政规章制定权的确认，基本上构成了中央和地方、权力机关和行政机关分别行使立法职权的立法权限体系。

立法程序和技术也在改革开放以来的立法实践中逐步建立健全和不断完善。改革开放初期，"宪法和全国人民代表大会组织法对立法程序有一些规定，但比较简单"[①]。1983年6月，时任副委员长兼秘书长的杨尚昆对完善立法程序作出重要指示。[②] 随后，《全国人民代表大会常务委员会议事规则》和《全国人民代表大会议事规则》提出，"对全国人民代表大会及其常务委员会包括法律制定程序在内的议事活动程序和规则，用程序法的形式做了比较具体、明确的规定，使作为社会主义民主政治重要内容的立法程序得到了法律确认，保证其在国家的重要的政治生活中得到贯彻和实施"[③]。2000年，《立法法》的颁布，从根本上健全和完善了中国的立法程序，标志着中国立法制度建设进入一个新层次。《立法法》等法律、法规规定了全国人大及其常委会的立法程序，规定了国务院制定行政法规、地方人大及其常委会制定地方性法规的程序。2015年3月15日，《立法法》首获修改，对于完善中国立法体制机制，促进科学立法、民主立法，提高立法质量具有重要意义。首先是增加了"完善中国特色社会主义法律体系，发挥立法引领和推动作用"的内容，凸显出我国立法工作的基本任务从建立法律体系转变为完善法律体系，立法功能扩展到充分发挥立法引领和推动作用上。税收法定和设区市可以制定地方性法规等

[①] 吴大英等：《中国社会主义立法问题》，群众出版社1984年版，第174页。
[②] 杨尚昆：《中华人民共和国第六届全国人民代表大会常务委员会报告》，1983年。
[③] 李培传主编：《中国社会主义立法的理论与实践》，中国法制出版社1991年版，第82页。

内容，使法律、行政法规、地方性法规的边界更加清晰，各级人大的立法权限更加明确，可以有效避免越权立法、重复立法的问题。修改后的《立法法》还对民主立法做了许多刚性规定，"法律案及其说明应当向社会公布，征求意见时间一般不少于30天，征求情况向社会通报"等内容，使法律更加充分体现人民意志。立法过程中，"分歧较大的重要条款"单独表决等新增加的程序，对提高立法质量、增强法律的针对性和可执行性意义重大。此外还涉及对修法模式、立法主导、立法主体和立法监督等方面内容的创新。在纵向分权上，赋予设区的市以地方立法权是《立法法》修改中的重大举措，第72条第2款规定了设区的市和自治州可以在不与上位法相抵触的情况下，就城乡建设与管理、环境保护、历史文化保护等方面的事项制定地方性法规。这种纵向分权还体现在部门规章与地方政府规章上。修改后的《立法法》加大了对部门规章与地方政府规章的立法权限制，并进一步规范授权立法，加强备案审查制度，规范司法解释，以避免"一揽子授权"和"无限期授权"，进一步理顺各部门之间的职能分工。

（二）立法机制的优化

在如何优化立法体制机制，以推进立法的科学化和民主化、提升立法质量这个问题上，习近平同志指出："推进科学立法、民主立法，是提高立法质量的根本途径。科学立法的核心在于尊重和体现客观规律，民主立法核心在于为了人民、依靠人民。要完善科学立法、民主立法机制，创新公众参与立法方式，广泛听取各方面意见和建议。"[①]"要优化立法职权配置，发挥人大及其常委会在立法工作中的主导作用，健全立法起草、论证、协调、审议机制，完善法律草案表决程序，增强法律法规的及时性、系统性、针对性、有效性，提高法律法规的可执行性、可操作性。要明确立法权力边界，从体制机制和工作程序上有效防止部门利益和地方保护主义法律化。要加强重点领域立法，及时反映党和国家事业发展要求、人民群众关切期待，对涉及全

[①] 习近平：《关于〈中共中央关于全面推进依法治国若干重大问题的决定〉》（2014年10月20日），《中国共产党第十八届中央委员会第四次全体会议文件汇编》，人民出版社2014年版，第84页。

面深化改革、推动经济发展、完善社会治理、保障人民生活、维护国家安全的法律抓紧制定、及时修改。"①

1. 注重立法机关和人大代表作用的发挥

过去在立法活动中,立法机关较为依赖国务院送审的法律草案,而较少对草案内容进行实质性修改的情况,饱受"橡皮图章"的诟病。近年来,立法机关表现得更加积极主动,在立法中更加注重发挥自身作用,对法律草案的审查力度明显加大。比如,《商标法》修改过程中,全国人民代表大会常务委员会对国务院送交的草案进行了大幅修改,明确规定驰名商标不得做广告宣传,确定了有混淆可能性的侵权标准,加大了商标侵权的赔偿力度。这表明,立法机关自身能力正在逐步提升,这也有助于不断提升立法的科学性。为了确立人大,特别是全国人大和全国人大常委会在立法中的主导作用,《立法法》的修改增加和完善了下述四个方面的规定:一是明确规定全国人大及其常委会加强对立法工作的组织协调,充分发挥其在立法工作中的主导作用(第51条);二是对全国人大及其常委会的专属立法权事项进一步明确、细化,如对非国有财产的征收、征用,特别是确定"税收法定"原则,即税种的设立、税率的确定和税收征收管理等税收基本制度只能由法律规定(第8条);三是确定全国人大有关专门委员会、常委会工作机构应当提前参与有关方面的法律草案的起草工作,对涉及综合性、全局性、基础性的重要法律草案,可由有关专门委员会或者常委会工作机构直接组织起草(第53条);四是全国人大常委会通过立法规划、年度立法计划等形式,加强对立法工作的统筹安排。国务院法制机构应根据国家总体工作部署拟定国务院年度立法计划,国务院年度立法计划中的法律项目应当与全国人大常委会的立法规划和年度立法计划相衔接(第52条、第66条)。

人大代表是国家权力机关的组成人员,代表人民行使法律赋予的

---

① 习近平:《加快建设社会主义法治国家》(2014年10月23日),《求是》2015年第1期。

权利。但长期以来，各级特别是基层人大代表的履职现状并不容乐观。① 近几年来情况逐渐好转，人大代表开始积极参与立法活动。在履职期间，人大代表充分进行调查研究，收集民意，起草草案，发挥意见沟通与利益表达的立法功能。立法机关健全了法律草案征求代表意见制度，邀请代表参与到立法调研、论证、审议、评估等工作中去。在《民法总则》草案的制定过程中，全国人大常委会召开会议征求全国人大代表意见，全国人大代表纷纷提出建议，包括要把绿色发展理念和保护环境、节约资源等写进总则，有的建议被吸纳进立法文本中。根据《国务院办公厅关于做好全国人大代表建议和全国政协委员提案办理结果公开工作的通知》（国办发〔2014〕46号），从2015年开始，各地区、各部门对于涉及公共利益、公众权益、社会关切及需要社会广泛知晓的建议和提案办理复文，应当采用摘要公开的形式，公开办理复文的主要内容，适当公开本单位办理建议和提案总体情况、全国人大代表和全国政协委员意见建议吸收采纳情况、有关工作动态等内容。2015年《立法法》的修改，从六个方面加大了人大代表在立法中的作用，扩大了人民群众对立法参与的范围和力度。

2. 立法评估程序的完善

中国特色社会主义法律体系基本形成后，我国立法迎来从数量型发展向质量型发展的转折。为了提高立法质量，《立法法》修改中特别加强了对立法的评价程序，包括可行性评价、立法前评估和立法后评估。② 立法前评估和立法后评估虽然都是为了增加立法的科学

---

① 王宜永：《基层人大代表履职现状、问题原因及对策研究》，《人大研究》2020年第3期。

② 关于可行性评价，新修改的《立法法》规定，法律案有关问题专业性较强，需要进行可行性评价的，应当召开论证会，听取有关专家、部门和全国人大代表等方面的意见（第36条）；关于立法前评估，新修改的《立法法》规定，对拟请常委会审议通过的法律案，在法律委员会提出审议结果报告前，常委会工作机构可以对法律草案中主要制度规范的可行性、法律出台时机、法律实施的社会效果和可能出现的问题进行评估（第39条）；关于立法后评估，新修改的《立法法》规定，全国人大有关的专门委员会、常委会工作机构可以组织对有关法律或者法律中有关规定进行立法后评估（第63条）。

性，提高立法的质量，但二者功能不完全相同。立法前评估实质是一种立法论证，包括对相应立法进行必要性、可行性和合宪合法性的论证，其意义在于确定相应立法是否应该出台、何时出台、出台有何风险和如何避免风险，以保证立法的质量；立法后评估也称"立法质量评估"，由于它是在立法完成后进行的评估，有地方俗称"立法回头看"①。它的意义在于确定相应立法是否达到了立法预期的目的；如果没有达到预期目的，是何原因，是立法本身的质量问题，还是在实施环节中出了问题；如果是立法本身存在质量问题（立法后评估主要是评估立法本身的质量问题），应确定产生问题的原因和严重程度，以决定是修改、还是撤销或废止相应法律。

"法律的生命在于它的适用和生效。"② 立法的质量如何，归根结底还是要在实践中予以检验，从这一点来看，立法后评估的重要性更加凸显。近几年各地开展的立法后评估的实际效果表明，它是有效提升立法质量的制度机制，但目前还处于初级阶段，呈现出自发性、零散性和多样性等特点，迫切需要构建科学完整的评估体系，逐步推进立法后评估的制度化和常态化。③

3. 民主立法、"开门立法"

立法是社会资源分配或再分配的重要手段。孟德斯鸠认为，那些"可以为自己或他人国家制定法律的人"，必须是有足够天才的人。④ 而在现代民主法治国家，人们更为倚重民主及由民主产生的法治而不再是"天才"。民主是保障立法权在各社会群体间均衡分配，缓和与化解群体之间矛盾冲突的理性路径，民主立法有助于实现立

---

① 参见俞荣根、刘艺《地方性法规质量评估的理论意义与实践难题》，《华中科技大学学报》（社会科学版）2010年第3期。
② ［美］罗斯科·庞德：《法理学》（第一卷），余履雪译，法律出版社2007年版，第287页。
③ 参见陈俊荣、魏红征《地方立法后评估框架性体系探析》，《地方立法研究》2018年第1期。
④ ［法］孟德斯鸠：《论法的精神》（下册），张雁深译，商务印书馆2005年版，第338页。

法主体的广泛性、立法程序的合法性、立法实体的人民性。①

改革开放以来，在中国立法工作中，立法民主化、发扬立法民主等理念早已有所体现，但"民主立法"这个提法却是在进入21世纪后才正式使用。2000年《立法法》施行，规定全国人大常委会制定法律应当采取多种形式听取各方面的意见，对于一些重要的法律案可以向全社会公布，广泛征求意见。2008年3月，第十一届全国人民代表大会第一次会议强调，立法工作"要坚持国家一切权力属于人民，健全民主制度，丰富民主形式，拓宽民主渠道，从各个层次、各个领域扩大公民有序政治参与，保障人民依法实行民主选举、民主决策、民主管理、民主监督的权利"。2008年4月，全国人民代表大会常务委员会委员长会议决定，今后全国人民代表大会常务委员会审议的法律草案，一般都予以公开，向社会广泛征求意见。此后，实行"开门立法"，完善立法工作机制和方式方法，邀请代表参加立法调研论证，听取采纳代表意见建议，立法全过程公开并公开征集民众意见，使立法更真切地反映广大人民的意愿，逐渐成为全国人大和地方人大的立法新常态。

在公民意识不断增强，社会利益诉求多元化的当下，立法机关不再满足于《立法法》中的规定动作，还逐渐拓宽公民有序参与立法的途径和方式。国家立法机关先后就多部法律草案数次在基层立法联系点组织听取干部群众意见，为国家立法提供"基层视角"，使立法工作更加接地气、察民情。法律出台前，向社会公开草案，并预留一定时间给公众提出意见建议，已经成为立法的必经程序。十几年来，全国人大常委会共有上百部法律草案公开征集意见，还有更多数量的法规草案和部门规章草案通过国务院法制办公室（2018年后为司法部）的"行政法规草案意见征集系统"和"部门规章草

---

① 参见冯祥武《民主立法是立法与社会资源分配的理性路径》，《东方法学》2010年第4期。

案意见征集系统"公开征集了意见。① 从年度来看，每年公众参与的规模不均，总体呈现出参与程度越来越高的趋势；尤其是物权法、劳动合同法、个人所得税法、食品安全法、反家庭暴力法、民法总则、民法典等与普通民众息息相关的立法，民众关注度较高，参与热情也较高。例如，2005年，《物权法（草案）》征集到0.9万条修改意见；2006年，《劳动合同法（草案）》征集到18.7万条意见；2007年，《就业促进法（草案）》征集到0.7万条意见；2008年，《社会保险法（草案）》征集到6.8万条意见；2009年，《村民委员会组织法（修订草案）》征集到0.6万条意见；2010年，《车船税法（草案）》征集到9.7万条修改意见和建议；2011年，《个人所得税法（草案）》征集到23.7万条意见；2012年《劳动合同法修正案（草案）》征集到55.7万条意见，《预算法修正案（草案）》（二次审议稿）征集到33万条意见；2013年，《资产评估法（草案二次审议稿）》征集到3.2万条意见；2014年，《食品安全法（修订草案）》征集到0.8万条意见，《刑法修正案（九）（草案）》征集到5.1万条意见；2015年，《反家庭暴力法（草案）》征集到4.2万条意见；2016年，《民法总则（草案）》征集到6.5万条意见；2017年，《基本医疗卫生与健康促进法（草案）》征集到5.7万条意见；2018年，《民法典各分编（草案）》征集到44万条意见；2019年，《民法典婚姻家庭编（草案二次审议稿）》征集到6.7万条意见。②

---

① 有学者指出，法案通过网络征求民意确实有助于民主立法原则的实现，发现主权者的真意，但网络仍有其局限性，仅通过网络征求民意有可能遗漏最关心本法案的部分民众的意见。参见梁景瑜《民主立法的新进展——评法案网络征求民意》，《网络法律评论》2012年第2期。这些无法通过网络表达的"沉默的大多数"的意见，应通过网络之外的渠道被"听到"和吸纳。参见强世功《"沉默的大多数"不应被忽视》，《社会观察》2011年第3期。

② 此处选取了2005—2019年度中每年征求意见数量最多的1到2项立法作为分析样本。数据来源：《已结束征求意见的法律草案》，中国人大网，网址：http://www.npc.gov.cn/npc/c8195/flcazqyj_zqlist_2.shtml，最后访问日期：2020年2月10日。

第二节 "一切权力属于人民"：与时俱进的人民代表大会制度

人民代表大会制度是中国的根本政治制度。人民代表大会制度具有丰富和深刻的内涵：简言之，它是关于人民代表大会性质、职能、组织、运作的一系列制度；广言之，它还包括人民代表大会与人民、执政党、政府、监察委、法院、检察院等相互关系的原则和机制；概言之，它主要包括主权在民制度、民主集中制度、国家选举制度、人大工作制度等基本制度，并形成以主权在民制度为本质和核心内容、以民主集中制度为组织和运行原则、以国家选举制度为前提和基础、以人大工作制度为形式和实体的结合体与统一体。①

习近平总书记在庆祝全国人民代表大会成立 60 周年大会上的一番讲话颇具时空感："60 年前，我们人民共和国的缔造者们，同经过普选产生的 1200 多名全国人大代表一道，召开了第一届全国人民代表大会第一次会议，通过了《中华人民共和国宪法》，从此建立起中华人民共和国的根本政治制度——人民代表大会制度。……60 年来特别是改革开放 30 多年来，人民代表大会制度不断得到巩固和发展，展现出蓬勃生机活力。60 年的实践充分证明，人民代表大会制度是符合中国国情和实际、体现社会主义国家性质、保证人民当家作主、保障实现中华民族伟大复兴的好制度。……人民代表大会制度是中国特色社会主义制度的重要组成部分，也是支撑中国国家治理体系和治理能力的根本政治制度。"② 党的十八届三中全会《中共中央关于全面深化改革若干重大问题的决定》提出"坚持人民主体

---

① 参见肖金明《人民代表大会制度的政治效应》，《法学论坛》2014 年第 3 期。
② 习近平：《在庆祝全国人民代表大会成立 60 周年大会上的讲话》，2014 年 9 月 5 日。

地位，推进人民代表大会制度理论和实践创新，发挥人民代表大会制度的根本政治制度作用"①，党的十九大报告明确提出，"人民代表大会制度是坚持党的领导、人民当家作主、依法治国有机统一的根本政治制度安排，必须长期坚持、不断完善"。推动人民代表大会制度与时俱进，实现理论和实践创新，充分释放其制度功能，是实现我国国家治理体系和治理能力现代化的根本制度途径。

一　人大自身制度的完善

（一）人大工作制度

党的十九大报告提出"健全人大组织制度和工作制度"的要求。新时代社会主义民主法治建设面临新形势、新问题、新挑战，国家治理现代化呼吁相称的人大工作制度，健全人大议事规则成为新时代发挥国家根本政治制度功效的重要内容。② 近年来，人大及其常委会的工作制度建设得到加强，国家权力机关的运行机制逐步完善。人大的工作制度必须按照一定程序和步骤，切实行使自己的职权，充分地发挥效用。第一，健全立法体制和程序，人大及其常委会的立法权有所创新。第二，制定议事章程和规则，规范人大及其常委会的工作。根据实际情况的发展需求，从程序上科学合理地规范了全国人大及其常委会的议事工作，相继制定了《全国人大组织法》、全国人大及其常委会的议事章程和规则。地方各级人大及其常委会开展活动也是在实践中不断摸索着前进，取得了大量卓有成效的工作成果，逐步形成了一套相对完备的工作机制。第三，完善监督权的运行机制。监督权一般分为法律监督和工作监督两个组成部分。第四，逐步规范重大事项的决定权。规范重大事项的决定权是发展

---

① 《中共中央关于全面深化改革若干重大问题的决定》（2013 年 11 月 12 日中国共产党第十八届中央委员会第三次全体会议通过）。

② 焦洪昌：《如何完善我国人大议事规则——基于欧、美、日的分析与借鉴》，《中国法律评论》2019 年第 6 期。

民主政治道路的重要方式,但《宪法》和《组织法》中对这一决定权的规定缺乏切实可行的操作性。当然,我们也看到一些积极的信号,近年来各级地方人大及其常委会相继出台了对于规范行使权力的规定。目前全国范围内,省一级制定的关于人大常委会讨论、决定重大事项的地方性法规已达29个。①

(二) 人大组织体制

人民代表大会的组织体制指的是人大的组织机构以及各组织机构之间相互影响,相互制约的关系,通常由宏观和微观两个层次结构组成。宏观结构主要是指人民代表大会及其常务委员会和专门委员会等,微观结构则是以人大代表以及常务委员会的组成人员为主。提升委员们的履职意识和履职能力是建设人大常委会和专委会的基础,人大常委会和专委会的建设又是提高人大议政能力的关键所在,要想解决好人大的议政能力,组织建设则是根本。

党的十八大和十九大报告都突出强调了各级人大及其常委会的主体地位,而这一主体地位的关键也是要解决好组织建设的基本问题。因此,全国人大能否真正地发挥国家最高权力机关的作用,有效地行使宪法赋予的合法职权,这在一定程度上取决于人大内部的组织体制是否科学合理,是否完善。

全国人大专门委员会是全国人大下设的工作机构,实行专业分工,为解决国家管理纷繁复杂事务的需要而建立起来的。设立专委会是提高委员履职水平一个有效的防御措施,这一举措被认为是我国民主政治建设的新起点,我国人大制度改革的新亮点。截至目前,全国人大常设的十个专门委员会各司其职,协助全国人大开展调查研究,专门委员会的设置对于加强国家最高权力机关的工作非常有帮助。各专门委员会紧紧围绕全国人大及其常委会的中心任务,发挥人才荟萃、知识密集的优势,结合自身职责积

---

① 根据北大法宝的查询结果,目前省一级没有制定的关于人大常委会讨论、决定重大事项的地方性法规的,仅有新疆和宁夏两地(查询日期:2020年4月10日)。

极开展调查研究，认真研究、审议和拟订有关议案，加强与有关方面沟通协调，在提高立法质量、增强监督实效、发挥代表作用、开展对外交往等方面做了大量卓有成效的工作。但是，人大专委会的设置数量较少，建设还是显得相对落后，县级以上地方各级人大专委会的数量均没有超过全国人大的总数，在一些民主政治发展落后的地区，专门委员会尚未建立。改革开放的今天，我国已经步入民主政治建设的行列，全国人大及其常委会身上肩负的立法任务和监督任务越来越繁重，下一步可以考虑针对需求，进一步增加各级人大专门委员会的数量。

二 人大代表选举制度的演进

中国现行宪法和法律明确规定了代表的地位、权利和义务。1992年4月3日，七届全国人大五次会议通过了《代表法》，对代表的性质、工作、权利和义务等内容作了明确规定。代表法的制定和实施，是完善人民代表大会制度的重要举措，标志着代表工作进入了规范发展阶段。以2005年中共中央转发《中共全国人大常委会党组关于进一步发挥全国人大代表作用，加强常委会制度建设的若干意见》（即中共中央9号文件）为标志，代表工作进入开拓完善阶段。为贯彻落实中央9号文件，全国人大常委会委员长会议和秘书长办公会议，先后制定了《关于加强和规范代表活动的若干意见》《全国人民代表大会代表议案处理办法》《全国人民代表大会代表建议、批评和意见处理办法》《关于全国人大代表学习培训工作的若干意见》等一系列配套文件，使代表工作进一步制度化、规范化、程序化。2009年8月27日十一届全国人大常委会第十次会议对代表法作出第一次修正，2010年10月28日十一届全国人大常委会第十七次会议对代表法作出第二次修正。修正后的《代表法》总结贯彻了2005年中央9号文件的实践经验，进一步明确了代表的权利和义务，细化了代表的履职规范，加强了代表的履职保障，强化了对代表的履职监督。这些修改，将代表工作中的成熟经验及时上升为法律，进一步完善了代表法律制度，有利于更好地支持和保障代表依法行使职权。目前，经过直接选举和间接选举两种方式选举产生的全国各级人大代表有 267 万多人。其中，十三届全国人大代表共有 2980 名，由全国 35 个选举单位选举产生。选出的全国人大代表具有广泛的代表性，各地区各民族各方面都有适当数量的代表，一线工人农民代表、妇女代表比例有所上升，党政领导干部代表比例有所下降。据统计，在选出的代表中，少数民族代表 438 名，占代表总数的 14.70%，全国 55 个少数民族都有本民族的代表；归侨代表 39 名；连任代表 769 名，占代表总数的 25.81%。与十二届相比，妇女代表 742 名，占代表总数的 24.90%，提高了 1.5 个百分点；一线工人、农民代表 468 名（其中有 45 名农民工代表），占代表总数的 15.70%，提高了 2.28 个百分点；专业技术人员代表 613 名，占代表总数的 20.57%，提高了 0.15 个百分点；党政领导干部代表 1011 名，占代表总数的 33.93%，降低了 0.95 个百分点。香港选出代表 36 名，澳门选出代表 12 名。① 他们数量多，分布广、贴近群众，在了解民情、反映民意、集中民智方面具有独特优势。他们是我国各级国家权力机关的组成人员，在执行代表职务、履行代表义务、代表人民管理国家等方面，发挥了积极的代表作用。

三　人大代表履职制度的优化

在人民代表大会制度框架内，广大人民通过自己选举产生的人大代表和人大代表组成的人民代表大会及其常务委员会来表达自己的利益和要求，实现自己管理国家的权力。《2015 年全国人大常委会工作报告》指出，"尊重代表的权利就是尊重人民的权利，保障代表依法履职就是保障人民当家作主"。由此可见，人大代表履职制度在整个人民代表大会的制度组成和运作中发挥着至关重要的作用。

---

① 参见《2980 名十三届全国人大代表的代表资格确认全部有效具有广泛代表性》，《人民日报》2018 年 2 月 25 日。

人大代表必须忠诚于选民的意志,然而在实际运行中却常常存在着代表履职意识淡薄、议政热情不高,联系群众不紧密,与选民利益诉求不统一等问题。为了充分发挥人大代表的履职作用,切实提高代表参政议政的能力和水平,各级人大在以下几个方面做了大量工作:

第一,加强对人大代表的培训,提高代表的素质要求。我国法律上并未对参选人大代表的条件作出特别的规定,然而选举人大代表的意义就在于从普通公民中选拔出一些具有远见卓识的群体,利用他们超常的知识水平和经验阅历,保证国家能够依法做出科学的抉择。因此,人大代表应当积极地提高对自身的素质要求,特别是法律思维和法律意识。当然,在普及代表知识结构的层面上,更应该注重对代表的综合考量,注重其在工作中的履职能力。由于人大代表在知识层面和政治素养方面参差不齐,在履职过程中不能完全发挥作用,所以,建立起一套人大代表培训机制成了当下需要着重解决的问题。在培训内容的设计上,主要包括我国人大制度的核心思想与理论基础,传达组织结构、法律条文、理论依据,同时为代表讲解提案、立案、监督等方法和技巧,便于人大代表能够履行职能,树立自己在选民心中的信任形象,顺利地开展相关工作。与此同时,各地还积极鼓励人大代表在工作方式上推陈出新,如各地陆续创办代表个人工作室,虽然这一举措还得不到本次人大代表法的支持,但是并不意味着这项制度的失败,只是时下操作起来尚有困难。

第二,加强人大代表与选民的联系,提高人大代表整合民意的能力。习近平总书记指出:"人民代表大会制度之所以具有强大生命力和显著优越性,关键在于它深深植根于人民之中……各级国家机关加强同人大代表的联系、加强同人民群众的联系,是实行人民代表大会制度的内在要求,是人民对自己委派代表的基本要求。"[①] 合格的人大代表应该是积极的、活跃的、善于联系群众且懂得如何将

[①] 《庆祝全国人民代表大会成立60周年大会在京举行》,《中国人大》2014年第18期。

广大人民群众的利益诉求通过正确的途径反馈给政府，是公民与政府间无法替代的沟通桥梁。同时，还应具备对于民意的整合能力以及对信息的甄别能力，确保传递最准确的民意，代表最广大人民群众的利益。2016年7月，全国人大常委会办公厅印发的《关于完善人大代表联系人民群众制度的实施意见》中，就完善人大代表联系人民群众提出了"围绕中心，服务大局；立足基层，形式多样；上下联动，注重实效；总结经验，健全机制"四项基本要求。为了达到这些要求，各地积极探索加强人大代表与群众之间紧密联系的方式和途径：其一，对人大代表联系选民的工作进行量化处理。为方便选民对人大代表展开有效的监督，建立其代表和选民的见面制度，并且从制度层面对代表联系选民的工作作出硬性规定。其二，健全完善代表公示制度。目前存在群众有事找政府、找党委的怪象，却极少有人找人大解决问题，这其中一个重要的原因就是不知以何种方式找人大。因此，逐步将人大代表的个人信息公开落到实处，方便选民联络到自己。各省结合实际建立了本级人大代表联络站、代表工作站等制度，通过联络站进一步密切与选民之间的关系，并且形成了代表小组、代表列席会议、选民接待日等一系列较为制度化的工作方式。① 其三，开始探索并逐步提高人大代表专职化的比例。自新中国成立以来，我国人大一直实行的是代表兼职制。人大代表兼职化确实存在许多的问题，这部分代表由于自身的本职工作繁忙，无暇兼顾代表工作，疏于联络选民，致使其经常发生角色冲突和混淆，无法形成稳定的自我认同感。推行人大代表专职化是一项复杂的系统工作，牵扯多方的利益问题。所以，要分清主次，循序渐进地展开。

第三，借助"互联网+"，提高人大代表履职效率。传统代表履职方式存在不足，如人大代表履职常态化不够、人大及其常委会与人大代表和群众联系不够、选民难以及时向人大代表反映情况、选

---

① 参见严行健《地方人大代表直接联系群众工作的现状及特征》，《北京航空航天大学学报》（社会科学版）2018年第3期。

民难以监督人大代表等。信息化的发展为克服这些不足提供了机遇。全国各地正在积极探索"互联网+代表履职",打造"智慧人大",利用移动互联网尤其是手机终端,拉近了代表与被代表的人民之间的距离。例如,上海市人大开发了"上海代表履职"App;甘肃省人大开发了"人大代表履职通"App,代表之间、工作人员和代表之间通过"交流平台"栏目可以实现电话交流、在线交流、群组交流、短信交流等功能;江苏南京市的"浦口人大"App,设立了"人大履职"栏目,主体功能服务于代表参加区、街人大会议及活动,代表还可以直接用手机提交代表建议,登录统计栏目为代表使用App进行履职的积分统计,不同板块、不同栏目有不同的分值,达到促进代表履职的作用;浙江杭州人大推出了"治水监督"App,设立了"代表监督"模块,人大代表注册认证后,既能在上面实时监控全市需要重点监督的1242条河道(段)的水流水质情况,也能看到河长和自己的巡河轨迹。如果发现问题并上传照片,河长和治水办必须在5个工作日内给出反馈。

四 人大监督权的行使

监督权是宪法赋予人民代表大会及其常委会的一项重要职权,它是人民当家作主的政治权力,是人民管理国家事务的重要体现。《监督法》又为各级人民代表大会常务委员会实施监督提供了法律保障。长期以来,人大秉持着"支持型监督"理念,监督实践表现出"督促自纠与作出处理相结合"的特色。[1] 从文化层面分析,支持型监督理念的背后是中国传统"和"文化的影响,它倾向于主张人大慎用少用撤销、质询这类硬性的监督方式,而更多使用"柔性纠错机制"[2]。支持型监督模式固然有其合理性,但它在实践中导致了一

---

[1] 参见蒋清华《支持型监督:中国人大监督的特色及调适——以全国人大常委会备案审查为例》,《中国法律评论》2019年第4期。

[2] 参见封丽霞《制度与能力备案审查制度的困境与出路》,《政治与法律》2018年第12期。

定程度上的"结构性失衡",削弱了人大监督必要的刚性。有鉴于此,近年来各级人大进行了不少监督机制的创新,通过细化督促自纠程序、加大公开力度、完善监督方式等具体制度来提升人大监督权行使的有效性。

第一,完善人大公开的监督机制。首先,公开监督内容。许多地方的人大常委会在确定一段时期的监督内容以后,及时向广大人民群众公示,便于民众通过各种渠道参与监督工作。其次,公开监督结果。在监督工作完成以后,及时公开对于监督过程中发现的问题的反思、形成的反馈意见、决定以及整改措施等。最后,将公民旁听人大及其常委会的会议制度广泛落实。除涉及国家重大和机密的人大会议以外,根据会场的实际情况,允许公民旁听历届会议,广泛征求民意,并将旁听席向全社会范围内延伸,让民众知道人大代表日常如何工作。

第二,健全人大的监督程序。缺乏规范性、程序性的保障往往会使监督实权流于形式。因此,各级人大在监督工作中,逐渐开始探索如何将法定监督程序规定得更加细致和深入,把程序建设摆在首要位置,严格按照程序开展监督工作,探索高效的监督方式。

第三,完善监督方式方法,建立联动性、系统性、全面性的监督体系。人民代表大会常务委员会主要监督内容包括听取和审议人民政府、人民法院和人民检察院的专项工作报告,审查和批准决算,听取和审议国民经济和社会发展计划、预算的执行情况报告,听取和审议审计工作报告、执法检查、规范性文件的备案审查、询问和质询、特定问题调查、撤职案的审议和决定等。其中,执法检查是各级人大会重要的监督方式。自1993年第八届全国人大常委会第一次开展执法检查起到2015年年底,开展了101次执法检查,涉及经济发展、政治建设、文化繁荣、社会治理、环境保护等方面,反映了一个时期党和国家的中心工作、全国人大常委会监督工作的重点和社会的普遍关切。① 执法检查组深入基层、深入实际、深入群众，了解和掌握了法律实施的真实情况，对所检查的法律、法规实施情况进行评估，提出执法中存在的问题和改进执法工作的建议及对有关法律、法规提出修改完善的建议，对推动国务院工作，取得了较大的成效。专题询问步入常态化规范化。自2000年开始全国人大常委会每年就三个议题进行专题询问，到2014年年底，全国省级人大常委会全部开展过专题询问，使专题询问逐步走向制度化和常态化，成为各级人大及其常委会加强监督工作的重要手段，推动政府有关部门改进工作，解决了一些长期存在的、关系人民群众切身利益的重点问题。目前来看，人大常委会的监督逐渐从采取单向度的、有选择性的方式而向联动性、系统性、全面性的监督升级，有效提升人大常委会监督的有效性。同时，开始探索建立人大常委会与"一府一委两院"、人大常委会与人大代表、人大代表与民众、各级人民代表大会及常务委员会之间的联动机制。

习近平同志在党的十九大报告中，为中国的立法和人民代表大会制度在新时代的发展指明了正确的方向，他指出，要"加强人民当家作主制度保障。人民代表大会制度是坚持党的领导、人民当家作主、依法治国有机统一的根本政治制度安排，必须长期坚持、不断完善。要支持和保证人民通过人民代表大会行使国家权力。发挥人大及其常委会在立法工作中的主导作用，健全人大组织制度和工作制度，支持和保证人大依法行使立法权、监督权、决定权、任免权，更好地发挥人大代表作用，使各级人大及其常委会成为全面担负起宪法法律赋予的各项职责的工作机关，成为同人民群众保持密切联系的代表机关。完善人大专门委员会设置，优化人大常委会和专门委员会组成人员结构。"站在21世纪第三个十年的起点，回顾中国的人大制度曾经取得的成就，对于人大制度在新时代即将取得

---

① 李树春：《人民代表大会制度的理论创新和实践创新》（下），《吉林人大》2016年第8期。

的新发展，我们充满期待。

第三节 "在权利与权力之间"：人大监督的演进与发展

人大监督，是指各级人民代表大会及其常委会为了全面保证宪法和法律的实施，维护人民的根本利益，防止行政和司法机关滥用其权力，通过法定方式和程序，对由它所产生的国家机关实施的检查、调查、督促、纠正和处理。

人大监督是国家根本制度的监督，是我国监督体系的重要组成部分。人大监督制度在中国得以形成与发展，绝非历史之偶然。人大监督的思想源远流长——它既得益于西方分权理论与代议制度的启示，也是对马克思主义监督学说的继承和发展，更是中国共产党人在社会主义革命与建设的实践中逐步探索的经验之总结；人大监督制度的理论基础十分丰厚——它深植于人权理论、民主理论、制权理论和法治理论。马克思主义者，特别是中国共产党的历代领导人，结合本国国情，将人权、民主、法治、权力制约等理念和理论创造性地运用于实际，创立和建成了具有中国特色的人大监督制度。在毛泽东同志看来，人民代表大会就是人民监督政府的基本形式。[1] 他认为，要保证人民民主，就必须有监督，"只有让人民起来监督政府，政府才不敢松懈。只有人人起来负责，才不会人亡政息。"[2] 我国人民代表大会是国家权力机关，但它不可能独立行使各种权力，而是将部分权力授予其他国家机关（包括行政机关、监察机关、审判机关和检察机关），以分别行使

---

[1] 《彭真文选（1941—1990年）》，人民出版社1991年版，第223页。
[2] 薄一波：《若干重大决策与事件的回顾》（上卷），中共中央党校出版社1991年版，第157页。

行政权、监察权、审判权和检察权。由此，人民代表大会将全力委托给其他国家机关行使之后，对权力实施监督是有必要的，更是有利的。"正是因为民主权力行使的这种间接性、委托性，决定了权力制约的必要性和可能性。"① 也因此说，"实施监督乃是人民代表大会这一国家权力机关所固有的职能。"② 习近平总书记更是明确指出，"人民代表大会制度的重要原则和制度设计的基本要求，就是任何国家机关及其工作人员的权力都要受到制约和监督"，权力运用能否得到有效制约和监督是评价一个国家政治制度是不是民主、有效的八个标准之一。③

一 人大监督制度的形成和发展

在《监督法》出台之前，宪法既是人大监督的授权之法，也是人大行使监督权的主要依据。因此要研究人大监督制度的发展脉络，需从宪法规定中找寻。

（一）"五四宪法"及有关法律

1954年9月召开的第一届全国人民代表大会通过并颁布了新中国的第一部宪法，"奠定了新中国基本政治和法律制度体系"④。"五四宪法"明确了我国的权力机关是全国人民代表大会和地方各级人民代表大会，并就各级人大的监督职能、机构、对象、内容和形式等作出了规定。"五四宪法"明确规定：全国人民代表大会是最高权力机关，是行使国家立法权的唯一机关，有监督宪法实施的职权。全国人民代表大会常务委员会有监督国务院、最高人民法院和最高

---

① 李龙：《依法治国——邓小平法治思想研究》，江西人民出版社1998年版，第218页。

② 张炜：《人民代表大会监督职能研究》，中国法制出版社1996年版，第8页。

③ 习近平：《在庆祝全国人民代表大会成立六十周年大会上的讲话》，2014年9月5日。

④ 韩大元：《"五四宪法"的历史地位与时代精神》，《中国法学（文摘）》2014年第4期。

人民检察院的工作，撤销国务院同宪法、法律和法令相抵触的决议与命令等职权。在"五四宪法"关于权力机关监督原则规定的基础上，第一届全国人民代表大会还通过了《地方各级人民代表大会和地方各级人民委员会组织法》，对地方各级权力机关的监督作出了相应规定。1955 年 8 月，全国人大常委会又作出了《关于全国人民代表大会代表和省自治区直辖市人民代表大会视察工作的决定》（以下简称《决定》），规定了人民代表每年视察的次数、形式、内容，以及要求各级执行机关必须为视察提供方便等。该《决定》是充分发挥权力机关监督作用的配套法规。

"五四宪法"及有关法律的颁行，形成了我国人大监督的基本框架，体现了我国人民行使国家权力的基本性质，但它在涉及人大监督的某些方面尚存不足，比如：第一，由于县级以上各级地方人民代表大会未设常设机构，使得权力机关对执行机关的日常工作监督较难实施；第二，县以上各级地方人民代表大会未设常设机构，本级人民代表大会的选举工作由本级人民政府主持，因而在一定程度上影响了权力机关监督职能的发挥；第三，各级人民政府有权"停止下一级人民代表大会的不适当的决议的执行"，在一定程度上混淆了权力机关与执行机关的关系，不利于权力机关对执行机关的监督。

（二）"七五宪法"及有关法律

1975 年召开的第四届全国人民代表大会通过了我国第二部宪法，"这是一部在'文化大革命'特定的历史条件下制定的有严重缺陷的宪法"[①]。"七五宪法"以阶级斗争理论为核心，强调党的"一元化"领导和权力集中，取消了权力机关的监督职能，具体体现在以下几个方面：取消了全国人民代表监督宪法实施的职能；取消了全国人大对国民经济计划、国家预决算的审查决定职权；规定任免国务院总理和国务院组成人员须由中国共产党中央委员提议；取消了"五四宪法"中规定的全国人大常委会的一切监督职权；取消

---

① 李忠：《合宪性审查七十年》，《法学论坛》2019 年第 6 期。

了人民代表大会代表的质问权。在"七五宪法"对地方各级权力机关和执行机关的规定中,由各级革命委员会代替各级人民政府作为各级权力机关的常设机关。地方各级权力机关选举或罢免本级革命委员会的组成人员,须经上级国家机关审查批准。"七五宪法"只字未提人大监督,比起"五四宪法"是一种严重的倒退。

(三)"七八宪法"及有关法律

"七八宪法"是指1978年3月召开的第五届全国人民代表大会上通过的第三部宪法。尽管未能彻底摆脱"文化大革命"错误思想的羁绊,但就总体内容来看,经过"七五宪法"的全面倒退后,"七八宪法"迈出了我国在法律方面拨乱反正的重要一步。[①]"七八宪法"在权力机关监督方面的最大特点是基本恢复了"五四宪法"中对权力机关监督的规定,[②]同时新增了一些权力,对国家政治生活逐步走上正轨在客观上起到了一定作用。"七八宪法"恢复了"五四宪法"规定的地方各级人民代表大会的某些职权,其主要内容是:保证宪法、法律和法令的遵守和执行,规划地方的经济文化建设和公共事业建设,审查和批准地方的经济计划的预决算;选举和罢免本级执行机关组成人员;各级人民代表大会代表具有质问权。

"七八宪法"在人大监督职权规定方面的一个重大进步,是并未沿用"五四宪法"中"各级人民政府有权停止下一级人民代表大会的不适当的决议的执行"的规定,使得人大在行使监督权时免受上一级行政机关的干扰。在"七八宪法"的基础上,1979年召开的第五届全国人民代表大会第二次会议对宪法的某些条款又作了增删修改,并制定通过了新的《地方各级人民代表大会和地方各级人民政府组织法》。人大监督权通过该法律得以进一步加强,该法律确立了人大监督由全国性事务延伸到基层,由一年一度的会议监督扩展到

---

① 参见李忠《合宪性审查七十年》,《法学论坛》2019年第6期。
② "七八宪法"第16条明确规定:"全国人民代表大会是在中国共产党领导下的最高国家权力机关。"

经常性监督的新局面，使我国人大监督制度取得了重大进展。

（四）"八二宪法"及有关法律

20世纪七八十年代之交，我国政治、经济、社会和思想经历深刻变化，进入一个全新的历史发展时期。在这一历史条件下，1982年召开的第六届全国人民代表大会制定并通过了我国第四部宪法——"八二宪法"。"八二宪法"总结了制宪、修宪和行宪的经验教训，具有在传续之余的革新以及在终结革命的同时开启改革的特质。① 对于新中国几部宪法之间的关系，有学者认为，"八二宪法"是在政治决断和根本法意义上对"五四宪法"甚至《共同纲领》的一种回归；② 也有的认为，"八二宪法"并非对"五四宪法"的简单回归，而是《共同纲领》、"五四宪法""七五宪法"和"七八宪法"选择性地历史叠加。③ 不管他们具体主张如何，在新中国的法统具有宪法上的连续性和正当性这点上，他们达成了共识。

"八二宪法"恢复并发展了人民代表大会制度：第一次明确规定了国家行政机关、审判机关、检察机关均由人民代表大会产生，对它负责，受它监督；全国人大常委会有权撤销国务院制定的同宪法、法律相抵触的行政法规；在全国人大闭会期间，全国人大常委会有权审查和批准国民经济和社会发展计划、国家预算在执行过程中所必须做的部分调整；明确规定了应由国家权力机关选举决定产生和罢免的人员；恢复了"五四宪法"中所规定的全国人民代表大会和全国人大常委会对特定问题组织调查委员会的权力。总的来看，"八二宪法"扩大了人大常委会的职权，为人大常委会对执行机关实施经常性监督提供了有力的法律支持和保障。

（五）《监督法》

经历了近二十年的磨砺，《监督法》于2006年8月27日终获通

---

① 参见刘怡达《"八二宪法"的传续与革新》，《南京大学法律评论》2019年第1期。
② 高全喜：《政治宪法学纲要》，中央编译出版社2014年版，第94页。
③ 翟志勇：《八二宪法的复合结构》，《环球法律评论》2012年第6期。

过。《监督法》在总结人大监督实践经验的基础上，对监督的形式、程序等，做了较为全面且切合实际的规定。对于宪法及有关法律已有的规定，只作衔接性规定，而着眼于增强针对性和可操作性。该法的颁布实施，对于各级人大常委会依法履行其监督职权，健全监督机制，增强监督实效，促进依法行政和公正司法，推进民主法治建设，意义深远。《监督法》的主要特点包括：

首先，创设了专项工作报告制度。人大听取和审议"一府两院"的工作报告是现行宪法所确立的基本监督制度。但现行宪法和组织法所规定的人大听取和审议"一府两院"的工作报告，仅在人大会议期间，而且"一府两院"的工作报告一般是宏观性的，人大对"一府两院"工作报告的审议难以抓住重点问题，很难有效监督"一府两院"的工作。为保证各级人大常委会及时了解重大问题，并对"一府两院"在重大问题上所做的决定进行有针对性的具体监督，《监督法》创设了在人大闭会期间由各级人大常委会对"一府两院"的专项工作报告进行审议的制度，这一制度保证了各级人大常委会能够及时、有效地监督"一府两院"的工作。

其次，对立法监督制度加以完善。根据《立法法》所规定的立法监督体制，全国人大常委会有权撤销省、自治区、直辖市的人大常委会批准的违背宪法和该法第66条第2款规定的自治条例和单行条例；地方人大常委会有权撤销本级人民政府制定的不适当的规章。但对于上级人大常委会是否有权撤销下级人大常委会发布的决议、决定，各级人大常委会是否有权撤销同级人民政府制定的决定和命令，在现行宪法和相关法律中并未涉及。因此，《监督法》规定：县级以上地方各级人民代表大会常务委员会对下一级人民代表大会及其常委会作出的决议、决定和本级人民政府发布的命令，经审查认为有不适当的情形的，有权予以撤销。这使得我国的立法监督制度更加完善。

最后，健全了司法解释审查机制。人大的司法监督，不仅表现为对司法机关具体适用法律的监督，还表现为全国人大常委会对最高人民法院和最高人民检察院作出的司法解释的监督。《监督法》第32条明确了全国人大常委会对最高人民法院、最高人民检察院做出的司法解释的监督职权，列举了可以向全国人大常委会对司法解释提出违法审查要求或建议的主体，包括任何国家机关、社会团体和公民个人，同时还规定了全国人大常委会具体审查司法解释的处理办法，从而保证了全国人大常委会对司法解释的合法性进行监督的法律效力。

二 人大监督的基本原则

（一）依法监督原则

人大的监督权来自宪法和法律的赋予，离开了宪法和法律，人大监督就失去了法律依据。人大监督的对象、内容、范围和方式都要严格符合宪法和法律规定，在法律规定的职权范围内，按照法定程序，对法定的对象进行监督。是否需要行使监督权、如何行使监督权都以法律为准绳。

各级人大及其常委会坚持在宪法和法律规定的职权范围内行使监督权，维护和保障宪法规定的国家机关之间的职权分工。在人大与"一府两院"的关系方面，既有监督又有支持，既依法监督，又不代行行政权、审判权、检察权。从人大常委会和政府的职权划分来说，人大常委会通过听取和审议政府工作报告、执法检查等形式，抓住政府工作中民众反映较为集中的、带有普遍性、倾向性的问题进行监督，促进依法行政，但并不对具体问题进行直接处理。在程序方面，各级人大常委会严格根据《监督法》和相关法规的规定的程序行使监督权。《监督法》第2条第2款规定："各级人民代表大会常务委员会行使监督职权的程序，适用本法；本法没有规定的，适用有关法律的规定。"《监督法》第二章至第八章，分别规定了不同的监督形式和适用程序，使人大常委会依照法定程序行使监督权有了明确的法律规范。监督权行使的程序，包括人大常委会行使监督权时所应遵循的方式、步骤、时限和顺序等。无论是人大常委会行使监督权，还是"一府两院"接受人大常委会的监督，以及人大常委会行使监督权过程中所涉及的有关部门或个人，都遵守着相应的程序规定。

在《监督法》颁布后，为了与新法相衔接，各地人大及时、全面地清理了相关的地方性法规和工作文件。

(二) 民主集中制原则

民主集中制是我国政权架构的组织原则。① 人大作为国家权力机关，其运作方式既不同于党委，也不同于政府，更不同于其他企事业单位，既不是首长负责制也不是分工责任制。毛泽东同志曾指出，民主集中制就是在民主基础上的集中和在集中指导下的民主相结合，按照这个原则组织起来的人民代表大会制度，既能"使各级人民代表大会有高度的权力；……使各级政府集中地处理"自己的事务。② 彭真同志曾说："人大是集体负责制，人大代表、常委委员的权力是很大的。……但是，人大这种是由集体来行使、来作决定的。……包括委员长在内，无论哪个法律和议案，都不是个人说了就可以决定的。"③《宪法》和《监督法》明确了人大及其常委会实行集体负责制的特点。④

各级人大及其常委会在行使监督权时，恪守民主集中制这一重要原则。需要明确的是，人大代表及常委会组成人员参加视察、专题调研、执法检查等带有监督性质的活动时，并不直接处理问题。人大代表或常委会组成人员发现"一府两院"的工作存在问题的，是通过一定的法律程序，向有关部门提出建议、批评或意见，由本级人大常委会或者有关主管部门督促有关单位解决问题、改进工作。

---

① 民主集中制作为我国政权架构的组织原则，确定了人民与人大，人大与行政、监察、审判、检察机关，国家机关权力分工不分立，中央与地方，这四个方面的关系。具体参见周叶中、胡爱斌《中国特色的"权力分工协调"论》，《南京社会科学》2018年第6期。

② 《毛泽东选集》第3卷，人民出版社1953年版，第1006页。

③ 转引自蔡定剑《中国人民代表大会制度》，法律出版社1998年版，第387页。

④ 如《宪法》第3条规定："中华人民共和国的国家机构实行民主集中的原则"；《监督法》第4条规定："各级人民代表大会常务委员会按照民主集中制的原则，集体行使监督职权。"

（三）公开监督的原则

《监督法》第 7 条规定："各级人民代表大会常务委员会行使监督职权的情况，向社会公开。"这是我国法律首次明确规定人大常委会行使监督权的公开原则。

人大行使监督权要接受人民群众的监督，是由我国人民代表大会的性质和地位所决定的。现行《宪法》规定，国家的一切权力属于人民，人民行使国家权力的机关是全国人民代表大会和地方各级人民代表大会。为了保证人民代表大会切实代表人民的利益，依照人民的意志来决定问题，《宪法》和法律规定各级人大对人民负责，受人民监督。在这个意义上，人大及其常委会在行使监督权，对"一府一委两院"进行监督，应当把行使监督权的情况向人民公开，以使人民能够了解人大常委会监督工作的情况。吴邦国委员长在十届全国人大四次会议上所作的常委会工作报告中就指出："进一步提高人大监督工作的透明度。常委会组成人员在执法检查、审议专题工作报告中提出的重要意义和建议，有关问题的整改情况等，要采取多种方式向社会公开，进一步发挥舆论监督和群众监督的作用。"[①] 可以说，公开原则是保证人大常委会的监督符合人民意志、代表人民利益，同时又是人大监督置于人民监督之下的重要保障。人大及其常委会只有加强与群众的联系，自觉接受群众监督，才能真正代表人民意志，人大的工作才能拥有坚实的群众基础，并保持蓬勃生机与旺盛活力。人大及其常委会对"一府两院"的监督，除非涉及国家秘密或涉及商业秘密、个人隐私等依法应当保密、不宜公开的之外，其他有关监督的内容，监督的议题和方式、程序，做出的决议或决定，以及"一府两院"对监督的反馈等，都应当公开。

（四）间接处理原则

人大在监督过程中发现被监督对象有违反法律规定的行为的情

[①] 《吴邦国委员长在十一届全国人大四次会议上作的常委会工作报告》，《人民日报》2011 年 3 月 10 日。

形时，多采取间接方式加以解决，即转交有关部门，由有权机关作出处理，或直接督促违法机关及时纠正自身不法行为。① 从人大监督的方式上看，听取工作汇报、质询、询问、调查、视察、接受公民申诉和控告检举等，也一般是通过评价、批评、建议、督促等手段来达到监督目的，人大自身一般不直接参与纠正与处理违法事件。② 这一间接处理的特点是由人大的职能特征所决定的。人民代表大会是人民的参政议政机关，其主要职能是通过立法来规范国家机关的权力界限，保证公民的合法权益，同时它还担负着讨论决定国家重大事务的职责。监督权作为其基本职权之一，是它督促国家机关依法办事、保证人民利益的重要手段。由于立法、决策事务繁多，人大不可能把太多的精力放在具体违法行为的纠正上，它的监督更多的是一种宏观的、指导性、原则性的。它将部分国家权力赋予专门的机关，各部门专司其职，负责具体的行政、司法事务，负责具体的行政违法行为和司法违法案件的纠正、制裁。

三 人大监督的主要内容

人大监督就是对其他国家机关及其国家机关领导人员的权力进

---

① 针对人大对"一府两院"的监督，彭冲副委员长在第七届全国人民代表大会第二次会议上所作的《全国人大常委会工作报告》曾指出："人大如果对法院、检察院处理的特别重大案件有意见，可以听取法院、检察院的汇报，也可以依法组织调查，如果属错案，可以责成法院、检察院依法纠正或处理。"转引自许诗明、韦以明《两种"法律监督"之间的界定和衔接——关于地方各级人大对检察机关办案实施监督的思考》，《政法论坛》1993 年第 3 期。

② 以人大的撤销权为例。根据我国《宪法》规定，全国人大常委会有权撤销同宪法、法律相抵触的行政法规、地方性法规等，《立法法》和《监督法》对此也有规定。全国人大常委会制定了法规、司法解释备案审查工作程序，对于纠正违宪违法的法规、司法解释，设计了"先礼后兵"的处理机制。然而，《立法法》施行 20 年来，尚未看到有关于全国人大常委会撤销某件法规的报道。当然，未撤销过并不意味着人大怠于履职，也不意味着法规和司法解释从未出现过违宪违法问题，从 2004 年全国人大常委会法工委下设法规备案审查室以来，通过沟通协商、督促制定机关纠正的法规、司法解释累计有上百件。参见蒋清华《支持型监督：中国人大监督的特色及调适——以全国人大常委会备案审查为例》，《中国法律评论》2019 年第 4 期。

行控制、调节和制约，其目的是保证实现人民的意志和利益，贯彻实施法律的监督，因而它的内容广泛且带有根本性。从大的层面来看，人大监督的内容主要包括宪法（法律）监督和工作监督两类，工作监督又包括立法监督、对法律实施的监督、对政府行为的监督、对司法活动的监督等。

（一）宪法（法律）监督

宪法（法律）监督是指人民代表大会及其常委会审查法律、法规以及其他有关规范性文件是否违反宪法和法律，是否违反人民代表大会的决议、决定的监督活动。

1954年宪法确立了我国宪法监督体制的基本框架，即权力机关型宪法监督体制。① 现行宪法第62条被认为是宪法监督制度的宪法依据。这样就既可以确保全国人大常委会承担经常性的宪法监督工作，也保证了全国人大的地位和权威。② 但现行宪法确立的宪法监督体制中也存在一些问题，包括：没有专门的宪法监督主体、宪法监督主体的范围不甚清晰、缺乏宪法监督程序、宪法监督标准不清楚、宪法监督的对象不明确、宪法监督权和立法权、宪法解释权等混杂在一起，影响宪法监督制度的实际运作，等等。③

宪法（法律）监督的目的是为了使一般法律同宪法和基本法律保持一致，法规同法律相一致，各种规范性文件同人民代表大会颁布的法律、决议、决定相符合，从而维护国家法制的统一。现行《宪法》《立法法》《监督法》对法律体系的效力等级作了规定，这一法律体系的效力等级决定了宪法监督的具体内容：根据宪法和

---

① "五四宪法"第27条规定："全国人民代表大会行使下列职权：（三）监督宪法的实施；……"

② 现行宪法第62条规定："全国人民代表大会行使下列职权：（二）监督宪法的实施；……（十一）改变或者撤销全国人民代表大会常务委员会不适当的决定；……"

③ 参见刘志刚《我国宪法监督体制的回顾与前瞻》，《法治现代化研究》2018年第3期。

《立法法》的规定，宪法具有最高法律效力，所有下位法律不得与宪法相抵触，全国人大制定的法律效力高于行政法规和地方性法规和规章；地方性法规的效力高于本级和下级政府制定的规章。当下位阶的法规与上位法抵触时，全国人大和地方各级人大有权进行合法性监督，对下位法予以改变或撤销。《监督法》第30条规定：县级以上地方各级人民代表大会常务委员会对下一级人民代表大会及其常务委员会做出的决议、决定和本级人民政府发布的决定、命令，经审查，认为有下列不适当的情形之一的，有权予以撤销：超越法定权限，限制或者剥夺公民、法人和其他组织的合法权利，或者增加公民、法人和其他组织的义务的；同法律、法规规定相抵触的；有其他不适当的情形，应当予以撤销的。

从实践来看，我国的宪法监督体制基本上没有实际运行过，仅有的宪法监督实例是针对两个特别行政区基本法的合宪性审查决定。① 我国的合宪性审查机制的建立在法理上和实践中经历了"机构优先""司法审查""违宪审查"和"合宪性审查"几个不同的发展阶段。② 党的十九大报告正式提出"推进合宪性审查工作"，将合宪性审查制度建设正式提上中国政治日程；2018年宪法修改将"法律委员会"更名为"宪法和法律委员会"，多年来学界呼吁建议合宪性审查制度的努力得到制度化的体现；全国人大常委会于2018年6月22日通过决定，明确宪法和法律委员会承担"合宪性审查"等多项职责，合宪性审查制度有望以维系议行关系的平衡为功能定向，围绕效率与约束的双重目标，在政治层面和法律层面发挥双重功能。③

---

① 是指1990年4月4日第七届全国人民代表大会第三次会议通过的《关于〈中华人民共和国香港特别行政区基本法〉的决定》和2011年8月26日第十一届全国人民代表大会常务委员会第二十二次会议通过的《关于〈中华人民共和国香港特别行政区基本法〉第13条第1款和第19条的解释》。

② 参见莫纪宏《合宪性审查机制建设的40年》，《北京联合大学学报》（人文社会科学版）2018年第3期。

③ 参见李忠夏《合宪性审查制度的中国道路与功能展开》，《法学研究》2019年第6期。

下一步，全国人大宪法和法律委员会将会在协助全国人大及其常委会监督宪法实施、推进合宪性审查工作方面发挥极其重要的作用。学界也将从合宪性审查的基本理论和未来发展趋势出发，借鉴域外国家有益经验，在综合考虑现实国情的基础上，进行适当扩大合宪性审查范围，逐步将法律和国家机关行为纳入审查的理论探索。①

（二）工作监督

1. 对法律实施的监督

对法律实施的监督，是指人民代表大会及其常委会为保障法律、法规在社会生活中的贯彻执行而采取的手段。现行《宪法》规定，地方各级人民代表大会及其常委会有权在本行政区域内保证宪法、法律、行政法规的遵守和执行。

对法律实施情况的检查监督（即执法检查），是近年来大力加强的一种监督方式。1993年，全国人大常委会制定了《关于加强对法律实施情况检查监督的若干规定》。该规定对执法检查重点的确定、执法对象、执法检查工作的组织和原则、执法检查的方法、执法检查报告和报告的审议、对执法中发现违法案件的处理，以及新闻媒体对执法检查的结合等一系列问题，都作出了规定。根据这一规定，全国和地方各级人大深入、持续地开展了执法检查，取得了一定成效。"通过执法检查，既能发现'一府两院'在执法中存在的问题，可以促进依法行政、公正司法；又能发现法律、法规自身存在的不足，有利于修改完善有关法律、法规。"②《监督法》肯定了这一卓有成效的监督方式：该法第22条规定，各级人民代表大会常务委员会每年选择若干关系改革发展稳定大局和群众切身利益、社会普遍关注的重大问题，有计划地对有关法律、法规实施情况组织执法检

---

① 参见李雷《宪法和法律委员会开展合宪性审查的法理基础》，《地方立法研究》2019年第6期。

② 武增：《关于监督法中的几个主要问题》，中国人大网，网址：http://www.npc.gov.cn/npc/xinwen/lfgz/lfdt/2006-08/29/content_352035.htm，最后访问日期：2020年4月10日。

查。除此之外，《监督法》还对"委托监督"作出了规定：全国人民代表大会常务委员会和省、自治区、直辖市的人民代表大会常务委员会根据需要，可以委托下一级人民代表大会常务委员会对有关法律、法规在本行政区域内的实施情况进行检查。受委托的人民代表大会常务委员会应当将检查情况书面报送上一级人民代表大会常务委员会。

地方各级人大法律实施监督的主要内容是，就上级人民代表大会和本级人民代表大会颁布的法律、法规和决定的实施情况进行执法检查和视察。检查有关执法机关是否贯彻执行了某法律，发现法律实施中存在的问题，督促有关机关严格执法，要求改进执法工作，就执法中普遍存在的问题提出改进意见和完善立法与执法的措施。对违法情况，可质询或组织有关执法部门，直至追究执法部门及其领导人员的责任。[①]

2. 对政府行为的监督

对政府行为的监督即政府行为合法性监督。所谓"政府行为"，是指行政机关及其政务类官员依照法律规定的职权或在法律授权范围做出的重大行政行为。一般而言，政府行为包括两类：一类是以政府名义做出的重大行政行为（如一年或一段时间内的政府工作、财政预算、政府采取的重大行政措施）；另一类是由人民代表大会选举或任命的国家政务官员做出的行政行为。他们的行为是需要对人民代表大会负责的。一般行政人员的行政行为并非政府行为，因而不需承担对人民代表大会的责任，也因此不是人大监督的内容。必须说明的是，人民代表大会并非对行政机关的所有行为都要进行监督，而只能对政府某些重大行政行为实施监督。政府行为以外的领域，属于政府的自由裁量权范畴，人民代表大会不应干涉。对非政府违法行为的监督，由行政监察部门或其他部门实施。

---

① 参见蔡定剑《人大制度二十年发展与改革讨论会综述》，《中外法学》2002年第2期。

人大对政府行为监督的内容可以概括为两个方面：一是对计划和预算的监督；二是对政府责任的监督。其中，对财政的监督包括三方面内容，即对国家和本地区经济计划的审查和批准、对计划和预算执行情况的监督，以及对计划和预算执行过程中所做的部分调整和变更的审查批准。

3. 对司法的监督

这是人民代表大会对人民法院、人民检察院的司法工作以及对司法人员在司法工作中是否有法必依、严格依法办事实施的监督，特别是对严重违法造成的冤假错案进行检查了解，督促其纠正。

人大对司法机关的监督包括：通过听取工作报告了解司法机关执行法律和有关司法政策的基本情况；对法院、检察院提出质询；做出有关决定，指导司法机关的工作；对司法解释是否符合法律实施审查；受理人民群众对司法机关所办案件的申诉和对司法人员违法行为的控告，等等。

4. 人事监督

人事监督有狭义和广义之分。狭义的人事监督，是指各级人民代表大会及其常委会行使法律规定的对国家机关政务类官员的罢免和撤职、免职的权力；广义的人事监督则把上述官员的选举、决定人选和任命行为也作为监督内容。《监督法》规定，县级以上地方各级人民代表大会常务委员会在本级人民代表大会闭会期间，可以决定撤销本级人民政府个别副省长、自治区副主席、副市长、副州长、副县长、副区长的职务；可以撤销由它任命的本级人民政府其他组成人员和人民法院副院长、庭长、副庭长、审判委员会委员、审判员，人民检察院副检察长、检察委员会委员、检察员，中级人民法院院长，人民检察院分院检察长的职务。事实上，对政府行为的监督，最重要的两项就是对人事的监督和财政预决算的监督。

5. 特别调查

我国《宪法》第71条规定，全国人大及其常委会认为必要的时候，可以组织关于特定问题的调查委员会，并且根据调查委员会的报告做出相应的决议。调查委员会进行调查的时候，一切有关的国家机关、社会团体和公民都有义务向它提供必要的材料。对此，《监督法》规定："各级人民代表大会常务委员会对属于其职权范围内的事项，需要作出决议、决定，但有关重大事实不清的，可以组织关于特定问题的调查委员会"，还详细规定了调查委员会的组成与职权等。① 目前来看，在国家层面全国人大及其常委会尚未启动过特定问题调查这一程序，但地方人大及其常委会已有不少关于特定问题调查方面的典型案例和优秀范本，在地方治理中发挥了重要作用。② 从地方各级人大开展特定问题调查的实践来看：首先，调查的范围主要是涉及人民群众利益和社会的重点热点问题；其次，地方人大及其常委会调查手段丰富多样，在实践中采取听证会、论证会、实地检查、抽查、发放问卷等方式；最后，调查委员会启动程序严格，在一定程度上保障了特定问题调查程序的严肃性与权威性。③

第四节 护航"法治中国"：地方人大监督的探索与创新

伴随着"依法治国，建设社会主义法治国家"的推进，各省、自治区和直辖市在国家法制统一的大框架下进行了具有鲜明地方特

---

① 有学者对《监督法》存在的立法疏漏作了分析，包括：对特定问题调查原因的规定涉嫌违宪、对"特定问题"界限的规定不明确、缺乏调查时限的规定、对"特委会"是否具有强制性权力的规定较为模糊、具体操作程序规定不明确等。参见傅林、徐龙崇《我国监督法对特定问题调查的立法疏漏》，《湖南警察学院学报》2013年第2期。

② 如2016年，江西省人大常委会成立食品生产加工小作坊和食品摊贩特定问题调查委员会；2017年，浙江省嘉兴市人大常委会决定对市属国有资产进行清产核查；2017年，湖南靖州人大常委会成立城区自来水水源安全隐患特定问题调查委员会；2018年，四川自贡人大常委会对大气污染防治工作开展特定调查，等等。

③ 参见焦洪昌《如何完善我国人大议事规则——基于欧、美、日的分析与借鉴》，《中国法律评论》2019年第6期。

色的实践探索。地方法治已成为法治中国建设中最有生命力的重要部分，并为地方的经济、政治、文化、社会和生态文明建设注入了强大动力。党委、人大、一府两院、政协、非政府组织、普通民众各司其职，活跃于地方法治建设的各个舞台。

各级各地人大运用《宪法》《监督法》和《代表法》等赋予的监督权，对"一府两院"展开监督，维护社会主义法治的尊严，为法治政府、服务型政府的建设，为司法公信力的确立，为全民守法格局的形成，发挥着不可替代的作用。人大监督的形式和内容都得到不断的丰富和发展，现在已基本成熟，并初步形成了一些值得复制和推广的模式。这一模式不仅体现在监督的方式和方法上，还体现在监督的观念和理念中；不仅体现在监督的实效性上，还体现在监督的规范性上；不仅体现在监督的着力点上，还体现在监督的出发点上；不仅体现在监督对象的拓展上，还体现在监督力量的统合上；不仅体现在监督的力度上，还体现在监督的透明度上。

作为改革开放的前沿阵地，广东的法治建设一直处于领先水平。习近平总书记多次指出，改革和法治如鸟之两翼、车之两轮。在不断深化改革的过程中，广东从省级到市县乃至乡镇，出现了不少以改革推进法治、以法治引领和保障改革的成功范例。本节分别以广东省人大、广东省中山市人大以及中山市各镇人大作为观察的窗口，从监督的角度切入，管窥昔日被哂为"橡皮图章"的地方人大，在地方法治建设中起到了越来越重要的作用。

一 在探索中逐渐强化的省级人大监督：聚焦广东省

（一）工作监督的推进

改革开放元年，广东即成立了省人大常委会，之后逐步完善了各级人大及其常委会的建制。四十多年来，广东各级人大及其常委会在完善人大制度、加强监督方面做了深入探索和实践，监督的力度不断加强，方式与方法不断创新，针对性和实效性逐步提高。特别是自2007年《监督法》颁行后，广东人大的监督工作在延续一贯风格的同时，又注入了更多崭新元素，展现了更为独特的风范。

人大及其常委会的监督方式，在我国《宪法》《全国人大代表大会组织法》《地方各级人民代表大会和地方各级人民政府组织法》中仅有较为概括和原则的规定；在《监督法》中，监督方式的规定得以细化，但在适用性和灵活度上仍显不足。广东人大根据监督工作的实际需要，在宪法和上述相关法律所确立的框架内，对监督方式和方法进行了积极探索，并积累了不少经验。一方面，针对不同的监督目的、对象和事项，选择适用不同的监督方式，既有一般性监督又有刚性监督，既有全面监督也有针对具体问题的监督，既可以是经常化的也可以是临时的，既可以是事先预防性的也可以是事后制裁性的；另一方面，就同一监督事项，综合采取不同的监督方式，把工作监督和法律监督相结合、专项监督与综合监督相结合、初次监督与跟踪监督相结合、推动自行整改和依法纠正相结合，结合不同监督方式的优点和特点，以最大限度地发挥监督的实效。

1. 听取和审议"一府两院"年度工作报告和专项工作报告

广东省各级人大每年除了在人代会召开期间，例行听取和审查本级人民政府和人民法院、人民检察院的工作报告外，还会有计划地选择若干关系改革发展稳定大局和群众切身利益、社会普遍关注的重大问题作为主题，听取和审议"一府两院"的专项工作报告。此外，每年都听取和审议省政府关于社会保险基金的年度决算和第一季度预算执行的专项工作报告，依法监督社会保险专项基金的管理和使用。

近几年来，广东省人大常委会听取和审议的专项工作报告所涉及的主题呈现出三个特点：特点一是覆盖面广，涉及行政审批、农业、金融、教育、文化、生态环境、社保等多个领域。包括公共文化服务体系建设情况、粤东西北地区振兴发展情况、加快发展现代农业构建新型农业经营体系情况、农村垃圾管理情况、路桥收费全面推行"一卡通"电子收费情况、金融扶持中小微企业发展情况、贯彻教育规划纲要情况，等等。特点二是重点突出，以民生和社保为"关键词",与广东省各级人大常委会的其他监督工作密切配合。特点三是持续跟踪,凸显实效。

针对听取和审议工作报告的监督方式容易流于形式的弊病,广东人大也进行了探索。从 2011 年开始,广州市人大常委会选取了部分专项工作报告实施工作评议和满意度测评。还制定了《测评工作暂行办法》,将测评结果作为评价被测评单位工作的重要参考。从 2018 年开始,广东的全国、省、市、县、镇五级人大代表数次进行集中履职。履职方式包括专题调研、视察、执法检查、走访群众、专题询问、约见国家机关负责人、向选民述职、在代表联络站接待选民群众等多种形式。集中履职呈现出围绕社会热点、服务广东发展大局、推动民生"痛点"解决等多个特点。①

在司法监督方面,除了每年听取省检察院和法院的年度工作报告之外,广东省人大常委会还会听取和审议省高级检察院和省高级法院关于检察权和审判权行使的具体情况的专项工作报告。从 2013 年开始,广东省人大常委会每年都会在年度《监督工作计划》中,针对省高级法院和省高级检察院各确定一个主题,分别听取和审议它们的报告。需要指出的是,省人大常委会听取和审议的报告,并非僵化地依据年度《监督工作计划》,而是有权根据实际需要,灵活地进行调整。

2. 执法检查

执法检查,是指对法律和法规等实施情况的监督检查,"最终的目的是督促政府依法行政、督促人民法院和人民检察院公正司法,从而保证法律、法规正确有效的实施。"② 1993 年,时任全国人大常委会委员长乔石在接受采访时提出:"要把法律制定后的监督检查放

---

① 吴璇:《广东五级人大代表集中履职 推动民生难点"痛点"解决》,《南方都市报》2019 年 8 月 14 日。

② 李飞主编:《中华人民共和国各级人民代表大会常务委员会监督法释义》,法律出版社 2018 年版,第 94 页。

在与制定法律同等重要的位置。"① 同年全国人大常委会通过的《关于加强对法律实施情况检查监督的若干规定》，明确了执法检查的内容和重点、执法检查的活动和要求等。2007年颁行的《监督法》又以专章的形式，规定了各级人民代表大会常务委员会"对有关法律、法规实施情况执法情况检查"，增强了执法检查的规范性和可操作性。

多年来，广东省各级人大常委会一直致力于开展多形式、多层次的执法检查工作。早在1996年，广东省人大常委会就制定了《广东省各级人民代表大会常务委员会执法检查工作规定》，对执法检查的原则、重点、形式、程序等作出了较为明确和细致的规定，并规范了执法检查计划、执法检查报告和检查结果的处理等，成为很长一段时期执法检查工作的重要依据。从所开展的执法检查的规模来看，既有大型也有小型的，既有重点的也有一般检查；从检查的组织者来看，既有人大常委会组织的，也有人大专门委员会组织的；从检查的启动方来看，既有省人大结合本省情况自行启动的，也有受全国人大常委会办公厅委托进行的；从检查方法上看，往往单独或综合采用现场视察、调查研究、听取执法部门的工作汇报、召开座谈会等方法。

广东省近年来的执法检查，围绕与当前的中心工作或民众普遍关心的问题所密切相关的法律、法规的执行情况进行。其中涉及的水污染、大气污染、垃圾管理等问题，与民众利益休戚相关，无疑正是他们关注的焦点。例如，广东省人大常委会曾连续三年把检查《广东省饮用水源水质保护条例》的实施情况作为监督项目，确保饮水安全；连续四年加强检查监督，督促省政府和有关市加强协调，切实做好东江支流石马河、淡水河污染整治工作，保障了粤港4000多万人的饮水安全。针对食品安全问题，连续开展《食品安全法》

---

① 转引自谢小剑、徐俊翔《人大监督司法视野下的执法检查》，《昆明理工大学学报》（社会科学版）2013年第4期。

实施情况的执法检查，督促政府加强和完善食品安全监管，产生了积极效果。除了注重法律、法规实施之后的执法检查，广东省亦关注制度施行之初的试点和指导。前者属于"回头看"，后者属于"向前推"，二者共同致力于提升制度执行效果。

3. 专题询问

询问与质询是人大监督权的重要形式。专题询问本质上仍属询问的范畴，但相较一般的询问，专题询问具有主题突出、全面却深入等特点，且有刚性的一面，可与质询、罢免等刚性监督手段相衔接。正因如此，专题询问被认为是加强人大监督力度，增强监督实效，彰显人大权威的重要手段。①

广东省人大常委会首次开展的专题询问是在2010年对广东省贯彻实施《食品安全法》的情况进行执法检查的过程中。当时，就食品安全风险监测、农产品源头监管、信用档案建设、小作坊监管、食品添加剂使用以及对危害食品安全行为的打击整治六个方面的问题，对省政府及相关部门进行了询问。自那时开始，在全国人大常委会的带动下，包括广东人大在内的一些地方人大，围绕涉及民生和社会关注的热点问题，屡屡尝试专题询问的监督形式。经过十年的摸索和经验积累，广东省人大的专题询问逐步走向制度化和常态化，并形成了主题重要且集中、参与部门众多、专题调研先行、提问"直击要害"、强调灵活互动、全过程公开、及时落实询问效果等风格。围绕某个特定的主题，有计划、有重点地开展专题询问，使得人大能更全面深入地了解情况，从而提高审议的质量和针对性，进而增强人大监督实效。实践证明，专题询问是向政府部门施加压力，促进解决问题、改进工作的有力手段。

4. 视察和专题调研

视察和调研主要是围绕相关议题进行调查研究，了解法律、法

---

① 孙大雄、程勉：《人大专题询问的规范化研究》，《湖北警官学院学报》2015年第5期。

规的实施情况，掌握人大及其决议、决定的贯彻执行情况，了解民众的意见和要求，它是人大常委会及人大代表广泛联系群众、了解社会的固定渠道。视察和调研既是人大行使监督职权的基本方法，也是重要任务。人大专题调研在广东的运用频率比较高，人大的视察活动则主要是配合专题询问、专题调研、执法检查等开展。

与一般的工作调研不同，专题调研具有主动性强、针对性强、效力强等特点，人大常委会可以自主选题调研，调研更能切中要害，提出的建议更加务实可行，并且专题调研所提出的审议意见具有法律效力，政府必须报告有关研究处理落实情况。自 2010 年开始，为了确保广东省各个地区的民众共享改革发展的成果，省人大常委会开展了推动区域协调发展的调研，并连续两年对扶贫开发工作开展了专题调研监督和代表专题视察活动，提出了推进扶贫开发工作的系列措施。2018 年，组织在粤全国人大代表围绕"推进粤港澳大湾区建设""水污染整治""推进乡村振兴、促进精准扶贫脱贫"开展专题调研，并协助进行了香港特别行政区全国人大代表开展"粤港澳大湾区规划建设"专题调研工作。2019 年，广东省人大常委会组织五级人大代表通过专题调研、视察、主题接待选民以及就地就近巡查等方式，全力助推水污染防治工作。①

5. 罢免和撤职

根据现行《宪法》和法律的规定，人大及其常委会有权罢免、撤销由它选举、决定任命的国家机关组成人员的职务。罢免，是指人大免除违法失职的国家机关领导人职务的方式，罢免的范围是它选举国家机关领导人的范围。罢免案不需要有必须违法的理由，是否罢免根据代表的判断而定；撤职，是指人大常委会免除由它任命范围内的违法失职的国家机关组成人员职务的方式，撤职案与罢免案的原因和法律效力一样，但机关和对象不同，撤职权指向的是政府的副职领导人及法院、检察院的领导人。

---

① 《广东省人民代表大会常务委员会工作报告》（2019 年 1 月 30 日）。

人大罢免和撤职、撤销等权力，属于人大的制裁权，是人大行使监督权所使用的最严厉手段，因而较之其他监督手段，其使用的频率并不高。但纵向来比，广东省十届人大常委会任期的五年（2003—2007年）中，共任免和批准任免国家机关工作人员372人，撤职2人，依法补选和罢免全国人大代表各2人；① 十一届人大常委会任期的五年（2008—2012年）中，共任免和批准任免国家机关工作人员608人，接受辞职1人；依法补选全国人大代表2名，罢免3名，接受辞职4名；② 十二届人大常委会任期的五年（2013—2017年）中，依法任免国家机关工作人员794人次，补选全国和省人大代表91名，罢免8名，接受辞职68名。③ 从发展的眼光来看，补选、罢免、接受辞职的人数逐年有较大幅度的增多，人大代表逐步体现出"能上能下"的特点。

（二）法律监督的探索

规范性文件的备案审查，是《宪法》《地方各级人民代表大会和地方各级人民政府组织法》和《立法法》明确赋予地方各级人大常委会的法律监督职权，也是《监督法》所规定的地方各级人大常委会的经常性监督工作形式。《监督法》在第五章以专章的形式规定了"规范性文件的本案审查"，其中体现了多年来地方人大备案审查工作的成功经验。对备案审查制度地位的认识，在实践中经历了一个不断深化的过程，如起初认为，备案审查是实施立法监督，维护法制统一的重要手段。④ 后来发展认为，备案审查制度是国家宪法性制度。⑤

---

① 数据来自《广东省人民代表大会常务委员会工作报告》（2008年）。
② 数据来自《广东省人民代表大会常务委员会工作报告》（2013年）。
③ 数据来自《广东省人民代表大会常务委员会工作报告》（2018年）。
④ 李飞主编：《中华人民共和国各级人民代表大会监督法释义》，法律出版社2008年版，第101页。
⑤ 参见信春鹰《加强备案审查制度和能力建设 完善宪法法律监督机制》，在"中国人大制度理论研究会"（2015年6月）上的讲话。

广东省各级人大对规范性文件的备案审查和清理工作，从制度建设层面抑或制度执行层面观之，都可圈可点。《监督法》施行半年多后的 2007 年 7 月 27 日，广东省人大常委会就通过了《广东省各级人民代表大会常务委员会规范性文件备案审查工作程序规定》。这部地方性法规不仅首度对"规范性文件"的内涵和外延作出了明确界定，而且详细规定了规范性文件备案的内容、步骤、时限，以及规范性文件审查的有权主体、审查的程序和审查意见的效力等，体现了地方立法的创新和突破。该规定一是明确了备案审查的范围；二是规定了审查程序的启动方式；三是确定了备案审查机构的分工和职权。2018 年 11 月 29 日，《广东省各级人民代表大会常务委员会规范性文件备案审查条例》通过，自 2019 年 1 月 1 日起施行，同时废止了《广东省各级人民代表大会常务委员会规范性文件备案审查工作程序规定》。新的地方性法规成为广东省加强规范性文件备案审查工作的重要依据。

上述法律、法规和规章等得到了认真贯彻。广东省各级人大常委会依法做好规范性文件的备案审查工作，重点督促和指导行政法规和地方性法规的清理工作，对新制定的规范性文件主动开展了审查研究，保证其准确实施。2013 年至 2017 年 5 年间，广东省人大常委会备案审查规范性文件 595 件，[①] 在全国省级人大常委会中名列前茅。同时，还积极推进规范性文件备案审查工作的数字化、信息化。2016 年 9 月，广东省人大常委会启动了全省统一的规范性文件备案审查信息平台建设，当年 11 月初步建成并上线运行开展电子备案工作；2017 年 12 月，信息平台基本完成建设；2018 年 7 月，广东省率先完成与全国人大法规备案审查信息平台对接工作，成为全国第一个对接成功的省。广东省备案审查信息平台运用大数据技术开发了智能辅助审查模块，不仅自动实现与上位法比对、法律法规相似度分析，还能提示

[①] 数据来自《广东省人民代表大会常务委员会工作报告》（2018 年）。

审查重点,生成初审意见,提升审查质量和效率。[①]

总的来看,广东省备案审查和法规清理工作体现出"四个相结合"的特点:一是发挥省人大常委会的主导作用与发挥社会积极力量相结合;二是专家学者进行专业化清理与行政部门开展多渠道清理相结合;三是采取传统清理方式与运用现代科学手段相结合;四是严格按照上位法进行清理与从全面深化改革实际需要出发进行清理相结合。

(三) 财政监督的强化

《预算法》的修订自2004年起,跨越三届人大任期,经过四次审议,于2014年8月31日尘埃落定。"马拉松式修法"的背后,是各方利益的激烈博弈。一方面,财政预算收入来自全体纳税人,其分配和使用关乎人民和国家的利益;另一方面,财政预决算制度也涉及人大与政府之间、中央政府与地方政府之间以及政府各部门之间的权力分配。正因如此,预算法修改被作为本届政府力推的财税体制改革的突破口和建立现代财政制度的关键。《预算法(修正案草案)》明确该法的立法宗旨在于"规范政府收支行为,强化预算约束,加强对预算的管理和监督,建立健全全面规范、公开透明的预算制度,保障经济社会的健康发展",凸显了财政预算监督的重要意义,并将强化人大对预算的审查监督作为预算法修改的重点内容。事实上,如何将《宪法》和《监督法》所赋予的人大的财政监督权由"虚"而"实"、由"柔"而"刚",一直是包括广东人大在内的地方人大监督工作的重心所在。此次《预算法》修正案中的诸多条文(如预算公开的首度入法、对预算编制和调整的相信规范等),都铭刻着地方人大的预算监督改革多年来的创新和探索,凝结着它们为国家层面提供的宝贵经验。广东省人大在打造阳光财政、做实财政监督方面,一直领跑全国,在保证财政的全面、公开、透明、

[①] 参见《广东省率先实现规范性文件全流程电子化备案审查 所有规范性文件全程跟踪—追到底》,《法制日报》2018年8月17日。

规范、依法运行方面，不断探索、创新和完善。

1. 预算项目的细化

从 1996 年起，广东省人大组织起草《广东省预算审批监督条例》，2001 年 2 月由省人大通过。这一地方性法规完善了人大预算审查监督的途径，使"政府要花钱，人大说了算"制度化，由此成为全国第一个由省级人大制定的专门规范预算审查监督的地方性法规，并成为广东人大预算监督实践的一个"分水岭"。

在 2001 年以前，广东省政府每年向省人大会议提交的预算报告，支出方面只列到"类"，而在 2001 年的广东省九届人大四次会议上，7 个试点单位提交了详细的预算草案，标志着人大预算监督审查"走过场"成为历史。2002 年，省政府提交的预算草案扩展到 27 个部门，长达 144 页；在 2002 年年初的广东省九届人大五次会议上，省人大常委会在财经委员会设预算监督室，从机构设置上加强了人大对预算监督的力度。2003 年 1 月，在省十届人大一次会议上，省政府提交了厚达 605 页的《广东省 2003 年省级部门预算单位预算表》，囊括所有的 102 个省级部门，清楚列出了支出的每一个专项，详细到具体项目。2004 年 2 月，省十届人大二次会议上，代表们拿着一本厚达 540 页的省级部门预算表，开始了计较甚至质疑，启动了对预算草案的实质性审查监督。2007 年，预算草案的封面上首次去掉"秘密"两字，意味着代表们可将草案带回家研究，阅后不必交还。2009 年，预算草案变成"电子书"，增加"项目支出明细表"内容的电子查询，以往仅仅列出大类别收支数字的下面，首次清晰列出了具体的收支款目，预算案编制实现由"类"到"款"的重大突破。2010 年，广东省财政厅首次在其网站上公开了 2010 年的省级财政预算，向全社会进行公布，尽管此次公开的省级财政预算只有"粗线条"。2011 年，广东财政厅网上公开的大账本的数量进一步增加，从上一年的 9 张预算表增加到 19 张，省级公共财政和省级政府性基金预算公开的范围进一步扩大，其中，省本级财政支出、省级财政转移支付、省级和省本级政府性基金预算支出均一一单列。

2011年5月，广东省人大常委会增设预算工作委员会，下设办公室和预算监督处，相应撤销了省人大财政经济委员会预算监督室。新增的预算工作委员会主要承担省人大及其常委会的审查预决算、审查预算调整方案、监督预算执行，以及有关地方性法规草案的起草、审议方面的工作。从2013年起，省人大常委会每年第四季度在省财政部门编制下一年度预算草案期间，以组织省人大代表到省财政部门视察的形式，专项提前介入预算编制监督，实现预算审查监督关口前移。2014年，省人大常委会在全国省级人大常委会中首开先河，制定出台了《广东省人大常委会开展预算资金支出绩效第三方评价实施办法》，率先开展财政专项资金使用绩效监督并引入第三方机构开展绩效评价，进一步推进建立科学、有效的人大财政支出绩效监督体系。截至2017年，广东省人大常委会已在预算资金监督方面搭建了"三大平台"，通过专项提前介入预算编制监督、推进预算联网监督以及探索财政专项资金绩效监督，实现人大对财政资金的事前、事中、事后监督。

广东人大的一系列积极所为，获得了业界、学术界和传媒的广泛好评。① 广东人大在财政预算审批中由柔而刚的新思维，推动人大预算监督从形式上的审查批准走向实质性的审查批准，在一定程度上改变了地方人大在审查批准本级政府财政预算时普遍存在的不作为现象，成为人大的"第三只眼"，真正代表人民攥紧了政府的"钱袋子"。

2. 预算信息的公开

除了省级财政预算实行网上公开等举措，广东人大还采取了其他措施推动了预算信息的公开。2004年8月，广东省人大财经委与省财政厅实现联网。通过"广东省国库集中支付系统"，财政花出去的每一笔钱都会在第一时间进入人大监督的视野，政府财政成为

---

① 参见林洁《广东省人大增设"预工委"盯紧政府"钱袋子"》，《羊城晚报》2011年9月15日；林永豪等《预算联网监督的"广东经验"》，《人民之声》2017年第7期；吴为《广东建"透明钱柜"人大监督政府花钱》，《新京报》2017年1月3日。

"透明钱柜",改变了长期以来财政预算一家独管的局面。这标志着,广东人大对财政支出的监督开始由周期性的报表监督走向实时监督,由结果监督走向各环节的全程监督。除了每年向人大提交的财政预算报告在媒体摘要发表外,专项资金、财政性资金使用的审计报告或审计结果报告等也逐步从人大会场走入了公众视野。2005 年,广东省推动全省地级以上市人大财经委员会与当地财政国库集中支付系统联网,2010 年 11 月,省级及全省地级以上市审计与财政国库集中支付系统实现了联网。在推进横向预算联网监督方面,至 2017 年 8 月底,广东省 21 个地级以上市、121 个县区人大常委会、政府审计部门全部实现了与同级财政国库集中支付系统联网,联网率达 100%。另外,13 个地级以上市、17 个县区还实现了本级人大与社保部门联网。在探索省市纵向预算联网监督方面,2017 年 4 月,省级重大专项资金数据联网报送系统上线运行,率先在全国实现省级人大与各市人大在线报送预算数据。

3. 绩效理念的引入

在审计成为预算监督的有效工具并逐步推动预算执行公开的同时,广东人大在对政府部门的监督中引入了绩效评价体系,即将政府公共开支的合理性、有效性纳入人大监督范围。从 2002 年开始,广东省以深圳市作为试点,推行财政支出绩效审计制度,以深化预算审查监督。人大不仅管住了政府怎么切分财政蛋糕,还盯紧了政府花钱的效益。2003 年 2 月,深圳市在全国首开先河,将《深圳市 2002 年度绩效审计工作报告》提请市人大常委会审议,披露了"总值超过 6 亿元医疗设备存在相当程度的浪费、闲置情况"等问题,赢得了很好的实际效果和社会影响。① 2004 年 8 月,广东省财政厅等部门联合制定了《关于印发〈广东省财政支出绩效评价试行方案〉的通知》。2005 年,绩效审计得到逐步推广,而广东省人大则

---

① 唐娟:《预算监督:构建阳光下的政府财政——深圳市人大常委会预算监督制度评介》,《人大研究》2005 年第 2 期。

继续推进对财政资金使用的绩效监督，抓紧与财政部门研究制定"财政资金绩效监督标准"，以使绩效监督有衡量的标准。2010年，广州市人大常委会制定了《广州市政府投资管理条例》，明确了政府每年的投资总额和重大项目须经代表大会审查批准，对政府投资决策程序及政府投资管理进行严格的规范和监督。2014年，广州市人代会审议通过了修订后的《广州市人民代表大会审查批准监督预算办法》，为人大预算实质性审查监督提供了制度保障。2015年，开发建设人大预算监督系统，逐步实现对数据的查询跟踪、综合分析和预警提示，增强预算监督效能。近年来，广州市还多次对《广州市政府投资管理条例》实施情况开展执法检查，委托第三方对重点项目支出绩效评估。

4. 公众参与预算的推动

参与式预算是通过预算权力与预算权利的二元构造，搭建纳税人需求反馈的预算决策模式。① 它是推动公众参与预算、实现公共预算与民主政治的互动的尝试，② 近年来在哈尔滨、温岭等地方都有体现。其中，广东省佛山市顺德区的参与式预算在实践中逐渐趋于成熟。2012年，顺德开始试水参与式预算，推动预算编制和分配机制改革创新，迄今已进入第九个年头。2016年10月，顺德区制定了《参与式预算工作方案》，指出参与式预算是一种新型的民主决策方式，适用于使用财政资金、涉及社会民生、与群众利益密切相关、群众关注度高、适合群众参与的公共预算项目。从2016年开始，每年10—12月，顺德区财税局都会联合顺德城市网持续推出网络评议平台，介绍下一年度拟纳入预算项目的情况、必要性、费用安排依据、工作计划、社会反响等，代表和市民可以通过App、官方微信和微博，参加参与式预算项目网络评议活动。2020年参与式预算网

---

① 陈治：《减税、减负与预算法变革》，《中国法学》2019年第3期。
② 参见［法］伊夫·辛多默、［德］鲁道夫·特劳普－梅茨、张俊华主编《亚欧参与式预算：民主参与的核心挑战》，上海人民出版社2012年版，第6—23页。

络评议中，有 41 个民生项目接受了群众评议，项目金额共计 21.4 亿元，为历年最高。其中，最受关注的是区卫生健康局的"120 急救指挥中心运行经费"项目。

从目前各地参与式预算的具体机制来看，虽然不尽一致，但都在一定程度上开放了公权主体垄断预算权力配置的制度格局，预算分配与纳税人需求形成更为紧密的沟通反馈机制。一方面，可以增强预算决策过程的透明度，有利于提升纳税人的获得感；另一方面，有利于对预算分配结果产生实质性影响，提高与民生直接相关的支出，促使地方政府努力行使财政职能为公众谋取最大福利。①

5. 监督的"全口径"

所谓"全口径"预算，是指将政府财政收支全部纳入预算统一管理，以实现立法机关对政府财政收支行为的有效控制，从而最终保障公共资金的筹集和使用。② 中国共产党的十八大报告特别强调，要加强对"一府两院"的监督，加强对政府全口径预算决算的审查和监督。实现"全口径"之后，公共财政预算、国有资本经营预算、政府性基金预算、社会保障预算这四项预算及各项决算都必须提交各级人大审查和监督。

广东人大预决算监督工作经历了较长时间的探索。2001 年通过的《广东省预算审批监督条例》是全国第一个由省级人大制定的专门规范预算审查监督的地方性法规。它明确规定，人大对政府预算审批监督要包括政府性基金预算。此后，广东省的公共财政预算和政府性基金预算每年都会提交省人代会审查，相关决算提交省人大

---

① 从实践来看，采纳参与式预算决策模式的地方，其预算支出结构中社会民生支出往往占据主导地位。参见林敏、余丽生《参与式预算影响地方公共支出结构的实证研究》，《财贸经济》2011 年第 8 期。

② 华国庆：《全口径预算：政府财政收支行为的立法控制》，《法学论坛》2014 年第 3 期。文章还提到，全口径预算是我国的专有名词术语，之所以强调全口径预算，有其深刻的背景；在预算法律制度健全的市场经济国家，并不存在全口径预算这一提法。

常委会审查；社会保险基金预算决算从 2005 年起就已经纳入省人大常委会的监督范围。一些地市已经基本实现"全口径"，而且在财政资金的规范化和透明化分配方面比较到位。从 2013 年开始，广东的省级国有资本经营预算已提交人代会进行审查。从 2014 年开始，广东省社会保险基金预算已经提交人大审查，实现"全口径"预算审查。2019 年 11 月，广东省公布了修改后的《广东省预算审批监督条例》，修改主要是为了回应实践发展与需求，同时与《预算法实施条例》的规定相一致，修改内容涉及立法目的和依据、各机构审查监督工作职责、预算草案编制时间、代表和专家的参与等。

（四）特色与经验

1. 监督角度的选择

人大监督以何种角度切入，对于保证监督的实效而言是极为重要的。选择好的监督角度，意味着找准问题、切入要点。广东人大近年来对于监督角度的选择，主要立足于以下三点：首先，监督所针对的是既具全国性的普遍意义，又体现本地特殊需求的问题；其次，监督所针对的要么是事关全省工作大局，属于改革中的突出问题；要么事关民生，属于民众普遍关注的、迫切需要解决的问题；最后，监督所针对的要么是长期存在的"老大难"问题，要么是新近出现但却亟须快速解决以免酿成大患的问题。

十余年来，广东人大监督主要集中于两个领域——一是民生，二是环境。

（1）监督"底线民生"的保障

保障"底线民生"的思路，在广东人大监督工作中，一以贯之。2012 年 11 月，党的十八大召开，把社会保障全面覆盖作为全面建成小康社会的重要目标，十八届三中全会通过的《中共中央关于全面深化改革若干重大问题的决定》进一步提出，要紧紧围绕更好保障和改善民生、促进社会公平正义深化社会体制改革，推进基本公共服务均等化。此后，广东省各级人大更以保障底线民生为监督的重点和切入点，采取了一系列监督举措。

2013年6月，广东省人大常委会选取了"底线民生"作为人大提前介入预算编制的突破口，组织人大代表对全省底线民生保障情况进行了"摸底"。通过一个多月的摸查，省人大发现广东多项底线民生的指标在全国落后。在人大的推动下，"提高底线民生保障水平"于2014年第一次被写入了广东省的《政府工作报告》，位列"办好十件民生实事"的首项。从2014年1月起，广东省将城乡居民低保补差标准分别提高到333元/月和147元/月；从2014年7月起，城乡居保基础养老金人均标准提高到80元/月。2019年，全省城乡居民基本养老保险基础养老金最低标准又提高到每人每月170元。城镇、农村低保对象最低生活保障人均补差水平，分别提高到每月554元、251元。在整个财政增长速度降低的情况下，财政还能集中财力来解决底线民生的问题，十分难得。

广东省人大常委会在社保基金的监督方面出台并实施了多项创新举措，努力推动社保监督机制的创新发展。2014年7月30日，广东省人大常委会听取和审议了《关于广东省社会保险工作情况的报告》，并以社会保险工作为主题，开展了专题询问。2016年3月，广东修订了《广东省社会保险基金监督条例》（以下简称《条例》）。《条例》第三章为"人大监督"，规定了各级人大及其常委会预算监督的具体职权，包括审查社保基金预算和预算执行情况、监督本级社保基金预算的执行等，还规定，省人大常委会建立省级预算支出联网监督系统，完善系统的分析功能和预警功能，通过与省级国库集中支付系统、社会保险基金统计分析查询系统、社会保险基金财务信息系统等的联网，实现对社会保险基金运行状况的实时监督。

残疾人作为弱势群体，其权益保障无疑是底线民生的重要工程。针对广东省近年来进行的无障碍环境建设，广东省人大组织视察了残疾人信息无障碍终端演示及其他无障碍设施建设情况。2019年5月，在第二十九次全国助残日前夕，广东省人大常委会召开《广东省实施〈中华人民共和国残疾人保障法〉办法》执法检查听取意见座谈会，听取了部分省人大代表、各类残疾人服务保障机构和残疾人协会、残疾人代表等方面关于残疾人保障工作中的问题、不足的看法和意见建议，推进残疾人保障工作。

(2) 监督生态环境的保护

作为城镇化和工业化的前沿阵地，广东省在环境方面曾付出过较为惨重的代价，却也使各级官员和普通民众较早意识到了环境保护的重要性。广东省各级人大持续将生态环境保护作为监督的重点领域。

对淡水河、石马河（合称"两河"）流域水污染治理的监督，是广东人大监督的重点举措之一，收到了较好的实际效果。广东省人大自2008年起将人大代表关于淡水河和石马河流域污染整治的建议列为重点建议，跟踪重点督办。从此，广东省人大常委会对"两河"治污年年调研、年年视察、明察暗访、持续跟踪。并且，由于"两河"流经三市，且涉及环保、工商、河道管理等不同部门的职责，省人大每年召开至少一次"两河"整治工作协调会，贯彻污染联防联控的思路，促进相关各市联合治污。人大的监督，有力推动了各地政府采取有效措施全力以赴取得治污实效。"两河"流域的污染治理一直被省人大作为重点督办项目，推动实现了2020年"两河"水质达到Ⅳ类的目标。

城乡垃圾管理是城乡生态环境保护的重要内容，关系着环境、安全和生态文明建设，更是城乡居民生活水平的重要指标。然而广东的"垃圾围村""垃圾围镇"甚至"垃圾围城"现象日益严重，垃圾管理水平低下已成为制约新型城镇化水平提升的重要问题。从2011年开始，广东省人大常委会每年都会对省内实施《广东省城市垃圾管理条例》的情况进行执法检查，针对垃圾处理设施建设滞后、垃圾无害化处理率低、农村垃圾污染问题凸显等一系列问题，向省政府及有关部门建议加大《条例》实施力度，更加重视城乡垃圾管理工作。广东省人大常委会从2014年起到2016年，连续三年分别就各地级以上市的农村生活垃圾收运、垃圾分类及总体成效组织开展了第三方评估，并根据评估结果进行排名，向社会公布评估结果。根据广东省人大常委会《督办农村垃圾管理工作五年计划》，到 2014 年年底，广东省完成了"一县一场""一镇一站""一村一点"建设任务；到 2017 年年底，全省建立起了农村垃圾管理长效机制。2015 年 9 月，《广东省城乡生活垃圾处理条例》通过，废止了颁行 14 年的《广东省城市垃圾管理条例》。此后，广东省各级人大每年都组织《广东省城乡生活垃圾处理条例》的执法检查。

2. 监督力度的增强

人大此前多年之所以被视为"橡皮图章"，主要原因即在于其手中的权力弱化和虚化。尽管手握监督权，却难以"制服"其监督对象——"一府两院"，监督实效难以显现。有鉴于此，广东人大拿出了盯住不放的韧劲和一抓到底的狠劲，抓好后续跟踪督办，杜绝"重形式，轻结果""重答复，轻落实"等现象的出现。对整改工作认识不到位、措施不得力、成效不明显的，可以由主任会议决定，或者由常委会组织跟踪检查，直至问题真正得到解决，切实做到善始善终。广东省人大常委会采取听取专项工作报告、开展专题询问和专题调研的"三专"监督，通过连续监督、跟踪监督，围绕群众普遍关注的住房、教育、食品、交通、饮用水等民生问题，加大监督力度，增强监督实效，推动政府切实解决有关问题。此外，积极开展监督"回头看"，以及工作评议和满意度测评，确保人大代表"说了不白说"。

3. 监督力量的整合

（1）内部的"上下联动"

近年来，广东省从常委会主任会议，到省人大内务司法委员会会议，经过反复研究，形成了新的思路：在"突出重点"和"上下联动"两个方面探索监督的新路子。推行"上下联动"，就是对重点监督项目，由省人大联合市、县（区）人大，在共同研究部署的基础上，在各自的职责范围内分级实施监督、分级督促整改。在具体执行上，省里确定了执法检查项目后，各市、县在原方案基础上增加与本地实际相结合的方案，检查时由省、市、县协同合作，通过建立健全上下级人大的会议、信息交流等制度，共同推动执法监督落到实处。"上下联动"开展执法检查的新方式成为热门话题，并形成了一个共识：采取上下联动的方式进行执法检查，有利于在更大的范围内，更全面地了解执法检查的情况和问题；有利于三级人大协调一致，互相配合，避免力量分散和重复检查，充分发挥三级人大监督的整体效应，形成一定的声势，强化监督力度；有利于更全面地了解执法实际情况，抓住重点、有的放矢，并逐级落实督促整改，促使执法中存在的问题得到解决，取得监督的实效。广东省人大常委会在大力推进省、市、县三级人大上下联动的监督方式的同时，还推动使用将常委会的重点监督与委员会的经常性监督相结合的方式，以及执法检查发布制度、重大监督事项发布制度、约见和答复制度、人大监督工作公开制度等，展示了在监督机制和方式上勇于创新、善于创新。

（2）外部力量的引介

首先，凸显专家角色，破解部门立法。

尽管部门立法在专业性和可操作性方面具有优势，但无可避免地会刻上部门利益的烙印。而专家则因其所具有的专业性、前瞻性和去利益化的中立性，以及远离政府事务的普通公民角色，有助于避免部门立法的诸多弊端。为了在立法机制上有效隔离部门干扰，避免部门利益法制化，使立法更为贴近民意、更显公正，广东省人大开始尝试在立法中更多引入专家的角色，甚至直接委托专家和立法基地起草法案。2013年5月，广东省人大常委会与中山大学、华南理工大学等五所高校共同合作，建立了广东省地方立法研究评估与咨询服务基地；12月，第二批地方立法研究评估与咨询服务基地在嘉应学院、韩山师范学院、广东海洋大学、韶关学院四所高校正式挂牌成立，标志着地方立法研究评估与咨询服务基地覆盖全省。《广东省安全生产条例（修订草案）》《广东省反走私综合治理条例（草案）》《广东省建设工程质量管理条例（修订草案）》《广东省环境保护条例（修订草案）》《广东省信访条例》等专业性较强的法规都委托了"高校联盟"研究论证或起草。

选聘立法咨询专家，是广东省人大延续"开门立法"传统的又一动作。2013年7月，按照《广东省人民代表大会常务委员会立法咨询专家工作规定》，广东省人大常委会公开选聘了66名立法咨询专家，作为人大立法工作的"智囊团"。立法咨询专家不仅从专家学者中遴选，还吸纳了各行业、各领域的实务型人士，且使法律、经济、社会等领域的人数保持一定比例。被选聘的立法专家在聘期内就广东省5年立法规划、年度立法计划编制及法规立项，地方性法规草案起草、审议，地方性法规解释，法规清理、立法前及立法后评估，较大市法规审查和规范性文件备案审查，省人大常委会执法检查、听取和审议"一府两院"专项工作报告等监督工作以及议案、建议办理等事项，以参加座谈会、论证会、听证会，以及其他各种形式，出具意见和建议。立法咨询专家队伍在不断更新。2018年9月，广东省十三届人大常委会聘任了48名立法咨询专家。获聘为新一届省人大常委会立法咨询专家的48人中，上一届留任16人，本届新聘任32人。①

其次，选聘财经咨询专家，助力财政监督。

2013年7月，广东省人大常委会聘任了30名财经咨询专家，聘期为五年，作为为人大财经工作和计划预算审查监督工作提供咨询服务的"智囊团"。财经咨询专家制度的"前身"，是2009年广东省人大常委会设立的财经工作咨询顾问制度。较之财经工作咨询顾问，财经咨询专家的人数更多，并且是面向社会公开招聘。财经咨询专家主要是为省人大及其常委会做好人大财经工作尤其是计划预算审查监督工作提供智力支持和发挥参谋智囊作用。财经咨询专家

---

① 《广东省十三届人大常委会聘任48名立法咨询专家》，中国新闻网，网址：http://www.chinanews.com/gn/2018/09-30/8640881.shtml，最后访问日期：2020年4月10日。

制度的运行，有助于人大多渠道听取各方意见和建议，扩大社会力量参与财经工作，提高人大财经工作尤其是计划预算审查监督工作的质量和水平，推动人大对政府全口径预算决算的审查和监督。2018年6月，广东省人大常委会为新一届财经咨询专家颁发了聘书。获聘为新一届省人大常委会财经咨询专家的40人中，上一届留任11人，本届新聘任29人。①

再次，选聘环保咨询专家，推动环保监督。

近几年来，广东省人大常委会在大力推动大气污染整治、水污染整治、农村垃圾管理等工作中，深感环保专家专业意见和智力支持的重要性。2014年5月，广东省人大公开选聘了一批环保咨询专家。环保咨询专家制度是继省人大常委会建立立法咨询专家制度、财经咨询专家制度之后建立的又一项咨询制度，目的是通过环保咨询专家参与人大环境与资源保护工作，发挥其专业和技术优势，提供专业意见和智力支持，促进广东省的生态文明建设和环境资源保护。2018年6月，广东省人大常委会为新一届环保咨询专家颁发了聘书。获聘为新一届省人大常委会环境保护咨询专家的30人中，上一届留任10人，本届新聘任20人。②

最后，引入第三方评估，提高监督质量。

2013年，广东省人大常委会专门委托环保部华南环境科学研究所对淡水河、石马河流域污染整治效果进行第三方评估，这是一次用专业机构、专业人士力量，提高人大监督质量和实效的成功实践。2014年1月，广东省人大举行新闻发布会，公布了第三方评估结果。评估报告详细列出三市的考核结果、整治经验、存在问题，并提出了整改建议。这次引入第三方对人大督办的政府工作项目推进情况及成效进行评估，在广东省人大监督工作中是

---

① 《广东省人大常委会聘任一批财经和环保咨询专家》，中国新闻网，网址：http://www.gd.chinanews.com/2018/2018-06-01/2/396755.shtml，最后访问日期：2020年4月10日。

② 同上。

第一次，在全国也属先行先试。首次引入第三方评估收到了良好效果，广东省人大常委会此后继续探索对重大民生工作引入第三方评估机制。

在财政预算监督方面，2014年开始引入了第三方评估的工作机制，围绕战略性新兴产业发展专项资金支出绩效情况开展专题调研，并就相关项目开展第三方绩效评估。重点针对有关专项资金安排使用情况、主要成效及存在问题，提出进一步完善资金管理的意见和建议，推动政府逐步建立绩效问责制度。此后，以重大投资项目绩效评估为抓手，每年选取1—2个省级专项资金项目，引入第三方开展绩效评估，并召开新闻发布会向社会公布评估结果，切实增强监督工作的科学性和实效性。2019年11月22日，广东省人大常委会向社会公开了广东省2016年至2018年水污染防治资金、2014年至2018年新农村连片示范建设资金支出绩效第三方评价报告。① 这是广东省人大常委会自2014年以来连续六年对财政专项资金支出绩效情况组织开展第三方评价。

二 走向规范化、体系化和精细化的市级人大监督：聚焦广东省中山市

人民代表大会制度迄今已走过60多个春秋，监督角色缺位、监督实效不彰的"顽疾"却依然困扰着各级人大。这一现实，既与我国宪法设定的控权机制相悖，也与法治国家的建设和政治体制改革的推进格格不入。因应于多元的动力和压力，各级、各地人大相继在宪法和法律确立的框架内进行了探索，在监督的理念、制度、方式和实效方面，均取得了不同程度的创新和突破。一个有趣的现象是：地方人大监督权行使的效果，往往与该地方的法治成熟程度呈正相关；地方人大的权威和地位，可从一个侧面折射当地民众民主法治理念的培育

---

① 《广东省人大常委会围绕中心贴近民生探索监督新路径》，《法制日报》2019年12月3日。

程度以及和谐共治社会的发育程度——一言以蔽之，可视作度量地方政治文明的一把"标尺"。这一现象在广东中山得到深刻诠释。

中山市地处开放前沿，近年来经济快速发展、城镇化加快推进、社会文明程度迅速提升，为人大监督"一府两院"依法履职，提供了强大的内生动力；中山一向"开风气之先"，民主和法治氛围较内地更加浓厚，民众的权利和规则意识较强，也为人大积极履行监督职能施加了压力。在动力和压力下、在制度和现实架构的有限空间中，中山人大在监督的制度、体制、机制，以及监督工作的细节方面，都体现出了智慧和用心；人大监督不断规范化、体系化、精细化，逐步趋于成熟。观察中山人大监督的实践，有助于深入理解人大在地方民主法治建设和社会发展中扮演着和应当扮演怎样的角色，亦从一个侧面反映出广东依法治省的"人大常委会模式"① 所具有的独特优势。

（一）走向规范化的市级人大监督：以良好的制度和机制为支撑

1. 制度建设：省、市、镇共同努力的成果

过于笼统、不易操作的人大监督制度，曾是制约地方人大监督效能充分实现的因素。从20世纪80年代开始，省级地方人大开始尝试对人大监督工作予以规范和完善。广东省走在前列，先后出台了一系列监督法规和规范性文件，并不断修改和完善。包括综合性

---

① 从依法治省（市）工作领导小组办公室的设置来看，目前主要存在三种模式。第一种是领导小组办公室设在司法厅（局）的"司法系统模式"，是全国普遍采用的模式；第二种是领导小组办公室设在党委常委的"党委模式"，以上海市为代表；第三种是领导小组办公室"挂靠"在人大常委会的"人大常委会模式"，以广东省为代表。广东省依法治省工作领导小组及其办公室成立于1996年10月16日，目前广东省21个地级以上市依法治市工作领导小组办公室除深圳市设置在司法局外，其他都设置在市人大常委会。办公室是省（市）党委领导下的议事协调机构的常设办事机构，办公室设置在省（市）人大常委会，省（市）人大及其常委会承担依法治省（市）的日常工作，在实践中发挥着主导作用，避免了"小马拉大车"的局面。

的监督法规,① 专项性监督法规,② 关于监督方式的法规,③ 以及人大及其常委会的议事规则。④

在2015年《立法法》修改以前,中山作为不设区的市并没有地方立法权。尽管如此,中山仍在现行宪法和组织法的框架内进行了规则制定方面的尝试。1988年,中山市人大就制定了《中山市人民代表大会常务委员会议事规则》(1994年、1999年、2004年、2008年四次修正),涉及议案的提出和审议、听取和审议工作报告、质询等监督方式,还规定了调查委员会的组织和权限等。《广东省各级人民代表大会常务委员会监督条例》颁布后不久,中山市即出台了《实施〈广东省各级人民代表大会常务委员会监督条例〉办法》(1994年),规定了人大常委会监督的范围、形式等,并明确了人大常委各办事机构的具体职权。此后,制定了《中山市镇人民代表大会工作规则》(2008年)、《中山市人民代表大会议事规则》(2009年)、《中山市人大联系选民办法》(2010年)。为了实现对人大代表议案建议办理的全程管理,强化对办理工作的刚性约束,2008年制定了《中山市办理建议提案绩效量化测评工作细则(试行)》,2011年印发《中山市建议提案办理工作量化管理办法》,设定考核分值进行综合考评,考核结果纳入部门镇区领导班子实绩考核体系。2013年印发《中山市建议提案办理工作量化管理办法(修订)》,对部分考核指标、考核结果应用等作调整和优化,考核结果直接应用于部门绩效考核和镇区实绩考核。从2013年开始,中山市密集出台了又

---

① 包括《广东省各级人民代表大会常务委员会法律监督工作条例(试行)》(1989年)和《广东省各级人民代表大会常务委员会监督条例》(1994年)等。
② 包括《广东省预算审批监督条例》(2001年)和《广东省各级人民代表大会常务委员会规范性文件备案审查工作程序规定》(2007年)等。
③ 包括《广东省各级人民代表大会常务委员会执法检查工作规定》(1996年)和《广东省各级人民代表大会常务委员会评议工作规定》(1996年制定、2000年修改)等。
④ 包括《广东省人民代表大会常务委员会议事规则》(1998年制定,2000年、2007年、2008年三次修正)和《广东省人大常委会主任会议议事规则》(1999年)等。

一系列关于人大监督的规范性文件。《中山市镇人民代表大会监督工作暂行办法》（2013 年）是全国首部关于镇人大监督工作的规范性文件，标志着中山市各镇的人大监督工作，尤其是闭会期间的监督工作自此有章可循；《中山市人民代表大会代表议案及建议、批评和意见处理办法》（2013 年）旨在规范代表议案、建议等的办理工作，提高办理质量；《中山市人民代表大会常务委员会规范性文件备案审查办法》（2013 年）明确了规范性文件备案报送的内容和要求，规范性文件备案审查的机构和职责、审查的内容和程序等。2014 年分别针对预算审查监督和生态环境保护和建设工作监督，出台了两部文件。其中，《中山市预算审查监督暂行办法》是根据新修订的《预算法》规定的，规范了预算审查程序，将国有资本经营预算和社保、土地等基金预算全面纳入年度预决算审查监督范围，实现了一般公共预算监督向全口径预算监督的跨越。《中山市人民代表大会常务委员会关于加强人民法院民事执行工作的决定》的出台，则针对民事生效判决"执行难"的问题，有利于保障当事人合法权益，维护法律和司法的权威。2015 年，制定了《中山市地方性法规立项办法（暂行）》，旨在规范地方性法规立项工作，增强立法项目的针对性和实效性，进一步提高立法质量。2016 年，《中山市人大常委会基层立法联系点工作规定》的出台，有利于规范基层立法联系点工作机制，建立健全基层立法联系点制度，广泛收集社会各界的立法意见和建议，提高立法质量。

中山在镇人大层面，也立足于基层人大监督的实际需要进行了制度创新，使监督工作更"接地气"。例如，小榄镇制定了《中山市小榄镇人民代表大会监督工作暂行办法》，依据该办法成立了城乡建设、法制、财经、农村社区和教科文卫等专业代表小组，开展调研、联系选民、实施监督。三乡镇制定了《党委、人大联合督查活动制度》，探索建立党委人大联合督察组，并完善了代表监督约束机制。

省、市、镇三级在人大监督制度化方面所做的努力，使中山人大监督工作基本纳入了规范化的轨道,有助于规范人大监督活动、促进人大监督工作的开展。同时,市、镇的探索和积累也将为广东省甚至全国的相关立法提供来自基层的鲜活经验。

2. 机制建设:实践基础上的凝练和设计

在《各级人民代表大会常务委员会监督法》业已设定的制度框架下,如何借助更有效的机制设计将监督权用好用足,恰是问题的关键。中山市和镇级人大在实践中善于思考和总结,尝试通过一些精巧机制的建构,丰富了监督方式,强劲了监督动力,强化了监督效果,树立了人大的权威。

(1) 建立民主测评机制

民主测评是《中山市镇人大监督工作暂行办法》引入的一种创新的监督方式,也是一种有效的监督机制。它要求中山市镇政府各职能部门接受年度测评,全体镇人大代表采用无记名投票的形式进行评分,测评结果向代表报告。从 2014 年开始,经过六轮民主测评,各镇立足自身情况作了进一步补充和创新,使这一机制趋于成熟。

第一,测评对象覆盖了中山市镇政府所有职能部门及上级国家机关派驻各镇的所有部门;第二,测评内容一般为依法办事、工作效能、政务作风和议案建议办理四个方面;第三,测评程序,一般实行集中发票、写票、投票、计票,现场公布民主测评分数和排名;测评结果按照得分高低排序,并在会上当场宣布;第四,对于民主测评结果的使用,大多数镇区将民主测评结果作为镇机关干部年终实绩考核的参考依据。例如,东升镇和南头镇规定,对当年度测评分数排位后 3 位的单位,作为年内重点监督工作对象,对连续 2 年测评分数排位后 3 位的单位,由大会主席团建议其上级取消其年度考核中的评优资格,并对其主要负责人诫勉谈话或轮岗。第五,对于民主测评中凸显的问题,各镇区较为重视,并根据代表提出的以及教案建议予以整改落实。如板芙镇人大办开展实地走访调研,了解民主测评排名靠后的部门单位得分较低的主要原因,就排名靠后的部门单位工作中存在的问题与人大代表进行交流，并反馈给镇主要领导和相关部门。

（2）完善议案建议办理和督办机制

强化对人大代表的议案和建议的督办，是中山市人大监督的抓手之一。议案和建议办理的效果如何，直接决定了监督职能实现的效果。市政府各职能部门和各镇在实践中已经形成了比较成熟的议案建议办理机制。首先，在领导机制上，成立专门的议案建议办理工作领导小组，制定年度议案建议办理工作实施方案，明确工作目标和责任分工；其次，在责任机制上，采取"三级负责人"办理制度：职能部门主要领导或镇的主要领导为第一责任人、分管领导为直接责任人、承办部门为具体责任人，负责办理落实；再次，在办理单位和人大代表之间形成了常态的沟通机制，贯穿"办前、办中、办后"的整个环节，通过座谈讨论、走访、电话回访、现场视察等多种方式加强沟通，切实提高办理质量；最后，建立了人大跟踪督办机制，为确保建议按期办复，要求相关部门在规定的时间内办理，人大不定期对建议办理落实情况进行监督检查，确保代表建议办理实效。同时，对代表在活动中提出的意见和建议，不但追求代表意见建议办理满意率，更重视其落实率，力求使一些涉及民生的热点、难点问题得到解决或逐步解决，即从"答复型"向"落实型"转变。

在人大建议督办机制的具体实施层面，各镇区进行了各自的发挥。例如，西区提出了"五个一"的要求，即听取一次办理方案汇报、参加一次实地调研或视察、召开一次沟通协调会、听取一次办理情况汇报、参加一次办理座谈会。同时对承办单位的办理工作在健全制度、严格程序、保证质量等方面作出了详细的规定和更高的要求。

（3）完善人大代表活动机制

首先，是小组活动机制。《中山市镇人大监督工作暂行办法》将代表小组确立为代表开展监督工作的基本形式，规定"可以设立法制、财政经济、城乡建设、农村和社区、教科文卫等若干小组开展代表活动"(第5条),以增强代表的专业性来尽量弥补代表非专职的缺陷。实践中,各镇因应各自的具体情况、需要和习惯来对代表小组进行分类,具体名称也各不相同(包括"代表小组""功能小组""专业小组""专业代表小组"等,不一而足),这一机制已焕发出勃勃生机。

其次,是代表服务保障机制。早在2009年,中山市各镇区就已经按标准建成了各自的人大代表活动室,有专门场所和经费的保障,市、镇人大代表开展闭会活动拥有了自己的"家",荣誉感和归属感随之也增强。在抓好活动室硬件建设的同时,不少镇区规范了代表花名册、代表活动计划簿、代表活动登记簿、代表学习记录簿、代表履职情况登记簿等"一册四簿"的整理归档工作,人大代表履职的所有文字、图片和视频资料齐全,活动记录翔实。从2014年开始,部分镇的人大代表活动室已经建到了各村(社区),为代表密切联系选民搭建平台。

最后,是代表监督约束管理机制。镇区的监督约束管理机制各有特色,其约束对象一般不限于代表个人,还延伸到代表小组。例如,三乡镇人大每年会根据督察小组的与会人数、活动情况、提交建议数量、提交调研报告数量等情况,对督察小组进行量化评分和排名,激励代表参与活动的积极性。《三乡镇党委、人大联合督查活动制度》明确规定人大代表参加活动次数不得少于50%,凡全年统计参加活动次数少于50%的代表将被通报批评。还有不少乡镇建立了代表履职档案,对代表参加会议、提出意见和建议的情况进行登记,并在年终进行通报,对出席率高、提出意见建议多的代表提出表扬。

(二)走向体系化:人大监督的"全域中山理念"

任何领域的改革,都是一项系统工程。这意味着对该领域内的各个方面、各个层次、各种关系、各个环节、各种要素,需要从全局的视角予以统筹协调和观照,拒绝死角。《中共中央关于全面深化改革若干重大问题的决定》将推动人大制度与时俱进地改革作为深化改革的要点之一,而监督制度无疑是人大制度中的重要部分。因而,人大监督制度的改革和完善,也理应被作为一项系统工程来对待。目前,中山人大在监督过程、方式、主体要素等方面,已形成了一个自洽的、较为完整的体系。监督权在不同环节、通过不同方式、经由不同主体行使,产生了叠加效应。这一理念,与中山在区域发展方面的要旨是一致的,堪称人大监督领域的"全域中山理念"。

1. 坚持民生导向,办好议案建议

(1) 事先:议题选择的民生导向

监督资源有限,是一直以来摆在人大面前的难题之一。如何科学分配有限的监督资源,将其配置在"要害"领域,是提高人大监督针对性和实效性的前提。在这个环节上,中山人大删繁就简,广纳民意,无论在议题的选择还是选择的议题上,都体现了强烈的民生导向,回应了社会关切。为了确定中山市人大常委会的监督议题建议,市人大常委会会连续3天在《中山日报》刊登征集监督议题的公告,同时通过中山人大网、中山法治网、常委会公报发布。除此之外,市人大常委会还通过各代表小组向全体市人大代表征集意见建议,常委会各工作委员会分片联系单位、镇区征集意见,提出主要监督议题建议。公开征集监督议题活动激发了代表和市民参政议政的热情,反映了民众对以民意为基础开展监督工作的肯定与期待。在汇总、分类梳理各渠道收集建议的基础上,市人大常委会办公室以问卷形式把初步遴选出的监督议题再发于全体市人大代表征求意见修改后,提交常委会会议审议通过后组织实施。经过严格的程序确定下来的议题均与民众利益切身相关,涉及食品安全、饮水安全、交通出行、治安改善、教育、医疗等。

(2) 事中:围绕民生的议案建议办理

中山市政府在全市人大代表议案建议办理中起了重要的领导和统筹作用。全市人大代表议案(建议)、政协提案任务交办会由市政府组织召开,进而经各镇区人大工作室分解到有关职能部门,形成一级抓一级、层层抓落实的工作机制，确保任务到人、责任到位。办理前，要求承办部门对每一份建议都必须上门或以电话联系的方式向代表详细了解情况，探讨办理方案；办理中，及时向代表汇报进度，征询办理措施是否得当，探讨改进办法，及时将工作过程中的难点问题整理反馈，对不合规范的答复全面修改，对不满意或者基本满意的办理件一律退回重新办理，既保障工作进度，又保障回复质量，破解"被动"状态，发挥主体作用。在制定解决方案和工作计划之后，进一步听取代表的意见建议，并与代表一同走访群众，共同推进建议办理工作，确保办理工作符合群众的意愿和代表的要求，按时完成建议的受理、交办、反馈、答复等一系列工作。

(3) 事后：民生议题的落实

对监督效果的评估，一方面当然是针对现状、静态地评价议案建议的办理和答复本身；另一方面是面向将来、动态地评估监督对被监督者行为的影响，具体来看，体现在答复中承诺事项的落实、监督成果的转化和今后对类似问题的处理上。

中山市人大一向重视监督工作"回头看"，倒逼议案建议办理部门切实落实议案建议中的承诺。在建议办复后，各部门并不止步于纸上答复，而是建立起工作台账和跟踪办理制度，对答复中承诺的事项逐项抓好落实。同时，将符合部门发展方向的建议提案，融合在拟出台的政策性文件中，从而通过工作常态化满足人大代表反映的群众需求。例如，中山市民政局结合办理人大建议《要求成立中山市重大疾病救助基金》，制定了《中山市困难居民重特大疾病医疗救助暂行办法》，完善了社会救助体系。办理部门也善于从办理工作中寻找对策和思路，将办理结果反映到政策中，体现在行动上。做到办理一件，促成一项工作落实，解决一批类似问题。

2. 综合运用多种监督方式，开启全方位监督

现行宪法和法律规定了多层次、多形式的人大监督方式。除此之外，中山市还在法律框架内积极探索和综合运用其他一些行之有效的监督方式，以针对不同的监督目的、对象和内容。目前已形成

了一套涵盖一般性监督（组织代表视察、调查、检查等）和刚性监督（质询、否决、罢免等）的、较为成熟的监督模式。

（1）采取组合调研监督，落实民生实事

为了深入了解"一号议案"和十件"民生实事"的推进情况，中山市人大常委会采取了座谈、走访调研、市人大代表统一活动日视察和第三方评估的组合调研监督形式。这种做法，针对的是重要且棘手的监督事项，其既与民众生活息息相关，一般涉及多部门的职责权限，且时间跨度较长，需要持续跟踪和监督才能凸显监督效果。

（2）突出民生重点，听取和审议报告、开展执法检查

听取和审议"一府两院"的工作报告、专题报告和执法检查报告，以及执法检查等，是人大监督的常规手段。中山市人大及其常委会听取的各种报告，内容主要围绕民生等热点问题，包括物业管理、水环境保护、道路交通安全、农业面源污染防治、老年人权益保障、食品药品检验检测机构建设等。执法检查也针对《传染病防治法》《物业管理条例》等的实施情况，体现了监督的民生取向。

（3）围绕民生议题，开展专题调研和专题审议

专题调研、专题视察和专题审议的人大监督方式在中山运用频率较高，体现了中山人的主动、专注和讲求实效。专题监督与一般的工作调研不同，前者具有主动性强、针对性强、效力更强等特点，常委会可以自主选题，监督更能有的放矢，突出重点，提出的建议和措施更加务实可行，提出的审议意见具有法律效力。

（4）推进全口径预决算审查监督规范化，替人民管好"钱袋子"

对财政预算进行监督以促使政府妥善使用财政资金，是宪法和法律赋予人大及其常委会的法定职责，也是建立公共财政、透明财政体制的客观要求。

中山市人大常委会近年来一直致力于推进全口径预算决算审查监督规范化。2006 年，中山市就开始编制全口径综合性预算，将所有财政资金编入预算；至 2011 年，公共财政、政府性基金、国有资本经营收益、社会保险基金已全部编入政府预算体系，并提交市人

代会审议；新《预算法》颁布实施后，中山市积极推进全口径预决算管理改革，2014年10月通过了《中山市预算监督暂行办法》，规范了人大预算决算审查监督的方式和途径。目前已基本建成框架科学、内容完整、运转有效的财政预算管理体系。

3. 统筹人大各项职权，配合监督权的行使

立法权、监督权、重大事项决定权和人事任免权，是人大及其常委会拥有的四项职权。从实质上看，这四项职权并非独立，而是有着内在的联系。如果使用恰当，可以实现"多赢"。围绕环境保护的主题，中山市人大常委会统筹行使立法权、①监督权和重大事项决定权，效果相得益彰。

在监督方面，环境保护因与民生紧密相关而一直被作为"十件民生实事"，从而也一直是人大监督的重点领域。例如，被作为2015年全市"十件民生实事"之一的就是"内河清流和城区治涝工程"。

在立法方面，中山市获得地方立法权后的第一部地方性法规即《中山市水环境保护条例》，这一选择是为了解决水环境监管工作中部门职责分工不明确、水污染防治问题、饮用水源的保护问题和水生态保护和水安全的问题，同时也符合中山市地方立法研究院和中山市制度创新研究院所开展的问卷调查结果所体现出的民众呼声。2015年12月，《中山市水环境保护条例》经广东省人大常委会批准，并于2016年6月1日起施行。《中山市水环境保护条例》是中山市首部地方法规，也是《立法法》修改后全国首部获批准的水环境保护领域地方性法规，它以水环境保护为经验探索，有利于开拓中山依法治水新局面。

在环境保护领域的重大事项决定权和人事任免权方面，中山市人大也有新的举措。2014年10月通过的《中山市人民代表大会常

---

① 2015年3月，全国人民代表大会通过了《中华人民共和国立法法（修正案）》，赋予了中山市地方立法权；5月，广东省人大常委会发布第32号公告，规定中山等市的人民代表大会及其常务委员会，自5月28日起可以开始制定地方性法规。

务委员会生态环境保护和建设工作监督暂行办法》（以下简称《办法》）规定，对于因决策失误造成重大生态环境问题等情况，可依照法定程序对市人大常委会任命的相关人员提出撤职案。该《办法》还创新了人大行使监督权的形式，对需由人大决议、决定的环保重大事项作出了界定，并明文列出市政府应向人大常委会报告的10项重要事宜，包括生态文明建设规划实施情况以及重大环境事件情况等。

（三）走向精细化：在监督要素间的谨慎平衡

人大监督权的切实有效行使，需要在各种监督要素之间谨慎寻求平衡。具体来看，需要严格遵守宪法法律所确立的权利—权力框架，考虑基于不同监督目的、针对不同监督对象的监督手段、力度和方式的选择，注重在上级人大统筹指导与下级人大创新之间的平衡，借助不同层级和不同地域人大之间的联动。中山市人大的监督工作，凸显了谨慎细致、灵活周全的政治智慧和工作智慧。

1. 监督力道的"刚柔相济"

宪法和组织法赋予了各级人大及其常委会监督"一府两院"的权力，并就监督方式作出了规定。这是人大刚性监督的基本依据。然而，仅强调监督刚性的一面，可能会挫伤被监督者的积极性，或者影响其创造性的发挥，不符合《监督法》提出的"促进依法行政，公正司法"的要求。因此，还有必要强调监督柔性的一面。

首先，从监督方式上看，针对不同的监督对象和监督目的，中山人大灵活选用刚性和柔性的方式。大量的监督活动通过柔性监督，采取约谈、调研、听取汇报等柔性的手段，而极少采取刚性的专题询问、质询的方式，以目标的一致化解观点的分歧。

其次，在监督方法上，中山人大注意发挥内设工作机构——包括内务司法工作委员会、财政经济工作委员会、城乡建设工作委员会、教育科学文化卫生华侨工作委员会等——的作用，在监督的全过程中加强与"一府两院"对口部门的交流，具体方式包括邀请参会、交流信息、通报情况等。

最后，在监督限度上，中山人大严格遵守宪法和法律规定的职权划分，尊重"一府两院"权力的依法行使，将监督精力主要集中于宏观和中观层面，谨慎使用微观监督，努力做到"在监督中支持，在支持中监督"。这是因为，人大的监督权是一项具有法律效力的最高层次的国家性监督权力，具有明显的间接性和宏观性。就宏观监督而言，其一是体现在保证宪法的贯彻执行；其二是有关本行政区域内全局性的大事，如财政预算问题、经济建设问题、民主与法治建设问题等；其三是关系民生的重要问题——如环境保护、消费者权益保护、社会福利、社会治安，等等。中观监督则是指人大对"一府两院"及其工作人员在一定时期内的执法情况、工作业绩和综合水平进行检查和督促，其基本方式主要包括执法检查、民主评议等。而微观监督则是指人大及其常委会对行政、司法机关在权力运作过程中，就其具体的、个别的典型事例进行的监督，较少使用。

2. 市统筹规划下的镇区创新

综观中山市人大监督的制度、机制和具体工作，较易发现一个特征：市人大及其常委会职司统筹规划，勾勒大体的制度框架，而将制度创新的空间，尽可能多地留给镇区；而镇区基于强大的创新能力和动力，结合自身情况和特点出具具体的方案，呈现出亮点纷呈的局面。这种拒绝一刀切的模式，主观上体现的是市人大对镇区人大主动性和能力的信任，客观上激励了各镇区的积极性，符合中山市镇区各具特色的发展模式。

例如，无论是在人大代表民主评议职能部门，还是选区群众评议人大代表方面，中山市人大常委会都制定了相应的规范性文件，对评议内容、程序、要求等有一个基本的、大体的规定，而对于评议的主题、详细流程、具体形式等，则留待镇区人大发挥其自主性来设计。又如，对于镇区人大代表小组，无论是在名称、组成、活动方式，还是经费保障、监督机制方式，都由各镇区根据各自代表的数量、专业背景，镇区的特殊需求等来确定。在监督方式上，各镇区每年根据市人大年度工作要点和镇区的实际，做好审查和监督政府预算、开展各单位民主测评等"规定动作"；又结合实际，把关系该镇改革发展稳定大局和民生问题作为监督首要，通过组织代表执法检查、听取部门工作汇报等形式，演示"自选动作"。

3. 监督主体要素之间的博弈

（1）监督者与被监督者

能得到有效落实的制度才是有生命力的制度，否则不过是空中楼阁。"一府两院"由人民代表大会产生，对它负责，受它监督，是宪法确立的基本权力结构，它将"人大"和"一府两院"分别置于监督和被监督两个象限。条款虽简单，执行却不易，首先需要应对的，就是现实中两者并不均衡的力量对比。面对现实，中山市人大对自身的功能和定位做了客观的判断，对与被监督者之间的关系做了切合实际的调整。

第一是沟通。信任和尊重不仅存在于人与人之间，同样存在于由人组成的组织机构之间。而沟通是信息和思想在相互间的传递和反馈，经由沟通可望尽可能地达成思想和行动的一致，实现信任和尊重——尤其是在二者拥有共同目标的情况下。中山市人大常委会和政府组成人员的座谈会机制，是沟通的重要渠道之一。这一机制建立于1989年，31年来，通过真诚沟通、凝聚共识，推动了政府一系列重大工作的开展。其中，民生议题一直是座谈会的核心。从2002年的促进农村劳动力充分就业，到近几年的城乡水资源的治理和保护、市镇食品药品检测机构建设、推动教育公平等，每次座谈会都取得了实在的成效。

第二是真诚。中山市人大一直将自身作为连接政府和选民的桥梁和纽带，一方面了解社情民意，倾听民众声音，为公权机关决策提供重要参考；另一方面全面考察政府的工作情况，了解政府各项举措的用意和苦衷，向民众进行反馈，以促进民众和基层政府之间的相互了解，化解二者之间的某些张力和矛盾。对待被监督者，更多采取约谈、调研、听取汇报等柔性的手段，而极少采取刚性的专题询问、质询的方式，以目标的一致化解观点的分歧，消除监督对象的抵触情绪。此外，人大尊重"一府两院"权力的依法行使，尊重其行为的规律和专业性，谨慎把握监督力度。

随着二者的良性互动，"一府两院"逐渐放下了对监督者天然的戒备。开始将人大议案建议视为人大代表对完善和改进部门工作的真知灼见，视为人大代表的"智库"源泉，将办理人大议案建议的工作作为沟通民众的重要渠道，作为履行职责、改进工作的一项重要手段。一些政府部门采取了措施将办理建议所涉及的工作列为部门的年度工作重点，或将办理建议工作的成果融入政策性文件，成为助推政府工作的动力。例如，中山市环境保护局结合《关于加强公交车尾气污染防治的建议》，落实"黄标车"淘汰工作；结合《关于加大治霾力度提高空气质量的建议》，开展空气质量预警预报系统建设和创新大气防治工作体制机制工作。

（2）代表与被代表者

民选代表与选民之间的关系，与人大和"一府两院"之间的关系在表述上大致相同：人大代表由人民选举产生，对它负责，由它监督。除了法律关系之外，代表和选民之间还存在一种现实的利益关系——选民给予代表的利益是赋予人大代表以身份和与身份相应的权力；代表给予选民的利益则是"为民代言"，使"一切权力属于人民"的宪法原则得以实现。中山市在密切人大代表与其所代表的选民之间的联系以及选民了解和评价代表履职情况方面，有一系列创新性举措。

第一，密切代表与选民的联系。中山市人大常委会制定的《人大代表联系选民办法》（2010年），规范了代表联系选民工作的基本内容、主要形式，以及代表了解社情民意进行研究处理的方式和途径。根据《人大代表联系选民办法》，代表们结合自身的职业、工作地、居住地等实际情况，逐步明确了联系选民的时间、场所、内容和方式；代表所在单位和原选区所辖单位支持代表联系选民活动，协助代表记录、整理选民反映的意见和建议，在经过必要的调研综合后，向有关部门反映。

第二，群众评议代表。宪法和法律赋予选民的民主政治权，在群众评议代表的活动中得到充分体现。这一活动不仅为选民了解代表履职情况、代表深入了解民意提供了平台，也有利于增强选民对代表的信任，促进代表履职。

三 走出"边缘"地位的乡镇人大——聚焦广东中山市镇人大

乡镇人民代表大会是我国宪法所确立的五级国家权力机关中最基层的一级，是人民代表大会制度的重要组成部分，也是社会主义民主政治的一块基石。乡镇人大随着1954年宪法的颁布而诞生，六十多年间遭遇了挫折、沐浴过风雨、经受了起落。在一定程度上可以说，我国乡镇人大的发展史，即是一部国家民主法治的演进史。近年来，随着"依法治国"方略的逐步实施、基层民主法制的不断完善、乡镇各项配套改革的协同推进，乡镇人大制度在理论和实践上都取得了不少突破，在规范基层权力运行、代表和实现民众权益、推进基层民主化进程、优化基层社会治理、促进新农村建设等方面，发挥着不可替代的作用。但客观来看，受制于制度的缺失、机构的不完善、体制的复杂、代表素质的良莠不齐、经费的短缺等现实因素，乡镇人大仍陷于"虚化"和"边缘化"的泥淖。为破解乡镇人大制度的这一难题，广东中山市，在法定框架和空间内先行先试，审议了通过《中山市镇人民代表大会监督工作暂行办法》，填补了镇级人大监督制度的若干空白，并以此为契机，推进镇级人大闭会期间的各项监督工作，理顺人大与党委、政府之间的内在关系，探索人大代表联系选民的各项制度，使基层人大制度焕发出勃勃生机。

（一）乡镇人大的现实图景：角色与功能之间的鸿沟

俗语云，"乡镇治则郡县治，郡县治则天下安。"其中，乡镇人大在我国的民主法治乃至整个社会政治结构中扮演着重要角色。然而受制于制度和现实层面的各种因素，乡镇人大功能不彰，其角色定位和实际功能之间存在着较大的鸿沟。

1. 重要角色的定位

乡镇人民代表大会的法律地位、作用和权威在《宪法》和《地方组织法》中有明确规定。它是最基层的国家权力机关，是整个国家政权的基础，是国家治理体系的重要组成部分；亦是基层民众参与管理国家和社会事务、行使当家作主权力的制度平台，是基层民众有序、理性地参与基层社会治理的有效载体，是政情和民意之间最直接的桥梁。从现实来看，乡镇人大制度的发展和完善，在保证"依法治国"方略的顺利实施、维护改革发展稳定的大局、推进基层依法执政和依法行政、扩大基层民主、切实反映民意、有效化解当前社会矛盾、维护经济和社会发展的良好秩序、推动社会主义新农村建设和构建和谐社会等方面，具有独特价值。

2. 法律制度的缺失

尽管居于如此重要的地位，实践中乡镇人大功能的有效发挥却受制于多种制约因素。法律制度的缺失即是其中关键的一环。

在中央层面，我国现行《宪法》和《地方组织法》规定，乡、民族乡、镇人民代表大会属于"地方各级人民代表大会"，且明确规定了乡镇人大的职权及其工作内容，但在制度设计上对乡镇人大与县级以上地方人大进行了区别对待。根据《地方组织法》的规定，设立常务委员会（第2条、第40条）、组织特定问题的调查委员会（第31条）、设立专门委员会（第30条）等规定，仅适用于县级或设区的市级以上的地方人大。乡镇人大不设常务委员会，仅设主席和副主席（第14条），"举行会议的时候，选举主席团。由主席团主持会议，并负责召集下一次的本级人民代表大会"（第15条），似将乡镇人大主席团定义为负责召集会议的"临时性机构"，主席团的工作内容不明确、工作机制缺乏规范，导致在实际工作中遭遇许多困难。进而，由于《监督法》仅适用于各级人大常委会，也使得没有常设机构的乡镇人大在闭会期间的监督工作无据可依，严重阻滞了乡镇人大监督工作的开展。① 此外，《全国人民代表大会和地方各级人民代表大会代表法》等相关法律对乡镇人大的代表选举制度、乡镇人大主席团的工作机制（包括议事规则、会议制度）、乡镇人大代表的履职与培训制度（包括代表联系选民、议案和建议办理制度）、乡镇人大信访、检查、视察制度等方面的规定过于笼统和抽象，缺乏可操作性。

中央层面的立法缺失为地方立法提供了动力和空间。近年来，不少省市先后就乡镇人大工作、代表选举等制定和修改法规和规章[包括《贵州省乡镇人民代表大会工作条例》（2016年制定）、《河南省乡镇人民代表大会主席团工作条例》（2016年修订）、《安徽省乡镇人民代表大会工作条例》（2017年修正）]。这些地方立法主要对乡镇人代会的职权、人代会的会议制度、人大主席团的职权、人大主席和副主席闭会期间的工作内容等作了规定，但对于乡镇人大代表的职权和代表联系选民制度、乡镇人大闭会期间的监督工作等鲜有涉及，制度阙如的现实未能得到根本改变。就广东省而言，原《广东省乡镇人民代表大会主席和主席团工作条例》通过于1995年，其对乡镇人大的职权仅作了原则性规定，对乡镇人大的职权行使、监督工作的开展等亦只有笼统规定。该条例于2017年为《广东省乡镇人民代表大会工作条例》所取代。新条例明确规定，主席团在本级人民代表大会闭会期间，至少每三个月举行一次会议；主席团会议由乡镇人民代表大会主席召集，应当有全体成员的过半数出席，方能举行。还规定了主席团在闭会期间的主要工作，包括每年选择若干关系本地区群众切身利益和社会普遍关注的问题，有计划地安

---

① 有学者提出，乡镇人大闭会期间主席团没有立法权和人事任免权，但是拥有重大事项决定权和监督权，其中又以监督权为核心。乡镇人大主席团的人员构成及组织结构，决定了乡镇人大主席团不能简单地等同于地方人大常委会。在乡镇人大闭会期间行使主席团职权时，要避免弱化乡镇人大及代表个人的作用。参见郑广永、崔英楠《乡镇人大闭会期间主席团职权研究》，《辽宁大学学报》（哲学社会科学版）2017年第5期。

排代表听取和讨论本级人民政府的专项工作报告,对法律、法规实施情况进行检查,开展视察、调研等活动;根据代表的要求,联系安排本级或者上级的代表持代表证就地进行视察,等等。体现了为"强化""实化"乡镇人大职权、回应乡镇人大在新形势下的发展需要所做的努力。

3. 现实条件的掣肘

除了制度的缺失之外,囿于机构不完善、机制不健全、代表素质不高、经费短缺、信息不对称等现实因素,乡镇人大的实践状况并不尽如人意。不少地方的乡镇人大被边缘化、权力被虚置。

首先,在监督体制方面,乡镇人大监督的对象主要是政府,政府的负责人大部分还是乡镇党委的副书记或委员,现实中往往乡镇党委书记又兼任人大主席,党委委员兼任人大办主任和副主席,并且乡镇党委书记、副书记或党委委员往往是乡镇人大会主席团的常委主席。因此,乡镇人大在行使监督权时有极大可能遇到组织、工作、能力和心理等多重障碍。其次,乡镇党委和县级以上人大对乡镇人大支持不够。县级以上人大对乡镇人大缺少协调和指导,乡镇党委和上级机关对乡镇人大的经费与人力资源支持、后勤保障和政策支持的力度和对乡镇人大工作重要性的认识和重视程度都远远不够。再次,乡镇人大代表的组成多元,许多代表来自农村、社区、企业,一方面显示出较强的人民性,但另一方面也有素质参差不齐之虞。相当数量的代表文化素质、法律素质不高,沟通能力不强,为民众代言的意识薄弱,在很大程度上会影响代表与选民的沟通交流,制约乡镇人大工作的顺利开展。最后,监督工作要取得实效,监督者掌握全面、准确的一手信息异常重要。而现实中,乡镇人大的监督工作面临着严重的信息不对称。政府的工作汇报和反馈是人大监督的最主要信息来源,这种被动式的、单一的信息获取方式抑制了人大监督功能的发挥。

(二)中山市镇人大监督工作的创新:法律框架内的突破

中山市乃粤南重镇,自2012年以来正努力争创"法治广东建设示范市"①。在人大监督工作方面，中山市人大取得许多创新性进展，与广东省各级人大一同成就了人大监督的"广东现象"。与其他地级市最大的不同在于，中山市实行扁平化的行政管理架构，未设区县，而是下设18个镇、5个街道和1个高新技术开发区。中山市各镇的经济相当于其他城市的县级经济，政府机构设置也与其他县级政府类似，但人大机构的设置严格依照《地方组织法》关于"乡、民族乡和镇"的规定，未设常务委员会。尽管前文所述的种种因素，同样困扰着中山市各镇人大；然而，一则受益于中山市近年来经济的快速发展和城镇化的加速推进；二则受益于扁平化的结构设置；三则受益于中山人"敢为天下先"的精神，中山市各镇人大较之其他乡镇人大具有天然的优势。在监督工作中，中山市镇人大将此优势转化为实际的成效，在法律框架内实现了突破。

1. 填补乡镇人大监督制度空白，强化闭会期间的监督

中山市在人大制度建构方面一向颇有作为。在省一级相关立法缺失的情况下，制定了包括《中山市人民代表大会议事规则》《中山市镇人民代表大会议事规则》等在内的一系列相关立法。尤其值得关注的是2014年1月1日起施行的《中山市镇人民代表大会监督工作暂行办法》，它是全国首部关于镇人大监督工作的规范性文件，它的出台标志着中山市各镇的人大监督工作，尤其是闭会期间的监督工作自此有章可循。正如它在"起草说明"中所说的，它的出台回应了三个现实需求：第一，中山各镇可支配财力实现历史性跨越，对依法加强预算审查监督提出了要求；第二，由于中山不设县区，在简政放权背景下，各镇拥有了许多县级事权，产生了强化人大监督公权力、保障公民权益的需求；第三，破解乡镇人大监督难题。

---

① 按照广东省统一部署，2016年中山市严格对照省级创建标准，认为全市23个镇区提前两年100%达到省级法治乡镇创建标准。参见《广东中山提前两年达到省级法治乡镇创建标准》，金羊网，网址：http://big5.ycwb.com/site/cht/news.ycwb.com/2017-09/11/content_25481050.htm，最后访问日期：2020年4月10日。

2. 结合各种监督形式的优势，增强人大监督的刚性

中山市镇人大在监督过程中，善于在常规监督和特别监督之间灵活切换。一方面严格遵守《地方组织法》《代表法》《镇人大监督工作暂行办法》等的规定，履行监督职责；另一方面，在实践中根据监督对象、内容和目的的不同而灵活选择监督形式，更为可贵的是，针对同一监督对象或事项，结合不同监督形式的特点和优势，以"组合拳"的方式开展监督工作，达到"1+1>2"的效果。

（1）听取工作报告

在每年例行听取和审议《政府工作报告》之外，中山市各镇还以审议专项报告为切入口，对文化教育、医疗卫生、社会治安、城镇建设等关系群众切身利益、社会普遍关注的问题进行专项听取和审议，同时对监督事项进行持续性的跟踪落实，推动政府各项工作的落实。

（2）执法检查

从执法检查内容看，一方面，中山市人大和各镇人大既会针对同一法律、法规的执行情况在同一时期展开从城市到乡镇基层的全面检查，依循法制运行的规律，达到事半功倍、查所遗漏的监督效果；另一方面，镇人大也会根据各自当前的工作重点和民众关心的问题来确定各自的执法检查重点。从检查形式看，执法检查既有大型也有小型检查，既有重点也有一般检查；从检查方法看，实践中，执法检查往往同代表视察、专题调研、听取和审议专项工作汇报，以及跟踪监督、整改有机结合，提高监督实效，增强监督刚性。对于在检查中发现的问题，乡镇人大会及时向执法部门提出意见，或者形成代表议案和建议，一般不直接处理。

（3）财政预算审查

自2009年起，在中山市人大常委会的指导下，各镇人大就成立了预算审查委员会，它作为非常设的辅助性工作机构，负责人大会议期间的预算审查，并根据实际需要开展闭会期间的预算监督工作。经过多年探索，市级、镇级预算监督体系已经臻于成熟。在此基础

上,《镇人大监督工作暂行办法》将"各镇人大设立预算审查委员会"作为强制性要求写入,并规范和细化了预算审查的内容和程序,有助于进一步建立健全镇级人大监督体系。

各镇人大严格依照《镇人大监督工作暂行办法》的规定,每年初在镇人代会召开期间,由各代表团和预算委员会审查镇政府当年预算执行情况和下一年预算草案,并由预算审查委员会向大会主席团作出审查报告;每年中预算审查委员会审查本镇预算上半年执行情况,并将审查情况报大会主席团备案。同时,各镇人大密切关注对政府重大工程的资金监督,尤其是农村道路建设、农业园区发展、学校房舍建设、医院大楼施工、污水处理厂建设等民生工程,保证财政资金"花得对,花得值"。

(4) 民主测评

《镇人大监督工作暂行办法》以专章的形式对"民主测评"这一新兴的监督方式作出了规定。它要求,中山市镇政府所有职能部门及上级国家机关派驻各镇的所有部门接受年度测评,全体镇人大代表采用无记名投票的形式进行评分,测评结果向代表报告。该办法施行之后,中山市所有镇均于每年年初,围绕依法办事、工作效能、政务作风和议案建议办理四个方面对职能部门和部分事业单位进行测评。同时,各镇立足自身情况,对民主测评制度进行了进一步补充和创新。

3. 完善代表联系制度,提高代表履职能力

(1) 设立人大代表小组

乡镇人大代表小组是乡镇人大闭会期间开展监督工作的主要形式,有利于加强乡镇人大主席团成员与人大代表、人大代表之间以及人大代表与选民之间的联系,有助于更好地发挥人大主席团和代表们在闭会期间的作用。同时有助于让代表充分发挥专业优势,集中精力对监督事项进行认真调查,对存在问题和不足进行全面深入分析,从而提出更具针对性和操作性的意见建议,提高人大监督的质量和水平。

（2）代表联系选民制度化

《代表法》第 20 条规定，人大代表可以通过多种方式听取、反映原选区选民或者原选举单位的意见和要求。在实践工作中，中山市各镇积极探索加强和改进人大代表联系选民的工作方法，较好地实现了代表联系选民活动的常态化、规范化和制度化的目标。一是利用代表活动室接待选民，打造代表联系选民的"服务平台"。南朗、港口镇利用代表活动室接待选民，对选民提出的重要意见建议或普遍反映的突出问题，通过提出议案、建议、询问等方式，督促政府有关部门办理。二是通过"进社区、进村居"，拓宽代表联系群众的"工作平台"。港口、南朗等镇通过开展"进社区、进村居"活动，让代表在选民中亮相，直接到选民中听取意见和建议，改变坐等群众上门反映情况的现状，主动走出去联系选民。

（3）代表培训常态化

乡镇人大代表履职能力关乎基层人大功能的发挥程度。中山市港口、南头等镇加大代表对宪法和法律法规的学习和培训。小榄、神湾镇的培训做到了集中讲座与分散培训相结合，专家讲课与老代表现身说法相结合，学习理论与履职实践辅导相结合，大大提高了代表学习的积极性。

（4）完善代表议案建议办理制度

实践中，往往存在代表议案和建议的承办单位在承接交办时"一阵风"，过后对议案和建议的解决方案不落实、对办理结果不追踪、办理效果不理想的情况。有鉴于此，小榄镇人大创新工作思路，以办理人代会议案与建议为切入口，建立答复会现场答复制度。在答复会现场由承办单位负责人向议案建议领衔人进行面对面的答复，领衔人对办理结果进行现场表态，对领衔人表示满意和非常满意的答复，承办单位提交正式的书面答复一式 2 份，一份交领衔人，一份交镇人大归档备案。对答复不满意的，要求承办单位继续办理，提交办理计划，并在下一年的答复会上继续答复，直到代表满意为止。同时制定议案建议跟踪落实制度，实行每月跟踪、季度通报、限时落实的督办制度，督促相关职能部门尽快办理落实，促进政府解决群众关心的热点问题。

（三）中山市镇人大监督工作的经验：直面现实的"折衷"

此处使用的"折衷"一词并不意味着让步和退缩，而是意在表明中山市各镇人大在监督工作中客观评估和应对现实条件，最大限度地使用和整合资源，尽可能地拓展人大监督的空间。中山市各镇的人大监督工作取得较为突出的成绩，除了观念上重视人大工作、经费上提供保障、体制机制上进行创新之外，值得强调的还有以下几点：

1. 突出基层人大监督的特点，作出准确定位

中山市镇人大的监督工作的成绩，首先可归因于其对基层人大监督的准确定位。乡镇人大在组成结构、与同级党委和政府的力量对比、代表的素质和力量、活动的经费和后勤保障、与基层民众的接触程度等诸多方面，都有别于县级以上各级人大，较之后者更显式微，工作内容也更为广泛和复杂。这一现状无法在短期内得到改变，因此如何在现有条件下准确对人大监督作出准确定位，对于有效发挥人大功能显得异常重要。

中山市各镇对人大功能做了现实、客观的判断，着眼于监督效果的提高，不拘泥于传统的做法，对监督形式、与被监督对象的关系等做了切合实际的调整。例如，在监督形式方面，人大代表深入社会，开展"进社区、进村居"活动，去到农户家、企业车间、社区等与选民、群众面对面沟通，以闲谈而不是正式会议、座谈会的形式倾听他们的真实意见；对待被监督对象，更多采取约谈、调研、听取汇报等柔性的手段，而极少采取刚性的专题询问、质询的方式，"和风细雨"式地进行问询监督，以目标的一致化解观点的分歧，消除监督对象的抵触情绪。

各镇人大将自身作为连接政府和选民的桥梁和纽带，一方面了解社情民意，倾听民众声音，为公权机关决策提供重要参考；另一方面全面考察政府的工作情况，了解政府各项举措的用意和苦衷，

向民众进行反馈,以促进民众和基层政府之间的相互了解,化解二者之间的某些张力和矛盾。进言之,人大监督往往也是政府部门宣传工作业绩的一个渠道,人大作为第三方作出客观评价,帮助上级政府部门知晓下级部门的工作和进步。

2. 理顺基层人大与党委、政府的关系,把握监督尺度

在乡镇层面坚持党的领导、人民当家作主和依法治国三者有机统一,首先必须理顺人大和党委、政府的关系。一是坚持党的领导。坚持党的领导是人民代表大会制度不断发展和完善的基本前提,也是做好人大工作的根本保证。现行《组织法》规定,闭会期间,镇人大主席团保留主席和一个副主席。中山市各镇主席均由镇党委书记兼任,18个镇区中有9个镇人大副主席由党委委员兼任,非党委委员兼任副主席的,列席镇党委会。镇党委把人大工作列入日常工作日程,随时听取人大工作汇报,在党委会上研究解决人大工作中反映的困难和问题,镇人大按照党委的统一部署开展日常工作。二是主动向党委报告事项。由于《监督法》规定人大代表开展监督工作以集体活动为主,以代表小组活动为基本形式,个人不直接处理具体问题,因此,中山市各镇人大在行使人大的各项职权时,坚决落实向党委报告原则,重大事项及时向党委汇报,重要工作和重大活动事先请示党委的意见。

乡镇政府是乡镇人大的执行机关,同时也是行使行政权力的主体。中山市各镇人大在工作中注重正确处理乡镇依法行使重大事项决定权和监督权与政府依法行使行政权之间的关系,一方面坚持乡镇人大依法行使重大事项决定权高于政府的行政决定;另一方面乡镇人大尊重行政权的依法行使,掌握监督标准,谨慎把握监督力度,讲究监督实效。具体地,就人大监督的标准而言,既要有助于发挥监督效果(制定一些量化、细化的标准),又尊重政府活动的规律性和专业性(尊重行政自由裁量权),处理好效率和依法之间的关系,尤其在改革迅速推进的时期,注重处理好"法治"与"改革"的关系。

3. 立足基层人大的实际，"借力打力"

乡镇人大在人力、经费、能力、实际影响和地位方面捉襟见肘，是不得不承认的现实。基于这一现实，乡镇人大积极整合"上下""左右"的力量，实现"借力打力"。"上下"主要是指广东省和市人大，它们主要在工作指导、协调配合、代表培训等方面给镇人大以支持。"左右"则包括镇党委、甚至包括作为监督对象的镇政府及其职能部门等。

（四）乡镇人大展望：回归宪法和法律框架

乡镇人大这一人大制度的重要、基础的组成部分，无论在法学还是政治学领域，尚未得到足够的回应，在实践中更是处于尴尬的边缘化境地。中山市及其各镇人大在法定的框架内，立足于基层人大的实际，为提高基层人大监督效果、发挥人大监督功能，进行了一系列尝试，颇有意义，体现了现实主义的理念和路向，反映了广东脚踏实地的作风和精神。然而长远来看，似不应也不能裹足于此。对于乡镇人大的地位和功能，应当努力跳脱现实的"陷阱"，回归宪法和法律所确立的整体框架来准确界定，在此基础上予以进一步规范化和程序化，彰显乡镇人大应负的责任和应有的功能。

第 二 章

法治政府：信息化时代的冲击与应对

第一节　行政执法原则与体制的更新

一　行政执法的概念

（一）学术界的定义

行政执法这一概念自20世纪80年代中后期为我国理论界和实务界采用至今，[①] 虽然形成了一定的共识，但由于论述角度不同，对其含义的界定有所差异。具体而言，从不同角度、在不同语境和场合下，存在以下几种理解。

1. 行政执法即行政

这种界定多数是在建设法治政府的主题下，以现代国家的分权理论为基础，强调行政的功能是执行法律，从属于法律，是依法办事，[②] "政府如果可以脱离法律行政，即不以人民的意志而是以自己的意志行动，其政体就不再是民主而是专政"[③]。如有学者指出，行政执法的实质是行政活动，之所以取行政执法之名，是表示行政对

[①] 参见冯军《行政执法论》，载李步云主编《中国特色社会主义法制通论》，社会科学文献出版社1999年版，第379页。

[②] 姜明安主编：《行政执法研究》，北京大学出版社2004年版，第8页。

[③] 姜明安：《行政法》，北京大学出版社2017年版，第16页。

法律的依附和服从，因为在法治主义下，行政的一切活动都被要求是对法律的贯彻执行。名称的改变象征着观念的转换及其背后的制度变革。①

2. 行政执法是排除了行政立法的行政

这种对行政执法的界定将整体行政分成行政立法与行政执法两部分，认为行政执法是行政主体将法律、法规、规章以及其他规范性文件适用于具体的人或事，处理具体行政事务的活动。这种意义上的行政执法实质上是行政机关作出行政处理的过程。如有学者认为，行政执法在外延上排除了行政立法行为、制定行政规范性文件的行为、有权行政主体的法律解释行为和行政协作行为等。可以分为处置性行政执法（如行政处罚、强制、许可、征收征用等）和裁判性行政执法（如行政复议、行政裁决等）。②

3. 行政执法是排除了行政立法与行政司法的行政

有学者持"三分法"，把整体行政分为行政立法、行政执法和行政司法三部分，将行政执法作为与行政立法和行政司法并列的一个概念。③认为在行政法学中，行政执法一般是狭义的，特指行政机关以及其他行政主体做出的、除去制定法律规则和处理法律纠纷以外的其他具体行政行为，还有学者在此基础上对行政执法的界定更为狭窄，认为行政执法是行政机关单方面做出的具体行政行为，有其特定对象，具有单方意志性。④

（二）实践中的界定

实践中，"行政执法"一词亦在各种场合和语境中被使用。对它

---

① 应松年、袁曙宏主编：《走向法治政府：依法行政理论研究与实证调查》，法律出版社 2001 年版，第 254—270 页。

② 刘志坚：《西部大开发与行政法制现代化研究》，中国社会科学出版社 2007 年版，第 268 页。

③ 姜明安主编：《行政执法研究》，北京大学出版社 2004 年版，第 8 页。

④ 江必新主编：《法治政府的建构〈全面推进依法行政实施纲要〉解读》，中国青年出版社 2004 年版，第 159 页。

的不同理解和界定，充分体现在不同层级和领域的各类立法和规范性文件中。

1. 最狭义理解

最狭义理解的行政执法，主要是指监督处罚。例如，中央编办《关于清理整顿行政执法队伍实行综合行政执法试点工作的意见》（2002年）中提出，"进一步转变政府部门与行政执法机构的职能和管理方式，实现政策制定职能与监督处罚职能相对分开，监督处罚职能与技术检验职能相对分开，实行综合行政执法。"从其上下文来看，行政执法主要指的是监督处罚。

2. 狭义理解

狭义理解的行政执法，是指行政机关为执行和实施法律，进行行政检查、调查、作出行政处理以及执行行政处理等的活动。一些部门规章采用了狭义的行政执法定义。例如，国家互联网信息办公室《互联网信息内容管理行政执法程序规定》（2017年）、国家发展和改革委员会《反价格垄断行政执法程序规定》（2010年）等皆是如此，规定了调查处理、取证、处罚决定作出及执行等内容。

3. 中义理解

中义理解的行政执法，是指行政机关为贯彻执行立法和其他规范性文件，而实施对外直接产生法律效果的单方的、具体行政行为，包括行政处罚、行政强制、行政许可、行政征收、行政给付等，与学理上的行政处理（决定）概念基本相同。许多国家层面的文件采用了中义的行政执法概念，如国务院办公厅《关于推行行政执法责任制的若干意见》（2005年）规定："行政执法是行政机关大量的经常性的活动，直接面向社会和公众"，包括各种行政处理；国务院办公厅《推行行政执法公示制度执法全过程记录制度重大执法决定法制审核制度试点工作方案》（2017年）列举了行政许可、行政处罚、行政强制、行政征收、行政收费、行政检查六类行政执法行为。许多地方立法也采用了中义的行政执法概念，包括《福建省行政执法程序规定》（1992年）、《广西壮族自治区行政执法程序规定》

(1997年)、《湖南省行政程序规定》(2008年)、《山东省行政程序规定》(2011年)、《江苏省行政程序规定》(2015年)、海口市行政程序规定（2013年制定、2019年修订）等，典型的表述是："本规定所称行政执法，是指行政机关依据法律、法规、规章和规范性文件，作出的行政许可、行政处罚、行政强制、行政确认、行政征收等影响公民、法人和其他组织权利、义务的具体行政行为"。《浙江省行政程序规定》(2016年)将行政执法分为一般行政执法和特别行政执法，前者包括行政处罚、行政许可等，后者包括行政检查、行政协议、行政指导、行政调解等。

4. 广义理解

《山西省行政执法责任制规定》(2004年)没有直接规定行政执法的含义，但从其规范事项来看，除包括了行政许可、行政裁决和行政处罚等行政处理以外，还包括了行政决策甚至规范性文件的制定，这是一种比较宽泛的理解。

（三）国外的理解

与中国的执法相对应的英文，包括 law enforcement、law implement 等，是指通过调查（discovering）、威慑（deterring）、改造（rehabilitating）或惩罚（punishing）等方式对违反法律规则的社会成员执行法律的活动。[①] 尽管这一概念也被用于法院的定罪量刑和监狱对罪犯的羁押，但最为常用的还是直接从事巡逻（patrols）和情报（surveillance）工作来警戒（dissuade）或调查犯罪活动，以及对罪犯的逮捕等。但也不限于对犯罪的预防和惩罚涉及对不构成犯罪的违反行为人采取的比刑罚较轻的惩罚措施，这在环境保护、食品药品安全等政府规制（regulation）广泛存在，[②] 行政法上被称为"行

[①] W. Funk & R. Seamon, "Administrative Law: Examples and Explanations", *Citic Publishing House*, 2003, pp. 361 – 362.

[②] C. Penn, "Local Authority Health & Safety Enforcement", *Shaw & Sons Limited*, 2005, pp. 102 – 105.

政执法"（administrative law enforcement）。

近年来在西方法学界尤其是法社会学界，关于执法较新的研究是合作式执法。传统上所理解的执法都是强制性和惩罚性的，这一状况因回应性监管理论的出现而有了变化。[①] 在政府监管手段上，有比较温和的说服教育、比较严厉的行政处罚和更为严厉的刑事处罚。回应性监管理论认为，政府在监管手段的运用上不能一刀切，要具有"回应性"，也就是根据被监管者的情况，采用针锋相对（tit-for-tat）的手段。[②] 在回应性监管理论的影响下，近年在执法研究方面，提出了合作式执法的概念，以与对抗式执法的概念相对。合作式执法具有灵活性和非正式的特点，执法者享有受到高度尊重的裁量权，受到议会和司法机关的审查程度较低。

（四）本节采用的定义

本节采用中义的行政执法概念，将行政执法界定为行政机关为贯彻执行立法和其他规范性文件，对特定的相对人和行政事务采取措施，影响相对人的权利义务，实现行政管理职能的活动，与学理上的行政处理（决定）概念基本相同。作此界定的主要考虑在于：一方面，对行政执法的界定不宜过宽。行政立法、规范性文件的制定和重大行政决策的作出等，无论是在性质还是适用的基本原则、程序和具体方式等方面，都与具体执法行为差异明显；另一方面，界定也不宜过于狭窄，不能仅限定为惩罚性行政行为（如行政处罚、行政强制、行政征收等），而忽视其他中性和授益性行政行为（如行政调查、行政确认、行政给付等）。同时，行政合同和行政指导等体现行政执法柔性化趋势的新型行政执法方式，也列入本节讨论范围。

[①] 回应性监管理论是埃尔斯和布雷斯维特于 1992 年在《回应性监管：超越放松监管的争论》一书中提出的。参见 I. Ayers & J. Braithwaite, *Responsive Regulation: Transcending the Deregulation Debate*, Oxford University Press, 1992.

[②] R. Baldwin & J. Black, "Really Responsive Enforcement", *Modern Law Review*, Vol. 71, No. 1, 2008, pp. 59 – 94.

二　行政执法的原则

行政执法的原则，是指行政执法主体在执法活动中所应遵循的基本原则和准则。在法治国家中，行政执法不仅应遵循法律规则的控制，还要接受法律原则的制约。我国通过长期的法律实践和法律人共同体的对话与论辩，逐步形成了行政执法主体在执法活动中所应遵循的基本原则，主要包括依法行政原则，合理性原则（包含公正原则、比例原则等），信赖保护原则，效率原则等。尤其值得重视的是，在全面依法治国、建设社会主义法治国家的进程中，党中央明确提出了"严格规范公正文明"四项行政执法应遵循的基本原则，为新时代行政执法的推进确立了方向。

（一）依法行政原则

依法行政原则作为人治行政的对立面，体现了行政应受法理拘束的法治理念，是依法治国原则的核心内容。按照依法行政原则，在法律与行政二者的关系上，法律处于更高的地位。依法行政原则是行政法最为重要的基本原则，整个行政法体系均建立在依法行政原则的基础之上。

依法行政原则包括法律优位和法律保留两项下位原则。法律优位原则，或称法律优先原则，要求行政必须受法律的拘束，一切行政活动均不得与法律相抵触。在某一行政领域，只要存在现行有效的法律，行政机关就必须予以适用（适用之命令），不能有所偏离（偏离之禁令），更不能与之相抵触。法律优位的法理基础在于有效法律的约束力，对法律优位原则，所有的行政活动均应遵守，没有条件与范围的限制。因为其着眼于对行政违反法律的消极禁止，所以又称为"消极的依法行政原则"[①]。法律保留原则要求，在某些领域中，行政机关必须有法律的授权才能采取行政措施。因其积极要求行政措施的法律依据，所以也称为"积极的

[①] 参见姜明安《行政法基本原则新探》，《湖南社会科学》2005年第12期。

依法行政原则"①。在传统行政法理论中,法律保留原则关注的焦点是立法、行政的权限分配秩序,也即何种事务可以由立法机关决定,何种事务可以由行政机关自行决定。因此,对法律保留原则中的"法律"一般作狭义的理解,即最高国家权力机关所制定的法律。② 法律保留又可区分为绝对保留和相对保留。绝对保留的是只能由最高立法机关立法决定的事项;相对保留则是指虽然属于应由最高立法机关立法决定的事项,但它也可以不亲自立法,而是授权其他主体通过立法加以决定。

(二)合理性原则

行政执法的合理性原则(包括公正原则、比例原则等)是指执法主体在执法中正确行使自由裁量权,所采取的措施、作出的决定合乎理性,符合案件事实、情节、执法对象本身的情况,符合公平的原则。③ 合理性原则是现代行政法治精神的应有内涵,是依法行政的基本要求。执法主体在执法活动中遵循合理性原则,要平等对待行政相对人,公平、公正,不偏私、不歧视,行使行政自由裁量应当符合法律目的,排除不相关因素的干扰;所采取的措施和手段应当必要、适当;可以采用多种方式实现行政目的,但应当避免采用损害当事人权益的方式。

比例原则是合理性原则的自然延伸。它是指行政机关实施行政行为应兼顾行政目标的实现和保障行政相对人的权益,如果为了实现行政目标可能对相对人权益造成某种不利影响时,应使这种不利影响限制在尽可能小的范围和限度,使两者处于适度的比例。广义的比例原则还包括:

---

① 参见李洪雷《深化改革与依法行政关系之再认识》,《法商研究》2014年第2期。

② 在我国行政法学上,由于狭义法律之外的法规、规章等均在一定范围内可以自主对行政机关进行授权,因此对法律保留原则中的法律往往予以广义的解读。

③ 《法理学》编写组:《法理学》,马克思主义理论研究和建设工程重点教材,人民出版社、高等教育出版社2010年版,第323页。

1. 适合性原则

适合性原则也称妥当性原则,是指行政机关所选取的手段能够导致某项正当行政目的的实现。这种行政目的一般为立法者在相关授权法中所规定或者可从相关规定中推导出来。行政机关在采取行政措施时,既不能追求不正当的行政目的,也不能导致与所追求(或者其自称所欲追求)的行政目的相反的结果。

2. 必要性原则

必要性原则又称最小(少)侵害原则,指行政权力对相对人权益的影响不得超越达到行政目的的必要程度。即若为达到一个特定目标存在多个可能的手段,则行政机关应当采用其中给相对人权益造成损害最小、影响最轻微的。

3. 均衡性原则

均衡性原则即所谓的狭义比例原则,是指行政限制手段的严厉程度与其所欲实现的公益目的之间,应当存在"对称、均衡的关系"①。具体而言,在所有可以达到某一行政目的的手段中,如果给相对人权益造成损害最小的手段,其所造成的损害仍然超过该行政目的所追求的公益时,则该行政目的就不值得追求,应该放弃。狭义比例原则和前两个原则的不同之处在于,它不受预定行政目的的限制,如果被干预的基本人权价值超过行政目的所要追求的价值,则可能否定对该行政目的的追求。

比例原则在我国现行立法中有所体现。典型的例子是《行政处罚法》第4条第2款和《人民警察使用警械和武器条例》第4条。但从总体来看,其适用范围仍失于狭窄。在我国行政执法实践中,一种普遍的观念是目的的正当性可以证成手段的正当性,这往往导致对公共利益的过分强调(有时是以公益为幌子),而忽略私人的正

---

① 刘淑范:《宪法审判权与一般审判权间之分工问题:试论德国联邦宪法法院保障基本权利功能之界限》,载刘孔中、李建良主编《宪法解释之理论与实务》,台湾地区中央研究院中山人文社会科学研究所专书1998年版,第236页。

当权益。不过，我国法院已经开始运用比例原则对行政机关行政行为进行审查。①

（三）信赖保护原则

行政法上的信赖保护原则，是指行政机关所实施的某项行为导致一定法律状态的产生，如果相对人因正当地信赖该法律状态的存续而安排自己的生产生活，国家对于相对人的这种信赖应当提供一定形式和程度的保护。② 政府行为的朝令夕改、反复无常，必然对人权构成极大威胁，也与法治稳定性原则背道而驰。信赖保护原则的宗旨即在于保障私人的既得权，并维护法律秩序的稳定性。③

信赖保护原则的具体要求是：①行政行为具有确定力，行为一经作出，未有法定事由、非经法定程序不得随意撤销、废止或改变；②对行政相对人的授益行政行为作出后，事后即便发现有轻微违法或对政府不利，只要行为不是因相对人过错所造成，亦不得撤销、废止或改变；③行政行为作出后，如事后发现有较严重的违法情形或可能给国家、社会公共利益造成重大损失，必须撤销或改变此种行为时，行政机关对撤销或改变此种行为给无过错的相对人造成的损失应予补偿。④

我国《行政许可法》关于行政许可的废止与撤销的规定体现了信赖保护原则的要求，⑤ 但也存在一定的不足。首先，它没有明确规

---

① 例如"哈尔滨市汇丰实业有限责任公司诉哈尔滨市规划局案"，参见《行政执法与行政审判参考》（2000年第1辑），法律出版社2000年版，第318页。

② 参见李洪雷《论行政法上的信赖保护原则》，《公法研究》2006年第2期。

③ 行政法上的信赖问题本应包括国家（行政机关）对私人的信赖以及私人对行政机关的信赖两个方面，但由于对国家信赖的保护，可以由国家根据其公权力采取措施来保障，并无特别加以讨论的必要，因此行政法上的信赖保护，通常仅指私人对国家的信赖。

④ 参见《法理学》编写组《法理学》，马克思主义理论研究和建设工程重点教材，人民出版社、高等教育出版社2010年版，第324页。

⑤ 参见《行政许可法》第8条、第69条。《行政许可法》第69条中的"赔偿"，准确说应是"补偿"，因为行政机关撤销违法的行政许可是合法的，因此而给被许可人造成的损失应进行补偿而非赔偿。

定存续保护。根据《行政许可法》，似乎只要出于公共利益的需要或行政许可违法，就可以撤销（只是需要给予补偿）。实际上，信赖保护原则既包括补偿保护也应包括存续保护。也即，只有在撤销或废止行政许可的公共利益超过相对人因维持行政许可效力而可得的收益时，才可以撤销或废止该行政许可。其次，从信赖保护原则出发，除了相对人因欺诈、胁迫等方式取得行政许可的以外，行政机关依职权撤销行政许可应当有期限的限制（其性质为除斥期间），而《行政许可法》中对此未作规定。再次，《行政许可法》对赔偿和补充的范围和标准和程序均未作出规定。最后，在司法实践中，第22号"中国行政审判指导案例"体现了信赖保护原则的要求。[①] 第135号"中国行政审判案例"的裁判要旨则更加明确地要求保护相对人的信赖利益：行政机关对特定管理事项的习惯做法，不违反法律、法规的强制性规定且长期使用形成行政惯例的，公民、法人或其他组织基于该行政管理的合理信赖利益应予适当保护。[②]

（四）效率效能原则

现代国家不仅应当是一个公权力受到制约的有限国家，也应当是有效、有能、有为的国家。行政效率效能原则要求行政机关以尽可能少的行政成本获取最大程度的行政目标。其中行政效率所关注的是行政成本，或者说投入的行政成本（手段和资源）与实现的目的（效益和成果）之间的比例关系；行政效能所关注是行政目的，或者说行政目的所达成的程度。

行政效率效能反映的主要是一种工具性价值，而非直接体现法的伦理性价值的要求，因此有些学者不赞成将行政效能作为一种法律原则。但在现代国家，国际经济社会文化领域中的竞争激烈，而

[①] 最高人民法院行政审判庭编：《中国行政审判指导案例》第1卷，中国法制出版社2011年版，第108页。

[②] 最高人民法院行政审判庭编：《中国行政审判案例》第4卷，中国法制出版社2011年版，第77页。

行政效率效能是决定国家在国际竞争中成败的一个重要因素；不仅如此，行政机关承担着对相对人经济社会权利的保护职能，行政效能的提高对相对人权益也同样意义重大。因此，应承认行政效率效能的法律原则地位。当然，法院如果依据这一原则对行政行为进行司法审查，则需要对行政机关的判断给予较大程度的遵从，以尊重行政机关的专业性。

行政效能效率原则的具体要求包括：①完善行政组织法制体系，优化组织结构，提高行政人员素质。②通过合理的程序设置，增强决策的科学性和民主性，简化程序，提高行政效率。行政机关实施行政管理时，应当遵守法定时限，积极履行法定职责，提高办事效率，提供优质服务，方便公民、法人和其他组织。③将科技手段广泛应用于行政管理实践，以提高行政管理的科学化程度，从物质技术方面促进行政效能效率的提高。[①] ④建立规制（监管）影响分析制度。规制影响分析，是指在规制政策出台前，规制机关应当首先对其成本收益做一个科学的分析，包括规制的执行成本，对资源的消耗，对竞争环境、企业负担、就业状况等产生的影响，对环境保护、公共健康和卫生产生的影响等，并与规制执行后产生的潜在社会收益进行比较，提交专门的机构进行审核。规制影响分析制度有利于有效提高规制的质量与合理性。[②] 国务院《全面推进依法行政实施纲要》明确提出要"积极探索对政府项目尤其是经济立法项目的成本效益分析制度。政府立法不仅要考虑立法过程成本，还要研究其实施后的执法成本和社会成本"。《行政许可法》第20条也规定，行政许可的设定机关应当定期对其设定的行政许可进行评价。这一要求尚待组织机构、人员配备和专业技术等方面的配合。

[①] 参见《法理学》编写组《法理学》，马克思主义理论研究和建设工程重点教材，人民出版社、高等教育出版社2010年版，第324—325页。

[②] 参见吴浩、李向东编著《国外规制影响分析制度》，中国法制出版社2010年版；高秦伟《美国规制影响分析与行政法的发展》，《环球法律评论》2012年第6期。

三 严格规范公正文明

严格规范公正文明，是新形势下党对执法必须遵循的基本原则提出的要求。党的十八大报告明确提出，要推进依法行政，切实做到严格规范公正文明执法。党的十八大以来，中央反复强调必须坚持严格执法，切实维护公共利益、人民利益和社会秩序。2015年党的十八届四中全会通过的《中共中央关于全面推进依法治国若干重大问题的决定》对坚持严格规范公正文明执法提出了具体要求。党的十九大报告再次明确提出，建设法治政府，推进依法行政，严格规范公正文明执法。2019年党的十九届四中全会通过的《中共中央关于坚持和完善中国特色社会主义制度 推进国家治理体系和治理能力现代化若干重大问题的决定》指出，坚持有法必依、执法必严、违法必究，严格规范公正文明执法，规范执法自由裁量权，加大关系群众切身利益的重点领域执法力度。

坚持严格规范公正文明执法，是全面推进依法治国的基本要求。严格规范公正文明执法，对于维护国家法律权威、提升执法公信力、提高执法水平和能力，提高民众的安全感和满意度、促进社会公平正义、维护社会和谐稳定，意义重大。

严格规范公正文明执法是一个有机统一的整体。严格是执法基本要求，规范是执法行为准则，公正是执法价值取向，文明是执法职业素养。① 四个方面各有侧重，相辅相成。

（一）严格执法

执法的要旨即是制定的法律得到严格实施。严格是执法的基本要求，没有严格执法作为后盾，法的基本功能也会被削弱。改革开放之初，我国就提出了法治十六字方针——"有法可依，有法必依，执法必严，违法必究"；党的十八大和十九大提出了"科学立法、严格执法、公正司法、全民守法"的要求。从这些要求可以看出，对

---

① 郭声琨：《坚持严格规范公正文明执法》，《人民日报》2014年11月13日。

于执法而言,严格是最为基本的原则。严格执法意味着要树立法律规范的最高权威,坚持法律面前人人平等,任何组织或者个人都不得有超越宪法和法律的特权。严格执法的实现过程,其实就是依法治国,建设社会主义法治国家的过程。为此,必须清除妨碍执法的一切体制机制障碍,加强执法队伍建设和业务建设,保证法律得到遵守。

我国目前正处于社会转型中,规则的不完备性与社会的快速变化同时存在,法律落后于现实的现象较为普遍。为了使严格执法与社会发展保持一致,适应社会转型的需要,必须从认识上明确:①"法"不仅仅是规则,对严格执法不能机械地理解,必须将法律规则与社会现实结合到一起,执法必须服务于改革开放的大局;②为避免法律规则不完备给执法带来的消极影响,执法方式应更为灵活、多样,更多引入非强制性的手段,诸如合同方式、合作式管理、奖励、指导、信息提供等;③在充分履行了非强制职能以后,对于任何违法行为都必须严格执法,否则会严重破坏法治权威和人们对法治的信仰。行政机关的非强制职能是一种事前职能,其手段不受限制,可以因地制宜进行各种形式的大胆尝试;执法职能则是一种事后职能,其形式、幅度、程序、救济等都由法律加以规定,必须严格依法履行。如果不加区分,就会使两种职能的边界模糊甚至发生错位,在应该热情服务的地方生硬执法,而在应该严格执法的地方不讲原则。

(二)规范执法

规范是执法行为的准则,规范执法是依法行政的关键环节。规范执法是指执法决策机制、执法人员管理机制、执法监督和考核机制、执法保障机制等相对健全,执法主体、执法依据、执法权限、执法事项、执法程序等严格依据法律的规定,执法权力在法治轨道和制度框架内运行。

规范执法要求:①健全执法制度、完善执法机制。积极构建系统完备、科学规范、运行有效的执法制度体系,确保执法工作始终在法治轨道和制度框架内运行。加强对与执法工作有关的法律、法规、规章和规范性文件的清理，对制度缺失、规范冲突、要求不当的，要及时立改废，确保各项执法工作有据可依、有章可循。尤其是要把解决执法突出问题的现实需要与注重制度设计的前瞻性结合起来，按照标准化、流程化、精细化的要求，从容易发生问题的执法环节入手，规范执法流程，完善执法程序，堵塞执法漏洞。②加强执法管理，建立健全执法全过程记录制度、执法公示制度、行政处罚裁量权基准制度、执法办案评议考核制度，严格执行重大执法决定法制审核制度，试点重大复杂行政执法处理集体讨论决定制度，落实行政执法责任制。③严明执法纪律，严禁工作期间饮酒和酒后执法；严禁无证上岗执法和不持证上岗执法；严禁不按法定程序执法；严禁执法中滥用自由裁量权；严禁态度蛮横、粗暴执法；严禁以执法名义打击报复行政相对人；严禁以执法为手段压指标、搞创收；严禁吃、拿、卡、要和以权谋私；严禁乱收费、乱罚款、乱摊派、以罚代法。

（三）公正执法

公正是执法的价值取向。促进社会公平正义、维护社会和谐稳定是行政执法的重要价值追求。公正执法的反面——执法不公、滥用自由裁量权、同事不同罚、处罚畸轻畸重、显失公平公正等——则易于引发社会矛盾，影响社会稳定。

要实现执法公正，首先必须强化法律面前人人平等的观念、尊重和保障人权的观念，纠正不合时宜的思想观念和传统做法，刚正不阿，秉公执法，自觉抵御权力、关系、人情、利益等各种因素的侵蚀和干扰，努力做到不枉不纵，既不滥用职权、超越职权，也不消极不作为，努力维护法律的权威和尊严。"努力让人民群众在每一项执法活动、每一起案件办理中都能感受到社会公平正义。"① 执法

---

① 中共中央文献研究室编：《习近平关于全面依法治国论述摘编》，中央文献出版社 2014 年版，第 91 页。

公正的另一关键在于规范自由裁量权，从制度机制上防止出现选择性执法、倾向性执法、粗放执法、变通执法、越权执法等。要科学合理制定裁量标准，在法律规定的行政处罚幅度内，根据过罚相当的原则，结合经济发展、行政案件发案率等情况，细化、量化行政裁量标准，规范裁量范围、种类、幅度，为公正执法提供制度依据。在适用中，按照依法、公正、合理原则，综合考虑违法行为的性质、情节、社会危害程度以及执法相对人的悔过态度等情形，依法作出处理。积极推行案例指导制度，针对执法过程中容易出现问题的案件种类和执法环节，加强分类指导，正确适用法律，确保执法公平、裁量公正、执法规范。①

（四）文明执法

文明是执法的职业素养。衡量和判断执法工作的成效，既要看法律效果，也要看社会效果。文明执法是指用文明的方式执法，保证执法行为规范科学，表现为以谦虚谨慎、文明礼貌的态度和言行执法。②

要实现执法文明，第一，执法理念要端正，执法目的要明确。要坚持以人为本，彰显人文关怀。树立执法就是服务，执法就是维护人民群众利益的执法理念。第二，要准确把握社会主义初级阶段的基本国情，既要坚持以事实为依据、以法律为准绳，严格执法、不枉不纵，坚决维护法律的权威和尊严，又要准确把握社会形态和群众情绪，充分考虑执法对象的切身感受，改进执法方式，理性文明执法。第三，执法既要严格遵守法律，又要善于运用道德规范和公序良俗，努力做到融法、理、情于一体，坚持以法为据、以理服人、以情感人，积极争取当事人的理解和支持。③ 第四，执法人员要

---

① 郭声琨：《坚持严格规范公正文明执法》，《人民日报》2014年11月13日。
② 金成波：《让群众在每次执法中感受到公平正义》，《学习时报》2016年8月18日。
③ 参见邱水平《论执法实践中坚持法律效果、社会效果与整治效果的统一》，《法学杂志》2016年第10期。

注重行为规范、语言文明,在语言交流时应根据对象不同切实把握一些原则技巧,礼貌待人,换位思考,不说偏激话。如在执法过程中尽量使用规范法律术语表达,在交流中尽量用通俗而又便于沟通的语言,从而做到理性平和文明执法。第五,执法要做到高效便民。例如,在行政审批方面,要优化流程、简化程序、提高效率;在行政处罚方面,要推进执法关口前移,做到早发现、早报告、早制止,尽量将违法行为消灭在萌芽状态。

四 行政执法体制

行政执法体制是行政机关在实施行政管理的过程中,通过具体执行法律规范来行使行政权力、调整权利义务、处理社会关系、达到行政目标的基本模式。① 行政执法体制,关乎行政执法权力配置与执法权力制约两个主题,涵括了行政执法机构设置、隶属关系、权限划分、组织管理等方面的体系和制度。

大体来看,自改革开放以来,我国的行政执法体制及其变革经历了三个阶段:积极探索阶段(1978—1992 年),主要任务是冲破高度集中的计划经济体制和行政管理模式;取得重大进展阶段(1992—2002 年),主要任务是依社会主义市场经济要求全面推进改革;全方面深化阶段(2002 年至今),主要任务是推进服务型政府和法治政府建设。②

1996 年颁布的《行政处罚法》第 16 条规定:"国务院或者经国务院授权的省、自治区、直辖市人民政府可以决定一个行政机关行使有关行政机关的行政处罚权",为行政执法体制改革提供了法律支撑,预留了空间。在 2002 年颁布的《国务院关于进一步推进相对集中行政处罚权工作的决定》中,对于严重影响执法效率

---

① 青峰:《关于深化行政执法体制改革的几点思考》,《行政法学研究》2006 年第 4 期。

② 参见魏礼群《中国行政体制改革的历程和经验》,《全球化》2017 年第 5 期。

和政府形象的领域，主要是城市管理领域，实施相对集中行政处罚权，其目的是"解决多头执法、职责交叉、重复处罚、执法扰民和行政执法机构膨胀等问题，深化行政管理体制改革，探索建立与社会主义市场经济体制相适应的行政管理体制和行政执法体制，提高行政执法的效率和水平。"党的十七届二中全会通过的《关于深化行政管理体制改革的意见》中，指出要"下放具体管理事项""强化执行和执法监管职责，做好面向基层和服务的管理"，强调了行政执法体制改革的中心在基层。2013年《中共中央关于全面深化改革若干重大问题的决定》指出，"整合执法主体，相对集中执法权，推进综合执法，着力解决权责交叉、多头执法问题，建立权责统一、权威高效的行政执法体制"，指出应减少行政执法层级，加强基层执法力量。在2014年《中共中央关于全面推进依法治国若干重大问题的决定》中，进一步要求"根据不同层级政府的事权和职能，按照减少层次、整合队伍、提高效率的原则，合理配置执法力量""推进综合执法，大幅减少市县两级政府执法队伍种类……有条件的领域可以推行跨部门综合执法。"其目的在于加快推进执法中心和执法力量下移，清楚多层、多重执法，以便集中力量、统一执法、消除分隔、理顺关系。《法治政府建设实施纲要（2015—2020年）》对改革行政执法体制有了更加明确的规定："根据不同层级政府的事权和职能，按照减少层次、整合队伍、提高效率的原则，合理配置执法力量。推进执法重心向市县两级政府下移，把机构改革、政府职能转变调整出来的人员编制重点用于充实基层执法力量。完善市县两级政府行政执法管理，加强统一领导和协调。大幅减少市县两级政府执法队伍种类，重点在食品药品安全、工商质检、公共卫生、安全生产、文化旅游、资源环境、农林水利、交通运输、城乡建设、海洋渔业、商务等领域内推行综合执法，支持有条件的领域推行跨部门综合执法。加大关系群众切身利益的重点领域执法力度。理顺城管执法体制，加强城市管理综合执法机构和队伍建设，提高执法和服务水平。

理顺行政强制执行体制,科学配置行政强制执行权,提高行政强制执行效率。"2019 年 10 月 31 日,党的十九届四中全会通过的《中共中央关于坚持和完善中国特色社会主义制度 推进国家治理体系和治理能力现代化若干重大问题的决定》指出:"深化行政执法体制改革,最大限度减少不必要的行政执法事项。进一步整合行政执法队伍,继续探索实行跨领域跨部门综合执法,推动执法重心下移,提高行政执法能力水平。落实行政执法责任制和责任追究制度。"

目前来看,我国行政执法体制在主体、职责、监督等方面仍然存在不少问题,包括行政执法主体不合法和执法主体混乱,行政执法权横向上过于分散、纵向上缺乏必要分解,执法趋利明显,行政机关的内部监督制约机制不完善等。① 行政执法体制改革正在加速推进,发展方向主要包括纵向上理顺不同层级政府的事权和职能,横向上推进综合执法和跨部门执法,整合、减少执法队伍种类。②

(一)重新整合执法权,推进综合行政执法

1. 综合行政执法的概念

实践中的综合行政执法发端于行政处罚。一般认为,综合行政执法是指依法成立或依法授权一个跨部门的行政机关,由它行使两个或两个以上的行政处罚权。因应实际改革需求,综合行政执法的定义相应扩充,意指行政权力的重新整合及让渡,包含行政执法外延所涵盖的全部内容,涉及行政处罚权、行政许可权、行政强制权、行政征收权等权力及其主体、机制、制度的综合。③ 也有学者认为综合行政执法既包括相对集中行政处罚权制度,也包括以各地行政服务中心为依托的相对集中行政许可权制度。其中,

---

① 参见周继东《深化行政执法体制改革的几点思考》,《行政法学研究》2014 年第 1 期。
② 参见王敬波《相对集中行政处罚权改革研究》,《中国法学》2015 年第 4 期。
③ 参见李国旗《综合行政执法的理论界定》,《天津行政学院学报》2008 年第 2 期。

相对集中行政处罚权也有两种模式，一种是城市管理、文化领域的跨部门综合执法；另一种是农业、交通等领域推进的在行业内部进行的处罚权整合。①

行政综合执法的适用是有条件的。综合执法既是出于对行政管理事态有效处理的考虑，又从一个侧面反映了行政机关组织体系中职责范围不健全这一事实。② 并且，综合执法仅适用于同一违法行为涉及数个行政机关职能的场合，且诸职能之间具有关联性，否则没有必要也没有可能在法律上实行综合执法。③

综合行政执法与联合执法的概念有区别。一般认为，联合执法因没有实现执法体制上的突破，不属于综合行政执法的范畴。④ 早期的专业化执法体制受到计划经济时期形成的行政管理体制、管理方式影响，存在先天缺陷，联合执法和综合执法是先后采取的改革措施。联合执法是指对某方面进行集中治理时，将数个行政机关的部门管理力量抽调到一起，在调查取证时联合行动，在作出行政处理时各司其职，形式上联合，实体上独立。⑤ 有研究者将联合执法的特性总结为：联合执法机构的产生没有法律依据，是多个行政主体的执法，具有临时性和应急性，容易导致权责不清、造成行政权的滥用。⑥

2. 综合行政执法的发展过程

主流观点一般将综合行政执法划分为从联合执法、巡警体制到相对集中行政处罚权，相对集中处罚权试点初始、试点扩大、试点工作结束全国推进，从相对集中行政处罚权到相对集中行政许可权

---

① 参见王敬波《相对集中行政处罚权改革研究》，《中国法学》2015 年第 4 期。
② 关保英：《执法与处罚的行政权重构》，法律出版社 2004 年版，第 4 页。
③ 参见王敬波《相对集中行政处罚权改革研究》，《中国法学》2015 年第 4 期。
④ 参见王敬波《相对集中行政处罚权改革研究》，《中国法学》2015 年第 4 期；谭宗泽、杨抒见《综合行政执法运行保障机制建构》，《重庆社会科学》2019 年第 10 期。
⑤ 参见张利兆《综合行政执法论纲》，《法治研究》2016 年第 1 期。
⑥ 参见罗许生《行政综合执法研究》，硕士学位论文，西南政法大学，2006 年。

等发展阶段；或者将其描述为从单独执法到联合执法、到相对集中行政处罚权，再到城市管理综合行政执法的发展过程。① 综合行政执法的主要意义在于创新行政组织和权力运行模式，提高行政效能。在大部制改革的背景下，综合行政执法是建立职能有机统一的大部门体制的有益探索。② 2018 年自上而下密集推进的新一轮政府机构改革，充分体现了大部门制和综合执法的理念。国家市场监督管理总局的组建是一个很好的例子。新机构整合了三个正部级总局——国家食品药品监督管理总局、国家工商行政管理总局和国家质量监督检验检疫总局，三者职能有不少相近之处，此前在工作中常常出现多头执法的局面，多年来各界一直有合并的呼声，而地方的市场监管综合执法改革早在 2014 年就在浙江、安徽等省开始推进。据原国家工商总局统计，截至 2017 年 1 月底，全国约有 1/3 的副省级市、1/4 的地级市、2/3 的县实现了市场监管综合执法。③ 2017 年，全国 22 个省（区、市）的 138 个城市开展综合执法改革试点，在市场监管等领域推进跨部门综合执法，逐步实现"多帽合一"。④ 新一轮党和国家机构改革自上而下在全国推进，综合行政执法改革作为机构改革的有机组成部分，同时面临着机遇和挑战。机构改革中，职权划转不清、权责不一等突出问题长期存在，综合行政执法必须以法治理路径推动与完善，⑤ 以协调机构设置的统筹性，实现决策的

---

① 参见刘春禾《城市管理综合行政执法体制研究》，硕士学位论文，中央民族大学，2007 年。

② 参见程遥《综合行政执法主体的分析与建构》，硕士学位论文，中央民族大学，2009 年。

③ 《工商总局：全国约 1/3 副省级市实行市场监管综合执法》，中国新闻网，网址：http://www.chinanews.com/cj/2017/02-16/8151592.shtml，最后访问日期：2020 年 4 月 10 日。

④ 参见马怀德、王玎《新时代中国法治政府建设的使命》，载中国政法大学法治政府研究院编《中国法治政府发展报告（2017）》，社会科学文献出版社 2018 年版。

⑤ 参见杨建顺《推进综合执法要全程以立法为支撑》，《检察日报》2018 年 7 月 8 日第 7 版。

科学性，确保执行的专业性与法治性。① 时至今日，一个旧判断仍然成立：综合行政执法的规范建构需要在规范依据、职权结构、组织结构和运行机制等构成要素的诸个层面得到展开，并且，规范的主体建构和行政权力的协调配合并不能解决行政执法领域的全部问题，还需要执法方式的创新、执法程序的完善和多元主体的参与。②

（二）建立权责一致的权力运行机制，实施行政执法责任制

行政执法责任制是健全行政执法体制的重要制度创新，源于20世纪90年代一些地方政府的法制实践，后被纳入顶层设计推广至全国。自党的十五大起，党的历次全国代表大会报告都提到了推行行政执法责任制，国务院《关于全面推进依法行政的决定》（1999年）、国务院《全面推进依法行政实施纲要》（2004年）、国务院办公厅《关于推行行政执法责任制的若干意见》（2005年）、中共中央《关于全面推进依法治国若干重大问题的决定》（2014年）、中共中央、国务院《法治政府建设实施纲要（2015—2020年）》（2015年）等重要文件均对行政执法责任制的具体实施提出了要求。2018年8月24日，中央全面依法治国委员会召开第一次会议，习近平总书记在会上发表重要讲话，指出要推进严格执法，完善行政执法程序，全面落实行政执法责任制。

1. 目前行政执法责任制存在的缺陷

行政执法责任制兼具监督管理、行政执法和工作程序制度的特性。现行行政执法责任制的模式是一种政府主导型模式，受到权治和人治因素、计划体制因素、对政府盲从的社会意识因素等的制约，存在行政法律规范、程序规则、责任制度和体制制约四个缺位。③ 客观来看，目前的行政责任制还存在一些结构性缺陷，如权责不对等、

---

① 参见谭宗泽、杨抒见《综合行政执法运行保障机制建构》，《重庆社会科学》2019年第10期。

② 参见熊文钊、刘华《社会秩序局：综合行政执法管理体制的完善途径——基于对北京城管的调查》，《北京行政学院学报》2009年第2期。

③ 青维富：《行政执法责任制研究》，硕士学位论文，西南政法大学，2002年。

行政责任设定失序、行政责任规定不全面、行政责任机制设计失之偏颇等。①

2. 行政执法责任制度体系的内容与构建

行政执法责任制度体系，以行政执法公示制、行政执法评议考核制和错案责任追究制为核心。目前我国行政执法评议考核制度的立法缺乏专门性，基本上局限于内部评议，评议内容抽象且无统一标准；评议方法缺乏科学性，导致评议考核的结果难以真正反映行政执法的实际情况，因此，应通过确立新的"以公民为中心"的价值理念，完善行政执法评议考核制度。② 有学者将实施行政执法评议考核制的技术路线，总结为坚持三个结合、四个制度。"三个结合"是指，内外结合、日常考核与年度考核结合、定量考核与定性考核相衔接。"四个制度"是指，评议考核专门制、绩效晋级挂钩制度、考核工作预告制和考核结果公示制。③ 行政执法责任的归责原则设计与确认，是行政执法责任追究制的核心和基础。行政执法责任或可区别于民事归责原则的理论探究，以行政法的原则和精神为指导，构建多元化归责原则体系。④《法治政府建设实施纲要（2015—2020年）》就全面落实行政执法责任制提出了具体要求：要严格确定不同部门及机构、岗位执法人员的执法责任，建立健全常态化的责任追究机制。加强执法监督，加快建立统一的行政执法监督网络平台，建立健全投诉举报、情况通报等制度，坚决排除对执法活动的干预，防止和克服部门利益和地方保护主义，防止和克服执法工作中的利益驱动，惩治执法腐败现象。

---

① 宋功德：《行政执法责任制的结构性缺陷及其调整》，《中国行政管理》2007年第2期。

② 何琳：《论我国行政执法责任的归责模式》，《湖北社会科学》2009年第4期。

③ 郭薇、曹媛媛：《论行政执法责任制之评议考核制》，《成都行政学院学报》2006年第2期。

④ 何琳：《论我国行政执法责任的归责模式》，《湖北社会科学》2009年第4期。

五 行政执法方式

(一) 行政执法方式及其转变

行政执法方式的选择及其运行受到特定政治、法律和社会等制度环境的制约。因应发展市场经济、转变政府职能、创新社会管理方式、推进公私合作等的需要,① 行政主体开始在传统的、以"命令—服从"为特征的强制性行政行为之外,探索和运用新的、非强制行政方式和规制手段,"行政的非强制化和回应性愈发彰显"②。公共行政的这一变化,也使得非强制行政行为开始成为行政法一个新的研究范畴。③

此实为世界范围内行政执法方式的整体发展趋势。自20世纪中叶以来,随着公法关系、规制理念和手段的分裂,行政执法方式大致呈现出两种类型:一种是建立在命令—服从关系基础上的公法关

---

① 这些要求在国务院颁布的重要文件中被屡次强调。例如,国务院2004年颁布的《全面推进依法行政实施纲要》第9条明确提出:"要改革行政管理方式,充分发挥行政规划、行政指导、行政合同等方式的作用,这是转变政府职能、深化行政管理体制改革的重要内容";国务院2010年颁布的《关于加强法治政府建设的意见》第5部分第14条也提出,要"推进政府职能转变和管理方式创新";第15条要求"改进和创新执法方式,坚持管理与服务并重、处置与疏导结合,实现法律效果与社会效果的统一"。

② 崔卓兰、蔡立东:《从压制型行政模式到回应型行政模式》,《法学研究》2002年第4期。

③ 首次提出"非强制行政行为"概念的,是吉林大学的崔卓兰教授。崔教授在1998年发表的《试论非强制行政行为》一文中指出,行政指导、行政合同、行政奖励等行为具有"行政"性,但同时与行政行为的一般性定义之间有着明显不同,从而引入了"非强制行政行为"一词,并建议将非强制行政行为作为新的行政行为种类,列入我国行政法学的理论研究体系,纳入行政法领域加以规范调整。参见崔卓兰《试论非强制行政行为》,《吉林大学社会科学学报》1998年第5期。类似的概念有"柔性行政方式""柔性管理方式""非权力行政方式"等,参见莫于川《柔性行政方式法治化研究——从建设法治政府、服务型政府的视角》,厦门大学出版社2011年版,第146—157页;莫于川《行政民主化与行政指导制度发展(上)——以建设服务型政府背景下的行政指导实践作为故事线索》,《河南财经政法大学学报》2013年第3期。

系，以决定、处罚和强制为依托；另一种是更多依赖于行政机关与相对人平等或对等互动的关系，以指导、协商和合同为载体。①

1. 传统行政执法方式的转变

传统的行政执法大多表现为指挥命令式的执法，其显著特征是行政机关的单方意志性与强制性，行政相对人没有意思表示的自由，抑制了相对人积极性的发挥，降低了行政执法的效率和效果。近年来有学者提出要对传统执法方式和观念进行改革更新。这又可分为两种路径：一种是对传统执法方式的改良，即在传统的行政执法中增加程序因素。如在行政征收和征用中引入协商和救济机制、在行政处罚中引入参与和协商机制等；另一种是采取一些非强制性的行政管理方式和手段，也被称为柔性执法方式，其主要表现形式是行政合同、行政指导、指导性行政计划等。②

我国自新中国成立至今，行政管理的方式和手段也经历了曲折的变化过程。总的来看，20世纪80年代以前，政策、计划和行政命令占主导地位，法律手段在行政管理中作用有限；自80年代以后，市场取向的改革带来了行政管理方式与手段的变化，以行政处理为核心的行政执法逐渐取代了政策性管理手段。自世纪之交以来，随着传统的管理行政、秩序行政逐渐转向以给付行政、服务行政为特点的现代行政，同时行政机关逐渐意识到，传统的命令—服从式行政执法过于强调行政主体单方意志性，公众利益表达机制缺失，执法手段机械、单一，易于挫伤相对人对政府的信任感和支持度，从而严重降低行政执法的效率，亟需改革更新。③ 革新路径主要有两条：一条是改良传统执法方式，即在传统执法中引入程序机制。如在行政征收征用中引入协商与救济机制、在行政处罚中引入参与和协商机制等；另一条是

---

① 参见应松年主编《行政法与行政诉讼法》（上），中国法制出版社2009年版，第404页。

② 参见莫于川等《柔性行政方式法治化研究——从建设法治政府、服务型政府的视角》，厦门大学出版社2011年版，第5—6页、第8章等。

③ 参见王春业《论柔性执法》，《中共中央党校学报》2007年第5期。

引入非强制性的行政管理方式和手段,也被称为柔性执法方式,其主要表现形式是行政合同、行政指导、指导性行政计划等。① 此处主要对后者展开讨论。在我国,"刚柔并济"的执法模式在实践中应用逐渐普遍,行政执法方式的多样化、柔软化趋势逐渐明显。

2. 传统行政执法方式转变的必要性

从传统行政法理论中行政主体与行政利害关系人的关系结构来分析,有必要将谈判、协商、沟通、交流作为行政法实施的基本方式和过程,建立信任与合作的新关系。② 受到美国学者诺内特和塞尔兹尼克所著《转变中的法律与社会:迈向回应型法》一书的影响,有研究者提出压制型行政模式和回应型行政模式的理论模型,认为行政模式必须从前者转向后者,以适应社会转型的需要。③ 在回应型法取向的倡导下,发端于私法契约自由的合意理念在中国当代行政日益凸显,合意理念在行政执法领域的渗透完全成为一种必要,合意理念表现为协商、调解、合同等交涉性行政方式的涌现。④

(二) 行政执法方式的类型

作为学术上的回应,我国学者多用刚性执法和柔性执法来描述两类不同的执法手段,将传统上以命令—服从为特征的执法手段称作"刚性执法"或"强制性行政",相对的则是"柔性执法"或"非强制性行政手段"等概念。⑤

---

① 参见莫于川等《柔性行政方式法治化研究——从建设法治政府、服务型政府的视角》,厦门大学出版社 2011 年版,第 5—6 页、第 8 章等。

② 施建辉:《行政执法中的协商与和解》,《行政法学研究》2006 年第 3 期;张翼飞:《我国行政执法中的沟通问题研究》,硕士学位论文,北京交通大学,2008 年。

③ 崔卓兰、蔡立东:《从压制型行政模式到回应型行政模式》,《法学研究》2002 年第 4 期;崔卓兰、卢护锋:《我国行政行为非强制化走向之述评与前瞻》,《北方法学》2007 年第 2 期。

④ 胡建淼、蒋红珍:《论合意理念在行政领域中的渗透——基础、表现及其支撑系统》,《法学杂志》2004 年第 7 期。

⑤ 参见崔卓兰、蔡立东《非强制行政行为——现代行政法的新范畴》,《行政法论丛》2005 年第 4 卷;余凌云《行政法讲义》,清华大学出版社 2010 年版,第 244—246 页。

刚性执法，是指行政机关以单方意志运用行政权力作用于行政相对人并具有国家强制力的行政活动方式，包括行政处罚、行政强制、行政许可、行政征收征用等。柔性执法则是指行政机关实施的不具有强制命令性质的非权力作用性的行政活动方式，它的特点包括：它形成的法律关系属于公法关系；在性质上属于非权力作用，不以国家权力来单方性地拘束行政相对人；它既包括一部分无固有法律效果的单纯事实行为（如某些行政指导措施），也包括一部分较为柔软的法律行为或准法律行为（如行政合同）；它往往具有诱导性和引导性；它适用于整个行政领域，但主要是经济领域和部分社会管理领域；它在方式方法上往往采取非强制性、非命令性的手段；等等。① 柔性执法的具体表现形式多种多样，主要有行政指导、行政合同、行政奖励、行政计划、行政调查、行政公示、行政资助（补助、辅助）、行政出让，等等。

（三）柔性行政执法方式的现实问题和法治化对策

柔性行政方式在行政实务中发挥着越来越重要的作用，但同时也存在一些现实的矛盾和问题，概括起来有如下九类：①规避法律责任，致使法律空洞化；②懈怠行政职责，丧失了政府权威；③出现变相干预，损害相对人权利；④缺乏民主协商，变味为权力行为；⑤法律关系尚未理顺，角色不明确；⑥行为动机不尽纯正，公正性不足；⑦行为程序不甚规范，透明度不够；⑧行为效果不甚稳定，预期性较弱；⑨纠错机制不甚健全，救济力度小。②

国务院颁布的《全面推进依法行政实施纲要》第9条明确规定，要改革行政管理方式，"充分发挥行政规划、行政指导、行政合同等方式的运用……降低管理成本，创新管理方式，方便人民群

---

① 参见莫于川《创新行政管理方式与转变经济发展方式——从建设服务型政府、推行柔性行政方式的视角》，《四川警察学院学报》2012年第3期。

② 参见莫于川等《柔性行政方式法治化研究——从建设法治政府、服务型政府的视角》，厦门大学出版社2011年版，第155页。

众"。《法治政府建设实施纲要（2015—2020年）》提出，要"推广运用说服教育、劝导示范、行政指导、行政奖励等非强制性执法手段。健全公民和组织守法信用记录，完善守法诚信褒奖机制和违法失信行为惩戒机制。"党的十九大报告也明确指出，要"创新监管方式，增强政府公信力和执行力，建设人民满意的服务型政府"。这些都为我们思考如何解决柔性行政方式的法治化问题提示了方向。目前阶段，要增进柔性行政方式的法治化，可采行的政策要点包括：①变革行政法文化，摒弃陈旧观念，树立起给付行政、服务行政、积极行政、柔性行政等现代行政法理念，以更好地指导行政实践，实现行政方法手段的多样化、高效化和法治化；②处理好柔性行政方式和刚性行政方式之间的关系，做到二者相互配合、各展所长、相得益彰；③积极采用符合现代市场经济发展要求的行政执法新方式；④完善监督和纠错机制，推动柔性执法方式的规范化、制度化和高效化，因为柔性执法方式并不意味着行政责任的缺失。①

（四）典型的柔性行政执法方式——行政指导

行政指导作为一种灵活的行政管理方式，广泛应用于"二战"结束后的日、德、英、法、美等实行市场经济的国家。② 尤其是在日

---

① 参见莫于川《创新行政管理方式与转变经济发展方式——从建设服务型政府、推行柔性行政方式的视角》，《四川警察学院学报》2012年第3期。

② 需要注意的是，各国用以表述这种政府活动的词汇存在差异。一般认为，英语中行政指导直接对应的词是 administrative guidance。但英、美等英语国家较多使用 non-coercive form of administrative action（直译为非强制行政行为）或 informal administrative action（非正式行政行为）。德国没有与行政指导直接相对应的词汇，通常使用较多的提法是"非正式行政活动"（informelles verwaztungshandeln）或"简便式行政活动"。我国使用的"行政指导"这个词，从文字的角度看也与日语中的"行政指導"一词相近。参见朱中一《法治视野中的中国行政指导》，硕士学位论文，苏州大学，2004年。对此，莫于川教授认为，"尽管各国对于行政指导在术语表达上有所差异，在对实际含义的理解上也有一定出入，但可以说大致指称的是同一概念或同一类概念。"参见莫于川等《柔性行政方式法治化研究——从建设法治政府、服务型政府的视角》，厦门大学出版社2011年版，第162页。

本，行政指导被誉为战后经济得以快速复苏和发展的一把"金钥匙"。与行政指导相关的理论亦得到了这些国家行政法学界的关注。①

在我国，行政指导这一手段也已在经济和社会管理领域得到运用。② 关于行政指导的一般性规定在现行宪法、法律、法规等中有所体现，只是其提法为"指导""引导""鼓励"等，而未直接使用"行政指导"。"行政指导"一词被首次正式使用，是在1999年通过的《最高人民法院关于执行〈中华人民共和国行政诉讼法〉若干问题的解释》第1条中。此外，《湖南省行政程序规定》《山东省行政程序规定》等地方立法都以专节对行政指导作出了规定。

从学术研究来看，无论是行政指导的基础理论（包括概念、性质和特点），还是对目前行政指导实践的认识和分析，抑或对行政指导制度化前景的设计，整个行政法学界仍是分歧多于共识。可以说，行政指导在我国是一个方兴未艾的研究领域。

1. 行政指导的概念

行政指导作为一个描述性概念，是行政法学意义上对一类行为的归纳性总称。③ 但对于行政指导的内涵究竟为何，认识并不统一。

有学者认为，"行政指导是指行政主体在其法定职权范围内，为实现特定行政目的，遵循法律位阶原则，制定诱导性法律规则、政策；或者依据法律原则、规则与政策，针对特定相对方采取具体的

---

① 例如，1992年德国公法学年会的主题之一便是"行政指导与公法秩序"，参见杨海坤、黄学贤《行政指导比较研究新探》，《中国法学》1999年第3期。

② 20世纪末，行政指导就已在振兴乡镇企业，促进农业技术进步，鼓励和规范投资与出口，推行国家产业政策，鼓励兼并、改组等方面，得到大量运用。参见包万超《转型发展中的中国行政指导研究》，载罗豪才主编《行政法论丛》（第1卷），法律出版社1998年版。

③ 朱新力、金伟峰、唐明良：《行政法学》，清华大学出版社2005年版，第283页。

示范、建议、劝告、警告、鼓励、指示等非强制性方式,并施以利益诱导,促使相对方为或不为某种行为之非强制性行政行为"①;也有学者认为,"行政指导是行政机关在其职责范围内,为实现一定行政目的而采取的指导、劝告、建议等不具有国家强制力的行为"②;类似的定义还有:"行政指导是行政机关在其职权范围内,针对相对人采取诱导或引导措施,谋求相对人自愿以行政主体期待之方式配合(作为或不作为),以实现行政管理目的的非强制性行政行为"③,以及"行政指导是指行政主体在其职责范围内,采取劝告、建议、鼓励等非权力性的手段,在相对方同意或协助之下,要求其为一定作为或者不作为,以实现行政目的的行政活动"④。北京大学公法研究中心行政执法与行政程序课题组起草的《行政程序法(试拟稿)》则指出,行政指导是行政机关或其他行政主体为达成一定行政管理目标,就其所管理事务,向行政相对人提出建议、劝告、咨询意见或发布信息或行动指南,引导行政相对人作出或不作出某种行为的非强制性行政行为。⑤ 至于官方层面的认识,则在全国人大法工委的《行政程序法(试拟稿)》有所体现——该试拟稿所定义的行政指导,是行政机关为谋求当事人作出或不作出一定行为以实现一定行政目的而实施的指导、劝告、建议等不具有国家强制力且不直接产生法律效果的行为。

上述定义对于行政指导的法定性(或称职权性)、外部性、行政目的性、非处分性、非强制性、灵活性、诱导性、手段的多样性等特点已基本达成共识,⑥ 现存的分歧主要有四个方面:第一,行政指

---

① 郭润生、宋功德:《论行政指导》,中国政法大学出版社1999年版,第59页。
② 莫于川:《行政指导要论》,人民法院出版社2002年版,第11页。
③ 姜明安主编:《行政程序研究》,北京大学出版社2006年版,第322页。
④ 余凌云:《行政法讲义》,清华大学出版社2010年版,第272页。
⑤ 参见北京大学公法研究中心网站,网址:http://www.publiclaw.cn/zxdt/DispZxdt.asp/ID=22。
⑥ 参见莫于川《行政指导要论——以行政指导法治化为中心》,人民法院出版社2002年版,第26—32页。

导的主体是行政主体抑或行政机关；第二，行政指导是权力行为还是非权力行为；第三，针对不特定多数人的行政计划、规划等，是否属于行政指导；第四，行政指导只包括针对相对人的指导，还是也包括行政机关内部上级对下级的指导。总体来看，行政指导的主体和对象范围，均呈扩大的趋势。目前主流观点认为，行政指导的主体应当既包括行政机关，也包括法律、法规授权的组织等其他行政主体；其对象应当既包括特定相对人，也包括不特定的多数人，即抽象的行政计划、规划等行为也属于行政指导的范畴。① 至于行政指导是否包括行政机关内部上级对下级的指导，多数学者持否定的态度。② 这种观点可能建立在行政法主要是解决外部行政关系的认识基础上。也有学者认为，行政机关的上级领导对下级采用指导的方式，作为近年来行政管理中逐渐得到重视的一种领导方式（或曰行政改革），理应纳入行政指导的范畴；但同时也承认内部的行政指导在法规、程序和救济上与外部行政指导存在不同之处。③ 而分歧的第二点，即行政指导是权力行为还是非权力行为，是关涉行政指导性质的关键问题。

2. 行政指导的性质——权力性 & 非权力性？

行政指导的性质是其理论的核心问题，却也是目前分歧最为明显的问题。对于行政指导的非强制性及事实行为的性质，目前相关争论主要围绕行政指导是否具有权力性展开。

由于行政指导在执行手段上所具有的非强制特征，一直以来，"行政指导是非权力行为"的论断似乎是"通说"。④ 或明确指出行

---

① 关于行政指导是否只针对特定相对人作出，争议未泯。即便是在行政指导研究成果丰富的日本，学界也有不同意见。

② 例如，参见刘宗德《试论日本的行政指导》，《政大法学评论》1989年第40期。

③ 参见余凌云《行政法讲义》，清华大学出版社2010年版，第272—273页。

④ 参见吴华《论行政指导的性质及其法律控制》，《行政法学研究》2001年第2期。

政指导是一种"非权力性行为",或间接表达了这样的观点。[①] 但近来这种观点已受到了越来越多的质疑。持反对意见者认为,这种论断一方面是基于对权力行为与执行手段的强制性之间关系的机械理解,[②] 更深层次的原因则在于我国曾受到德国行政行为(Verwaltungsakt)概念的影响,将行政行为理解为行政机关就具体事件所为的对外发生法律效果的单方法律行为,从而将包括行政指导在内的事实行为排除在行政行为和"公权力行为"之外。[③] 随着行政行为理论的发展,主流行政行为理论所理解的"行政行为"在内涵和外延上已远较德国法上的概念宽泛,例如江必新提出的"统一行政行为"的概念。[④] "强制是行政权行使的唯一特征"的结论已为主流学说摒弃,行政指导等与传统的"命令—服从"式行政行为之间尽管在方式上存在强制与非强制性的区分,但并不意味着它们在性质上有非权力性和权力性之别。[⑤] "行政行为既然是行政机关行使职权的行为,那么它必定是一种权力行为",只是根据权力性的强弱,可将其再分为"强权力行为"和"弱权力行为"[⑥]。有学者更明确指出,行政指导的出现所表现的是行政权扩张的倾向,因而"从逻辑上说,

---

[①] 参见皮纯协主编《行政程序法比较研究》,中国人民公安大学出版社 2000 年版,第 391 页;莫于川:《柔性行政方式法治化研究——从建设法治政府、服务型政府的视角》,厦门大学出版社 2011 年版,第 146—148 页。还有学者认为,行政指导和行政合同等在本质上不属于行政行为,只是一种在主体、内容或形式上"与行政相关"的行为。参见胡建淼《行政法学》,法律出版社 1998 年版,第 408—424 页。

[②] 基于传统的理解,以法律上的强制力为后盾的行政行为与权力性行为之间,没有法律上的强制力与非权力性行为之间,被画上了等号。参见罗志敏《试论行政指导》,《行政法学研究》1999 年第 3 期。

[③] 参见朱新力、金伟峰、唐明良《行政法学》,清华大学出版社 2005 年版,第 284—285 页。

[④] 江必新、李春燕:《统一行政行为概念的必要性及其路径选择》,《法律适用》2006 年第 1—2 期。

[⑤] 《非强制行政行为——现代行政法学的新范畴》,110 法律咨询网,网址:http://www.110.com/falv/falvlunwen/xingzhengfalunwen/qtxzflw/2010/0726/188140.html。

[⑥] 杨海坤、黄学贤:《中国行政程序法典化》,法律出版社 1999 年版,第 387 页。

称行政指导为非权力性行为亦是一个悖论。"①

在此基础上，学者指出，具有非强制性特征的行政指导行为在现实中显现出强大功能，而保障行政指导实效性的机制包括事实上的强制力和诱导利益的设置两方面。其中，事实上的强制力主要体现在规制性和调整性行政指导中，②诱导利益的设置则主要针对助成性行政指导，③相对人实际上并不真正具有充分的"意志自由"④。正如两位法官在审判实践基础上所指出的，行政指导是拟制平等的双方为着各自利益而采取积极柔和手段进行的多次博弈；但在此过程中受到诱导利益和信赖利益的影响，行政主体与相对方实际上处于一种事实上的不平等状态，使行政指导具有了一种事实上的强制力。⑤还有学者指出，在有些情况下，行政指导在实际运用中还具有一定的担保手段，⑥这些担保手段的存在，也使行政指导在有的情况下获得某种事实上的强制效果。⑦

3. 行政指导的种类

借鉴日本的做法，行政指导可以功能为标准，分为规制性指导、助成性指导和调整性指导。⑧所谓的规制性指导，是指以规制行政相

---

① 郭润生、宋功德：《论行政指导》，中国政法大学出版社1999年版，第58页。
② 参见唐明良、李鸿兰《行政指导的权力性——比较法和社会学意义上的考察》，《行政法学研究》2005年第4期。
③ 参见朱新力、金伟峰、唐明良《行政法学》，清华大学出版社2005年版，第285页。
④ 参见杨海坤、黄学贤《行政指导比较研究新探》，《中国法学》1999年第3期。
⑤ 参见段禹、王心福《试论行政指导的救济》，中国法院网，网址：http://www.chinacourt.org/article/detail/2005/10/id/182215.shtml。
⑥ 根据台湾地区学者刘宗德的研究，这些担保手段有：公布已为行政指导或不服从行政指导的事实；进行行政指导时，对行政权限保留不加使用；利用其他行政权限，对不服从者加以制裁。参见刘宗德《试论日本的行政指导》，《政大法学评论》1989年第40期。
⑦ 参见余凌云《行政法讲义》，清华大学出版社2010年版，第276—277页。
⑧ [日]盐野宏：《行政法》，杨建顺译，法律出版社1999年版，第143—144页。转引自姜明安主编《行政程序研究》，北京大学出版社2006年版，第323页。也可参见莫于川《行政指导要论》，人民法院出版社2002年版，第40页。

对人的活动为目的进行的，是对妨碍公共秩序、危害公共利益的行为的规范和制约；助成性指导是指为达成预期的行政目的（如推动某项政策的实施）而为相对人出谋划策或作出指导性建议的行为；而调整型指导是为了解决相对人之间的纠纷而进行的。① 其他分类还包括，以指导是否具有法律依据为标准，将其分为"正式的行政指导和非正式的行政指导"，正式的行政指导有着明确的行为法依据，应遵从基本的程序规则，是行政主体的法定义务；非正式的行政指导则没有行为法上的直接依据，行政主体具有较大的自由裁量权；② 以指导针对的对象为标准，分为一般和个别行政指导；以行政指导蕴含的行政意志的强弱为标准，分为警示性和非警示性行政指导，其中警示性行政指导的行政意向较为强烈，相对人不遵守可能会承担不利的法律后果；③ 以指导的形式为标准，分为书面的和口头的行政指导。④

行政指导的具体表现方式很多，包括：指导、引导、帮助、辅助；通知、提示、提醒、建议；劝告、说服、规劝；劝诫、告诫、劝阻、建议、意见、主张；商讨、协商、沟通；赞同、提倡、表彰；宣传、推广、示范、推荐；激励、勉励、奖励；调解、调和、协调、周旋；指导性计划；纲要行政、导向性行政政策；发布官方信息、公布实情，⑤ 等等。⑥

---

① 参见余凌云《行政法讲义》，清华大学出版社 2010 年版，第 273—274 页。
② 姜明安主编：《行政程序研究》，北京大学出版社 2006 年版，第 324 页。这一分类有助于行政指导司法审查标准的确立。
③ 参见蒋正平、何立慧《行政法学》，兰州大学出版社 2004 年版，第 279 页。
④ 朱新力、金伟峰、唐明良：《行政法学》，清华大学出版社 2005 年版，第 283 页。
⑤ 也有学者认为，某些"无拘束力的提供资讯和通报情况"，如果只是政策宣示，并无特定的行政目的及其行政作用，则其不属于行政指导行为。参见翁岳生主编《行政法》，中国法制出版社 2002 年版，第 911 页。
⑥ 参见莫于川等《柔性行政方式法治化研究——从建设法治政府、服务型政府的视角》，厦门大学出版社 2011 年版，第 172—175 页。

4. 行政指导兴起的背景和功能

行政指导在现代行政法上迅速崛起具有以下背景：其一，随着民主法治的建立和发展，人权保障意识深入人心，传统行政手段过于生硬，因而探寻更加符合现代法治理念的新手段，① "指导式行政"的理念开始被接受；② 其二，国家职能的转变和急剧扩张，以及立法滞后，导致出现了一些规范真空亟需填补；其三，东亚国家（日、韩、中）对行政指导较为重视，还因为这些国家深受中华法系的儒家文化影响，民众对行政机关具有较强的唯上和尊重意识。③ 特别地，"非正式行政行为"在美国逐渐被关注和接受的理论背景，除了社会学、法学和综合法学等之外，还有"规制缓和论"和新经济政治理论。④

行政指导具有多元化的功能：第一，对紧急行政及时作出反应，弥补立法之不足。《公共危机管理·行政指导措施·行政应急性原则——公共危机管理中的行政指导措施引出的行政法学思考片段》一文提到了行政指导具有应急性，⑤ 还有学者认为行政指导可以被用来进行政策试验；⑥ 第二，可以提高行政相对方的地位，"提供了民主参与行政过程的便利渠道"⑦；第三，可作为法律强制手段的先行程序；第四，有助于协调、促进和疏通相冲突的利益关系；⑧ 第五，

---

① 参见余凌云《行政强制执行理论的再思考》，《中国人民大学学报》1998年第4期。

② 参见陈新民《中国行政法学原理》，中国政法大学出版社2002年版，第236页。

③ 参见[日]根岸哲《日本的产业政策与行政指导》，鲍荣振译，《法学译丛》1992年第1期。

④ 参见莫于川《行政民主化与行政指导制度发展（上）——以建设服务型政府背景下的行政指导实践作为故事线索》，《河南财经政法大学学报》2013年第3期。

⑤ 莫于川：《公共危机管理·行政指导措施·行政应急性原则——公共危机管理中的行政指导措施引出的行政法学思考片段》，《公法研究》2005年第1期。

⑥ 参见余凌云《行政法讲义》，清华大学出版社2010年版，第274—276页。

⑦ 莫于川：《行政指导论纲——非权力行政方式及其法治问题研究》，重庆大学出版社1999年版，第52页。

⑧ 莫于川：《行政民主化与行政指导制度发展（上）——以建设服务型政府背景下的行政指导实践作为故事线索》，《河南财经政法大学学报》2013年第3期。

有助于减少执法冲突，降低行政机关和公务人员的政治和法律风险；① 第六，具有预防和抑制的作用。②

（五）行政指导实践中的问题

出于各种原因，各国行政指导实务中较普遍地存在着一些问题，包括行为不够透明，存在"暗箱操作"；动机不纯正，掺杂不正当考虑；指导方与受指导方之间的关系尚未理顺，存在角色错位；行政主体用以保障指导实效性的一些"保障措施"，容易使指导变为实际上的强制行为，侵害受指导人权益；行政机关实施行政指导的职权和责任不明确；行政指导造成的某些利益损害难以得到有效救济。③

由于存在上述问题，一种否定行政指导甚至主张中国不宜推行行政指导的观点在学界已出现：在中国这样一个法治尚待健全和完善的国度，倡行行政指导是否会导致对法治原则的破坏？由于行政指导缺乏有力的法律监督，行政主体在运用行政指导时是否会借行政指导之名而行行政强制之实？行政指导是否会成为行政主体规避法律责任的一种手段？④

（六）行政指导的法治化

行政指导目前面对着赞誉与质疑并存、理想与问题同在的状况。那么，究竟应如何看待这一全新的法律现象？它能否与法治行政理念相契合？如何能将这一初衷良好的制度设计纳入法治化的轨道？

第一，合法性原则的约束。合法性原则首先要求行政主体只有在对某一事务拥有法定管辖权时，才能就该事务实施行政指导。对于行政指导必须遵循"法律优先"的原则，几无疑义。此原则的具

---

① 郑宁：《行政指导的防控风险功能及风险防控机制的建立》，《攀枝花学院学报》2011年第1期。

② 余凌云：《行政法讲义》，清华大学出版社2010年版，第274页。

③ 参见莫于川等《柔性行政方式法治化研究——从建设法治政府、服务型政府的视角》，厦门大学出版社2011年版，第178—179页。

④ 王克稳：《政府干预经济的手段与经济行政行为探讨》，《东吴法学》2002年号。

体要求是：其一，如果已有法律对行政指导作为规定，则实施行政指导不得违反该法律规定；其二，行政指导不得与立法的精神和宗旨相悖；其三，行政指导不得违反行政法的基本原则，包括比例原则、合目的性原则等。① 有学者还指出，行政机关进行行政指导不得滥用自由裁量权，不得歧视行政相对方，否则构成违法。② 而对于行政指导是否受"法律保留"原则的拘束，则存有疑问。行政法学界大多倾向于采用"功能目的保留说"，主张根据行政指导的具体情况区别对待，即以行政指导对相对人意志的影响程度来决定是否需"法律保留"。即对于一些规制性较强，事实上具有强制效果和制约性，尤其是经常反复使用的行政指导，应该有具体的实体法上的依据，③ 而对于规制性行政指导以外的指导行为，只要求其具有组织法或程序法上的依据、不与法律明文规定相抵触、不违反法律一般原则，而不强求其实体法上的明确依据。④

第二，程序法规制。对行政指导的程序法规制非常必要，因为"通过程序规则限制恣意，实现行政指导的目标合理化和过程合理性……这种方法不但可行，而且成本最低"⑤。总的来看，研究者均强调行政指导的程序中行政相对方的意志和权益的尊重、表达和实现。有学者主张在具体程序设计上，应结合行政程序法的理论和日本、德国等国的立法，并着重考虑告知、听证、行政程序终止、备案等几个方面的问题。⑥ 调查程序、商谈程序和申辩程序也应是行政

---

① 参见朱新力、金伟峰、唐明良《行政法学》，清华大学出版社2005年版，第286—287页。

② 崔卓兰、卢护锋：《我国行政行为非强制化走向之述评与前瞻》，《北方法学》2007年第2期。

③ 余凌云：《行政法讲义》，清华大学出版社2010年版，第277页。

④ 参见朱新力、金伟峰、唐明良《行政法学》，清华大学出版社2005年版，第286—287页。

⑤ 包万超：《转型发展中的中国行政指导研究》，载罗豪才主编《行政法论丛》（第1卷），法律出版社1998年版。

⑥ 参见章剑生《论行政指导及其程序》，《浙江社会科学》2002年第6期。

机关实施行政指导必须遵循的。① 此外,应当尊重相对方知情权,对行政指导的程序作出如下必要的规范:①行政主体在实施行政指导时,应将内容、理由和负责人等告知相对人;②如果相对人要求行政主体提供记载指导内容和事项的书面材料,行政主体原则上不得拒绝,除非是要求相对人当场就完成的行为,或者要求的内容与已依文书通知相对人的事项内容相同;③为实现统一行政目的而对符合一定条件的多数人实施行政指导时,行政主体应实现依事件性质订立该等行政指导共同的内容事项,且除行政上有特别困难的以外,应予公布。②

第三,司法救济。行政指导的司法救济和法律责任问题,一直是行政指导研究的难点,也是分歧较多的领域。理论上,之所以认为行政指导会存在法律责任问题,一方面是因为行政指导作为政府实施的行为,要受到"合法预期保护原则"和"禁止反言"的约束;另一方面是因为有些行政指导具有事实上的强制效果,对于相对方因不得不服从而受到的侵害,必须提供相应的救济。但事实上,对于行政指导究竟能不能追究责任和提供救济,取决于行政指导的定性以及其程序规范性的程度。这个问题十分复杂,至今争论不休。有学者在对行政指导理论和实践均已较为成熟的日本和美国的几例典型的行政指导诉讼案件进行分析后指出,由于对于行政指导的性质、作用、方式、适用、弊端、救济等方面认识的差异,对于案情相似的案件,不同国家的法院在相同时期,或者一个国家的法院在不同时期,裁判结果都会有极大差别。③

---

① 崔卓兰、卢护锋:《我国行政行为非强制化走向之述评与前瞻》,《北方法学》2007年第2期。

② 关于行政指导的公开,《湖南省行政程序规定》(2008年)和《山东省行政程序规定》(2011年)都做了规定。例如,《湖南省行政程序规定》第105条:"行政指导的目的、内容、理由、依据、实施者以及背景资料等事项,应当对当事人或者公众公开,涉及国家秘密和依法受到保护的商业秘密或者个人隐私的除外。"

③ 参见莫于川《国外行政指导典型案例研究》,《行政法学研究》2003年第3期。

在行政指导理论和实践发展已经比较成熟的日本，关于这个问题的争论也持续了很长时间。日本法院一开始认为行政指导争议在法院是不可裁决的，因为相对人是自愿服从，因而无从要求救济。并且，行政指导不具有行政处分的性质，不能作为处分撤销之诉与无效确认之诉的对象。但在后续一些案例中，法院逐渐改变了态度。在20世纪60年代中期的"窗口指导案"的判决中，东京地方法院认为，该案中行政机关的劝告"在实际上起到了不许可处分或附条件许可处分的作用……会使得公民的意志表达自由因行政机关的事前抑制措施超越了最小限度的范围而招致丧失，故这种名为行政指导、实为附条件许可处分的行为乃是违宪和无效的行为"[①]。1971年，东京地方法院在"塑料标尺公司诉国际贸易与工业部"[②]的判决中进一步肯定，内部指令没有改变当事人的具体权利义务，但对此却产生了严重影响，对于这种特定行政处理，当事人如果没有其他救济途径，应当允许起诉。自那以后，行政指导被纳入行政诉讼的受案范围。

我国目前相关的程序性法律规定是《行政复议法》和《行政诉讼法》，实体法中仅有《农业技术推广法》（2003年）规定了指导过错的赔偿责任。《行政复议法》第2条规定了复议范围："公民、法人或者其他组织认为具体行政行为侵犯其合法权益，向行政机关提出行政复议申请，行政机关受理行政复议申请、作出行政复议决定，适用本法"，而行政指导作为一种事实行为，似乎不属复议范围；第6条对于可以提起复议行为的列举中也没有"行政复议"。《行政诉讼法》对于受案范围的规定也排除了行政指导。最高人民法院《关

---

① 参见莫于川《国外行政指导典型案例研究》，《行政法学研究》2003年第3期。

② 在该案中，原告是一家制造和销售塑料尺的工厂，其产品采取多种度量单位（包括厘米、英寸等）。国际贸易与工业部下发一个通知，要求尺子一律采用厘米度量，并指示当地行政机关处理，将处理结果上报该部。地方行政机关遂向原告发出了一个停止生产的警示。原告申请异议无效，提起诉讼。

于适用〈中华人民共和国行政诉讼法〉的解释》第 1 条第 2 款第 3 项规定：行政指导行为，不属于法院行政诉讼受案范围。

尽管如此，随着行政指导被排除在司法救济之外所带来的弊端和问题愈发明显，行政指导是否应纳入司法审查范围，应该重新考虑。相对人基于政府承诺的确信而产生的信赖利益应得到救济。① 当然，对不同行政指导应予以区分对待：如果行政指导是纯指导性的，即当事人完全出于自愿而作出响应，由此而造成损害，不能提起行政复议或行政诉讼；对于实践中那些以行政指导名义实施的，实质上属于具体行政行为的，可申请复议或提起行政诉讼。② 随着行政法治适用范围的不断扩展，在条件成熟时，部分行政指导行为可以接受司法审查。③

在此基础上，不同情形下行政指导主体的补偿和赔偿责任也不能"一刀切"：如果行政指导本身没有任何瑕疵，但接受指导者因其他原因遭到一定损失，则行政指导主体应基于信赖保护原则，向被指导者赔礼道歉，并适当给予一定经济补偿；如果行政指导者因自身情报或信息有误而误导了被指导者而使被指导者遭受较大损失，指导者应考虑到行政机关在占有信息、情报方面的全面性、权威性而负有一定的补偿责任；如果行政指导内容违法，而受指导者出于不知情接受了指导，则行政指导主体必须给予包括直接损失和间接损失在内的全部赔偿。④ 而指导者的行政指导行为存在着动机不纯正、程序不透明、不平等对待、侵犯被指导者自主权、指导事务不属于该行政机关职权范围、以指导代处罚等现象的，属行政违法或

---

① 参见包万超《转型发展中的中国行政指导研究》，载罗豪才主编《行政法论丛》（第 1 卷），法律出版社 1998 年版，第 336 页；崔卓兰、卢护锋《我国行政行为非强制化走向之述评与前瞻》，《北方法学》2007 年第 2 期。

② 参见应松年主编《行政行为法》，人民出版社 1993 年版，第 581—582 页。

③ 参见甘文《行政诉讼司法解释之评论——理由、观点与问题》，中国法制出版社 2000 年版，第 25 页。

④ 参见杨海坤、黄学贤《行政指导比较研究新探》，《中国法学》1999 年第 3 期。

不当，应承担相应责任。①

第二节　从政府信息公开走向透明政府

透明政府又称阳光政府。狭义的透明政府，是指在公务活动中，除法律禁止公开的政务信息，其他均向社会公开，即通常所说的"信息公开"；广义的透明政府，则是指将行政权力掌控者和行使过程全部纳入公众视野。② 具体来看，包括"政府组织的透明""政府决策的透明"和"政府行为的透明"，等等。

《政府信息公开条例》实施至今的 12 年中，我国政府信息公开工作整体上呈现出持续推进、有序发展的态势。各部门、各地方也因应实践的需要，回应内外的压力和需求，初步构建起各具特色的信息公开规则体系，内部的体制机制建设得以强化，信息公开平台建设基本完成，信息公开工作的行业化和专门化越来越突出。在公开信息的广泛性、公开方式的多样性、公开时机的准确和及时性、公开内容的回应度等方面得到较为全面的提升。③ 然而，政府信息公开只是行政机关的局部公开和透明，只是静态信息的公开。透明政府则要求在局部的、静态的基础之上，实现整体的、动态的公开。

建设透明政府，是我国建设法治国家的前提，至少是其有机组成部分。建设透明政府，能优化政府运行，为社会主义市场经济体制建设营造公平、开放的政治环境，充分体现社会主义民主政治，

---

① 参见莫于川等《法治视野中的行政指导》，中国人民大学出版社 2005 年版，第 238 页。

② 莫于川：《有限政府 有效政府 亲民政府 透明政府——从行政法治视角看我国行政管理体制改革的基本目标》，《政治与法律》2016 年第 3 期。

③ 参见中国社会科学院国家法治指数研究中心、法学研究所法治指数创新工程项目组历年发布的《中国政府透明度指数报告》。该报告载历年《中国法治发展报告》，社会科学文献出版社出版。

提升行政组织的行政能力和回应能力，从而提升国家治理能力。尤其是在社会信息的资源性和价值日益凸显的时代，政府掌握的社会治理状况和公共信息越来越为社会公众所关注、为市场主体所追逐；市场经济发展需要营造公开、公平、开放的社会环境，封闭的政府行政已经不能适应经济发展的要求；社会公众要求参与行政的呼声不断提高，需要政府与公众更多地进行互动沟通，才能获取公众支持和帮助；信息技术的迅速发展使政府垄断信息越来越困难，提升政府透明度，是顺应社会发展的必然选择。

一　透明政府建设对行政权力运行的正面作用

透明政府指的是政府的活动在透明、开放的环境下展开。在社会主义市场建立完善过程中，政府的透明对于政府管理体制产生的影响是深层次的，它不仅涉及行政组织结构体制，而且深入其运行体系；不仅对传统行政管理方法提出了挑战，也促进了行政管理理念的更新。

（一）政府透明度的提升有助于行政运行机制的变革

第一，政府透明意味着行政管理方式走向透明。世界政治、经济一体化的格局要求政府行政要在公众的监督下进行。透明的行政过程，可以保证公民和市场主体的利益，让他们对自己的行为有更高的可预见性和判断、控制能力。政务公开采取透明的行政方式，将行政过程置于公众的监督之下，既可以通过公众监督减少行政系统内的监督成本，又可以加强公众对政府的信任，建立良好的互动关系。第二，政府透明可以确保行政管理机制更为民主。政务公开是满足公众对政务过程了解需求的重要做法。政务公开构筑的政府和公众的互动关系，能够满足公众个人管理动机的需要。通过政务公开，公众可以将其对社会问题的看法、意见、建议反馈给政府，对社会事务发表见解，这种机制充分激起群众参与政治活动的热情，发挥他们作为国家主人翁的能动性，并保障广大人民群众真正参与到政治生活中。第三，透明政府意味着政府管理理念由管理型走向服务型。我国是人民民主专政的社会主义国家，保障公共利益是政府行政的根本目标，有责任的服务型政府才是政务公开制度环境下的政府。透明政府要求政府行为"以公开为原则，不公开为例外"，要求政府在行政过程做到为广大公众服务，要求全体行政人员树立服务理念，要求政府负有主动公开的义务，要求收集公众对政府行政的意见和建议，这些都可以促使政府行为充分体现公众的利益和呼声。

（二）透明度的提升助推行政权力运行过程的优化

透明政府的建设对行政权力运作过程提出了许多新要求，也会产生相应的影响和作用。第一，提高行政管理计划工作的实效性。透明政府要求政府在制定宏观政策、对综合利益和政策资源进行分配时，公开政策问题的讨论过程，采取公开听证等形式，扩大各利益相关群体人的参与力度，听取各方意见，使行政管理的计划能够有的放矢，提高实效。第二，加强行政管理组织工作的灵活性。透明政府建设，促使现代政府从封闭走向开放，从管理者转变为服务者，要求政府组织结构及时进行优化和重组，建立网络化和扁平化的结构体制。这种结构将权力分散到行政网络中，可以及时收集信息及其变化情况，重视开放系统和外界环境进行信息交换，重视分散化的决策体系和参与式的决策过程，更加富于弹性和变化。第三，减少行政管理执行工作的阻碍，提高工作实效。通过政务公开这一平台，减少各级政府对政策传递和理解的不一致，减少执行上的阻隔，减少上级政府和公众的中间沟通环节，减少公众因对政策理解出现偏差导致的执行不利；在执行过程中保持同公众的联系，将公众需求作为调整政策的重要参数来考虑，提高政策认同度，降低政策推行成本。第四，发挥行政管理中反馈工作的作用。政府只有充分了解行政管理活动的效果和公众需求才能达到行政管理的目的和宗旨。透明政府要求将政府运作各环节置于公众的监督之下，有利于公众对政府行政合法性和合理性的监督；政府可以通过公众对各环节意见的反馈，减少层层汇报的过程中，瞒报、漏报或者部门保护主义、地方保护主义等倾向，有利于政府根据社会实际和公众要求及时调整策略。

二 透明政府建设可能对政府运行产生的冲击

任何社会制度的发展和完善都是一个循序渐进的过程，如果对制度变革的速度不加控制，对其他配套制度的建设不加重视，可能会对政府运行和社会生活产生一定的冲击。

首先，建设透明政府，推进政务公开的制度和环境建设的速度和力度较难平衡。政务公开会对我国政府运作带来全方位的影响，因此我们需要协调政务公开发展与社会环境变化的关系，把握推行它的力度和速度。行政管理体制运行有极大的惯性，而我国既有着深厚的封建行政文化背景，又有在计划经济体制时期形成的封闭式行政习惯，如果推行政务公开过急、速度过快，会使政务公开的组织和人员准备不充分，会导致政务公开流于形式，成为为达到公开要求的表面上的公开，甚至造成形式主义和形象工程。但是，如果不抓住改革开放和建设社会主义市场经济体制的良好契机实施政务公开，则会贻误战机，降低政务公开的影响和效果，收效不显著。

其次，政府透明度的提升，可能会给政府行政带来一定安全隐患。电子政务作为政务公开的信息技术手段在近几年得到了迅猛发展，但也为政府行政带来了安全隐患。操作系统、网络协议等的漏洞，威胁着电子政务系统的安全。同时，很多公务员的网络安全意识还比较淡薄，并未意识到网络安全可能给政府造成的损失，因此，政务公开工程的开展，需要承担一定风险。

再次，政务公开可能造成对隐私权的侵害。政务公开可能会造成对个人隐私权的侵害。为避免一部分人利益的实现以牺牲另一部分人的利益为代价，需要政府起到宏观的调整和把握作用，权衡社会整体利益得失，以社会公共利益作为衡量的最终标准。因此说，政务公开建设是一个系统工程，它需要一系列相关法律法规和制度体系的建设。

最后，政府透明度的提升，会在一定程度上影响行政成本。电子政务工程可以缩短公文流转的时间，在组织内节约一定的耗材费用。但同时,政务公开允许公民个人和其他组织按照相关程序申请公开有关文件、资料,按照各国惯例,对此类申请应免于收费,或只收取成本费用。可是在实际操作中,对于公民提出的形形色色的要求,政府难以以低成本的形式予以帮助。

此外,因为不同个人的利益诉求有一定差异,而且公众所处的微观、具体的角度,同政府在决策中的宏观视角不同,因此政府需要耗费大量成本为公众提供政策解释,这也会增加政府的工作量和行政的复杂程度。

三 优化政府组织和能力,推进透明政府建设

从政府信息公开走向开放和透明,不是简单的公开范围的拓展和信息技术系统的开放,正如英国学者维克托·迈尔-舍恩伯格在《大数据时代》一书中提出"大数据是人们获得新的认知,创造新的价值的源泉;大数据还是改变市场、组织机构,以及政府与公民关系的方法"①,从信息公开到开放透明,将"对行政内部关系和行政外部关系带来深刻影响和变化"②。

(一) 优化重组行政组织结构

适应政务公开要求,重组行政流程,首先要在行政管理体制上加以调整,改变封闭的行政组织结构,使组织更加开放,结构富有弹性和灵活性。这要求政府按照科学化的管理方式进行规范和组织,将管理过程规范化和标准化。规范化管理的基本宗旨是通过建立科学合理的管理工作秩序,保证系统运行的效果,为政府行为提供一个相对稳定和可预测的系统环境,为建立有条不紊的工作秩序、降低运行成本、提高工作效率提供组织上的保证。

---

① [英]维克托·迈尔-舍恩伯格等:《大数据时代——生活、工作与思维的大变革》,盛杨燕、周涛译,浙江人民出版社2013年版,第9页。
② 王万华:《开放政府与修改〈政府信息公开条例〉的内容定位》,《北方法学》2016年第6期。

（二）协调中央与地方关系，加强政府执政能力建设

妥善处理中央与地方的关系，合理配置行政的纵向权力结构，直接关系到一个国家的稳定有序和整个社会的协调发展。政务公开是要营造公平、公开、公正的协调规范运转的行政体系，更要求中央和地方加强沟通，在赋予地方相应行政决策权力的同时，保证中央政府的宏观调控的权威性和对地方政府的刚性约束机制，保证政令可以畅通，信息流动快速准确；地方政府应使本地区的经济发展同全国的整体利益协调一致，结合本地具体情况，搞好地方政府的经济调节，以保证中央的宏观调控措施落到实处。

（三）鼓励公众参与，加强沟通激励机制建设

政务公开是一个互动的过程，它在使政府行政管理过程公开化、透明化以加强公众对政府的监督的同时，要求政府公开接受公众反馈信息，就政府行政过程中与公共利益相关的政策调整及环节运作情况，征询公众意见和建议，以便争取公众支持，在良性互动的基础上达到行政管理的目的。

（四）公开工作过程，加强效果评价机制建设

政务公开要求社会主义市场经济下的政府工作运转廉洁、透明、高效，要求政府根据公众对其工作过程的评价，作为衡量政府绩效的重要指标。政府可以根据绩效考评的结果合理调整工作方法，体现公众要求，切实将管理方式由暗箱操作转变为透明行政。

（五）转变行政观念，加强行政队伍素质建设

首先，在行政人员中树立为人民服务的行政理念。政府及其公务人员应当树立起"以公开为原则，不公开为例外"的政务公开意识，并将"全心全意为人民服务"作为自己的行动宗旨和准则。其次，提高公务人员的行政职业能力素质。公开并优化选拔过程，将道德好、素质高、业务精的优秀人才选拔出来；公开考核、奖励、晋升、培训、处罚等相关规定，激励公务人员更好地完成本职工作；培训公务人员，使其具备相应的办公自动化水平；在职能部门工作的公务人员需要更加熟悉相关

法律、法规，作为规范自己行为、提高执法能力的标准。

（六）发展电子政务，加强政府信息技术建设

建设透明政府，必须有信息交换机制作为技术支持，电子政务工程就是这一重要的技术手段和途径，它实现了政府管理中多种管理方法的协调和创新，并将公共管理和服务理念贯穿到组织运行机制中。当前，电子政务的发展重点是，进一步完善、健全网络体系，建立快速灵敏的传递机制，通过电子政务加快政务公开的推进步伐。未来政府服务将朝"一站式""24小时""自助式"服务的方向发展。电子政务通过其技术方式的转化，使政府服务更快捷、方便，具有更高的附加值。在政务公开环境下，服务型政府的理念有望借助于互联网络等技术手段在现实世界中得以贯彻。

现代政府的要件，无外乎透明、法治、回应、责任、服务和公信。进言之，服务政府、责任政府、法治政府的构建，又离不开透明政府和回应政府。建设透明政府是发展社会主义民主、建设社会主义法治国家的必由之路。目前，应在现有制度框架内，不断完善关于政务公开主体、范围、内容和方式等的规定，依托理念，坚定信念，实现从政府信息公开到透明政府的飞跃。

第三节 "互联网+政务"背景下的中国行政服务中心

完善的公共服务是现代社会的重要标志之一，妥适的公共服务组织形式和提供方式则是优质公共服务的重要标志。自20世纪末以来，中国地方政府对行政服务中心[①]的建设赋予了持久的关注，将之

---

① 对此，中国各地称谓不统一，常用的包括政务服务大厅、政务大厅、行政审批服务中心、行政服务大厅、便民服务中心等，但均指行政部门集中地点办公、为公民提供服务的形式。

视作行政审批制度改革的载体、建设服务型政府的抓手和优化政务流程的平台，改革思路持续更新，服务内涵不断拓展。近十年来，在"互联网+"快速推进的背景下，政务服务中心开始"脱实向虚"，从单纯的物理集中向网上集约转型，成为智慧政府建设的网上平台和优化营商环境的窗口。

中国行政服务中心发展的 20 年，深度见证了中国行政流程再造和政务服务优化的历程，展示了以行政服务和行政责任为导向的中国地方政府体制改革的逻辑；线上线下融合的行政服务中心作为未来政府治理图景中的重要一环，一定程度上折射了中国行政改革的趋势。依托行政服务中心集合政务资源，进而"脱实向虚"向"数字化""智慧化"蜕变，构成了中国"智慧政务"平台建设的主要逻辑。

一 政府深度改革的见证者：行政服务中心建设 20 年回眸

中国第一家综合性行政服务中心建立于 1999 年的浙江省金华市，时值世纪之交。[1] 浙江省于 2000 年率先进行了综合行政服务机构建设的试点，次年国务院批转《关于行政审批制度改革工作实施意见的通知》，要求行政审批制度改革要坚持效能原则，"要合理划分和调整部门之间的行政审批职能，简化程序，减少环节，加强并改善管理，提高效率，强化服务。一个部门应当实行一个'窗口'对外"，[2] 全国各地陆续着手成立综合行政服务机构，"在一个集中的办公地点为公民提供全程式、快捷、公开、透明服务的一种服务形式"[3]。

---

[1] 参见赵永伟、唐璨《行政服务中心理论与实践》，企业管理出版社 2006 年版，第 42—43 页。

[2] 《国务院批转关于行政审批制度改革工作实施意见的通知》（国发〔2001〕33 号），2001 年 10 月 18 日。

[3] 吴爱明、孙垂江：《我国公共行政服务中心的困境与发展》，《中国行政管理》2004 年第 9 期。

这种"一站式"公共行政服务中心的管理模式在西方国家萌生于20世纪70年代末,规模化出现则是在80年代之后,其背景是新公共管理运动和政府再造运动逐渐兴起。① 英国的"一站式"服务中心（One-Shop Station）、② 法国的"业务手续中心"、③ 美国的无缝政府（Seamless Government）、④ 韩国的"亲切服务大厅"（Kindness Service Hall）⑤ 和"一站式服务办公室"⑥ 都可谓此类公共行政服务中心的代表。

推动组织重塑以提升公共服务的品质的"趋势不仅在英国、澳大利亚和新西兰这些被称为新公共管理改革先锋的盎格鲁－撒克逊国家非常明显,而且在其它并没有致力于推行新公共管理改革的国家也日益显现",其重点是"从结构性分权、机构裁减和设立单一职能的机构转向整体政府"。⑦ 而建设行政服务中心、实现行政组织再造在世纪之交受到中国地方政府的青睐,还有着更为特别的时代背景和需求。2000年,中国加入WTO,WTO规则要求政府对传统执

---

① 参见［美］戴维·奥斯本、特德·盖布勒《改革政府：企业家精神如何改革着公共部门》,周敦仁等译,上海译文出版社2006年版；陈振明：《政府再造——西方"新公共管理运动"述评》,中国人民大学出版社2003年版,第175—176页。

② 参见［英］戴维·威尔逊、克里斯·盖姆《英国地方政府》,张勇等译,北京大学出版社2009年版,第26页。

③ "业务手续中心"是法国的一个政府服务中心,其法语为Centres de Formalités des Entreprises（CFE）,它负责办理企业开展新业务所需要的全部手续,共约15个。参见 Basquiat, J. P., Le guichet unique dans l'administration francaise, in New Interfaces between Administration and Citizens, One-Stop-Gvernment through ICT, International Workshop, Bremen, Germany, 1999.

④ 参见［美］拉塞尔·M. 罗兰《无缝隙政府：公共部门再造指南》,汪大海、吴群芳等译,中国人民大学出版社2002年版。

⑤ 参见赵永伟、唐璨《行政服务中心理论与实践》,企业管理出版社2006年版,第36—39页。

⑥ 参见曹世功、刘淑芳《亚洲"四小龙"吸引投资政策的新变化》,《亚太经济》1987年第10期。

⑦ 参见［挪威］Tom Christensen、Per Legreid《后新公共管理改革——作为一种新趋势的整体政府》,张丽娜、袁何俊译,《中国行政管理》2006年第9期。

法制度、执法行为、执法程序等进行适应性调整，而综合性的行政服务中心由于办公地点、办事程序和工作制度等方面的特点，集中顺应了服务行政、阳光行政、高效行政的要求。2003年《行政许可法》颁布后，随着行政审批制度改革推向纵深，各地各级政府加快行政服务中心的建设，旨在解决传统行政体制下部门权能分割的问题，整合行政审批和服务资源，提升公共服务品质，实现公共服务的一体化供给。可以说，建设行政服务中心的直接目的是简化行政审批程序、提高行政效率、优化公共服务，更深层次的目的则是优化招商引资环境，以应对地方之间越来越强的GDP竞争压力。

行政服务中心也被视作从传统的管制型政府向服务型政府转型、践行行政体制改革的一种努力。中国共产党的十六届六中全会首次在正式文件中提出了建设服务型政府，此后这一要求一再被重申。2011年8月，中共中央办公厅、国务院办公厅印发了《关于深化政务公开加强政务服务的意见》，指出行政服务中心作为"实施政务公开、加强政务服务的重要平台"，"发展迅速，服务群众功能不断完善"，但"服务体系建设不够完善，服务中心运行缺乏明确规范，公开办理的行政审批和服务事项不能满足群众需求"，提出"逐步依法将审批职能和审批事项集中到服务中心公开办理，建立健全决策、执行、监督相互协调又相互制约的运行机制"，各地要因地制宜规范和发展各级各类服务中心，逐步建立健全政务服务体系。① 此后，行政服务中心迎来又一波建设热潮。2009年底，综合性行政服务中心数量有2659个，接近区（县）级以上行政区划的总量（3223个）；② 截至2017年4月，中国县级以上地方各级政府的政务大厅增加到3058个，覆盖率为94.3%；其中，省级政务大厅19个，地级市政

---

① 中共中央办公厅、国务院办公厅印发《关于深化政务公开加强政务服务的意见》（中办发〔2011〕22号），2011年6月8日。
② 王胜君、丁云龙：《行政服务中心的缺陷、扩张及其烟花——一个行政流程再造视角的经验研究》，载《公共管理学报》2010年第4期。

务大厅 323 个,县级政务大厅 2623 个,直辖市区县政务大厅 93 个。①

  总的来看,经过 20 年的发展,实体行政服务中心在规模上逐渐扩大,进驻机构越来越全,与企业和民众密切相关的,有行政许可、非许可审批权限和公共服务职能的行政部门,基本都在中心设立窗口集中办公;在权限上,进驻服务中心的政府部门对其服务窗口办理事项的授权越来越充分,不需要现场勘察、集体讨论、专家论证、听证的一般性审批事项,基本能在窗口受理后直接办结,服务质量和效率随之提升;在功能上,从最初的办理许可和审批事项逐渐扩展,集审批、咨询、收费、管理、协调、投诉、监督为一体,基本实现了"一站式办公、并联式审批、阳光下作业、规范化管理"。尽管行政服务中心与行政审批制度改革相伴而生,但其聚集整合和创新再造能力既是自身运作发展的必然要求,也是与其"服务"之名更加相符的必经步骤。② 甚至在上海、广州等较发达城市,行政服务中心已发展成一个立体服务体系,硬件更好、服务更直接、过程更可控,由政务服务演进为公共服务,提供图书文化、咖啡文化、政企的交流和会商,形成了类似于"Shopping mall"式的"Public Sevicing Mall"。③ 综合行政服务机构的产生和发展,顺应了建设服务型政府的现实要求,是政府公共服务方式和服务程序的一种新的探索。它对于重塑政府形象,促进政府职能转变和行政管理体制改革;对于建设法治政府,从源头上预防和遏制腐败,发挥了不可替代的作用。

---

  ① 国务院办公厅政府信息与政务公开办公室:《全国综合性实体政务大厅普查报告》,网址:http://www.gov.cn/xinwen/2017-11/23/content_5241582.htm,最后访问日期:2020 年 4 月 10 日。
  ② 艾琳、王刚、张卫清:《由集中审批到集成服务——行政审批制度改革的路径选择与政务服务中心的发展趋势》,《中国行政管理》2013 年第 4 期。
  ③ 宋林霖、赵宏伟:《论"放管服"改革背景下地方政务服务中心的发展新趋势》,《中国行政管理》2017 年第 5 期。

尽管如此，行政服务中心的建设，由于从一开始就是一种"自下而上"的实践活动，以地方自主性建设为主要动力，中央仅在不同阶段以规范性文件的形式作了原则性的指导性，顶层制度设计阙如，因此一直未能形成一套"普适"的模式，为地方留下了诸多创新空间。时至今日，不同的行政服务中心在称谓、法律地位、职能范围、运行模式等方面，仍存在差异。

目前（主流）行政服务中心的"标签"，除了"一站式"办公方式之外，还有相对集中的审批模式。相对集中审批模式的特征是：拥有行政审批权的政府部门进驻行政服务中心设立窗口，在执法主体、办事程序、窗口人员身份均不发生改变的前提下，将与行政审批有关事项纳入中心统一办理。依托行政服务中心建立的相对集中审批模式，可谓行政审批改革取得的阶段性成果。它将政府提供公共服务的形式由"多对一"转变为"一对一"，有利于提高办事效率，减少企业和民众在不同地方跑审批的时间，降低了交易费用。更重要的是，它将审批部门引入行政服务中心的"制度装置"，有利于突破碎片化行政审批体制下的制度进入壁垒，为统一实施改革提供便利。[①]

但相对集中审批模式下的"一站式"办公方式，实质仍是以实体行政服务中心作为载体，是"一站式"服务的一种初级形态，尽管提升了公共服务的效率，仍然难以从根本上改善公共服务的品质。随着行政体制改革的深入推进和行政服务中心内外运行条件的逐步成熟，采取相对集中审批模式的行政服务中心在角色定位、行政审批权限和业务流程等方面的缺陷逐渐明显。为保证行政服务中心成为综合性服务平台并将之整合到各级政府统一的信息平台上，行政服务中心的改革思路目前正由相对集中审批向集中审批逐渐过渡。截至2018年6月，全国共有21个省（自治区、直辖市）开展相对

---

① 陈天祥、张华、吴月：《地方政府行政审批制度创新行为及其限度》，《中国人民大学学报》2012年第5期。

集中行政许可权改革试点，试点共有 371 个，其中，地市级 65 个（含天津市辖区 16 个）、县（市、区）级 257 个，各类开发区（园区）49 个。①借鉴国外"一站式"审批方式的经验，采取集中审批模式的行政服务中心具有几个特征：一是具有独立的行政主体地位，享有实质性的行政审批权，拥有独立的编制和人员，独立对外承担法律责任；二是尽可能集中行政审批权，取消、简化和整合行政审批事项；三是再造和简化行政审批流程，打破部门壁垒，摒弃以任务分工为中心的流程设计理念，代之以项目导向；四是建构严密立体的内外监督体制，其中，内部监督的主体包括服务中心的管理部门、纪检（监察）机关、各办事窗口、窗口隶属部门等；外部监督的主体则包括人大、政协、司法机关、公众、媒体等。

二 "互联网+"背景下行政服务中心的应对和发展

数字化是涉及经济社会发展全局的一场深远变革。中国总理李克强 2015 年提出了"互联网+"的概念。"互联网+"在催生各个领域的新业态的同时，也进入公共服务体系，对公共服务提供的品质和效率提出了新的要求和挑战。"互联网+政务"要求政府管理实现方法的协调和创新，并将公共管理和服务理念贯穿到组织运行机制中。通过信息技术手段在政府组织内的实施，成为促进政府组织业务流程重组的技术力量，也充分体现政府人性化管理的需要，体现服务公众的目标。②与互联网"全天候""方便快捷""公开透明""无缝隙"的天然属性面前，各地的实体行政服务大厅面临强大的转型压力，以跨部门协同、线上线下一体化为特征的整体服务供给成为必然趋势。

实体行政服务中心整体服务在形式和内容上有别于一般政府机

---

① 李建法、郭丽英、陈晓：《行政审批局模式的运行维度分析》，《河北工程大学学报》（社会科学版）2018 年第 3 期。

② 李霞：《推进政务公开 深化行政管理体制改革》，《中国监察》2007 年第 4 期。

构部门所提供的公共服务，由此也衍生出行政审批改革中信息共享业务协同难、上下联动难等诸多新问题，这往往涉及制度立法等顶层设计层面的问题而非简单的技术革新。目前的实体行政服务中心距离满足公众便捷办事需求确有差距。例如，多数实体行政服务中心节假日期间不对外服务，给许多上班族和远郊区县办事的民众带来不便；实体服务中心在服务体验升级上亦遭遇资源瓶颈。大厅设置的服务窗口数和进驻的部门数在一定程度上受场地、人员等资源制约，办理量大、办理频繁的窗口经常人满为患。而如果一个事项不能即时办结，或者涉及多个部门（窗口），办事人就需要多次到服务中心提交申请材料，这也是所谓的"跑腿多"。实体行政服务中心面临"亚历山大绳结"的挑战，边际效益在不断降低。[①]

随着"互联网+政务"的发展，实体行政服务中心与互联网政务服务平台之间的线上线下融合的各方面条件逐渐成熟，"脱实向虚"成为挣脱"亚历山大绳结"的一个可行路径。首先，中国庞大的互联网用户群体和匹配日趋健全的互联网政务服务平台，为实体行政服务中心顺利转型，实现"线上线下融合"奠定了基础。其次，线上平台的便捷性和服务的易扩展性与线下平台的专业性和服务的低门槛互为补充。线上平台因其具备的开放、互联特性，能够将服务时间延长至24小时，服务群体覆盖所有网民，服务资源连接所有服务部门；线下平台在事项办理过程中培养了大量熟悉业务的专业人才，同时建立了专门的咨询服务队伍，具备有效解决各类复杂问题的能力，这些能力也正是线上平台落地所最需要的。第三，线上线下融合的政策环境已经形成。近年来，国家层面出台了一系列政策文件，为线上线下融合指明了方向。2016年4月，国家发改委等8部委制定的《推进"互联网+政务服务"开展信息惠民试点实施方案》设立了2017年"基本建成数据共享交换平台、政务服务信息

[①] 参见艾琳、王刚《行政审批制度改革中的"亚历山大绳结"现象与破解研究——以天津、银川行政审批局改革为例》，《中国行政管理》2016年第2期。

系统和线上线下一体化服务体系"的目标。① 2016 年 9 月国务院下发《关于加快推进"互联网 + 政务服务"工作的指导意见》，明确到 2017 年底前，各省（区、市）人民政府、国务院有关部门建成一体化网上政务服务平台；2020 年底前，实现互联网与政务服务深度融合，建成覆盖全国的"互联网 + 政务服务"体系，大幅提升政务服务智慧化水平。让政府服务更聪明，让企业和群众办事更方便、更快捷、更有效率。② 各地区、各部门也结合国家政策文件要求，制定了工作任务进度表，明确了工作任务、牵头单位、责任单位以及阶段目标。国家宏观指导、地方狠抓落实的政策环境已经形成。第四，线上线下融合的服务需求已经凸显。实体行政服务大厅办事难、办事慢、办事繁等问题饱受公众诟病。第五，线上线下融合的平台基础已经构筑。目前，各级政府综合性实体政务大厅和网上政务大厅形成了网点覆盖全国的政务服务体系，部分地方初步建成省市县统一的互联网政务服务平台。③ 京津冀、长三角等区域开始部署推进跨区域"一网通办"，将区域间的联动政策体系与新技术应用有机结合，通过区域间营商环境的优化更好地促进跨区域合作。

从数量上看，各地、各部门政务服务平台的建设取得了成效，但平台建设管理分散、服务系统繁杂、事项标准不一、数据共享不畅、业务协同薄弱等问题仍普遍存在。针对这些问题，中央决定删繁就简，建立全国一体化在线政务服务平台。2018 年 7 月发布《国务院关于加快推进全国一体化在线政务服务平台建设的指导意见》，明确了一体化在线平台建设的总体要求、基本任务、公共支撑、综

---

① 国家发展改革委、财政部、教育部、公安部、民政部、人力资源社会保障部、住房城乡建设部、国家卫生计生委、国务院法制办、国家标准委《推进"互联网 + 政务服务"开展信息惠民试点实施方案》，2016 年 4 月 4 日。

② 国务院《关于加快推进"互联网 + 政务服务"工作的指导意见》（国发[2016] 55 号），2016 年 9 月 25 日。

③ 国务院办公厅政府信息与政务公开办公室：《全国综合性实体政务大厅普查报告》，网址：http://www.gov.cn/xinwen/2017-11/23/content_5241582.htm，最后访问日期：2020 年 4 月 10 日。

合保障和组织保障等；2019年4月，发布《国务院关于在线政务服务的若干规定》，提出国家加快建设全国一体化在线政务服务平台，从国家层面加强了顶层设计，统筹部署，整体推进各地区、各部门政务服务平台规范化、标准化、集约化建设和互联互通，推动实现政务服务事项全国标准统一、全流程网上办、全流程网上办理，促进政务服务跨地区、跨部门、跨层级数据共享和业务协同，并依托一体化在线平台驱动政务服务线上线下深度融合。① 2019年6月1日，中国国家政务服务平台开始上线试运行。其定位是"全国政务服务的总枢纽"，重点发挥公共入口、公共通道、公共支撑等三大作用，为全国各地区各部门政务服务平台提供统一政务服务门户、统一政务服务事项管理、统一身份认证、统一电子印章、统一电子证照、统一数据共享等"七个统一"支撑服务，实现支撑一网通办、汇聚数据信息、实现交换共享、强化动态监管等四大功能，着眼于解决跨地区、跨部门、跨层级政务服务中信息难以共享、业务难以协同、基础支撑不足等突出问题。截至2020年5月，国家政务服务平台联通了32个地区和46个国务院部门，陆续接入地方部门360多万项政务服务事项和1000多项高频热点办事服务。平台实名注册拥护1.26亿人，总积访问人数10.02亿人，总浏览量59.61亿次。②

依托行政服务中心实现政府权力和资源的整合，并逐步"脱实向虚"，推动"互联网+政务服务"，是"整体性政府"运作和联动过程。它推动了从"碎片化"到跨部门跨业务跨层的联通整合，按照"信息公开—双向沟通—全程在线——网通办"的发展脉络和演变过程，从局部性共享协同到构建形成整体性政府，从而达到善治的目的。③

---

① 《国务院关于在线政务服务的若干规定》（国务院令第716号），2016年4月30日。
② 数据来源：中共中央党校（国家行政学院）电子政务研究中心。
③ 参见翟云《重塑政府治理模式：以"互联网+政务服务"为中心》，《国家行政学院学报》2018年第6期。

根据中国互联网络信息中心的统计,截至2020年3月,中国在线政务服务用户规模达6.94亿,较2018年底增长了76.3.4%,占网民整体的76.8%。《第46次中国互联网络发展状况统计报告》还特别强调,2020年初,互联网政务服务在新冠肺炎疫情防控中发挥有力支撑,用户规模显著提升,全国一体化政务平台基本建成,且成效越来越大,已经成为创新政府管理和优化政务服务的新渠道。①《2020联合国电子政务调查报告》显示,中国电子政务发展指数为0.7948,排名从2018年的第65位提升至第45位,取得了历史新高,达到全国电子政务发展"非常高"的水平。②

但客观来看,目前线上与线下的融合仍面临着几大困境。首先,由于线上线下平台建设的主体不同、利益不同,线上线下仍各自为政。当前,互联网政务服务平台与综合性实体行政服务大厅普遍存在管理机构不统一的情况,两者利益未能达成一致。部分实体服务大厅认为线下办事是主流,且已通过自身建设的网站提供在线服务,缺乏引导企业群众使用互联网政务服务平台的动力。互联网政务平台则认为线上办事是趋势,甚至可以取消实体大厅。认识上的误区造成线上线下平台建设难以协同推进。其次,线上线下平台建设思维和建设重点不同。互联网政务服务平台建设当前强调大而全,即覆盖的部门多、服务资源全、服务功能全,对于服务深度和服务质量的关注度相对较低;实体大厅则强调现场的服务效率和监管能力,重点对大厅内部资源进行整合优化。建设思维和建设重点的差异造成实体大厅网上高质量延伸的比例低。第三,线上线下平台服务管理系统自成体系。虽然目前大多数行政服务大厅建立了综合审批管理平台,但这些平台与互联网政务服务平台往往互不关联,集中表现为身份认证体系独立、接办件管理系统独立、业务系统独立、证

---

① 中国互联网络信息中心:《第45次中国互联网络发展状况统计报告》,2020年4月28日。

② 联合国经济和社会事务部:《2020联合国电子政务调查报告:数字政府助力可持续发展十年行动》。

照库独立。不少地方服务大厅采用二次录入的方式分批次将大厅的办事信息输入互联网政务服务平台,造成数据时效性与实际严重脱节。第四,线上线下监督管理方式和绩效考核标准不同。实体行政服务大厅目前已经形成了较为成熟的现场监督与制度管理相结合的监管方式,包括视频监控、现场投诉受理区等;互联网政务服务平台主要采用电子监察方式,但由于线上线下系统数据不同步,监管效果不理想。在绩效考核标准方面,实体服务大厅侧重于考核办件效率和办件质量,互联网政务服务平台则侧重考核平台功能和事项内容,不同的绩效考核标准不利于形成线上线下监管合力。第五,线上线下平台服务范围不同,服务标准不统一。实体行政服务大厅由于受场地面积制约,进驻部门数和服务事项数明显少于互联网政务服务平台。从服务标准来看,实体大厅提供的服务事项的细化程度要优于互联网政务服务平台,在办事条件、办事材料和办事流程等方面的要求更细致。在咨询辅导方面,不少实体大厅设立了协调中心、求助中心、调解中心,全方位解决问题;相比之下,互联网政务服务平台还存在在线咨询无人应答、在线预约无人受理、在线申报无人反馈等突出问题。第六,线上平台办件量与线下相差悬殊,平台影响力不足。实体服务大厅的办件量约为互联网政务服务平台的3倍,全流程办理量则为互联网平台的数十倍。许多公众并不知晓当地的互联网政务服务平台,普通公众(尤其是中老年群众)对互联网政务平台的使用率仍然很低,更习惯于传统的面对面的办事方式,互联网政务服务平台的影响力亟待提升。此外,线上线下平台脱节降低了企业群众线上办事热情。部分互联网政务服务平台提供的预约功能与实体办事未能有效衔接。这些问题导致线上平台能办成的事较少,全流程网上办理的服务事项占比低。目前,互联网平台提供的政务服务仍然主要局限为办事指南信息公开、在线预约、材料预审、结果查询等基本服务。总的来看,线上线下办理深度融合不够,线上线下"两张皮"的问题始终存在。

三 "互联网+政务"背景下行政服务大厅的发展愿景

"互联网+政务服务"的本质是指以现有各级各部门政务服务平台为基础，运用互联网思维和互联网技术，通过联通互联网平台和与政府政务服务职能，通过线上线下重组优化，实现政府管理和群众办事模式的创新。①

"互联网+政务服务"不应是两者的简单相加，而是利用信息通信技术及互联网平台进行深度融合，创造出政务服务新生态，通过电子政务、信息共享、云计算、大数据、物联网、信息公开等最新信息技术为公众提供平等的机会，提供更加公开透明的行政审批，更加高效便捷的政务服务，解决传统的政府部门之间的条块分离、"信息孤岛"的问题，同时全面接受社会监督，为服务型政府建立提供更好地理论支持和技术支持，对政府服务体系的重塑和政务服务流程再造具有重要意义，它是整体性的国家和社会治理在公共服务领域的具体实践。

回归到行政服务中心的最初功能——行政审批的集中办理，要最终实现电子政务持续推进背景下的行政服务中心的发展愿景，宜尊重客观现实，秉持渐进型改革理路，采取现实可行的策略。

集中审批模式的实现，应特别关注：第一，完善法律体系，赋予行政审批中心明确的法律地位。中国行政服务中心的建设一直处于法律"真空"，从长远来看，法律地位和职权不明会埋下较大隐患，也掣肘了行政服务中心的进一步发展和演变。因此，应将完善法律法规作为首选策略。许多国家已通过立法明确其"一站式"机构的法律地位，中国也应尽早推动行政服务中心的"合法化"，同时完善行政程序规则，对行政服务中心的行为的方式、步骤和时限等进行限定。第二，推动规制流程再造，形成行政服务中心、办事窗口和隶属部门的

---

① 李霞：《电子政务背景下行政服务大厅的发展愿景》，《紫光阁》2015年第4期。

联动机制，实现无缝隙服务。重点关注三个方面：其一，流程再造必须以民众需求为导向，将前来办事的公民视作"顾客"，仿造企业的商业链模式推送政府"订单"服务。其二，精确掌握流程优化的范围、深度和速度，以保证新流程和既有流程二者之间的平衡；其三，及时跟进流程再造的配套改革，打破部门传统的分工和界限，打造"大部制"。日本政府于2000年启动的"电子政务工程"的主要目标也是整合行政审批资源，简化和规范网上行政审批程序，促使用户通过互联网办理各种申请、申报、审批手续。

借鉴国外"一站式"审批方式的经验，采取集中审批模式的行政服务中心具有几个特征：一是具有独立的行政主体地位，享有实质性的行政审批权，拥有独立的编制和人员，独立对外承担法律责任；二是尽可能集中行政审批权，取消、简化和整合行政审批事项；三是再造和简化行政审批流程，打破部门壁垒，摒弃以任务分工为中心的流程设计理念，代之以项目导向；四是建构严密立体的内外监督体制，其中，内部监督的主体包括服务中心的管理部门、纪检（监察）机关、各办事窗口、窗口隶属部门等；外部监督的主体则包括人大、政协、司法机关、公众、媒体等。需要强调的是，集中审批模式下的"物理集中"并非变革的最终目的，它是为与"逻辑集中，物理分散"相对应的网上行政审批营造体制环境。在建设服务型政府和电子政府的视野下来看，网上行政审批是互联网时代行政审批的发展的方向，"一站式""全天候""一条龙""无缝隙"是它的品质。这种模式应具有几个方面的特征：第一，信息双向互动。审批部门和审批对象之间的信息沟通渠道畅通，呈现出双向互动的特征。建设于1999年的新加坡电子公众服务中心（www.ecitizen.gov.sg）被公认为世界上最符合公众需求的政府门户网站，它非常关注公众与政府信息的双向互动，可以为用户提供搜寻各类公共信息，与他们进行网上互动，提供行政审批等服务。美国的"第一政府网"（www.firstgov.gov）也整合了所有政府机构，为公众提供完整的政府搜索通道，受理行政许可事项，积极反馈。2007年，"第一政府网"更名为"美国政府网"，网址改为"www.usa.gov",并对搜索引擎功能和网站易用性进行了强化,使之能够为公民提供更为便捷的服务。第二,组织结构扁平。网上行政审批依托的是以任务为中心、以流程为线索搭建的行政职能部门的网状结构,它要求打破传统体制下的部门壁垒,代之以扁平结构,推动政府职能的转变。第三,服务流程"一条龙",即依托信息通信技术对相关业务进行整合,通过跨部门的合作、网上网下的协作、多渠道资源的共享,实现各项业务的一体化运行。第四,实现服务智能化。网上行政审批系统作为智能化系统,虚拟客服可与用户互动,精确理解用户要求,解答用户问题,使用户由自助式浏览转变为网站主动提供个性化服务。例如,中国台湾地区的审批入口网站为用户提供不同部门和类别的审批服务事项的链接,并对网上审批事项提供关键词的查询,提供个性化服务。

网上行政审批的推进,可以从以下方面着手:第一,对网上行政审批系统平台进行规划。进行顶层设计,对平台建设的技术和体制等作出全面规划;注重基础性工程建设,增加网络硬件的投入,提高设备的数据处理能力;提高资源利用率,依托现有的设施、设备等对政府部门的政务网进行升级,使其承担起数据传输的主要任务。第二,实现与政府门户网站的联接。放眼全球,以政府门户网站为重要表现形式的电子政府已成为各国提供"一站式"服务的主要载体,网上行政审批必须利用好政府门户网站业务整合的契机。网上行政审批系统分成"前台"和"后台",最适宜的前台当是政府门户网站,后台则由实际承担审批任务的政府职能部门在内网上协同构建。第三,优化审批系统,实现真正的"并联"。第四,加速建设由省、市、县三级行政服务中心组建的通信平台,为行政服务中心内部和它们之间的数据传输、情报交换和信息共享等提供渠道。在各级已有的独立分散的行政审批网络的基础上,制定统一标准和规范,实现三级行政审批网络的精密对接和行政审批流程的无缝连接。

在更大的图景中来看,实现实体行政服务大厅和互联网政务服务之间的线上线下融合发展,将向以下目标着力:首先,建立一体化网络化的服务体系、统一的服务界面。线上线下融合最终将以互联网政务服务平台作为政务服务的总界面,同时根据需要自主连接移动客户端、微信公众号、支付宝、淘宝、头条新闻等用户规模庞大的社会化平台,为企业群众提供入口统一、渠道多元、服务丰富的政务服务界面。线上线下融合将以各级政府设立的综合性实体行政服务大厅为核心,辐射延伸至村居的服务网点,为线上服务提供人员、技术、业务等方面的支撑,形成体系化、专业化、系统化的支撑力量。其次,全程留痕的服务监督体系。线上线下监督体系协同运行,能够充分发挥线上线下各种监督方式的优势,推动实现服务全过程实时动态监管。有条件的,将采用视频监控记录办事全过程。线上线下一体化使得无论是线上还是线下提交的办事申请,都能建立起申请事项与办事人员、办事过程的映射关系,等同于将线下的视频监控范围延伸到了线上,避免线上办事出现监管盲区。同时,使用电子监察记录接办件关键节点。通过电子监察系统同步记录线上线下接办件时间、人员、流程、状态、结果等关键节点信息,实现监管信息的结构化,能够更好地实时了解线上线下监管全貌。第三,科学有序的服务管理。重构信息化技术的创新应用将推动融合后的线上线下服务内容持续优化重组,服务管理模式持续变革,与融合前相比,信息化技术势必作用倍增。通过技术创新,可以驱动服务内容优化重组。线上线下服务融合在一定程度上打破了服务的部门边界,在此前提下,可以通过信息化手段提供"主题式""套餐式"服务。技术创新还能驱动服务管理模式变革。在线上线下融合的前提下,信息化技术将有更大创新空间,包括多渠道多部门协同服务模式,多主体共同参与的管理模式等。第四,人性化、智能化的服务体验。线上线下资源共享减少材料提交。当线上线下融合后,跨部门、跨层级、跨区域的数据共享将成为可能,这意味会有更多申请材料通过共享能实现,甚至有些事项只需要通过身份认证就能"零材料"办理,提速效果将更明显。第五,线下协同会商实现复杂事项网上联审联办。目前实现并联审批的事项基本都是通过实体政务大厅办理。线上线下融合为复杂事项上网创造了条件，由于各联审部门已集中进驻实体政务大厅，对于有异议的审查意见或复杂问题可以随时发起线下协同会商，从而推动复杂事项网上联审联办。大数据分析也将支撑线上线下服务同步升级。线上线下服务融合将产生海量结构化、实时的政务服务数据资源，通过大数据分析探索服务与服务之间、服务与用户之间、用户与用户之间的关联关系，在此基础上优化流程，合理配置资源，辅以智能化手段，为用户提供个性化、精准化、智能化的服务。

第四节　风险社会背景下的重大改革决策社会稳定风险评估

2020 年年初，由新冠病毒引发的疫情突如其来，再度敲响了生物安全、公共卫生安全、社会安全乃至国家安全的警钟。各类风险层出不穷，冲击着既定的法律规则，冲刷着传统的法学理论，冲撞着当下的法治实践。自德国社会学家乌尔里希·贝克提出"风险社会"的论断以降，[①]"风险"和"如何规避风险"就一直是社会科学研究的热门话题。其中，围绕"社会稳定风险"展开的研究，在我国较为集中；而"社会稳定风险评估"作为预判风险从而规避风险的一个重要机制，更为理论和实务界所关注。

所谓"社会稳定风险评估"，是指在制定出台重要决策、组织实施或审批审核重大项目前，对可能影响社会稳定的因素开展系统的调查，科学的预测、分析和评估，以此有效规避、预防、控制实施过程中可能产生的社会稳定风险。[②] 改革中的中国社会，面对着复合、复杂的风险带来的挑战，需要制定决策以回避和规制风险；而

[①] 参见 Urlich Beck, *Risk Society: Towards a New Modernity*, London: Sage, 1992; 中文版是［德］乌尔里希·贝克：《风险社会》，何博闻译，译林出版社 2004 年版。

[②] 参见卢超、马原《社会稳定风险评估机的基层实践及其功能异化——以西北某省 H 镇的风险评估为例》，《行政法论丛》2015 年第 1 期。

改革决策，无疑是重大决策，同样可能成为风险之源。① 实践证明，重大决策的社会稳定风险评估是保证决策质量、消减决策风险的必要步骤。有鉴于此，近年来党中央和国务院做出了多项重要部署。② 一些地方政府据此出台了规章和规范性文件，初步搭建了社会稳定风险评估的基本框架。③ 但客观来看，目前立法的位阶过低，内容粗疏，尚无法满足规范和推进社会稳定风险评估的现实需要，且在总

---

① 对于重大决策的具体范围，一般以《国务院工作规则》（2013年制定、2018年修订）第24条、第25条规定的中央重大行政决策的表述为基准："涉及重大公共利益和公众权益、容易引发社会稳定问题的""国民经济和社会发展计划及国家预算、重大规划、宏观调控和改革开放的重大政策措施、国家和社会管理重要事务、法律议案和行政法规等"。各地的相关立法和规范性文件，也基本参照这一表述，再根据本级政府管辖地域和事权范围因地制宜地作出适当调整，形式上一般采用概括法、肯定式列举法和否定式排除法三种模式表述重大决策的范围。

② 在中央宏观层面，中共中央办公厅、国务院办公厅发布的《关于建立健全重大决策社会稳定风险评估机制的指导意见（试行）》（中办发〔2012〕2号）中指出，"开展重大决策社会稳定风险评估，对于促进科学决策、民主决策、依法决策，预防和化解社会矛盾，构造社会主义和谐社会，具有重要意义"。2012年8月，国家发改委印发的《重大固定资产投资项目社会稳定风险评估暂行办法》（发改投资〔2012〕2492号），对固定资产投资项目稳定工作要求进行了明确细化。此后，党的十八大报告、十八届三中全会《关于全面深化改革若干重大问题的决定》、十八届四中全会《关于全面推进依法治国若干重大问题的决定》、党的十九大报告、十九届四中全会《关于坚持和完善中国特色社会主义制度 推进国家治理体系和治理能力现代化若干重大问题的决定》重要文件中，都提到了"健全重大决策社会稳定风险评估机制"。2019年修订的《土地管理法》是最早也是目前唯一一部规定社会稳定风险评估的法律，其第47条第2款规定："县级以上地方人民政府拟申请征收土地的，应当开展拟征收土地现状调查和社会稳定风险评估"。

③ 目前来看，各省区市关于重大行政决策程序的地方政府规章中都规定了社会稳定风险评估机制；部分省市专门针对社会稳定风险评估机制制定了地方政府规章〔如《四川省社会稳定风险评估办法》（2016年）、《大连市重大行政决策社会稳定风险评估办法》（2018年）、《内江市社会稳定风险评估实施办法》（2018年）等〕；此外，有些关于社会治安综治、信访、突发事件应对、房屋征收与补偿、政府投资管理等的地方性法规的程序性规定中，引入了社会稳定风险评估机制〔如《上海市社会治安综合治理条例》（2010年）、《广东省信访条例》（2014年）、《浙江省国有土地上房屋征收与补偿条例》（2014年）、《云南省突发事件应对条例》（2014年）、《拉萨市制定地方性法规条例》（2018年）、《天津市政府投资管理条例》（2019年）等〕。

体上反映出片面强调"属地管理"的理念。笔者主张,应在中央层面出台重大改革决策社会风险评估的立法,并对该立法应如何精准定位,应确立怎样的理念、原则和价值目标,应如何分配地方政府、改革推进部门、行业主管部门各自的角色和任务等问题,进行深入讨论。

一 重大改革决策社会稳定风险评估的现实意义

(一)改革决策的特点和当前复杂的国内外局势,对改革决策的科学性和前瞻性提出了更高要求

引用美国著名管理学家赫伯特·A. 西蒙的一句名言——"管理就是决策"①,改革实际上就是制定、实施和调适改革决策的过程。改革开放四十多年来,中国取得了世所瞩目的成就,但以历史和发展的眼光来看,改革决策的科学性、前瞻性、全局性仍有待提高。一方面,任何一项改革决策都会涉及经济和社会等多个方面,意味着大量公共资源的配置和利用,深刻影响民众切身利益。因此,一旦改革决策尤其是重大改革决策失误或失当,往往会引发剧烈的利益冲突,危及国民经济的正常运行,甚至引起社会动荡。这方面,前车之鉴不少。半个多世纪前,"大跃进"和"人民公社"等重大决策的失误,给新中国成立后的历史留下了创伤;近年来,由地方政府改革决策失误引发的群体性事件接二连三,也严重影响了党和政府的形象和威信。另一方面,目前国际国内形势发生着深刻变化,改革决策的风险加大。从国际上看,中国全面融入国际经济活动主流,更大范围地参与国际竞争和合作,在增加了机会的同时累积着风险;各国科技高速发展,经济和社会开放程度和竞争激烈程度快速攀升;国际政治和军事因素等也都对中国的决策产生着重大影响,任何一项错误的决策都可能导致中国在国际竞争中失利。就国内形

---

① [美]赫伯特·A. 西蒙:《管理决策新科学》,李柱流、汤俊澄译,中国社会科学出版社 1982 年版,第 33 页。

势而言，改革步入"深水区"，权力和利益格局日趋复杂，敏感而不确定的因素增加，积累的矛盾和问题不断暴露；相应地，改革决策的内容和对象需要大幅度调整，需要考虑更多的因素，制定和实施科学改革决策的难度不断加大。

（二）从风险管理理论和功用主义的角度来看，重大改革决策的社会稳定风险评估机制是保证决策质量、消减决策风险的有效途径

依据风险管理理论，风险主要是指损害发生的不确定性，而未来的风险决定着今天的政策选择，必须通过确立风险管理和风险控制机制，提高决策者面对风险时的主动性，以最大限度地避免风险可能带来的不良后果。[①] 近年来，中国社会中不稳定因素的大量出现，尤其是群体性事件频发的事实，表明中国的确处在社会风险高发期。造成决策失误的原因是多方面的，如个别决策者素质低下、决策所依据的信息资源不可靠，等等。而从风险管理的视角来看，一个重要原因在于，决策者片面强调决策的效率和效益而忽视风险的因素，对决策风险的论证、评估不够充分，对决策后果预测不足；许多政府官员尽管也很重视社会稳定风险，但大多采取事后控制的手段，等风险发生才启动应急程序，而不是着力于从源头消除可能存在的不稳定风险。

在重大改革决策过程中引入社会稳定风险评估的重要价值即在于，使决策以前瞻性或预防性为导向，以现时尚未发生的事件来影响当前的策略选择，以对社会和公众对于拟定中的决策出台后可能抱有的态度的评估结果来决定决策的取舍。这就把规范和化解矛盾、社会不稳定因素的关口前移，通过稳妥决策、慎重实施，将社会风险减到最低限度。

从这个角度看，中央决策层提出的"科学发展观""建设社会主义和谐社会""中国特色社会主义新时代"等发展目标与模式，

---

① 参见毛通《风险管理》，中国金融出版社 2010 年版，第 16 页。

都是其直面社会风险高发这一客观事实的科学布局。对于政府主导的发展战略来说，改革本身只是工具而非目的，必须在避免危机、保持稳定的同时推动改革、促进发展，实现改革、发展和稳定三者的互促共生。

（三）重大改革决策的社会稳定风险评估作为一种实质上的"倒逼机制"，为公众利益和意志搭建了开放的表达平台

从表面上看，社会稳定风险评估机制的直接动力在于"维稳"，但就其内在的价值而言，它实质上是一种倒逼机制，是一种前置的决策影响评估，通过搭建沟通桥梁，在决策作出前征求公众意见，吸纳公众利益，为决策执行夯实基础。四川遂宁、山东烟台、江苏淮安等地从制度制定到制度实施的实践，对此已作了很好的诠释。①

这点不难理解。社会控制理论告诉我们，加强社会控制体系建构中重要的一点，就是依靠法治来协调利益关系，在一个"日益分化且存在断裂风险"的社会中，实现各个组成部分和社会成员之间信息的沟通与交流。② 外媒曾评价，中国改革开放的历程是一个多元化和开放式的过程，是向所有社会和利益群体开放的演变过程，并把这一抉择总结为中国共产党成功执政的关键。③ 具体到改革决策领域，传统的政府"一家独断、为民做主"的决策方式，由于决策过程中忽视公众利益和呼声，致使决策缺乏认可、执行成本高昂甚至

---

① 2004年，四川大渡河兴建瀑布沟水电站，汉源县约10万人将被迫迁移。由于居民不满政府的土地征收赔偿方案而引发抗议，并与警方发生冲突，是为"汉源事件"。"汉源事件"平息后不久的2005年年初，遂宁在全国率先出台了《重大工程建设项目稳定风险预测评估制度》，该制度后成为全国各地"风评"办法的蓝本，亦被称为"遂宁模式"，实施后效果显著。江苏、浙江、山东、辽宁等省相继把重大事项社会稳定风险评估机制引入维稳工作中，因地制宜，形成了不同的模式，如山东"烟台模式"、浙江"平阳模式"、辽宁"沈阳模式"、江苏"淮安模式"等，在组织领导体制、评估内容和流程等方面具有不同的特色。

② 参见李路路《社会变迁：风险与社会控制》，《中国人民大学学报》2004年第2期。

③ 参见倪国良、张伟军《改革开放以来中国政治发展的理论逻辑》，《理论与改革》2018年第4期。

引爆社会稳定风险,已逐步让位于"多元参与、共同做主"的协作式决策方式。社会风险评估正是协作式决策的重要机制之一。公众参与被引导和吸引到决策的方式和结果上,公众利益在决策内容上得以表达,不仅有助于决策的科学化,也有助于帮助公众提高对决策的认知和认同,为决策取得预期成效创造良好条件,还有助于培养公民参与公共管理的能力,有利于基层民主的发展。进言之,社会稳定风险评估机制强调决策责任机制的设置,亦可以有效避免改革决策的封闭性,促使政府厘清其权责边界,有利于有限政府和责任政府的建构。

二 以立法的形式规范重大改革决策的社会稳定风险评估的必要性

首先,以立法的形式来规范重大改革决策的社会稳定风险评估,是落实《突发事件应对法》以及中央和国务院重要部署的需要。中共中央办公厅、国务院办公厅《关于积极预防和妥善处置群体性事件的工作意见》(中办发〔2004〕33号),国务院《全面推进依法行政实施纲要》(国发〔2004〕10号),国务院《关于加强法治政府建设的意见》(国发〔2010〕33号)和国务院《关于落实〈政府工作报告〉重点工作部门分工的意见》(2012年)等重要文件对加强行政决策社会稳定风险工作作出了部署,但仅限于原则性的政策指导,并且缺乏对重大改革决策的针对性。因而,有必要通过制定法规或规章的形式对有关的制度加以细化,使其更符合改革决策领域的特点。

其次,规范和加强重大改革决策社会稳定风险评估工作,迫切需要制定相关立法。我国尚无公开、统一的法律规定行政决策程序;对于重大事项社会风险评估制度,亦无统一法规。目前有一些省(四川、甘肃等)、市(南京、广州、泸州等)和县(贵州省湄潭县、浙江省云和县等)出台了社会稳定风险评估实施办法,初步确立了社会稳定风险评估的基本框架,但效力位阶过低,内容粗疏,尚无法满足有效规范和推进重大决策社会稳定风险评估工作的现实需要。

再次，以立法的形式来规范重大改革决策的社会稳定风险评估，是有效实现部门和地区之间的协调配合，保障风险评估工作有序、高效开展的必然要求。重大改革决策较之一般的行政决策，牵涉的部门、行业和地区更广，涉及的人员和资源更多。例如，从权力结构来看，改革决策至少涉及四个维度的关系：其一是国家发展改革部门与其他具有部分改革决策权的部委的（横向）权限划分；其二是各级政府的（纵向）权限划分；其三是部委与地方政府间的（条块结合）权限划分；其四是地方政府与党委、人大、政协等的权力划分。妥善处理这四组关系，有效实现部门和地区之间的协调配合，是做好重大改革决策社会稳定风险评估工作的重要前提。而仅仅依靠现行的地方规范性文件，显然无法应对这一难题。

最后，基于对地方政府利益角色的判断。改革开放四十多年来，地方积极发挥主动性和创造性，成为推动改革和开放的主要动力。但近年来，地方利益不断膨胀、地方保护主义盛行、中央宏观调控能力有所下降已成为不争的事实。具体到改革决策领域，许多中央的重要决策在推行时面临强大的地方阻力，地方小环境往往超越中央宏观政策大环境的决定力度，区域领导者对具体改革决策落实的影响远大过行业的主管部门。各地业已出台的重大事项社会稳定风险评估办法和细则等，也在总体上反映出片面强调"属地管理"的立法理念和原则。这种局面亟须通过中央层面的统一立法来改变。

三　重大改革决策的社会稳定风险评估立法中的几个基本问题

综合上述因素，笔者主张由国家层面的改革推进部门——国家发展改革委作为立法主体，出台关于重大改革决策社会稳定风险评估的部门规章。规章在法律确定的框架和权限范围内，强化改革机构和行业主管部门等在重大改革决策社会风险评估工作中的角色和参与，以逐步打破权力纵向失衡格局，确立重大改革决策的整体思路、全局眼光和历史视野,增强决策前瞻性和科学性。

(一) 立法的功能定位

立法需要解决的一个关键问题是,如何定位其任务和功能。重大改革决策的社会稳定风险评估方面的立法,应既是一部"规范法",也是一部"促进法",还是一部"程序法"。首先,它应具有一定的规范法功能。它通过对重大改革决策社会风险评估工作的主体、客体、内容、程序等的明确规范,将整个社会风险评估工作置于法治轨道。其次,鉴于当前改革决策过程本身存在很大的不确定性,社会风险评估又是一种新兴的决策运行机制,相关立法应设计必要的弹性机制,发挥"促进法"的功能,灵活应对不同的客观条件。再次,从立法的内容来看,通过程序进行规范应是其突出特征之一。立法的重点在于设计重大改革决策社会稳定风险评估的程序,即社会稳定风险评估工作如何启动、实施、审查、备案、监控等。

(二) 立法的基本思路

第一,立足于我国的中央—地方权力结构现状,在强调"块"的同时力求实现"条块结合",协同推进。中央与地方关系作为我国的基本政治关系之一,深度影响着体制改革进程。随着改革进入"深水区",中央和地方的纵向权限划分模糊、地方政府间横向协调沟通机制缺乏等矛盾日益凸显。而改革顶层设计的重要目标之一,就是调整现实中不合理的中央—地方利益格局,遏制既得利益的不当膨胀,这意味着在改革领域,中央需要为改革提供明确的理念、目标、思路、原则和框架(当然这决不单纯意味着新一轮的权力上收)。在中央的统一部署下,承认改革决策权力的地方化、强调地方公众对本地域改革事务的自我管理,有利于决策切合实际要求,缩短决策周期,提高决策效率。但同时必须承认,地方改革决策的总体状况不容乐观。除了相当一些地方缺乏改革动力外,还有一部分地方的改革创新停留在就事论事上,缺乏整体性和系统性,效果甚微。要改变这种状况,需要在尊重地方改革决策权的基础上,强调来自纵向的权力维度,由国家发展改革部门和其他职能部门在其职权范围内，与地方政府协同推进。鉴于此，立法应当对重大决策风险评估工作的领导机制和运行机制进行设计，实行由改革决策方案制定机关领导、责任部门组织实施、改革机构审查、相关部门协助配合、社会广泛参与的领导体制和运行机制。

第二，在吸收借鉴各地立法成果的同时适度创新。近年来，各地在重大事项社会稳定风险评估的实践与立法方面，进行了有益的探索，提供了许多有价值的借鉴。因而，应仔细研究各地方的规定，并吸收地方实践中有益的经验和做法，如对重大事项和社会稳定风险评估的定义，对评估内容、范围和程序及奖惩措施的规定等。立足于地方立法经验基础之上的法律规定较之空中楼阁式的设计，无疑具有更强的生命力。另外，立法也应力求保持独立判断和选择，争取有所创新和突破。

第三，在条文设计上，兼顾多元的价值目标。改革决策本身的价值目标的多元性决定了社会稳定风险评估制度不能以管理和控制重大改革决策风险为单一的目标，而应在秩序、民主、公平、效率、效益等多元价值目标间进行兼顾和平衡。

第四，受限于目前相关研究的现状，需要克制条件不成熟情况下的立法冲动。迄今为止，国内外尚未发展出一套成熟的关于社会稳定风险评估的理论框架和指标体系，这导致各地缺少理论指导和"操作手册"，并影响到评估质量的提高。并且，这一局面短期内难以改观。事实上，形成一套成熟的社会稳定风险评估理论和指标体系需要长期的理论研究与实践积累，需要法学、经济学、社会学、行政管理学、心理学、工程技术等多方面的专业人才的共同努力。正是基于对这一现实的判断，重大改革决策社会稳定风险评估的立法不应过多纠缠于技术参数和指标体系等问题，亦不应为了立法结构（表面上的）系统性、完整性和立法内容（表面上的）精致性而在理论研究不成熟的情况下脱离实际，过度超前立法，造成立法和执法资源的浪费。

第 三 章

实现反腐败"全覆盖":法治监督体系发展与经验

第一节 一体推进:围绕"三不腐"机制的建构

党的十八大以来,我国的反腐败斗争成效卓著,不敢腐的目标初步实现,不能腐的笼子越扎越牢,不想腐的堤坝正在构筑,反腐败斗争压倒性态势已经形成并巩固发展。在此基础上,党的十九大提出了夺取反腐败斗争压倒性胜利的目标,再次强调了完善惩治和预防腐败的三个方面:"强化不敢腐的震慑,扎牢不能腐的笼子,增强不想腐的自觉,通过不懈努力换来海晏河清、朗朗乾坤。"这是以习近平同志为核心的党中央推进反腐败工作一以贯之的规划和部署。"不敢腐、不能腐、不想腐"机制既是一个有机的整体,有着内在的逻辑关联,同时各有侧重。其中,形成"不敢腐"的有效机制,意在让每个干部牢记"手莫伸,伸手必被捉"①的道理,对腐败"零容忍",通过严格执法执纪,及时、准确地发现和查处腐败。形成"不能腐"的有效

---

① "手莫伸,伸手必被捉"这句诗出自陈毅:《七古·手莫伸》(1954 年);习近平同志于 60 年后重提,参见习近平《使纪律真正成为带电的高压线——习近平在十八届中央纪委三次全会上的重要讲话》(2014 年 1 月 14 日)。

机制，旨在通过加强法律制度建设来科学配置和规范权力，通过完善制约机制来强化约束和监督权力。而形成"不想腐"的有效机制，要求在保障党员领导干部必要生活水准的同时，对党员领导干部进行信仰宗旨、理想信念、法治意识等方面的教育，加强廉政文化建设，督促领导干部坚定法治信仰和理念，并在全社会培育清正廉洁的价值理念、规则意识和舆论氛围，使清风正气得到弘扬。

"不敢腐、不能腐、不想腐"机制①的提出，反映了党中央对腐败发生的根源和内在机理的体系性分析，以及对在反腐败中如何正确处理治标与治本、惩治与预防之间关系的精准把握。对于中央所提出的"不敢腐、不能腐、不想腐"机制机构的重大意义，学界达成了深度共识。评价其"是中共中央探索新时代中国特色社会主义反腐败模式的突破性创新"②，"彰显了我们党对反腐败斗争内在规律的深刻认识"③，"指明了新时期开展党风廉政建设和反腐败工作的路径选择和基本走向"④。围绕如何切实建构"不敢腐、不能腐、不想腐"的机制，法学、政治学、社会学等不同学科均有所讨论，大多在政府管理、社会治理、廉政建设等层面展开。⑤法学领域的讨论主要聚焦于刑事反腐政策和贪腐犯罪惩防的主题，⑥以及"制度

---

① 中国共产党十八届四中全会决定提出，要"完善惩治和预防腐败体系，形成不敢腐、不能腐、不想腐的有效机制"。《中共中央关于全面推进依法治国若干重大问题的决定》（2014年10月23日）。

② 过勇、贺海峰：《"不必腐"机制：反腐败标本兼治的重要保障》，《国家行政学院学报》2017年第6期。

③ 沈小平：《必须建立"不敢腐、不能腐、不想腐"的长效机制》，网址：http://www.71.cn/2018/0209/985920.shtml，2018年2月9日。

④ 黄新根：《着力构建不敢腐、不能腐、不想腐的机制研究》，《中共南昌市委党校学报》2016年第3期。

⑤ 从"中国知网"的搜索情况（2018年5月15日）来看，相关成果具有篇幅较短、论题宽泛的特点，发表载体多为报纸，期刊论文数量较少。

⑥ 具有代表性的成果包括：赵秉志：《论我国反腐败刑事法治的完善》，《当代法学》2013年第3期；赵秉志：《中国反腐败刑事法治的若干重大现实问题研究》，《法学评论》2014年第3期；何家弘：《重刑反腐与刑法理性》，《法学》2014年第12期。

反腐"的层面,① 系统研究仍不充分。本节拟结合十九大的理论和制度创新，从法治功能的视角，聚焦"不敢腐、不能腐、不想腐"机制的建构，对新时代推进反腐败工作的法治保障进行阐释，并尝试提出若干实施方案和建议。

法治是建立"不敢腐、不能腐、不想腐"机制的必要且有效的保障，法治功能实现的程度，决定了此机制运行的实效。法治的主要功能——规范、预防、威慑、惩戒、保障、教化、指引等，在"不敢腐、不能腐、不想腐"机制中，均得以体现，又各有偏重。"不敢腐"机制主要旨在加大对腐败行为的惩戒力度和执法力度，体现了法治的威慑和惩戒功能；"不想腐"机制主要依靠对党员领导干部进行法治教育、培育法治和规则意识，体现了法治的教化和指引功能；而"不能腐"机制的形成与法治具有更为密切的关联，体现了法治的规范和保障功能——无论是权力结构的优化，还是权力流程的再造，抑或监督问责机制的夯实，都有赖于法治的健全与完善。要言之，必须紧密结合依法治国、建设社会主义法治国家，在法治的轨道上反对腐败，促使"不敢腐、不能腐、不想腐"有效机制的最终形成，取得反腐败斗争的压倒性胜利。

一 完善国家立法与党内法规：夯实"三不腐"机制的法治基础

全面推进依法治国，是新时代推进反腐的重要背景和依托。近年来，习近平总书记多次强调，要用制度反腐，"把权力关进制度的笼子里"，推进反腐工作规范化制度化。2015 年 6 月 26 日，中共中央政治局就加强反腐倡廉法规制度建设进行集体学习，习近平在主持学习时强调，铲除不良作风和腐败现象滋生蔓延的土壤，根本上要靠法规制度，要加强反腐倡廉法规制度建设，把法规制度建设贯

---

① 例如，王梅枝：《论法治反腐的路径选择》，《长江论坛》2015 年第 2 期；江国华、韩玉亭：《法治反腐策略研究》，《理论探索》2014 年第 6 期。

穿到反腐倡廉各个领域、落实到制约和监督权力各个方面，发挥法规制度的激励约束作用，推动形成"不敢腐、不能腐、不想腐"的有效机制。

　　制度反腐的基本前提，是建立起较为系统、完备的反腐败法律制度。长期以来，我国反腐败立法不甚完备。尽管在实践中积累了具有中国特色的反腐败工作经验，但这些经验和探索很长一段时间未能上升到国家法律的层次，反腐败领域的专门法律缺失；法律、法规和规范性文件之间缺乏衔接和协调，重复规定、规定相互冲突和矛盾的情况比比皆是；在传统上主要依靠以《刑法》和《刑事诉讼法》等为依据的事后惩处，在预防腐败方面缺乏配套的法律法规；现有规定的针对性和可操作性不强，等等。十八届四中全会提出"加快推进反腐败国家立法，完善惩治和预防腐败体系，坚决遏制和预防腐败现象"①，党的十九大报告郑重重申"推进反腐败国家立法"。2018年3月20日，十二届全国人大一次会议表决通过了《中华人民共和国监察法》，这是我国第一部也是目前唯一一部反腐败国家立法。《监察法》的出台，被誉为"以创立'一体化'、独立性反腐败机构、重构国家腐败治理体制与机制系统为首要使命，力求实现腐败治理体制'中国模式'的自我完善与系统升级"。② 中国反腐败法治站在了新的起点上。

　　以国际视野来看，反腐败立法有集中立法和分散立法两种模式。集中立法模式是指制定一部全面、集中针对腐败问题防治的综合性立法。分散立法模式是指根据腐败发生的不同环节和领域，以及惩治腐败的不同法律手段，制定相关的单行法。分散立法模式能够密切结合权力运行和腐败发生的不同领域、不同环节，加以有针对性的防范、惩戒和治理，并根据具体情势的变化适时加以修订；而集

---

① 《中共中央关于全面推进依法治国若干重大问题的决定》（2014年10月23日）。
② 魏昌东：《〈监察法〉与中国特色腐败治理体制更新的理论逻辑》，《华东政法大学学报》2018年第3期。

中立法模式则有利于提高反腐败法律制定的系统性、整体性和协调性，防止或减少法律漏洞，体现立法合力，有效节约立法资源和成本。① 基于我国国情和社会主义法律体系的特点，反腐败法制体系应是自上而下、系统完整的，由多层次、多位阶、多领域的法律、法规和规范等组成的有机整体：既有中央顶层设计和部署，又有地方根据其特点所作的落地和补充；既包括国家立法机关制定的法律、法规和规范性文件，也包括党内法规。

目前来看，我国应以监察法的出台为契机，进一步完善反腐败法律体系，运用统一的概念和原则等整合目前的分散规定，提升反腐败立法的体系化、理性化水平，避免法律冲突，填补立法真空，提高反腐败立法的系统性，弥补现有分散立法不周延、涵盖性不足的问题。在贯彻实施监察法的同时，应有针对不同主体、发生在不同领域和环节、具有不同情节和危害性的腐败行为的具体法律法规等作为配套。当务之急是及时推进与监察法相关的法律法规及相关条款的立改废。如加紧制定完善检察官制度、留置场所的管理和监督制度，修改《立法法》《国家赔偿法》。在此基础上，逐步建构一套系统、周密、有力的惩治和预防腐败制度，强化反腐败的规范化、制度化水平，将反腐败全面纳入法治轨道。

党的十九大报告指出，党规党纪是从严管党治党的重要法宝。党的十八大以来，党内法规体系建设明显加速，已初步形成包括1部党章、4部准则、31部条例，以及一系列规则、规定、办法、细则在内，比较完备的党内法规体系。其中，《中国共产党廉洁自律准则》《关于新形势下党内政治生活的若干准则》《中国共产党巡视工作条例》《中国共产党纪律处分条例》《中国共产党问责条例》《中国共产党党内监督条例》《中国共产党党务公开条例（试行）》等均与反腐败工作具有密切的关联，对督促党员坚定理想信念，加强规

---

① 李洪雷：《反腐败立法的国际经验》，网址：http://www.ccdi.gov.cn/yw/201503/t20150310_53067.html，最后访问日期：2020年4月10日。

范党内生活、加强党内监督等具有重要意义。这些党内法规制度的出台,确保了党在宪法和法律范围内活动,确保了党内法规制度体系与中国特色社会主义法律体系的内在统一。党纪处分在形式上具有"软法"的性质,① 可弥补刑事处罚的功能性缺陷,作为刑事处罚的有益补充纳入法规范。② 下一阶段,应在中央层面对相关党内法规的制定工作进行科学规划,继续以"关键少数"为抓手,加强对党内"三重一大"事项的规范,加快关于推进党务公开工作的法规制定。定期清理党内法规,增强党内法规与国家立法之间、不同党内法规之间的有机衔接和协调,适时推动对党内法规的合法性、科学性的审查和纠错工作,提升党内法规的数量和质量,为提高党内治理能力和水平提供坚实的制度支撑。③ 在党内法规和国家立法的关系上,应保证党内法规与国家立法的有机衔接,在此基础上,党内法规还应严于国家立法;从党内法规的内容上看,应清晰界定党员领导干部的行为准则,明确违纪行为的范围和标准;党内法规的语言表述,应有别于一般的党内政策性文件,使用规范化的语言,具有较强的操作性和可执行性,为权力运行提供更加明确的指针;并且,要推动反腐败党纪适时向法律转化,在及时总结党纪执行情况的基础上,通过法定程序把那些经过实践检验、比较成熟的制度上升为国法,更好地用法律规范权力的运行,约束党政机关工作人员

---

① 对于党规党纪的性质,目前主流观点认为,党规党纪具有法规范的一般属性。例如,黄辰认为,《中国共产党纪律处分条例》具有法技术、法运行的一般特质,并具有确定的拘束力和执行力,因而具备广义法的属性;虽不符合国家法律的部分标准,但因具备了广义法的特征而获得了社会法和软法地位。参见范勇鹏、王欢《党纪与政党类型及宪法关系国际观察》,《人民论坛》2014 年第 3 期。周叶中认为,党纪具有法规范的一般属性,是党内法规体系的重要组成部分,是依法治国、依规治党、反腐倡廉的重要规则。参见周叶中《论"党纪新条例"的法技术与法属性》,《武汉大学学报》(人文科学版) 2016 年第 1 期。

② 参见黄辰《党纪处分在预防腐败犯罪中的价值分析——以国家监察委员会改革为视角》,《河南经管学院学报》2019 年第 2 期。

③ 参见《中央党内法规制定工作五年规划纲要(2013—2017 年)》(2013 年 11 月 27 日)。

的从政行为。①

二 "不敢腐":发挥法治的震慑与惩戒功能,强化刑法反腐

党的十九大报告强调指出,要"强化不敢腐的震慑"。刑罚以其特别的威慑力和特殊的严厉性,对于建构"不敢腐"的有效机制具有震慑作用,是形成"不敢腐"局势的高压线。可以说,刑事法律的制定和实施是我国反腐败法治建设中极为重要的组成部分。在未来,我国需要结合国家的刑事基本政策和《联合国反腐败公约》的精神,在现有法律框架之内,取得实体法、程序法和刑法的有效实施等方面的重点突破。

(一)完善刑事实体法

我国目前的反腐败立法,在刑事实体法方面与《联合国反腐败公约》及其他国家较为成熟的立法相比,仍存在立法技术粗糙、犯罪形态缺位、司法操作不便等问题,需要进一步完善。以贿赂犯罪这一最为典型的腐败犯罪为例,应适度扩大贿赂犯罪的入罪行为范围;适当前置贿赂犯罪的构成要件;实现贿赂犯罪处罚平衡;建立科学合理的刑罚机制;修正和提高立法技术,引入二元的定罪量刑标准。

(二)完善刑事程序法及配套制度

以刑法手段治理腐败能否取得实效,不仅取决于刑事实体法是否完善,还取决于刑事程序法和配套制度是否完备。其一,建立刑事缺席审判制度。为满足保障被告人诉权的需要,法院应将检察机关的起诉书副本在开庭审判前一定期限告知被告人的配偶、子女或其他近亲属,请其转达出逃的被告人,或走公告程序。如果被告人在指定期限内明确表示本人不出席法庭审判,或不作任何表示,可认定被告人放弃出庭审判的权利,法院有权缺席审判

---

① 参见阴建峰、李思《反腐败党纪与刑事法律关系论纲——以新时代"全面从严治党"为背景》,《法学杂志》2018年第7期。

并作出判决。其二,完善没收制度,作为缺席审判制度尚未建立的情况下的一种替代方案。其目的是为了在贪腐犯罪的犯罪嫌疑人或被告人失踪、潜逃或死亡的情况下顺利追缴赃款。在具体做法上,可以考虑改造现行的附带民事诉讼程序,以在因犯罪嫌疑人或被告人不出现而导致刑事诉讼无法顺利进行时,追究犯罪嫌疑人或被告人相应的民事责任。其三,完善证人制度。贪腐犯罪案件的查办,通常需要面对大量言辞证据。相对于占据优势地位和拥有大量资源的贪腐犯罪嫌疑人或被告,证人往往处于弱势。因此,应改进作证方式,同时加强对证人的保护,健全证人保护工作机制。具体而言,对未成年证人或因遭受恐吓而怯于出庭的证人等,可以通过视频网络远程作证;为证人提供人身保护,细化转移证人、限制或禁止披露身份和居所、家人等相关信息的各项规定;对出庭的证人,法院应根据情况给予适当的经济补偿;建构污点证人制度,体现刑事法中关于控制犯罪和保障人权并重的理念。污点证人制度的实质是国家放弃求刑权以换取轻罪者的合作,对于反腐败案件的查办具有重要意义。①

(三) 保证反腐败刑事立法的有效实施

国家实施反腐败立法,需要耗费大量的执法资源,而执法资源并不能无限地供给。因此,必须总结经验,突出重点,创新方式,有效地配置执法资源,提高执法效率。具体来看,应当:第一,聚焦腐败犯罪高发的领域和环节;第二,高度关注基层和农村腐败;第三,借助互联网畅通民间举报渠道;第四,受贿与行贿统筹查办;第五,完善国际合作机制。从 2014 年掀起国际追逃追赃风暴至 2018 年年底,中央追逃办共从 120 个国家和地区追回外逃人员 5201 人,其中曾经是党员和国家工作人员的有 1063 人,追赃 131.59 亿元,成效显著,显示了我国刑事立法和执法,以及刑事国际合作机制的

---

① 汪海燕:《腐败案件中污点证人制度建构》,《东方早报》2015 年 8 月 11 日第 4 版。

威力。① 新时代我国反腐败国际追逃追赃的机遇和挑战并存,需要站在全局高度,统筹把握国内国际因素,拓宽参与反腐败国际合作的广度和深度,深度参与腐败全球治理。②

三 "不能腐":强化法治的规范与保障功能,完善权力运行和监督体系

腐败的实质是公权力的滥用。中国的腐败治理体系,就是"以公权力的运行为主线,以党政机关(纪检监察机关)为中心,以广大公职人员和人民群众为主体,以反腐败法律制度基础设施为介体,以'五位一体'的'大社会'为背景,构成多元要素'综合集成'的腐败治理体系。"③ 从法治层面来说,就是要运用法治思维和法治手段反腐败,要着力限制公权力的范围、优化公共职能的配置、规范公权力行使的程序、促进公权力行使的公开透明。党的十九大报告强调,要加强对权力运行的制约和监督,让人民监督权力,让权力在阳光下运行。当前,应贯彻十九大精神,应进一步完善权力结构和运行体系,确保权力行使的规范透明。这是法治的规范与保障功能的重要体现。

(一)优化权力结构与运行体系

第一,应转变政府职能。党的十九大报告明确提出,要转变政府职能,深化简政放权。腐败问题高发的根源之一在于政府权力过大且得不到有效制约,因此,解决腐败问题必须大幅限制公共权力的范围。要切实转变政府职能,理顺政府与市场、政府与社会的关系,坚持政企分开、政资分开、政事分开、政社分开,简政放权、

---

① 张琰:《中央追逃办:共追回外逃人员5200余名》,《中国日报》2019年1月25日。

② 参见彭新林《我国反腐败国际追逃追赃面临的挑战与对策》,《江西社会科学》2019年第9期。

③ 刘占虎:《中国腐败治理体系现代化的时代诉求与实践逻辑》,《西安交通大学学报》(社会科学版)2017年第4期。

放管结合、优化服务,依法全面履行宏观调控、市场监管、社会管理、公共服务、环境保护等职责。深化行政审批制度改革,全面清理行政审批事项,全部取消非行政许可审批事项;推行权力清单、责任清单、负面清单制度并实行动态管理,逐一厘清与各项权力相对应的责任事项、责任主体和责任方式;深化公共资源交易市场化改革,推进财税、金融、投资体制和国有企业改革。

第二,要落实职权法定,优化政府机构设置和职权配置。当前,要按照中央部署和要求,推进机构、职能、权限、责任法定化,优化政府机构设置、职能配置、工作流程,理顺部门职责关系,严格规范各项公权行为的主体和权限。要将权力过于集中的关键部门和重点岗位,按照健全科学权力结构的要求,推进决策权、执行权、监督权适度分离与制衡,形成既相互制约又相互协调的权力结构。大力推进分事行权,将重点人物的权力分解到多个成员,改变个人说了算的权力结构。大力推进分岗设权,将重点岗位的权力分解到多个岗位,从权力设置上改变"权出一门"的体制缺陷。大力推进分级授权,将集中于某一层级的权力分解到多个层级,从权力授予上改变"上面权力臃肿、下面无权可行"的权力分配弊端。①

第三,设置科学程序,限制权力的恣意行使。党的十九大报告再次重申,要"把权力关进制度的笼子"。科学合理的正当程序就是只限制权力恣意行使的重要笼子。具体来看,在决策方面,应健全依法决策机制,完善重大行政决策程序制度,明确决策主体、事项范围、法定程序、法律责任,规范决策流程,强化决策法定程序的刚性约束。近年来,各地方、各部门在促进科学决策、民主决策、依法决策方面,探索了很多好的做法和经验,行政决策的规范化和法治化水平日益提高。但是,乱决策、违法决策、专断决策、拍脑袋决策、应决策而久拖不决等现象仍屡见不鲜。2014年《中共中央

---

① 宁吉喆:《强化对行政权力的制约和监督》,《〈中共中央关于全面推进依法治国若干重大问题的决定〉辅导读本》,人民出版社2014年版,第170—171页。

关于全面推进依法治国若干重大问题的决定》中明确提出，要把公众参与、专家论证、风险评估、合法性审查、集体讨论决定确定为重大行政决策法定程序，确保决策制度科学、程序正当、过程公开、责任明确。《法治政府建设实施纲要（2015—2020年）》中对重大行政决策程序的要求予以进一步明确和细化。目前，我国已有17个省级政府和23个较大的市政府出台了规范重大行政决策程序的规章，一些地方的行政程序规定中也专门就行政决策程序作了规定。应加快《重大行政决策程序暂行条例》的立法步伐，明确重大行政决策的范围，健全重大行政决策的程序。在执法方面，应贯彻实施《行政处罚法》《行政许可法》《行政强制法》，同时完善其他行政单行法，[①] 建立健全行政自由裁量基准制度，细化、量化裁量标准，规范裁量范围、种类、幅度，建立执法公示制度、全过程记录制度，制定执法程序规范，健全执法调查取证、罚没收入管理等制度，严格执行重大行政执法决定法制审核制度。

第四，推进政务公开。党的十九大报告强调，让权力在阳光下运行。通过公开促公正、保廉洁，也是我国近年来法治建设和廉政建设的最大亮点之一。在行政领域，《政府信息公开条例》颁布十几年来，政府信息公开范围逐步扩大，规范化程度逐步提高；在司法领域，最高人民法院和许多地方法院都开办了庭审直播网，"中国裁判文书网"已公开数千万篇裁判文书，审判流程、裁判文书、执行信息三大司法公开平台的建设成就斐然。下一步，为推进权力公开透明运行，应深化落实中办、国办《关于全面推进政务公开工作的意见》提出的要求，全面提升公开效果。以法治思维和方式推进政府信息公开工作，结合《政府信息公开条例》的修订，提高公开的标准化和规范化程度。未来还应提高政府信息公开规定的立法层级，同时考虑到整体推进政务公开的需要，制定《政务公开法》，切实推进决策公开、执行公开、管理公开、服务公开、结果公开，落实以

---

① 参见姜明安《论法治反腐》，《行政法学研究》2016年第2期。

公开为常态、不公开为例外的原则。同步推进政务公开与法治政府建设，重点推进财政预算、公共资源配置、重大建设项目和社会公益事业建设等领域的信息公开，以公开为原则来审视决策、管理、执法、服务等权力运行的全过程。创新政务公开方式，打通各部门之间的信息壁垒，加强互联网政务信息数据服务平台和便民服务平台建设。在司法公开方面，要加快落实中央提出的"构建开放、动态、透明、便民的阳光司法机制"的改革目标，以公众为导向、以信息化的跨越式发展为契机，进行制度创新和重构，稳步提升司法公开的范围、深度和效果。

（二）健全党和国家监督体系

党的十九大报告明确指出，要健全党和国家监督体系，"构建党统一指挥、全面覆盖、权威高效的监督体系，把党内监督同国家机关监督、民主监督、司法监督、群众监督、舆论监督贯通起来，增强监督合力。"我国目前的公共权力监督机制是一个立体的机制。根据监督主体的不同，可以分为党内监督和党外监督，党外监督又可分为人大监督、政协民主监督、司法监督、利害关系人的监督、公众监督、舆论监督等；根据监督的依据不同，可以分为法律监督、纪律监督和道德监督。目前我国权力监督机制存在的突出问题是，监督权的作用发挥比较有限，对权力的制约和监督一定程度上流于形式。从权力结构和监督机制来看，造成这一突出问题的原因在于：第一，"一把手"权力太大，民主集中制的监督作用无法充分发挥；行政权力有逐步扩大膨胀的驱使，难以有效监督，[1] 导致"最容易带坏班子、搞乱风纪"[2]；第二，监督机构过于多元，且它们之间未

---

[1] 据统计，党的十八大以来被查处的副省级及以上高官中，大多数都有过地方或部门一把手经历，而有主政地方一把手经历的超过了3/4。从案件查处情况看，很多落马高官的贪腐问题都发生在其担任一把手期间。参见辛士红《"一把手"为何被"围猎"?》，《中国纪检监察报》2015年11月18日第1版。

[2] 中共中央纪律检查委员会、中共中央文献研究室：《习近平关于严明党的纪律和规矩论述摘编》，中国方正出版社2016年版。

能形成相互配合的机制，分散而不易形成合力，并且彼此之间没有制约机制；第三，党的纪检监察体制也存在一些弊端。① 为解决上述问题，应认真贯彻落实十九大的战略部署，在新修订的《宪法》和《国家监察法》确立的中国特色国家监察体制的框架内，完善立体权力监督系统并不断对它加以完善，将它做好、做实。

首先，加强党内监督、法律监督和民主监督。应当加强党委对党风廉政建设和反腐败工作的统一领导，强化对民主集中制执行情况的检查监督，落实集体领导和分工负责、重要情况通报和报告、述职述廉、民主生活会、谈话和诫勉、询问和质询、特定问题调查等监督制度。② 加强法律监督，支持人大及其常委会依法加强对"一府两院"的监督和对法律实施情况的监督，③ 增强"一府两院"向本级人大及其常委会报告工作制度、接受询问和质询制度、办理意见和建议制度的实效。认真贯彻实施《各级人民代表大会常务委员会监督法》《预算法》等，创新人大监督形式，提高人大监督工作透明度，增强人大监督力度和实效，加强人大预算决算审查监督、国有资产监督和其他对重大事项的监督，加强执法监督，保证法律法规有效实施。推进司法体制改革，保证审判机关依法独立公正开展审判活动，强化检察机关对立案侦查活动、审判和执行活动的监督，完善行政诉讼制度、强化司法对行政行为的合法性审查，健全检察机关提起行政公益诉讼的体制机制。加强民主监督，做好民主

---

① 参见谢超《〈监察法〉对中国特色反腐败工作的法治影响》，《法学杂志》2018年第5期。

② 关于强化党内监督的建议，可参见何旗《一把手腐败与政治生态污染及其修复——基于党的十八大后36名省级党委书记腐败案例的剖析》，《理论研究》2020年第1版。

③ 有学者提出，应探索建构"双层式"再监督体制，即对国家监察权行使人大监督权的具体方式。在新的国家监督体制下，权力机关应将监察机关行使职权的情况作为核心监督对象，同时对监察机关行权过程中所发现的法律体系健全性、适当性，及执法机关权力配置正当性的问题进行监督。参见魏昌东《〈监察法〉与中国特色腐败治理体制更新的理论逻辑》，《华东政法大学学报》2018年第3期。

协商，积极听取人民政协和民主党派、无党派人士的意见、建议和批评，发挥人民团体的监督作用。地方党委和政府坚定反腐败的决心，克服地方保护主义和双重领导体制等的限制，保障反腐败机构真正独立地开展反腐败工作。①

其次，加强行政监督和审计监督。应当完善政府内部层级监督，建立健全常态化、长效化监督制度。加强对政府内部权力的制约，对财政资金分配使用、国有资产监管、政府投资、政府采购、公共资源转让、公共工程建设等权力集中的部门和岗位实行分事行权、分岗设权、分级授权，定期轮岗，防止权力滥用。党的十九大报告明确提出，要改革审计管理体制。当前，应进一步完善审计制度，健全有利于依法独立行使审计监督权的审计管理体制。对公共资金、国有资产、国有资源和领导干部履行经济责任情况实行审计全覆盖。强化上级审计机关对下级审计机关的领导。按照中共中央办公厅、国务院办公厅印发《关于完善审计制度若干重大问题的框架意见》，以及配套的《关于实行审计全覆盖的实施意见》《关于省以下地方审计机关人财物管理改革试点方案》《关于推进国家审计职业化建设的指导意见》《关于省以下地方审计机关人财物管理改革试点方案》的要求，做好试点工作，探索省以下地方审计机关人财物统一管理，推进审计职业化建设。

再次，重视和加强社会监督和舆论监督。党的十九大报告指出，建设覆盖纪检监察系统的检举举报平台。应当充分调动群众举报投诉的积极性，开通监督举报网址、热线电话、电子邮箱等，畅通监督举报渠道，完善投诉举报案件督办和监督考核制度。发挥报刊、广播、电视等传统媒体的监督作用，加强新闻舆论监督平台建设，支持新闻媒体对行政机关工作人员违法不当的行为进行曝光。加强与互联网等新兴媒体的互动，重视运用和规范网络监督，建立健全网络舆情监测、收集、研判、处置机制，推动网

---

① 参见朱立恒《中国反腐败体制之反思与改革》，《时代法学》2017年第2期。

络监督规范化、法治化。政府部门门户网站应统一设立受理群众批评建议网页或者邮箱,并对群众来信及时回复,将调查处理结果向全社会公开。

复次,完善国家监察体制。党的十九大报告明确指出,要制定国家监察法,依法赋予监察委员会职责权限和调查手段,用留置取代"两规"措施。《中国共产党第十九届中央委员会第二次全体会议公报》进一步指出,国家监察体制改革是事关全局的重大政治体制改革,是强化党和国家自我监督的重大决策部署。《国家监察法》的出台,以法律的形式巩固了国家监察体制改革的成果,建立了党统一领导的反腐败工作机制,构建了集中统一、权威高效的国家监察体系,实现了对所有行使公权力的公职人员监察全覆盖。各地监察委员会成立后,应着力贯彻实施《国家监察法》,及时构建完善相应的工作机制,进一步顺监察委和纪委、检察院等部门之间的关系。《宪法》的修正和《国家监察法》的出台昭示着监察体制改革真正进入深水区,要求我们在党中央坚强领导下,确保监察委员会有力有效履职,把制度优势转化为治理效能,推动国家监察体制改革向纵深发展。

最后,强化问责机制。党的十九大报告提出,要强化监督执纪问责。问责制是现代国家强化责任、改善国家治理的有效制度。应当依法做到"有权必有责、用权受监督、违法必追责、侵权须赔偿"。严格决策责任追究,健全并严格实施重大决策终身责任追究制度及责任倒查机制;全面落实行政执法责任制,严格确定不同部门及机构、岗位执法人员的执法责任,建立健全常态化的责任追究机制,加强执法监督,惩治执法腐败现象;加强问责规范化、制度化建设,增强问责的针对性和时效性;加大问责力度,纠正不作为、乱作为,克服懒政、庸政、怠政,惩处失职、渎职;落实党风廉政建设责任制,坚持有错必纠、有责必问,对"四风"和腐败问题突出的地方、部门和单位,既要追究主体责任、监督责任,又要严肃追究领导责任。

四 "不想腐": 彰显法治的指引与教化功能, 培育法治思维和文化

党的十九大报告明确提出, 要"增强不想腐的自觉"。一个重要方面是从法治保障的角度出发, 要让领导干部从内心深处不想腐, 除了强化理想信念、道德情操和伦理修养教育, 营造良好的政治生态; 另一个重要方面是加强对党员领导干部的法治宣传教育, 大力培养其法治思维、提高法治素养, 切实提高其规则意识、责任意识和平等观念, 坚持法治思维、底线思维。树立法治思维和法治意识对于"增强不想腐的自觉"具有重要意义。

首先, 继续加强对领导干部的法治培训。党的十九大报告指出, "各级党组织和全体党员要带头尊法学法守法用法, 任何组织和个人都不得有超越宪法法律的特权"。贯彻落实十九大精神, 必须加强对领导干部的法治培训。要落实中央《关于完善国家工作人员学法用法制度的意见》, 不断健全完善党委(党组)中心组学法和日常学法等制度。把宪法法律和党内法规列入党委(党组)中心组学习内容, 列为党校、行政学院、干部学院、社会主义学院必修课。把法治教育纳入干部教育培训总体规划, 纳入国家工作人员初任培训、任职培训的必训内容, 在其他各类培训课程中融入法治教育内容, 保证法治培训课时数量和培训质量, 切实增强国家工作人员自觉守法、依法办事的意识和能力。要坚持以领导干部考法为重点, 让领导干部学法用法"严"起来。

其次, 在对党员领导干部进行法治宣传教育时, 要更加注重弘扬法治精神、培育法治理念、树立法治意识, 大力宣传宪法法律至上、法律面前人人平等、权由法定、权依法使等基本法治理念, 破除"权大于法"等错误认识, 绝不允许以言代法、以权压法、逐利违法、徇私枉法。牢固树立有权力就有责任、有权利就有义务观念, 强化规则意识。要让党员领导干部明确, 法治的精髓在于依法治官而非依法治民, 依法治权而非依法治事, 依法治自己而非依法治他人, 要遵守权力的法律界限。形成守法光荣、违法可耻的社会氛围,

教育引导广大党员领导干部做党章党规党纪和国家法律的自觉尊崇者、模范遵守者、坚定捍卫者。

最后，推进中国特色社会主义法治文化建设。中国特色社会主义法治文化，是继承中华民族法律文化优秀基因与借鉴人类社会法治文明成果的有机统一。① 应以宣传法律知识、弘扬法治精神、推动法治实践为主旨，积极推进社会主义法治文化建设，充分发挥法治文化的引领、熏陶作用，潜移默化地影响领导干部的法治思想，使党员领导干部从内心拥护和真诚信仰法律。要深入挖掘中华优秀传统文化、革命文化、社会主义先进文化中的廉洁因素，把培育廉洁价值观融入对党员领导干部的法治教育培训中，进一步增强廉洁文化建设的感染力、渗透力和传播力，使廉洁成为每一位党员领导干部的自觉追求。② 要通过加大宣传推广法治正反典型经验，不断引导和激励党员干部主动、自觉和善于运用法治思维和法律手段治国理政，依法、公正行使权力。正如赵乐际在十九届中央纪委二次全会上强调指出的："要提高警示教育的政治性，凡查结的党员领导干部违纪违法案件，都要在本地区本部门本单位开展警示教育，用好反面教材，召开专题民主生活会，举一反三、以案明纪，让党员干部引为镜鉴。"③

五 结语

党的十九大提出的夺取反腐败斗争压倒性胜利，是中国特色社会主义进入新时代历史背景下，推进反腐败工作的新目标和新要求。法治是人类文明的重要成果，是社会文明和政治文明的重要标志，必须

---

① 张文显：《论中国特色社会主义法治道路》，载姜明安主编《法治国家》，社会科学文献出版社2015年版，第51—70页。
② 参见李雪勤《扎实构建不敢腐不能腐不想腐的有效机制》，《求是》2017年第5期。
③ 赵乐际：《以习近平新时代中国特色社会主义思想为指导坚定不移落实党的十九大全面从严治党战略部署——在中国共产党第十九届中央纪律检查委员会第二次全体会议上的工作报告》，《人民日报》2018年2月13日第2版。

善于运用法治思维和法治方式反对腐败。在全面推进依法治国、加快建设社会主义法治国家的背景下，应不断健全完善预防和惩治腐败的法治体系，充分发挥法治规范、预防、威慑、惩戒、保障、教化、指引的多元功能，建立"三不腐"的长效机制。大体来看，"不敢腐""不能腐""不想腐"三个层面，分别对应了法治的威慑和惩戒、预防和规范、指引和教化功能。当然，这种对应意在突出法治在不同层面的反腐败工作中功能的重点，并不十分周延。事实上，法治的各项功能和作用在"不敢腐""不能腐""不想腐"的三个层面均有体现。这也进一步印证了"三不腐"是相互关联、动态发展的有机整体。

第二节　重典治贪：刑事反腐的特色和经验

腐败的成因非常复杂，是人性、权力、制度、文化、经济、政治等因素综合作用的结果，① 腐败也因此成为一类多层次、多因素、系统组织的复杂现象。在政治和法治生态视野下，腐败是一种权力出轨现象，即"权力运行的生态系统平衡被打破，引发公权力运行

---

① 关于腐败的成因，各国学者提出了人性原罪理论、权力原罪理论、历史地理文化理论、自由主义理论、寻租理论、主管—代理困境、现代化理论、制度变革理论、政体理论，它们分别揭示了腐败产生的人性原因、权力原因、历史地理文化原因、政府过度干预经济原因、寻租机制、主管—代理博弈原因、迅速现代化原因、制度变革漏洞和政体天然局限。9个腐败理论参见以下文献：[法] 孟德斯鸠：《论法的精神》，许明龙译，商务印书馆2007年版，第119页；[德] 弗里德里希·迈内克：《马基雅维利主义》，时殷弘译，商务印书馆2008年版，第67页；[英] 阿克顿：《自由与权力》，侯健等译，商务印书馆2001年版，第342页；[美] 塞缪尔·P. 亨廷顿：《变化社会中的政治秩序》，王冠华等译，生活·读书·新知三联书店1989年版，第54—65页；[英] 亚当·斯密：《国民财富的性质和原因研究（下卷）》，郭大力等译，商务印书馆1974年版，第252—253页；[英] 约翰·密尔：《论自由》，许宝骙译，商务印书馆1959年版，第130—131页；[美] 苏珊·罗斯·艾克曼：《腐败与政府》，王江等译，新华出版社2000年版，第3页；[德] 弗兰克·巴约尔：《纳粹德国的腐败与反腐败》，陆大鹏译，译林出版社2015年版，第2—5页。

机制的系统性紊乱而呈现出的生态变异现象"。① 治理腐败作为一项政治和法治相结合的系统工程，必须坚持"标本兼治、综合治理、惩防并举、注重预防"的方针，建立从预防到惩治、从思想教育到制度监控、从党纪政纪处理到刑事法律制裁等方面的一系列长效机制。在这一系列机制中，刑法具有特别的威慑力和特殊的严厉性。通过刑法打击腐败行为，不仅可以及时遏制腐败，对腐败起到"治标"的作用，还可以以刑罚的震慑对腐败起到一般预防和特殊预防的作用，理应作为不可或缺的反腐败策略。

在反腐败实践中，中国根据新形势和任务的需要，积极、稳妥地使用了刑法手段，刑事立法不断完善，刑事司法持续高压，大小"老虎"纷纷落马，促进了反腐败斗争与刑事法治建设良性互动，在预防与惩治腐败方面收到了良好的政治效果、社会效果和法律效果。

一 惩防腐败的刑事立法和制度的演进

腐败犯罪高发多发，冲击和挑战着刑事立法、制度和政策，促使其不断自我调整和完善。总的来看，我国的反腐败刑事立法和制度日益严密和精致化，总体呈现出打击范围加宽、打击程度加深、打击力度加大的趋势。反腐败刑事立法的每一次进展，既是腐败犯罪新趋势在法律上的投映，又是刑法本身对现实情态的主动回应。

（一）刑事实体规范

现行的 1997 年《刑法》较之 1979 年《刑法》，准确针对腐败犯罪的本质，加大了打击腐败犯罪力度，使刑法成为遏制当前腐败犯罪的有力武器。对于"利用他人职权受贿"，1997 年《刑法》第 388 条规定了斡旋受贿罪，表明立法对国家工作人员究竟是利用"本人"还是"他人"职务上的便利收受贿赂进行区别对待。根据《刑法》及相关司法解释的规定，腐败犯罪嫌疑人限于国家工作人

---

① 牛君、季正聚：《试析政治生态治理与重构的路径》，《中共中央党校学报》2015 年第 4 期。

员,即国家机关中从事公务的人员。所谓"从事公务,指的是代表国家机关、国有公司、企业、事业单位人民团体等履行组织、领导、监督、管理等职责。公务主要表现为与职权相联系的公共事务活动以及监督管理国有资产的职务活动。"① 2009 年《刑法修正案(七)》增设了"利用影响力受贿罪",制裁"关系密切的人"利用国家工作人员职务便利收受贿赂的行为。2003 年 11 月最高人民法院《全国法院审理经济犯罪案件工作座谈会纪要》明确了腐败犯罪人的范围,即 2015 年《刑法修正案(九)》增加了对"向国家工作人员近亲属行贿罪"的规定,进一步严密了惩治行贿犯罪的法网。

国家工作人员离职后的受贿问题也得到了刑事立法的关注。2007 年,最高人民法院和最高人民检察院颁行了《关于办理受贿刑事案件适用法律若干问题的意见》,其第 10 条规定:"国家工作人员利用职务上的便利为请托人谋取利益之前或者之后,约定在其离职后收受请托人财物,并在离职后收受的,以受贿论处。"由于该规定受制于原有的刑法规定而存在着不足之处,2009 年《刑法修正案(七)》进而规定:"离职的国家工作人员或者其近亲属以及其他与其关系密切的人,利用该离职的国家工作人员原职权或者地位形成的便利条件实施前款行为的,依照前款的规定定罪处罚。"

1997 年《刑法》规定了"巨额财产来源不明罪",曾收到打击腐败犯罪的良好效果。然而近年来,一些案件中被查处的来源不明的财产数额越来越大,使得巨额财产来源不明罪与涉及同等数额的贪污罪、受贿罪的刑罚之间出现了甚为明显的落差,该罪逐渐被指责为贪腐者逃避严厉制裁的"挡箭牌"。鉴于此,2009 年《刑法修正案(七)》将巨额财产来源不明罪的法定最高刑提高到了 10 年有期徒刑。

同时,立法机关一直致力于建构开放和"国际化"的腐败犯罪

---

① 最高人民法院《全国法院审理经济犯罪案件工作座谈会纪要》(2003 年 11 月)。此外值得注意的是,《监察法》第 15 条关于监察对象的规定与刑法中的"国家工作人员"既高度重合又有明显区别。

罪名体系。2011年《刑法修正案（八）》反映了立法者对涉外民商事交往中的腐败新动向的敏锐洞悉，它将外国公职人员或国际公共组织官员纳入了犯罪对象范畴，表明了我国政府积极开展反腐败国际合作并承担相应国际义务的决心。

2015年《刑法修正案（九）》另有数条涉及贪污贿赂犯罪。它完善了贪污受贿犯罪的定罪量刑标准，弱化数额在定罪量刑中的作用，而是更多地考虑犯罪的情节、社会危害性等具体情况，使罪刑更相适应。同时规定，对数额特别巨大，并使国家和人民利益遭受特别重大损失的，保留适用死刑。增设了职业禁止，[①]针对部分职业犯罪行为消除其再犯可能性，对行为人设立准入限制。此外，还完善了行贿犯罪财产刑的规定，使犯罪分子在受到人身处罚的同时，在经济上也无法获得好处。

经过梳理，目前我国的腐败犯罪共包括六类共88个罪名：一是贪污贿赂犯罪（共17个罪名）；二是滥用职权犯罪（共15个罪名）；三是玩忽职守犯罪（共11个罪名）；四是徇私舞弊犯罪（共15个罪名）；五是公职人员在行使公权力过程中发生的重大责任事故犯罪（共11个罪名）；六是公职人员在行使公权力过程中发生的其他犯罪（共19个罪名）。[②]

（二）刑事程序规范

科学设置反腐败领域的刑事司法程序，既是正确、及时制裁腐败犯罪的制度性保障，也是实体法价值实现的重要保证。随着《刑事诉讼法》《律师法》等相关法律的相继修改，刑事诉讼结构和程序制度得到了适当调整。腐败犯罪诉讼程序有其特点：一是在诉讼过程中，负责主持诉讼的侦查机关与其他刑事案件的侦查机关不

[①] 即因利用职业便利实施犯罪或实施违背职业要求的特定义务的犯罪被判处刑罚的，法院可根据犯罪情况和预防再犯罪的需要，禁止其自刑罚执行完毕之日或者假释之日起在一定期限内从事相关职业。

[②] 具体罪名罗列，参见秦新承《40年腐败犯罪刑法规制与反腐政策的演进》，《犯罪研究》2019年第4期。

同——一般刑事案件由公安机关负责立案侦查管辖，而腐败犯罪的侦查机关则是人民检察院；二是参加诉讼的当事人的主体构成具有特殊性，其自然人主体必须是国家工作人员。后一特点决定了，腐败犯罪的刑事诉讼程序，还须同时适用《关于人民检察院直接受理立案侦查案件的规定》《人民检察院刑事诉讼规则》《人民检察院讯问职务犯罪嫌疑人实行全程同步录音录像技术工作流程（试行）》等有关程序和证据等特殊规则。

检察机关依法对刑事诉讼实施法律监督，规定在《刑事诉讼法》第8条中。为充分发挥人民检察院的法律监督职能，完善内部监督制约机制，最高人民检察院印发了《关于完善抗诉工作与职务犯罪侦查工作内部监督制约机制的规定》。2016年3月，最高人民检察院、公安部和财政部出台了《关于保护、奖励职务犯罪举报人的若干规定》，有利于维护职务犯罪举报人的合法权益，更好地调动和保护群众举报积极性，建立健全惩防腐败体系。

2018年10月颁布的《刑事诉讼法修正案》增设了缺席审判程序，明确了《监察法》与《刑事诉讼法》衔接的若干规则，最终促成"普通程序＋简易程序＋速裁程序＋五种特别程序＋其他分流机制（如不起诉、刑事和解）"的多元化、多层次诉讼体系格局。① "监察法的制订，标志着反腐败法律制度体系的骨架已经搭建完成。"② 监察权的运行既关乎程序性运转的问题，也涉及与实体法的对接问题，必须是实体与程序的一体化衔接及其运行，从而"构建符合积极治理模式以及法治反腐要求的监督规范体系"。③《监察法》明确规定，监察机关办理职务违法和职务犯罪案件，应当与审判机关、检察机关、执法部门互相配合，互相制约；检察机关对监察机

---

① 参见周新《论检察机关的公诉模式转型》，《政治与法律》2020年第1期。

② 李斌雄、廖凯：《中华人民共和国监察法的时代特色和实施路径探讨》，《湖北社会科学》2019年第1期。

③ 刘艳红：《〈监察法〉与其他规范衔接的基本问题研究》，《法学论坛》2019年第1期。

关移送起诉案件经一定程序有权作出不起诉决定。对于被调查人被留置期间权益保障问题，《监察法》规定，对有碍调查的案件，将在有关情形消失后立即通知家属，而一般情形则一律需在采取留置后24小时内通知家属，这种权益保障最大限度地接近了《刑事诉讼法》的规定。有学者认为《监察法》不合理限制被留置人权利甚至有侵犯人权嫌疑，与《刑事诉讼法》有规定不一致之处。① 但也有学者认为，对于《监察法》的规定相较《刑事诉讼法》的所谓"落后"，并不能单纯地在法治个案意义上理解，而是中国共产党一种更远更高胸襟的体现，是"在政治目标的框架内遵循法治的规律"。②

关于反腐败国际追逃追赃的刑事程序规范，党的十九大之前主要是《引渡法》及《刑事诉讼法》第17条③关于刑事司法协助的原则规定和相关司法解释的配套规定。十九大后，相关法律体系日趋严密和完善。《监察法》设立了"反腐败国际合作"专章，明确了国家监察委员会在反腐败国际合作中的职责。随后，2018年10月通过并施行的新《刑事诉讼法》第三章规定了刑事缺席审判制度，④

---

① 例如有学者认为，根据《监察法》的规定，律师无法介入整个调查程序，被留置人的会见权、辩护权排除在外，人权无法得以保障，易导致高度集中的调查权恣意滥用。参见黄鑫《国家监察体制改革法治化构建之维——兼论"社会中心主义"与反腐"理性构建"》，《时代法学》2018年第5期。

② 参见刘用军《监察体制改革与国家治理创新：一种非西方法权的视角》，《湖北警官学院学报》2019年第6期。

③ 《刑事诉讼法》（2012年修正）第17条"追究外国人刑事责任适用我国刑事诉讼法原则"规定："对于外国人犯罪应当追究刑事责任的，适用本法的规定。对于享有外交特权和豁免权的外国人犯罪应当追究刑事责任的，通过外交途径解决。"2018年修正的《刑事诉讼法》对该条没有改动。

④ 《刑事诉讼法》（2018年修正）第291条"适用缺席审判案件的类型及条件"规定："对于贪污贿赂犯罪案件，以及需要及时进行审判，经最高人民检察院核准的严重危害国家安全犯罪、恐怖活动犯罪案件，犯罪嫌疑人、被告人在境外，监察机关、公安机关移送起诉，人民检察院认为犯罪事实已经查清、证据确实、充分，依法应当追究刑事责任的，可以向人民法院提起公诉。人民法院进行审查后，对于起诉书中有明确的指控犯罪事实，符合缺席审判程序适用条件的，应当决定开庭审判。前款案件，由犯罪地、被告人离境前居住地或者最高人民法院指定的中级人民法院组成合议庭进行审理。"

据此我国可以对潜逃境外的腐败分子进行缺席审判。2018年10月公布并施行的《国际刑事司法协助法》，更是明确规定了我国刑事司法协助体制和国际追逃追赃有关法律制度，为国际追逃追赃的有效开展提供了基础性、关键性的法律依据。①

（三）地方立法

反腐败的地方立法作为国家反腐败法律体系的重要组成部分，对于各地因地制宜地深入开展反腐败工作意义重大。对此，许多地方已作出了一些有益尝试。譬如《广州市预防职务犯罪条例》（2014年）、《上海市预防职务犯罪工作若干规定》（2015年）、《河南省预防职务犯罪工作条例》（2016年）、《河南省预防职务犯罪工作条例》（2016年）等。积极探索和总结惩治和预防腐败领域的地方立法的经验，对于进一步加强反腐工作的专业化和规范化，具有重要意义。下一步，各地立法将依照《监察法》的规定进行大规模的修订。

（四）《联合国反腐败公约》在我国的适用

在全球化背景下，中国反腐败刑事法律也日益开放。一方面，借鉴域外的反腐败立法经验，提升立法质量，为开展跨国刑事司法合作奠定良好基础；另一方面，拓宽与其他国家和国际组织的合作，参与国际社会反腐败的一体化斗争。国际上对预防腐败和严肃惩处腐败犯罪达成了高度共识，《联合国反腐败公约》《联合国反对跨国组织犯罪公约》《班加罗尔政府官员行为准则》等均是这一共识的体现。中国政府在2003年12月10日签署了《联合国反腐败公约》，该《公约》于2005年由第十届全国人大常委会审议并批准，并于当年生效。从此《公约》在中国产生了法律约束力，并成为反腐败领

---

① 《国际刑事司法协助法》旨在更好地解决海外追赃追逃问题，但其与《监察法》《引渡法》《反恐怖主义法》的衔接上，还存在一些问题。例如有学者认为，《国际刑事司法协助法》的半广义说与《反恐怖主义法》和《监察法》等存在明显出入，名称相同而含义不同，恐给司法实践造成混乱。参见李海滢《海外追逃、追赃背景下反腐败立法的协调与联动》，《当代法学》2019年第3期。

域至为重要的国际法律文件。

《公约》是迄今国际上惩治腐败领域最为完整,且兼具全球性、创新性的国际公约,也是各国建构和完善国内立法的重要依据和参考文件。2009年《刑法修正案(七)》、2011年《刑法修正案(八)》和2015年《刑法修正案(九)》,均可在一定程度上视为接轨《公约》的积极成果。但由于《公约》不能直接适用于我国,而我国作为缔约国,在打击腐败犯罪的刑事立法和司法上还都与《公约》的要求存在一定差距,相关部门正积极研究、探索和论证,修改和完善刑事法律的相关内容。

二 反腐败刑事司法的特色与经验

在刑事反腐领域,十八大以来,我国进一步加大了通过刑事追诉打击腐败的工作力度,取得一系列值得瞩目的新成就。2012—2107年,共立案审查省军级以上党员干部及其他中管干部440人。其中,十八届中央委员、中央候补委员43人,中央纪委委员9人,厅局级干部8900多人,县处级干部6.3万人。① 另根据中央纪委国家监委网站审查调查栏目通报信息统计,2019年总计通报执纪审查中管干部20人,与此前两年持平(2017年通报执纪审查中管干部18人,2018年则是23人);在省管干部方面,2019年总计通报执纪审查408人,与此前两年相比大幅度增加(2017年是221人,2018年是354人)。② 这些重大工作和重大成就,形成了反腐败的压倒性态势,消除了国家体制内存在的一些严重隐患,政治风气和政治生态明显好转,得到民众的拥护和好评。调查显示,民众对党风廉政建设和反腐败工作的满意度不断提高。2013年是81%,2014年是

---

① 《杨晓渡:十八大以来立案审查省军级以上党员干部及其他中管干部440人》,人民网,网址:http://cpc.people.com.cn/19th/n1/2017/1019/c414536-29596644.html,最后访问日期:2020年4月10日。

② 陈磊:《2019年反腐败"成绩单"亮眼:查处省管干部408人》,《法制日报》2020年1月3日。

88.4%，2015年是91.5%，2016年是92.9%，逐年走高。① 整体而言，腐败蔓延势头得到有效遏制，反腐败斗争压倒性态势已经形成，不敢腐的目标初步实现，不能腐的制度日益完善，不想腐的堤坝正在构筑，政治生活呈现新的气象。

从近年来对腐败犯罪案件的侦查和审理情况中，可总结出当前腐败犯罪案件的主要特点：一是涉及领域广泛；二是犯罪数额巨大的案件时有发生；三是作案手段隐蔽化、智能化、期权化现象突出。针对这些特点，司法机关有的放矢地推进反腐败的刑事司法实践，并从中及时总结经验，形成了反腐败司法的一些新特色。

（一）聚焦腐败犯罪高发的领域和环节

近年来，贪污贿赂等腐败犯罪的集中化现象越来越明显。司法机关掌握了腐败犯罪要案多发的领域和环节，确定了应重点查处和惩治的行业、部门和部位，逐个分析其特点、规律，研究精确打击和防范的对策，集中有限的司法资源，全面正确地履行司法职能，有效地遏制了腐败犯罪的滋生和蔓延势头。

就目前而言，司法重点惩治的职务犯罪包括：利用人事权、执法权、审批权、监管权等权力谋取私利的职务犯罪；在工程建设领域、国有企业、金融证券以及国家投入大量资金的教育、科研、医疗卫生、社会保障等领域和行业的职务犯罪；在土地和矿产资源承包出让、开发利用、经济补偿、环境保护等环节谋取非法利益，造成国有资产流失、生态环境破坏等严重的职务犯罪；征地拆迁、退耕还林、征地补偿、惠农补贴发放等涉民生领域、与民争利的职务犯罪；黑恶势力犯罪、重大安全生产事故和重大食品安全事故等涉

---

① 《吴玉良：2016年群众对党风廉政建设和反腐败工作满意度达92.9%》，网址：http://www.ccdi.gov.cn/yaowen/201601/t20160115_139874.html，最后访问日期：2020年4月10日。

及群体性事件背后的职务犯罪。①

（二）高度关注基层和农村腐败

反腐败是一项整体工程。基层和农村惩治和预防腐败体系是整个国家的惩治和预防腐败体系的重要部分。村干部、乡镇干部和基层单位干部的形象直接影响着党和政府的形象。严重的基层腐败会严重影响基层的廉政建设，容易导致干群关系、党群关系的恶化，加重基层人民群众的负担，同时在相当程度上给基层政权建设带来影响，造成基层民主制度的破坏。近年来，个别基层政府工作人员高额贪腐案件不断发生，②且产生了不少腐败窝案。基层腐败窝案主要呈现出"网格式"组织、"链条式"运作、"裂变式"发展、"买卖式"交易、"破窗式"扩散等特征。③

2008年中共中央发布的《关于推进农村改革发展若干重大问题的决定》指出，"要推进农村惩治和预防腐败体系建设"。多个省份已着力于农村惩治和预防腐败体系的建设。2011年，为了进一步加强农村党风廉政建设，促进农村基层干部廉洁履行职责，中共中央办公厅、国务院办公厅印发了《农村基层干部廉洁履行职责若干规定（试行）》，要求各地区各部门认真贯彻执行。2013年广西壮族自治区委员会据此制定了《广西壮族自治区农村基层干部廉洁履行职

---

① 从党的十八大后查处的省级党委书记腐败领域看，涉及企业经营腐败的有14人，涉及工程建设领域腐败的有14人，涉及土地及房产开发腐败的有13人，涉及工作调动或职务晋升腐败的有30人，涉及项目审批腐败的有5人，涉及产品经销腐败的有5人，涉及银行贷款腐败的有4人，涉及矿产腐败的有4人等。数据引自何旗《一把手腐败与政治生态污染及其修复——基于党的十八大后36名省级党委书记腐败案例的剖析》，《理论研究》2020年第1版。

② 对于基层"小官巨贪"频频出现的原因，有学者引入了"默契性容忍"的分析框架，通过实证研究，认为官员上下级之间存在的一种默契合作策略性行为、纯粹"非合作"的方式进行合作的行为，即"默契性容忍行为"，是主要原因。参见肖滨、陈伟东《基层腐败问题的缘起：默契性容忍——基于A市镇街"一把手"的48个案例研究》，《广东社会科学》2019年第3期。

③ 参见陈文权、余玲《精准治理基层腐败窝案的多维探析》，《治理现代化研究》2019年第4期。

责实施办法（试行）》。

在刑事司法领域，司法机关在严厉、精确打击涉及高职位、高级别官员的大案要案，取胜于"主战场"的同时，也高度关注腐败的"落势化"倾向，直面农村和基层反腐的严峻形势，以解决群众反映的突出问题为重点，查处了一批基层腐败案件，尤其是在开发区、城中村和沿海发达地区农村的案件。

（三）借助互联网畅通民间举报渠道

充分利用民间力量是构筑反腐败体系的重要一环。统计表明，超过70%的腐败案件线索来自群众的举报。要让民间反腐保持良性发展，关键在于政府职能部门及时介入，建立一种相互信任、及时沟通的良好关系，并加强监督管理，引导公民有序参与。在传统参与渠道之外，近年来互联网的迅猛发展和它方便快捷、低成本、低风险的特性使得它越来越成为公众行使知情权、表达权、监督权，提供腐败案件线索，督促相关部门及时作出反应并公开处理情况的重要渠道。①

纪检监察、司法等反腐败的核心部门已深刻意识到网络对于惩治和预防腐败的强大威力。中央党校出版社2009年出版发行的《中共党建辞典》收录了"网络反腐"的词条，是互联网在反腐败中的作用得到中国官方认可的一个重要标志。相关部门和机构一直致力于积极探索举报网站建设策略，建立健全举报网站受理机制及线索运用和反馈制度，为公众行使监督权和表达权、知情权提供便捷畅通的平台。目前，官方网络监督渠道正逐步建立，官方举报网站的系统化建设正逐步实现。

---

① 有研究者将中国式政策性反腐败的发展分为四个时期：第一个时期是新中国成立之前公众直接参与反腐；第二个时期是新中国成立到"文革"之前，公众直接参与并伴以政治运动的形式呈现；第三个时期是"文革"结束后，反腐法制化初级阶段，公众直接参与式微，转向以来信来访检举、控告腐败犯罪行为等形式；第四个时期是互联网、自媒体兴起时代，通过"网络反腐"赋予公众直接参与反腐的重新"回归"。参见李辉《超越国家中心主义：中国腐败治理的历史梳理》，《文化纵横》2013年第3期。

（四）注重预防与惩治相结合

对腐败犯罪的惩治是在腐败行为实施、危害发生之后的一种补救措施，不可避免会耗费一部分廉政资源，而有效的预防对策和措施则把腐败犯罪的苗头扼杀在摇篮里，防止其对社会造成最终危害。因而，预防能够治本，而惩戒主要治标。再者，当前中国反腐败的总体态势是，成效明显和问题突出并存，防治力度加大和腐败现象易发多发并存。这同样说明，开展反腐败斗争，必须注意解决源头性、根本性、基础性问题。正因如此，党中央将"惩防并举"确立为反腐倡廉的方针之一。在这一方针的指导下，中国的司法机关在预防腐败犯罪方面进行了积极的探索和部署。2010年起，一项新的预防职务犯罪工作制度——"职务犯罪发生情况、发展趋势和预防对策年度报告制度"开始在全国检察机关中建立，旨在把打击职务犯罪端口前移。

尽管相关部门在预防腐败犯罪方面进行了一些有益的探索并已取得一些成绩，但同时必须看到，在深入推进"十三五"规划实施过程中，我国市场资源配置机制、国民收入分配格局、城乡二元体制等方面将发生深刻变化，这些变化势必对腐败犯罪的发生态势、领域、环节等产生影响，预防腐败犯罪的工作将面临新的机遇、挑战。

（五）受贿与行贿统筹查办

受贿与行贿是一种对合犯罪。[①] 行贿也是一种社会丑恶现象和严重违法犯罪行为，是诱发受贿犯罪、滋生腐败的直接根源。但我国一直以来奉行重受贿、轻行贿的"非对称性"贿赂刑事政策[②]，意欲通过对受贿罪的严厉惩罚来达到威慑和预防犯罪目的。[③] 我国司法

---

① 关于对合犯罪理论的溯源、成立要件及其与共同犯罪等的区别和联系，参见陈兴良《从对合共犯论到阶层共犯论》，《比较法研究》2019年第5期。

② 参见刘仁文、黄云波《行贿犯罪的刑法规制与完善》，《政法论丛》2014年第5期。

③ 域外一些国家（如英国）的贿赂犯罪立法，坚持受贿与行贿惩罚并重，并力图通过商业组织预防行贿失职罪，促使商业组织加强制度建设，以达到预防贿赂犯罪的目的。参见梅文娟《中英行贿犯罪立法之比较》，《中国检察》2018年第21期。

机关查处腐败案件的实践则表明，查处行贿有利于突破受贿案件，查处受贿也有利于发现、突破行贿。从行贿人查起的逆向内审深挖和外调延伸，常常有助于精准有效地发现线索，将基层腐败窝案"连根拔起"。①

在分析线索、研究制定初查和侦查预案时，应深入分析研究受贿、行贿线索的可查性，同时制定相应的初查计划和侦查计划，确保查受贿与查行贿工作同步走、两推进。2011年5月7日，最高人民检察院印发了《关于进一步加大查办严重行贿犯罪力度的通知》（以下简称《通知》），对各级检察机关充分发挥检察职能，严肃查办拉拢、腐蚀国家工作人员的严重行贿犯罪提出了明确要求。按照该《通知》的部署，最高人民检察院在坚决惩治受贿犯罪的同时，进一步加大了查办严重行贿犯罪的工作力度，重点查办向国家机关及其工作人员行贿等8类行贿犯罪案件。党的十八大以来，加大了对行贿犯罪的打击力度。《刑法修正案（九）》第45条新增加了罚金刑，并且是无条件地并处罚金；同修改了行贿罪特别自首的规定，限制了行贿罪量刑时适用从轻、减轻处罚的具体条件；修正案还将向有影响力的人行贿的行为纳入到刑法的调整范围。在此基础上，"腐败犯罪的惩治效果也因此得到了进一步提升。"② 我国对行贿犯罪的认识逐渐深刻，重视程度也越来越高。

三 加强对腐败犯罪的刑法治理

为彻底根除腐败，中国政府明确提出要建立一个"教育、制度、监督并重的惩治和预防腐败体系"。作为从源头上治理腐败的治本之策，纪检监察部门在分析现行反腐法规现状、借鉴国外廉政法制建设经验的基础上，首次提出了廉政与反腐法律制度框架

---

① 陈文权、余玲：《精准治理基层腐败窝案的多维探析》，《治理现代化研究》2019年第4期。

② 《权威专家解读张中生案一审判决——访著名刑法学者高铭暄教授》，《法制日报》2018年3月29日。

的基本设想。根据这一框架，到 2010 年，中国建成廉政建设与反腐败法律制度的基本体系；到 2020 年左右，将建立起完善的反腐倡廉制度体系。

为实现这一目标，我国的反腐败刑事立法需要结合国家的刑事基本政策和《联合国反腐败公约》的精神，在原有法律框架之内，取得实体法和程序法两方面的突破。

（一）刑事实体法的完善

回顾我国反腐败刑事立法的历史，成绩和进步是巨大的，但现行立法与《联合国反腐败公约》及一些国家和地区较为成熟的立法相比，仍存在立法技术粗糙、犯罪形态缺位、司法操作不便等问题，需要积极面对和解决。

以贿赂犯罪这一最为典型的腐败犯罪为例。应以国情为基础，全方位检视现行立法，借鉴域外成功经验，遵循国际间共同的准则和规则，来完善相关立法。可以期待，我国反腐败刑事立法中对贿赂犯罪的制裁防线将大大提前，刑罚设置将更加科学，法网也将更加严密。建议相关立法可从以下几个方面考虑：适度扩大贿赂犯罪的入罪行为范围；适当前置贿赂犯罪的构成要件；实现贿赂犯罪处罚平衡；建立科学合理的刑罚机制；修正和提高立法技术，引入二元的定罪量刑标准。

（二）刑事程序法及配套制度的完善

以刑法手段治理腐败能否取得实效，不仅取决于刑事实体法是否完善，还取决于刑事程序法和配套制度是否完备。

第一，完善证人制度。贪腐犯罪案件的查办，通常需要面对大量言词证据。相对于占据优势地位和拥有大量资源的贪腐犯罪嫌疑人或被告，证人往往处于弱势。最高人民法院发布的《民事诉讼证据规则》第 80 条规定了证人的合法权益应当受到保护，但并未规定如何对证人进行保护，在实践中也难以真正实现对证人的经济补偿。同时，保护证人的人身安全在我国是一种事后保护，法、检两类主体无能力对证人作出保护，对证人实施保护的案件范围狭小，故而在腐败犯罪案件中，证人通常因害怕遭打击报复而不敢出庭作证。因此，应改进作证方式，同时加强对证人的保护。具体来看：其一，对未成年证人或因遭受恐吓而怯于出庭的证人等，可以通过视频网络远程作证；其二，应为证人提供人身保护，细化转移证人、限制或禁止披露身份和居所、家人等相关信息的各项规定；其三，注重预防性保护措施的落实，从作证前、作证中到作证结束以至于案件终结的一段时间内，对证人及其家属予以24小时全方位保护；其四，明确启动证人保护的前提条件和程序，增加证人保护的措施种类；① 其五，对出庭的证人，法院应根据情况给予适当的经济补偿；其六，还应建构污点证人制度，体现刑事法中关于控制犯罪和保障人权并重的理念。

第二，完善国际合作机制。十九大报告指出，不管腐败分子逃到哪里，都要缉拿归案、绳之以法。跨国性和国际性已成为当今世界各国贪腐犯罪的一种趋势。推进各国在打击腐败领域的国际合作，可以在事实上有效遏制贪官外逃的现象。完善反腐败的国际合作机制，可从以下几个方面努力：（1）为有效开展追回贪腐犯罪所涉赃款、赃物的国际合作，应建立承认和执行外国刑事罚没裁决的司法审查机制。②（2）积极开展劝返国际合作，签订互惠的劝返合作条约，增强劝返的国际认可度。③（3）对已外流资产的追回，应本着互惠和务实的原则，确立依据"贡献"分享收益制度。

---

① 参见裴兆斌、翟姝影《境外追赃之直接追回运行机制研究》，《山东警官学院学报》2019年第5期。

② 当然，是否承认和执行外国刑事判决，仍属于我国主权的一部分，并非开放式、不加区别地赋予外国刑事判决同等的法律地位，而是仅限于国家间能够互惠互利的相互承认和执行刑事判决的情形。

③ 我国当下追逃方式主要包括引渡、移民法遣返、异地追诉以及劝返四种。有研究者认为，相较于引渡、移民法遣返和异地追诉，追逃劝返存在不少优势，并建议建立常态化、互助化的劝返国际合作机制。参见罗斌《反腐败国际合作：追逃劝返制度的规则构建》，《东方法学》2019年第6期。

第三节　地方实践：以湖南为样本的分析

"没有法治，国家便将腐化堕落。"① 预防和惩治腐败的关键，在于遏制公权力的不正当行使，而法治正是意味着公权力的行使受到法律的制约和监督。近年来，中央层面再三作出以法治手段推进反腐工作的重要部署②，"法治反腐"被解读为新中国成立以来反腐工作的第四个阶段③，反映了顶层反腐败工作思路的重要转变。

而在地方层面，近年来，许多地方在国家法制统一的大框架下也进行了具有鲜明地方特色的实践探索。地方法治在为地方的经济、政治、文化、社会和生态文明建设注入强大动力的同时，也使地方的反腐工作迎来了新的契机。

湖南近年来在地方法治建设方面的建树有目共睹。在法治湖南建设逐步推进的过程中，法治与反腐之间的紧密联系日益凸显。本

---

① 参见吕元礼《新加坡治贪为什么能》，广东人民出版社2011年版，第105—122页。

② 我国反腐工作中，对于制度重要性的认识经历了自浅入深的几个阶段。党的"十七大"报告明确提出了"建立健全决策权、执行权、监督权既相互制约又相互协调的权力结构和运行机制"的命题；党的十八大报告进一步深化了对这一命题的认识，强调要"更加注重发挥法治在国家治理和社会管理中的重要作用"，"健全反腐败法律制度，更加科学有效地防治腐败"；十八届四中全会勾勒出了国家层面法治反腐的蓝图："加快推进反腐败国家立法，完善惩治和预防腐败体系，形成不敢腐、不能腐、不想腐的有效机制，坚决遏制和预防腐败现象。完善惩治贪污贿赂犯罪法律制度，把贿赂犯罪对象由财物扩大为财物和其他财产性利益。""十九大"报告对反腐形势作出判断并明确了目标："当前，反腐败斗争形势依然严峻复杂，巩固压倒性态势、夺取压倒性胜利的决心必须坚如磐石"，再度强调"推进反腐败国家立法，强化不敢腐的震慑、扎牢不能腐的笼子，增强不想腐的自觉"。

③ 此前的三个阶段分别为运动反腐、权力反腐、制度反腐。参见张大共《关于法治反腐的思考》，人民网—中国共产党新闻网，网址：http://dangjian.people.com.cn/n/2014/0116/c117092-24134903.html，最后访问日期：2020年4月10日。

节通过对湖南地方法治建设过程中以法治思维、法治手段限权反腐的各项举措的调研，初步梳理出一些可资推广的做法、可以借鉴的经验和可供批判的教训。① 对于地方法治反腐的空间等理论问题，尚需在地方法治反腐的推进过程中逐步厘清。

一 湖南省地方法治反腐工作的推进

各国反腐实践证明，反腐败最终必须走法治化的道路，无论人治的手段多么令人生畏，成效多么立竿见影。舍法治，不能确保反腐败的客观公正和可持续，亦不能保障当事人权利不受侵害。② 近年来，地方法治已经成为我国社会主义法治国家建设中具有强大生命力的有机组成部分，并已成为地方反腐工作的重要依托。在湖南，随着地方法治建设工作的推进，反腐败工作也逐步规范化和制度化。

大体来看，湖南的地方法治建设可以分为两个阶段。第一阶段是"法治政府"建设阶段，时间为2006年至2011年，以2008年《湖南省行政程序规定》的出台实施为标志，重点是限制政府的行政权，推进依法行政。《湖南行政程序规定》开创了（地方）统一行政程序立法的先河，可以看成是"法典性行政程序立法在地方的试点"，其意义超越了一省的范围，为国家层面的行政程序制度建设做出了突出贡献。③ 第二阶段延伸到"法治湖南"的建设，时间为2011年至2014年，以2011年7月《法治湖南建设纲要》公布实施为标志，全面推进依法执政、依法行政、公正司法、人人守法等各

---

① 例如，发生于2014年的"衡阳贿选事件"震惊全国。该事件不仅暴露出了湖南反腐工作中的一系列问题，也是对我国人民代表大会制度的公然挑战，甚至差点酿成"宪法危机"。参见莫纪宏《直面"三个挑战"：衡阳贿选事件的法理透析》，《法学评论》2014年第2期。

② 参见郝建臻《廉政与社会的关系辨析》，《政法论坛》2017年第2期。

③ 《湖南省行政程序规定》颁行十余年来获得了多方赞誉，是当代中国行政法发展历程中不可隐去的一笔。参见《当代中国行政法的新发展——访中国法学会行政法学研究会会长应松年教授》，《中国法律》2011年第6期；姜明安《21世纪中外行政程序法发展述评》，《比较法研究》2019年第6期。

项工作，实现从建设法治政府到全面建设法治湖南的新跨越。2014年12月6日湖南省委全会通过实施的《中共湖南省委贯彻落实〈中共中央关于全面推进依法治国若干重大问题的决定〉的实施方案》（以下简称《实施方案》），则标志着法治湖南建设进入法治中国建设的总体战略阶段。

湖南地方法治建设的过程，是从突出重点到全面展开、从制度建设到贯彻实施的循序渐进的过程，在此过程中，体现的是对权力寻租空间的逐步压缩。

(一) 行使地方立法权，构建制度基础

我国《宪法》《立法法》等法律授予了省级人大（及其常委会）和人民政府"会根据本行政区域的具体情况和实际需要"制定"不同宪法、法律、行政法规相抵触的"地方性法规、规章和规范性文件的权力。

基于制度先行的重要意义和作用，湖南省运用地方立法权，出台了一些重要的地方立法和规范性文件作为"法治湖南"建设和法治反腐工作的基础。例如，《实施方案》提出通过制定具体的制度来落实科学立法、严格执法、公正司法、全民守法，要求制定制度着重在质量上下功夫，在增强制度的及时性、针对性和可操作性上下功夫，全面提高各领域法治化水平。在具体路径上，《法治湖南建设纲要》明确提出，要坚持以科学发展观为指导，牢固树立社会主义法治理念，大力弘扬社会主义法治精神，全面落实依法治国基本方略，通过完善立法、加强执法、深入普法、强化监督，做到有法可依、有法必依、执法必严、违法必究，实现依法执政、依法行政、公正司法、人人守法，促进全省社会主义物质文明、政治文明、精神文明和生态文明协调发展，营造公开、公平、公正、可预期的法治环境。

在法治政府建设方面，从2006年开始，湖南省在坚持国家法制统一的前提下，注重加强与国家法律、行政法规实施相衔接的地方立法，特别是自主性、创制性的地方立法，将国家法律实施细则化、具体化、操作化。目前,湖南省已有 260 余件现行有效的地方性法规和 156 件政府规章,形成了比较完善的地方法规体系。这一系列法规符合党的十八届四中全会关于全面推进依法治国的精神,并且与湖南省发展相适应、具有鲜明的湖南特色,其中的《湖南省行政程序规定》《湖南省规范性文件管理办法》等,成为各地立法相继效仿的对象,并为中央层面的相关立法准备了丰富的经验与素材。

值得指出的是,《湖南省行政程序规定》第 1 条规定了其"立法目的"在于:规范行政行为,促进行政机关合法、公正、高效行使行政职权,保障公民、法人或者其他组织的合法权益,推进依法行政,建设法治政府。这正是限权反腐的目的和着眼点。

(二)实现程序法定,规范权力运行

秉持程序公正、实现程序法定已成为现代法治国家共同的价值取向。然而,相较实体立法而言,我国的程序性立法相对薄弱,程序性规则的缺失成为权力在具体运行中屡屡失范的一个重要症结。有鉴于此,湖南省以程序规则的建立作为抓手之一,以使权力在立法所设定的轨道上规范运行。①

(1)规范各类规范性文件的备案和审查程序。湖南省政府于 2009 年、湖南省委于 2012 年在全国率先分别制定了《湖南省规范性文件管理办法》和《湖南省党内规范性文件备案规定》。湖南省委每年备案审查党内文件 500 余件,纠正 20 余件。省市县三级政府和部门的规范性文件实行统一登记、统一编号、统一公布的"三统一"的管理制度,未经"三统一"公布的文件一律无效。

(2)规范重大决策程序。行政决策本质上是一种政治过程,它涉及公共资源的配置和多元利益的平衡,而一旦决策尤其是重大决策失误或失当,往往会造成难以估量的损失。然而,我国实行行政

---

① 湖南省行政程序立法地位甚高,以至于学者普遍将行政程序立法作为"法治湖南"的标签,甚至概括道法治湖南是行政程序本位的。参见黄丽云、吴鸣《当前地方法治建设的阶段转换》,《党政论坛》2014 年第 10 期。

首长负责制，决策权力相对集中，而决策监督和责任追究未到位、决策民主化不足，使得决策成为腐败高发环节。因此，设计科学严密的程序，实现对决策权的制约尤为重要。湖南省委完善和规范了党委决策机制，将法律咨询作为重大决策的必经程序，并于2013年出台实施了《关于党委（党组）领导班子贯彻落实"三重一大"事项集体决策制度的若干意见》（以下简称《意见》）。《意见》对决策原则、决策范围、决策程序、决策监督和责任追究都作了明确规定。省政府为深入推进县以上人民政府工作部门及乡镇人民政府的重大行政决策，2007年出台实施了《湖南省行政程序规定》，在全国首次以地方立法的形式规定重大行政决策要经调查研究、专家论证、公众听证、风险评估、合法性审查、集体决定等程序。2009年后，湖南省全部州市和部分县市区政府先后出台了关于重大行政决策程序规定的规范性文件。① 2015年12月，发布了《湖南省重大行政决策合法性审查暂行办法》，明确重大行政决策未经合法性审查或者经审查不合法的，不得作出决策。

（3）规范权力行使。一是规范权力运行程序。湖南省政府颁布实施了《湖南省行政程序规定》。该《规定》对决策程序、行政执法程序、特别行为程序、应急程序、行政听证、行政公开、行政监察、责任追究等都作了具体的规定，规范了政府和部门依法行政行为。响应李克强总理"要以权力瘦身为廉政强身"的指示②，湖南省委纪委推动完善了规范县委书记权力运行制度，推进全省各级各部门开展了清权、确权、权力运行、权力运行监督等规范权力运行制度体系建设，制定了权力清单、绘制了权力运行

---

① 有学者以湖南35个关于重大行政决策程序规定的规范性文件作为实证研究对象，从形式和内容的角度，对湖南重大行政决策合法性审查的制度现状进行了描述。认为存在制度规范位阶低、制度内容简单粗疏、制度刚性弱等问题。参见杨叶红《重大行政决策合法性审查制度的梳理与展望——以湖南省的实践为例》，《湖湘论坛》2017年第3期。

② 参见《政府工作报告（2015年）》，2015年3月5日。

图、完善了各项制度、标出了权力运行廉洁风险节点,并将制度汇编成册。其中省委组织部、省发改委、省国税局等省直和中央驻湘单位 69 个建立规范权力运行制度 3704 项,并经过省法制办、省国家保密局、省编办等单位集中合法性审查。二是规范行政执法权。湖南省政府组织梳理公布行政执法权,在全国率先梳理公布省直 55 个行政执法部门的行政执法职权 6003 项。三是规范行政裁量权。目前在行政裁量领域,行政裁量权过大,给予了执法者通过选择性执法、超弹性执法等进行权力寻租的空间。有鉴于此,2009 年制订实施了《湖南省规范行政裁量权办法》。该《办法》对湖南省行政机关行使行政审批、行政确认、行政处罚、行政强制、行政检查、行政征收、行政给付、行政奖励等裁量权作了具体规定。湖南省县级以上政府部门规范了裁量权基准,现在省直 47 个单位、14 个市州政府 651 个市州直单位和全省县市区所属单位均出台了行政裁量权基准,共计 4000 余个。

(三) 推进基层治理法治化,关注权力在基层的运行

法治是以权力制约为起始目的和核心要旨的政治实践方式,是为人类历史所证明的最文明的社会秩序化手段。① "鉴于基层社会为诸种问题的汇聚之地,基层治理作为国家治理之末端,其为国家治理体系之基座,因而是社会稳定之根本。"② 提高基层的依法治理能力,对于减少社会矛盾、将问题有效化解在基层、压缩权力在基层的腐败空间等具有至关重要的作用。在法治湖南建设中,赋予了基层依法治理以基础性的地位和作用,进行了许多有益的尝试。一是扎实开展法治先进地方的创建活动。在全省组织开展了 "法治示范县市区" "法治先进城市" "法治先进县市区" 等创建活动,涌现出了常德市、张家界市、长沙市天心区等一批全国先进典型。二是积极推进 "民主法治示范村(社区)" 创建活动,自 2010 年开始,每

---

① 参见庞正《法治秩序的社会之维》,《法律科学》2016 年第 1 期。
② 梁平:《基层治理的践行困境及法治路径》,《山东社会科学》2016 年第 10 期。

年都会选出一批民主法治示范村和民主法治示范社区。2013年，制定了《湖南省"民主法治示范村（社区）"动态管理办法》。截至2019年，已经命名了八批民主法治示范村（社区）。三是实施"法治惠民"工程。把依法保障和改善民生作为法治建设的出发点和落脚点，在就业、就学、就医、保险、安居、交通等事关人民群众切身利益的领域，运用法律手段解决了一大批问题。例如，全省各级机关效能投诉中心每年为人民群众解决了15000余个问题。四是大胆探索多元纠纷解决机制。省法院积极探索，在长沙经济技术开发区组建了全国首个产业园区非诉讼纠纷解决（ADR）中心。湖南省目前已建立人民调解组织3.44万个，行业性专业性人民调解组织1760个。湖南还是最早探索三调联动的省份之一，曾经推出了三调联动的湖南经验。

（四）完善权力监督体系，强化法定问责渠道

没有监督的权力是危险的。湖南省选择了其中的行政监督方式作为重点，全面推进行政问责。一是加大信息公开力度。各级政府根据《湖南省实施〈中华人民共和国政府信息公开条例〉办法》公开政府信息，创办了政府公报和设立了现行文件查阅中心，长沙市等地还实行电视、互联网络、电台直播政府常务会议。二是加大对领导干部监督力度。2009年湖南省建立了监督工作联席会议制度，之后制定实施了《加强市州和省直厅局级单位正职监督的暂行办法》《关于进一步加强对县市区党政正职监督的暂行办法》《湖南省市州和省直厅局级单位党政正职述廉评议暂行办法》。2011年省纪委、省监察厅在全国率先探索性地开展了对市州和省直厅局级单位正职述廉评议工作。同时，湖南省在省直市县三级就人民群众最关心的突出问题大力开展电视问政和网络问政活动。三是加大依法行政考核力度。2010年出台了《湖南省依法行政考核办法》，当年把各级政府和部门依法行政纳入政府绩效评估内容，有力推进了依法行政工作。四是加大责任追究力度。为加强对人民群众关注的重要领域和关键环节的监督，2011年制定实施了《湖南省影响机关效能和损

害经济发展环境行为处理办法》。为加大对领导干部的责任追究力度，2015年，湖南省委出台了《关于党风廉政建设主体责任和监督责任的责任追究办法》，明晰了各级党委纪委在党风廉政建设方面的责任和彼此间责任的边界，并强化了相关保障措施。随后，各市县相继制作了《落实党风廉政建设主体责任和监督责任清单》，细分了党委的主体责任和纪委监督责任。

（五）培育法治文化，营造法治反腐的良好氛围

一项制度实施的效果，很大程度上取决于是否有非正式的制度体系（如道德、习俗等社会文化）的支撑。文化塑造社会心理和社会舆论氛围，像基因一样在潜移默化中影响群体和个人的行为。[①] 尽管多年来我国一直着力于预防和惩治腐败的制度建设，但腐败现象仍在一些领域蔓延，反映出腐败仍有着滋生的土壤。这也进而说明，法治反腐还需要培育法治文化，营造法治反腐的氛围。

在法治文化建设的举措方面，湖南也做了一系列工作：一是组织编写书籍。组织编写了《法治湖南建设纲要导读》和《法治湖南建设文件汇编》等书，下发全省干部学习。二是举办讲座培训班。各级各部门党委（党组）组织了中心组学习《纲要》、举办领导干部法治湖南建设讲座，党校和各类干部培训班都开设了法治湖南建设课。三是协调媒体宣传法治建设。召开了《纲要》新闻发布会，在全省组织了法治湖南建设宣传月活动，开展了"法治湖南市州行"专题报道活动，创办了《湖南日报》"法治湖南"专刊，开设了"法治湖南网"，开通"微信说法"，开播电视专栏《中山说法》，在电台播出《法治之声》，并在人民日报、法制日报、人民网等中央媒体对法治湖南建设进行了大量深度报道。

二　湖南省地方法治反腐的评价和启示

湖南省近年来地方法治反腐的推进过程，是全国各个地方积极运

[①] 郝建臻：《廉政与社会的关系辨析》，《政法论坛》2017年第2期。

用法治工具和方式预防和惩治腐败工作的一个缩影。通过对湖南省地方法治反腐工作的观察，可以得到一些启示：地方法治反腐的基础是健全反腐败的规则和规范体系，关键是规范权力运行程序，它以完善权力的法定监督和问责体系为保障，以培育法治反腐的文化为支撑。

（一）基础：健全反腐败的规则体系

法治反腐的基本前提是建立起较为系统、完备的反腐败制度规则。除《监察法》之外，我国反腐败的条款散见于相关法律，加之一些制度设计不严密、不系统，使得预防和惩治腐败的威慑力明显不足。在这种客观现实下，地方法治具有较大的空间。在《宪法》《监察法》《立法法》《地方各级人民代表大会和地方各级人民政府组织法》等确立的立法框架下，湖南省的反腐败立法主要偏重两方面：一是为权力（包括决策权、执行权和司法权等）设置边界及权力行使和运行的规则；二是问责规则，即关于违反规则构成腐败及追究腐败的规则。总的来说，湖南省的地方立法覆盖了反腐败的重点领域和关键环节，进行了一定的创新，适应了反腐败的本地需要和现实需要，为其他地方和中央的相关立法准备了一些经验。

（二）关键：规范权力运行程序

程序具有强大的控权功能，已经成为共识。"正是程序决定了法治与任意或反复无常的人治之间的大部分差距。"[①] 想要规范公权，既要有关于实施机关、条件、方式和幅度等的实体性规定，还需要关于时限、步骤和形式等程序性的规定。以行政程序为例。在国家行政立法层面，尽管已制定了《行政处罚法》《行政监察法》《行政复议法》《行政许可法》《行政强制法》《行政诉讼法》等，但行政程序法制化的程度远未达到法治的要求。具体表现包括行政程序立法不统一、不完整、立法滞后等，客观上为权力的恣意提供了方便之门。因而，在法治反腐过程中，应当对程序制度予以格外的重视，以程序正义保障实体正义。

---

① 陈瑞华：《看得见的正义》，中国法制出版社2000年版，第4页。

在中央层面未能出台统一的行政程序法典的情况下，湖南省在行政权力的程序规范方面进行了探索，出台了《湖南省行政程序规定》《湖南省规范行政裁量权办法》和《湖南省政府服务规定》三部行政权力的程序规范。其中，《湖南省行政程序规定》是我国首部专门规范行政程序的政府规章，对重大行政决策程序、行政执法程序、行政调查活动程序、政府信息公开程序、听证程序等进行了较为系统而全面的规范；《湖南省规范行政裁量权办法》对行政机关在进行行政审批、行政确认、行政处罚等行政行为时的裁量基准做了具体规定；《湖南省政府服务规定》则是我国第一部规范政府服务行为的省级政府规章，有利于地方政府服务法制化。当然，良好的制度要切实发挥效力，还需要严格的执行，确保行政权为了正当的目的、遵循正当的程序、在法治的轨道内行使。①

（三）保障：强化法定监督和问责渠道

我国目前已建立起包括党内监督、人大监督、行政监督、司法监督、民主监督、社会监督等不同监督方式在内的全方位的权力监督体系。但客观来看，目前对权力运行的监督仍存在局部的缺失，为权力运作提供了滥用空间；问责机制不彰、权责不对等，也是腐败难以有效遏止的原因之一。因此，要在清责任的前提下，建立和强化法定的问责机制，一旦权力越位、错位、缺位，问责机制就必须相应启动，这是以法治思维和法治方式反对腐败的重要保障。因为"对法律观念来说，主要是必须附有制裁手段；换言之，不守法要处以刑罚或惩罚。如果不守法而不受处罚，貌似法律的决议或命

---

① 有研究者统计了2003—2013年湖南省法院以及全国法院审结贪污、贿赂、渎职等职务犯罪案件数量，对比分析显示，在湖南行政程序法治建设逐步推进的过程中，湖南审结贪污、贿赂、渎职等职务犯罪案件件数占全国同类案件的比例有着下降的趋势，尤其是程序法治基本建立后的两年，这种下降幅度更为明显。据此，研究者认为，湖南省法院审结的贪污、贿赂、渎职等职务犯罪案件数量及所占比例的下降趋势在一定程度上映射出湖南行政程序法治建设的成果。参见蒋建湘《论预防腐败的行政程序法治之路》，《政治与法律》2014年第12期。

令事实上只不过是劝告或建议而已"。①

湖南省近年来建立的监督工作联席会议制度，针对"一把手"制定的《加强市州和省直厅局级单位正职监督的暂行办法》《关于进一步加强对县市区党政正职监督的暂行办法》《湖南省市州和省直厅局级单位党政正职述廉评议暂行办法》等，将各级政府和部门纳入政府绩效评估对象，实行现场问政，依法处理影响机关效能的行为，都是对法定问责的强化。

（四）支撑：培育法治反腐的文化

腐败的滋生，具有深厚的文化和心理基础；要根除腐败，必须培育法治反腐的文化。"在一个腐败成风的社会里，采用严厉的反腐败法令只会增加腐化的机会。"② 法治反腐的文化，是指"基于共同的法治理念形成的一种反对腐败"③ 的文化，它需要执政者和公众运用法治思维和理念，打压"腐败亚文化"的滋生空间。湖南省以法治培训班、媒体宣传、编写书籍等形式开展的法治文化活动，反映了法治反腐的思路。

三 对地方法治反腐空间的思考

近年来，各省、自治区、直辖市以"决定""规划""纲要""意见"等形式出台了推动地方法治建设的文件。在这些纲领性文件的指导下，各地积极运用地方立法权和治理权，制定了一系列地方法治规程。客观来看，地方法治已成为法治中国建设中富有生命力的重要部分。具体到法治反腐的问题上，地方也结合本地实际，发挥本地优势，制定并实施了一批具有本地特色的限权反腐的法规、

---

① 胡太初：《昼帘绪论》卷二《尽己篇》，转引自《廉政格言警句》，中国方正出版社 2004 年版，第 316 页。

② ［美］塞缪尔·P. 亨廷顿：《变化社会中的政治秩序》，王冠华等译，生活·读书·新知三联书店 1989 年版，第 57 页。

③ 田湘波、李媛：《法治反腐的内涵、要素和优势》，《检察日报》2014 年 12 月 2 日第 7 版。

规章和规范性文件，将中央对于法治反腐的部署深入到了基层。

随着地方法治反腐的深入，仍有一些重要问题需要在理论上厘清。其中最重要的，是探寻在我国现行的立法权和治理权配置模式下，地方法治反腐的空间究竟有多大。对这个问题的回答可以转化为对地方法治反腐与中央顶层设计的关系的梳理。

在我国现行的立法权和治理权配置模式下，地方法治反腐目前所具有的功能和空间，来自三方面：一是对《监察法》和中央关于预防和惩治腐败工作的整体部署，结合本地实际进行细化和有针对性地实施，以便更好地贯彻落实；二是对于一些需要通过立法调整的反腐问题，在全国范围来看立法时机并不成熟，但个别地区可能条件已具备，可以进行地方的创制性立法，待条件成熟时再在国家层面出台法律；三是对于具有地方特色的反腐事务，根据法律规定可以通过地方的创新进行调整和规范。①

基于以下三方面的原因，地方法治反腐的空间是有限的：第一，我国地方立法的职权和范围有限，创新和试验的空间有限，对创制性立法有着严格的限制，而主要是执行上位法的规定。尤其是在涉及包括腐败分子在内的公民的人身权的限制方面，必须遵守《立法法》第 8 条载明的严格的"法律保留"原则。第二，目前我国社会主义法律体系已经基本形成，国家立法空白事项越来越少，地方立法所涉事项也相应减少；法律、行政法规的条文趋于细化，给地方留的空间也越来越小。第三，对于反腐败的基本性法律，例如国家机关编制法、行政组织法、公职人员财产申报法等，应当通过国家法律的形式尽快出台。如果仅在地方层面就边角末梢规定一些具体制度，一则是因为规范层级过低使得预防和惩治腐败的威慑力不够，二则是囿于规范层级较低无法动用刑罚等工具，也无法突破上位规

---

① 也有研究认为反腐立法应由中央集权，主张尽量限缩地方反腐立法空间。认为地方反腐立法应当一开始就在全国人大统一协调之下，制定符合各地与中央利益一致的地方性法规。参见杨鸿台《健全反腐败法律制度的立法思考》，《山东警察学院学报》2014 年第 2 期。

则的规定；三则是各地自行立法可能会导致制度之间的不配套甚至相互冲突，影响法规范的系统性和权威性。

可以说，地方法治反腐的空间被压缩是一种必然趋势，更是国家法治反腐进步的结果。但这绝不意味着地方法治反腐的空间甚微。事实上，湖南省法治反腐的实践就证明，只要地方秉持"有为"的态度和理念，在目前公权力配置和监督体系不甚完善、反腐败法制进程尚处加速中的背景下，地方法治反腐大有空间。无论是在权力运行流程的设计方面，还是在编制"三个清单"、划定权力边界方面；无论是在规则制度的贯彻方面，还是在法治文化的培育方面；无论是在对上位法的具体执行方面，还是在地方治理模式的创新方面，都可以注入本地的经验和智慧。

第 四 章

地方法治：迈向内生型驱动与法治化治理法

第一节 地方法治动力机制：从经济增长驱动到法治指标驱动

地方法治是中国法治体系的重要组成部分，也是当前法学理论研究的一个重点领域。所谓"地方法治"，是指国家主权范围内的各个地方在法治中国的推进过程中，以实现国家法治为目标，基于法治型社会治理的需求，逐渐形成并日益勃兴的一种法治发展现象。① 近年来，各地方相继出台推进法治建设的相关文件，提出"依法治省""依法治市""法治XX"等口号，② 并逐步建立和完善地方法治

---

① 参见付子堂、张善根《地方法治建设及其评估机制探析》，《中国社会科学》2014年第11期。

② 无疑，提出创建"依法治X"、"法治XX"并不能作为某地法治的起点，但它突出反映了当地决策和领导部门对法治的理解和重视达到了一定高度。通常一地在创建口号提出后，立法、执法、司法和守法等领域会集中推出和落实一系列举措，使法治建设在短时期内取得不同程度的跨越性进展。因此本节以"依法治X"和"法治XX"作为讨论地方法治所依据的重要事件和时间节点，符合本节围绕地方政府主导的地方法治建设的动力机制展开讨论的要旨。

的各种相应的领导和工作机制，形成了地方法治竞争的格局。发生在不同地域和层级的地方法治实践，诠释并丰富了"依法治国，建设社会主义法治国家"的意旨和内涵。

作为单一制国家，中国的政治权力结构和法律体系具有高度统一性，国家法治建设在整体上呈现自上而下的"变法式"推进；① 同时，作为一个广土众民的大国，中国各地在经济水平、社会结构、地理环境、地域文化等方面客观存在的巨大差异，又使得法治发展呈现出重要的地域特殊性和不平衡性。从法律实施的视角来看，各地在中央统一部署下把握步调，建构一套适合自身特点的法治的具体模式既必要也可行。

然而，受"国家整体主义法治观"的影响，地方法治很长一段时间被视作国家法治的附庸而在学术视野中处于边缘地位。② 随着各地密集提出法治建设目标并在立法、执法、司法等各个领域不断创新和实践，地方法治的独特功能和地位逐渐得到关注和认同，地方法治成为炙手可热的学术话题，围绕其运作模式和运行机制等问题形成了较为丰富的研究成果。其中，就地方法治的动力这一主题，学者们的追问主要集中在地方竞相提出法治建设的原因为何、其背后的动力何在等问题上。例如，有学者尝试从发展经济的角度做出解释，认为地方法治的动力在于经济竞争；③ 有学者对"地方法治竞争"的现象进行解读，提出"地方法治的动力学"原理，作出了地方法治的动力主要源自经济竞争的判断；④ 有学者提出"地方法治试验是中央解决超大型国家治理难题的一

---

① 参见周汉华《变法模式与中国立法法》，《中国社会科学》2000 年第 1 期。
② 参见黄文艺《认真对待地方法治》，《法学研究》2012 年第 6 期。
③ 例如万江以招商引资为例分析了地方法治竞争的动力，认为地方法治动力在于提供良好的产权保护机制。参见万江《中国的地方法治建设竞争》，《中外法学》2013 年第 4 期。
④ 参见周尚君《地方法治试验的动力机制与制度前景》，《中国法学》2014 年第 2 期。

种方案"①。

笔者认为，从促进经济增长和地区间经济竞争的角度来透视中国地方法治的建设进程，有着较强的解释力，但这种分析未能全面捕捉中国地方法治二十多年来快速变迁的脉动，具有一定的历史局限性。事实上，近年来中国地方法治建设的动力机制正在悄然发生变化，法治指标考核正在逐渐成为地方法治建设一个主要的推动力。本节拟超越一般意义上的法治与经济发展原理，对中国地方法治动力机制的变迁过程进行描述和分析，进而尝试从规范的角度对未来中国地方法治的动力机制建设提出若干设想。

一 "经济增长驱动型"地方法治

改革开放后很长一段时间里，发展经济、促进 GDP 增长一直是中国各级党委和政府工作的绝对重心，包括法治在内的各项工作都要为经济增长服务。在这一背景下，地方相应地将法治的功能定位为：为市场经济的发展创造良好的法治环境，以吸引外来投资、提高本地区的经济竞争力。在"经济增长＝政绩"的压力下，地方官员加入"晋升锦标赛"②，其治下的地方投入以 GDP 为导向的制度竞争，演绎出"中国特色（经济）联邦主义"③。

在中央层面，也认同甚至鼓励地方的制度竞争，为中央或全国性法治建设提供经验支撑。例如时任全国人大常委会委员长的乔石指出："社会主义市场经济的发展，必须有法律来引导、规范、保障和约束。……全国人大及其常委会要抓紧制定市场经济的法律，但

---

① 郑智航：《超大型国家治理中的地方法治试验及其制度约束》，《法学评论》2020 年第 1 期。

② 参见周黎安《地方官员晋升的锦标赛体制》，《经济研究》2007 年第 7 期；李晟《"地方法治竞争"的可能性：关于晋升锦标赛理论的经验反思与法理学分析》，《中外法学》2014 年第 5 期。

③ 有关中国特色的联邦主义的研究，可参见 Yingyi Qian, and Barry R. Weingast, Federalism, Chinese Style: The Political Basis for Economic Success in China, 48（1）*World Politics* 50（1996）。

在短时期内把有关法律都搞出来，是做不到的。地方人大及其常委会也要抓紧制定有关市场经济方面的地方性法规。特别是一些改革开放搞得比较早的地方，积累的经验比较多，应当先行一步，成为经济立法工作的试验区，为制定法律提供经验。"①

在这一时期，由于国家层面的法律体系尚未完备，地方进行法律实验和制度创新的空间较大，各地具备制度竞争的良好时机和条件。一些地方进行的法治创新是成功的，尤其是在改革开放的前沿，也是中央权力下放幅度最大的东南沿海地区，在与经济相关的地方立法方面进行了许多制度创新。② 其中有些制度创新甚至突破了宪法的规定，产生所谓"良性违宪"的现象，③ 比如集体土地产权流转试验和乡镇长直选试验④。在当时特定的背景下，地方法治先行一步，在国家法治统一的大原则、大框架、大前提下，探索在地方层面进行法治建设的形式和发展路径，促进了地方的经济发展，为国家法治发展积累了经验。⑤

但是，将促进经济增长作为地方法治建设的目标，其理论基础在于法治建设与经济增长之间呈正相关，也即建设地方法治能够促进地方经济的增长。然而这一理论基础可能并不牢靠。

经济学的主流观点认为，完善的资本市场和产权结构是经济发展的前提，⑥ 中国经济发展的主要原因是制度松绑和市场力量

---

① 《乔石委员长在八届全国人大常委会第二次会议上的讲话》，1993年7月2日。
② 比如在广东，《广东省公司条例》《广东省公司破产条例》等都是在国家立法空白的前提下进行的制度创新。参见田禾主编《广东经验：法治促进改革开放》，社会科学文献出版社2012年版，第224页。
③ 参见郝铁川《论良性违宪》，《法学研究》1996年第4期；代表性的批评参见童之伟《"良性违宪"不宜肯定》，《法学研究》1996年第6期。
④ 参见张千帆《权利平等与地方差异》，中国民主法制出版社2011年版，第144—150页。
⑤ 参见李林《建设法治国家必须大力加强地方法治建设》，载田禾主编《广东经验：法治促进改革开放》，社会科学文献出版社2012年版，第1—10页。
⑥ A. Banerjee & A. F. Newman, "Occupational Choice and the Process of Development", 101 *Journal of Political Economy* 274 (1993).

释放。① 将国家作为一个经济体来看，上述观点无可厚非，但从地方竞争的角度看，地方法治与经济发展之间的关系与国家层面不尽相同。实证观察表明，尽管从长远来看，法治环境的改善能在一定程度上促进经济发展，但这一效果的显现并非立竿见影。以提出建设地方法治已逾 20 年的江苏为例，② 其 GDP 总量在全国的排名表明，地方实施法治战略对其经济发展的影响不大。③ 再以 2010 年前后实施法治战略的几个地方——湖北、山西、吉林、安徽、天津为例，2010 年至 2019 年，它们的经济总量在全国的排名也未出现明显波动。④ 甚至于，在特定条件下地方法治对促进地方经济发展会产生反作用。正如马怀德教授所言：经济的发展与法治的发展是不同步的，有时甚至是相冲突的。大多数情况下，推行法治被视为是阻碍经济的束手束脚的力量。许多地方出现了违法追求经济发展，以牺牲法治为代价换取经济发展的现象。⑤ 从地方经济发展的实际来看，许多情况下严格依法行政无法保证效率，严格依据法律程序则许多决策无法出台，从而阻滞地方经济发展。而从法治国家建设的角度来看，以发展经济为目标和导向的地方法治建设，还有可能蜕变为运用法治手段为发展地方经济保驾护航的"地方保护主义"，最终戕害国家法治的发展。⑥

---

① 参见李曙光《让法治成为经济发展的主要推动力》，《经济参考报》2015 年 1 月 6 日。

② 江苏于 1997 年提出了"依法治省"，2004 年提出了"法治江苏"。

③ 1997—2004 年，江苏省 GDP 总量保持在全国（不含港澳台）第 2 名，2005—2008 年排名下滑至第 3 名，2009 年起重回第 2 名（此后一直保持），波动不大。

④ 2010—2019 年，上述各省 GDP 总量在全国的排名（不含港澳台）分别是：湖北 10、10、9、9、9、8、7、7、7、7；湖南 11、11、10、10、10、10、9、9、8、9；安徽 14、14、14、14、14、14、13、13、13、11；天津 18、19、20、19、17、19、19、19、19、23；山西 23、21、19、21、24、24、24、24、22、21；吉林 21、21、22、21、22、22、22、23、24、26。

⑤ 马怀德：《"法治 GDP"：新政绩观的一个支点》，《法制日报》2008 年 2 月 22 日。

⑥ "一些地方利用法规实行地方保护主义，对全国形成统一开放、竞争有序的市场秩序造成障碍，损害国家法治统一。"习近平：《关于〈中共中央关于全面推进依法治国若干重大问题的决定〉的说明》。

随着依法治国方略的深入贯彻实施，中国的地方法治在不断探索，各项制度实践也逐渐规范化。1997年，党的十五大首先提出了依法治国方略；1999年将"依法治国，建设社会主义法治国家"作为一个基本原则写进宪法；从1997年到2000年前后，各地纷纷响应，提出了依法治省、依法治市等目标[①]。此后，地方法治出现了一些新的动向，比如推动机制和保障措施更加细致完善、更加重视制度建设等。但与此同时，随着法律体系的不断完善和法律实施机制的健全，地方法治实验创新的制度空间被不断压缩。早期通过地方实验进行制度创新进而促进经济发展的传统地方法治模式难以为继，新的驱动机制正在逐渐取代传统的以经济增长为导向的驱动机制。

二 地方法治的动力转变：从"经济增长驱动"到"法治指标"驱动

2007年，在中国共产党"十七大"上，为适应国家经济社会发展的新形势，执政党提出了"科学发展观"。与此同时，单一注重经济发展所引发的环境污染严重、贫富差距悬殊、社会矛盾多发等各种问题，也亟须通过法治手段加以化解。地方法治建设逐渐不再提以"为经济建设保驾护航"为目的，而是更加注重社会民生、公平正义等其他价值取向。这一时期，经济中心论的影响逐渐式微。尤其是伴随着2007年后各地经济增速明显放缓，地方治理逐步从以经济为中心转向社会全面发展，地方官员开始在经济增长之外寻求新的政绩增长点。

同样是在中国共产党"十七大"上，执政党正式宣布中国特色社会主义法律体系基本形成；时隔四年之后，在十一届全国人民代表大会四次会议上，时任全国人大常委会委员长宣布，中国特色社会主义法律体系已经形成。法治体系尚不完善之时，通过地方进行

[①] 事实上，某些省份提出地方法治目标的时间可能更早。例如早在1993年5月，广东省第七次党代会就提出了"依法治省"。

制度实验为全国性的制度提供经验支撑是我国法治建设的一个特点。从法治体系的发展演变过程来看，这种将"自发模式和变法模式"相结合的地方制度实验对法治体系的完善发挥了重要作用。① 但中国法治发展至今，法网已较为完备和缜密，地方法治的空间日益受到限缩，"试点制"开始显露疲态。比如，自贸区的法治改革，虽然采取了由最高国家权力机关作出决定暂停部分法律适用的方式②，但其预定的改革目标仍无法充分实现，原因是有太多的法律规定和体制无法突破。③ 总而言之，地方的法治改革不可能再大规模地采取"先地方实验，后全国推广"的方式。在经济发展以外寻求新的动力机制的时间窗口打开。④

与此同时，对地方官员的政绩考核也发生了相应的变化。在中国的官僚体制下，体制内对官员的政绩考核——而非来自与民主选举相伴的政治责任与压力——始终是决定其升迁的重要因素，而"政绩"的意涵并非一成不变。如前文所述，改革开放以后，经济增长成为地方官员考核和升迁至为重要的指标，受此激励，招商引资、发展地方经济成为地方政府及其官员的工作中心，地方官员扮演着本地方经济发展的主导者角色，具有高度的"企业家精神"。这种财政驱动型发展模式虽然对于经济指标的攀升贡献颇多，却也成为政治体制和社会治理推向纵深发展过程中的紧张力量。⑤ 随着单纯追求

---

① 参见周汉华《变法模式与中国立法法》，《中国社会科学》2000年第1期。
② 参见《全国人民代表大会常务委员会关于授权国务院在中国（上海）自由贸易试验区暂时调整有关法律规定的行政审批的决定》（2013年8月30日）。
③ 参见刘松山《自贸区不具有独立的法治意义及几个相关法律问题》，《政治与法律》2014年第2期。
④ 事实上，作为单一制国家，中国地方自治的空间一向较为有限，联邦主义原理所包含的所谓自治和共治的区分理论并不适用于中国的制度现实。关于自治（self-rule）与共治（shared-rule）之区分的介绍，可参见李霞《印度联邦制：特征与进路》，载田禾主编《亚洲法论坛》（第一卷），中国人民公安大学出版社2006年版。
⑤ 参见周尚君《地方法治试验的动力机制与制度前景》，《中国法学》2014年第2期。

经济发展带来的负面效应逐渐显现，随着依法治国在国家战略布局中的地位和作用逐渐提高，执政党不再将经济增长作为唯一指标，而是开始以社会整体治理水平作为决定官员晋升与否的重要指标，将法治建设成效纳入各级官员的政绩考核指标体系。[1] 实证数据的分析表明，地方经济发展的绩效与官员晋升之间已经不存在统计学意义上的正相关性。[2] 理论上，马怀德教授提出了"法治GDP"的概念，指出："如果在我们现行的经济指标、社会指标、人文指标和环境指标等基础之上再增加一个法治指标，姑且称为法治GDP，那么，各级政府和官员就不会唯经济指标马首是瞻，而必须顾及包括法治在内的其他指标，推行法治才能够成为各级官员的理性选择。"[3] 从实践来看，在经济中心论逐渐式微的情况下，（广义的）社会治理逐渐取代单纯的经济GDP而成为"晋升锦标赛"中地方官员竞争的重要指标，受此激励，地方在经济GDP之外，开始寻求新的"法治GDP增长点"。与此前由经济挂帅的政绩所驱动的法治相区别，当前的地方法治可以概括为"法治指标驱动型"。[4]

与上述"法治指标驱动型"法治相匹配，各地纷纷开始探索地方法治的评估机制。[5] 这种地方法治评估的指标以官方自建、自评为

---

[1] 党的十八届三中全会提出"建立科学的法治建设指标体系和考核标准"；十八届四中全会指出：把法治建设成效作为衡量各级领导班子和领导干部工作实绩重要内容、纳入政绩考核指标体系。参见《中共中央关于全面深化改革若干重大问题的决定》（2013年11月15日）、《中共中央关于全面推进依法治国若干重大问题的决定》（2014年10月23日）。

[2] 参见李晟《"地方法治竞争"的可能性：关于晋升锦标赛理论的经验反思与法理学分析》，《中外法学》2014年第5期。

[3] 马怀德：《"法治GDP"：新政绩观的一个支点》，《法制日报》2008年2月22日。

[4] 关于"法治指数"在世界范围内的历史溯源，可参见赵盛阳《构建地方法治指数的理论阐释》，《学术交流》2018年第2期。

[5] 浙江省杭州市余杭区于2008年6月发布了全国首个法治指数。其他较有影响力的地方法治评估机制包括"深圳法治城市评估机制""法治昆明综合评价指标体系"等。

特色，评估主体和对象都是立法机关、行政机关及有关部门，其核心是对相关部门的工作考核，缺乏社会效果评估。① 为弥补体制内自我评价的缺陷，近年来第三方法治评估机制被引入并渐受重视，第三方法治评估机构发挥其在独立性、客观性和专业性等方面所具有的显著优势，介入立法、行政、司法等法治领域的深度和广度不断提升。②

相较于"经济增长驱动型"地方法治，"法治指标驱动型"地方法治超越了法律工具主义的法治观，将法治本身作为目的而非促进经济发展的手段，是国家治理现代化转型升级的重要内容。地方党委和政府通过完善法治指标体系和评价机制，将法治纳入政绩考核体系，发挥了中国官僚体制特有的优势，有效调动了各级官员推进依法治理的积极性。在目前政治和法律体制下，有必要进一步发挥"法治指标驱动型"地方法治的优势和作用，确保地方法治良性运作。目前至为关键的是建立科学完善的地方法治评价指标体系和机制。这是一项复杂的系统工程，必须全面把握和准确解读现行法治框架的内容和要求，在体现中央顶层设计的同时突出地方特色，在客观评价地方法治建设进程的同时考察民众对地方法治建设成效的主观满意度，在观察地方法治建设现时全景的同时动态展示地方法治建设状况的变迁和趋势。

三 迈向"开放协作型"地方法治

无论是"经济增长驱动型"地方法治，还是作为其"升级版"的"法治指标驱动型"地方法治，都有着同样的缺陷：它们过多依赖于党委和政府体制内部的推动，缺乏"体制外"的动力作为支撑。之所以如此，根由在于中国特殊的宪法体制和治理模式。从宪法规

---

① 参见付子堂、张善根《地方法治建设及其评估机制探析》，《中国社会科学》2014年第11期。

② 持续多年且已产生全国性影响力的第三方评估包括中国政法大学法治政府研究院的法治政府评估、中国社会科学院法学研究所的法治指数评估等。

范来看，中国是共产党执政的单一制国家，各级地方政府的权力源于中央；从实证层面来看，地方政府及其官员的责任承担并非通过民主选举和罢免来实现。换句话说，衡量地方官员政绩、决定其升迁的标准不是选票，而是官僚体系中特有的、自上而下的政绩评价机制。此外，中国共产党处于国家政治体制的核心，是链接庞大的国家治理体系的重要纽带，也是评价官员政绩的主导力量——正所谓"党管干部"，这种评价整体上是由上及下，通过各级党组织确立考核指标（或经济增长或法治建设状况）来进行的。

目前各地各级党组织和政府为配合"依法治X"的目标，普遍设立了专门的地方法治建设推进机构——依法治理领导小组（类似于一个松散的议事协调机构），领导小组成员由地方主管法治工作的主要领导担任。在十八届四中全会决定提出"党政主要负责人履行推进法治建设第一责任人职责"以后，该领导小组的组长一般由党委书记兼任，日常工作由领导小组办公室负责。各省的领导小组常设办公室隶属于不同的系统或部门，形成了不同模式和工作机制。[①]就整体而言，地方法治工作主要依靠地方党委和政府的协调推进，地方法治推进机构本身可调动的资源有限，职权较虚，缺乏有效的工作方式和手段。这种由各级党组织和政府主导、自上而下在体制内推进的法治发展模式，上下级之间在政策执行方面难免出现"传导阻滞"，加之缺乏其他社会主体的配合，难以形成切实有效的法治推动力。而且，随着经济社会复杂程度不断提高，地方治理面临的现实问题千头万绪，而推进地方法治只是各级政府工作的一部分——甚至不是优先考虑的那部分。地方党政领导人的更换或者其

---

① 领导小组设在省委办公厅的地方，通过党委系统来贯彻落实具体法治措施，综合协调能力较强，地方法治推进力度较大，效果相较而言普遍较好；领导小组设在省人大常委会的地方，注重发挥人大的主导作用，结合人大立法权、监督权等的行使，在推进依法治省中也收到了较好效果；领导小组设在省司法厅的地方，主要通过上下级司法行政机关贯彻落实具体措施，推进方式主要是法治宣传教育，对法治推动力度较弱。

偏好和注意力的变动，都会在很大程度上影响地方法治分配到的资源量及其持续性，进而影响地方法治的可持续性和长期效果。

有鉴于此，要使地方法治得以持续顺利推进，实现预设目标，使"文本上的法律"转化为"行动中的法律"，① 必须在体制内外寻求推动法治发展的新动力机制，以强大的市民社会和成熟的社会法治观念作为依托，充分调动社会主体的积极性，培育以开放、参与、合作与回应为特色的"开放协作型"动力机制。

首先，应全面引入立法、执法、司法各个领域的信息公开机制，提升公权行为的透明度。民主是法治的基础，推进地方法治必须发扬民主，让民众成为推动地方法治建设的主力军。而公开是民主的前提，唯有将各类政务信息向社会开放，才能逐渐让民众参与决策过程并有效监督政府行为。② 尤其在互联网时代，应以电子政务为切入点，通过信息化手段开发各种公开机制，提升政务透明度。③ 其次，在各种信息公开机制健全的前提下，逐步引入公民有序参与地方法治的机制。由各级党组织和政府引导其他社会主体和公众参与法治建设，是中国政治体制的一个重要特点。对此，有学者曾指出，社会资源和公民参与是推动地方法治新的动力增长点。④ 互联网的兴起更是为"作为程序的人民主权"⑤ 的实现提供了契机，为公民参与从以间接参与为主向直接参与和间接参与并重发展提供了平台⑥。

---

① Roscoe Pound, Law in Books and Law in Action, 44 *American Law Review* 12 (1910).

② 参见张红《行政立法中的公众参与：制度创新与前瞻——针对〈广州市规章制定公众参与办法〉的思考与启示》，《行政管理改革》2011年第7期。

③ 参见李霞《"互联网+"时代公众参与的法律规制》，《哈尔滨工业大学学报》（哲学社会科学版）2016年第6期。

④ 周尚君：《地方法治试验的动力机制与制度前景》，《中国法学》2014年第2期。

⑤ Jürgen Habermas, *Between Facts and Norms: Contribution to a Discourse Theory of Law and Democracy*, William Rehg (trans.), The MIT Press, 1996, p.940.

⑥ 程晓：《公众参与社会管理机制研究》，《行政法学研究》2012年第1期。

公民参与地方法治，尤其要强调利益相关方的参与，并完善权利救济机制，解决民众参与积极性不高的问题。公民积极参与地方法治，有助于提高公民法治观念，在全社会形成良好的法治氛围，促进地方法治向更高层次发展。最后，应充分发挥各类社会组织在促进地方法治过程中的作用。十八届四中全会《决定》提出，要发挥人民团体和社会组织在法治社会建设中的积极作用。当前各国的"公共政策共同体"在推进政治治理和决策方面扮演着重要角色。① 相较而言，我国类似的各类社会组织培育和发展严重不足，社会组织参与地方立法的体制机制尚不健全，影响了社会组织参与地方立法的能力和质量。当前可以通过"政府购买社会服务"的方式逐渐引入社会组织参与法治建设，同时大力培育各类法治相关的社会组织。具体地如在地方法治评估中，进一步扩大第三方评估机制的使用，建立科学合理的法治评估体系和考核标准，衡量法治建设的进度并发现其中的问题。② 此外，从制度经济学的视角看，经济发展仍然是地方法治的助力之一。在地方法治的推进过程中，对权利和权利、权利和权力、权力和权力之间边界的厘定应作为其核心任务。权力和权利边界明确、产权界定清晰，有助于降低交易成本，促进地方经济高质量增长，有助于充分调动社会各界来共同推进法治。

四 结语

改革开放初期，通过地方试错来逐步突破当时的体制以谋求经济发展，是地方法治的一个重要特点。这一时期，敢于突破、敢于试错、敢闯敢干，是地方官员政绩增长的重要依托。在一定程度上，这是转型期对"形而上"法治的实用式折衷，客观上造成了与法治

---

① ［法］让-皮埃尔·戈丹：《何谓治理》，钟震宇译，社会科学文献出版社2010年版，第19—40页。

② 参见"中国法治政府评估"课题组《中国法治政府评估报告（2013）》，《行政法学研究》2014年第1期。

本身价值之间的紧张关系。对法治偏重实用主义、工具主义理解，持续至改革开放后很长一段时间，通过制度创新和实施来"为经济增长保驾护航"一度成为推进地方法治的重要动因。然而，在法律体系基本定型后，试图通过地方法治寻求制度创新进而推广至全国的条件已不充分。由于制度创新的空间被逐步限缩，地方法治建设无法再像此前那样通过突破某些制度来寻求经济发展。同时，随着法治建设的推进和各层面法治意识的增长，法治本身的价值也得到凸显。全面提升地方治理水平，进而寻求新的政绩增长点正在逐渐成为地方法治推进的新动力来源。由此，推动地方法治的动力逐渐从谋求经济增长向提升"法治指标"过渡。然而，受经济或法治指标驱动的地方法治，主要都是依靠体制内各级党组织和政府推进，都以提升地方官员政绩为导向，随着国家治理重心的转移，这一模式受到越来越多的质疑和挑战。如何在既有的动力机制之外寻求推进地方法治建设的新动力，培育"开放协作型法治"，是当下持续推进地方法治需要着力解决的问题。

需要说明的是，本节对地方法治建设不同阶段动力机制的概括，乃聚焦于特定阶段的突出特点，而无意于完全否认其他动力机制的作用。事实上，在"法治指标型"动力机制逐渐占据主动时，经济增长的动力机制仍在发生作用，只是后者的地位不如它在前一阶段那样重要。在"开放协作型"动力机制中，亦容纳了存在于政府内部的动力机制，只是意在强调"体制外"的社会公众在地方法治建设中的主体地位，强调新动力机制的开放、参与、合作与回应性。

第二节　基层治理法治化：新时代"枫桥经验"的新实践

中国的国家治理体系，是"在我国历史传承和革命建设实践的基础上长期形成、内生演化的"①，是一个系统完备、环环相扣的逻辑结构，纵向上包括从中央到地方的不同层级的治理，各个层级之间相互制约、相互促进。② 其中，基层社会治理是国家治理的重要维度，且历来是国家治理的难点，基层社会治理状况很大程度上决定着整个国家治理的状况。习近平同志在重要讲话中同时多次提到基层社会治理的重要性："只有基础牢固，国家大厦才能稳固。"基层依法治理，是依法治国方略在基层的具体实践，是全面依法治国的关键甚至基石。步入新时代，落实"四个全面"特别是全面建成小康社会、全面依法治国，基层是重点亦是难点所在。

"枫桥经验"是我国基层社会治理的一面旗帜，是法治在基层社会治理中充分发挥作用的典型样板。从20世纪"依靠和发动群众，坚持矛盾不上交，就地解决，实现捕人少，治安好"的社会主义教育经验，发展到今天的"矛盾不上交、平安不出事、服务不缺位"③，"枫桥经验"在各个历史背景下持续探索、优化提升，内涵不断丰富，显示出其普遍性、包容性和强适应性④。深入挖掘、研究、实践和发展"枫桥经验"，对于新时代充分发挥法治在基层社会治理中的作用，在基层社会治理中落实"全面依法治国"战略部署，具有深刻的理论和实践价值。

一 基层治理法治化的时代意义

目前我国正处于全面依法治国的关键时期。中国特色社会主义进入新时代，社会主要矛盾发生变化，社会结构和利益结构深刻调

---

① 李林：《我国宪法保持生机活力的根本原因》，《北京日报》2018年3月5日第17版。
② 参见李良栋、汪洋《再论中国式国家治理及其现代化》，《马克思主义研究》2015年第2期。
③ "枫桥经验"联合蹲点调研组等：《社会治理的典范 平安和谐的绿洲——枫桥镇提升推广新时代"枫桥经验"调查报告》，《浙江警察学院学报》2018年第3期。
④ 徐汉明、邵登辉：《新时代枫桥经验的历史地位与时代价值》，《法治研究》2019年第3期。

整，城乡基层社会治理日趋复杂，影响着基层社会治理法治化的进程。我们必须从社会主义建设进入新时代的背景出发，从全局性、基础性、战略性高度出发，来认识基层治理法治化的重要意义。

（一）推进依法治国在基层的具体实践，是全面依法治国的必然要求

"九层之台，起于垒土。"全面依法治国的关键在顶层设计，基础在基层推进。在依法治国、建设社会主义法治国家治国方略的引领下，我国已经形成了较为完备的社会主义法律体系，为法治提供了制度保障。但目前来看，基层仍然是法治中国建设的薄弱之处。基层人口文化水平偏低，法治意识淡薄，法治力量不足，社会矛盾多发高发。[①] 从另一个角度看，法治中国建设的活力源泉也在基层。基层在法治方面的创造性实践，是对社会主义法治的丰富和完善，是对社会主义法治理念的发展和落实。实现全面依法治国的总目标，必须把依法治国的各项要求落实到基层的每一寸土地、每一个角落，这样法治中国建设才能获得源源不断的发展动力和坚实有力的支撑。

（二）通过法治思维和法治方式化解矛盾纠纷，是实现转型期基层社会和谐稳定的坚实保障

基础不牢，地动山摇。只有基层实现了法治，才能为全面依法治国、实现社会和谐稳定提供坚实基础。党和政府十分重视基层的法治建设，自1986年开始，国家组织实施了六次全国性的普法活动，司法行政机关深入基层"送法下乡"，运用法律化解矛盾纠纷，有效维护了基层社会的稳定和谐。[②] 然而，从需求侧来说，随着我国经济社会发展进入新阶段，基层社会治理日益复杂和任务加大；从供给侧来说，基层社会治理体系既存的问题日益凸显，法治政府建

[①] 参见赵媛媛、黄迪民《"法治中国"建设中的基层社会治理法治化》，《青海社会科学》2015年第4期。

[②] 梁平：《基层社会治理的践行困境及法治路径》，《山东社会科学》2016年第10期。

设进程滞后。法治作为社会治理的最优模式,程序规范、可预期性强、权责清晰。实践告诉我们,当法治成为全社会的价值追求和行为模式时,很多难题会迎刃而解。① 面对新的形势,要有效解决各种影响社会稳定的矛盾和问题,必须运用法治的手段,把问题解决在基层,把矛盾化解在基层。

(三)维护人民群众合法权益和根本利益,是应对新时代社会主要矛盾变化的重要举措

中国特色社会主义进入新时代,我国社会主要矛盾已经转化为人民日益增长的美好生活需要和不平衡不充分的发展之间的矛盾。人民群众对社会发展、权益保障、公共安全、公平正义的需求日益增强,民主意识、参与意识、权利意识不断提升。基层社会治理直接面对群众,事关群众切身利益、党和国家大政方针的贯彻落实和城乡基层的和谐稳定。② 习近平总书记指出,要完善对维护群众切身利益具有重大作用的制度,强化法律在化解矛盾中的权威地位。③ 新形势下的基层社会治理,要把实现好、维护好、发展好最广大人民的根本利益作为基层依法治理的最重要目标,把依靠人民有序参与作为推进基层依法治理的根本方式,把人民的满意度作为检验基层依法治理成效的根本标准。

二 新时代基层治理法治化的问题与挑战

基层法治建设水平的高低,关乎国家治理体系和治理能力现代化,以及整个国家法治化的进程。改革开放以来,尤其是党的十五大提出依法治国基本方略以来,基层法治建设力度不断加大,取得了明显成效。具体表现在:基层群众自治制度不断完善,《村

---

① 刘佳义:《推进基层社会治理法治化》,《光明日报》2014 年 12 月 8 日。
② 王增杰:《推进基层治理法治化的思考》,《中共太原市委党校学报》2015 年第 1 期。
③ 柴振国、潘静:《社会治理创新的法治路径》,《人民日报》2014 年 11 月 17 日。

民委员会组织法》《城市居民委员会组织法》等相继修订完善，基层自治组织建设不断加强，载体不断健全，群众自治组织基本实现全覆盖，新型城乡自治组织不断涌现。① 可以说，经过改革开放以来四十多年的发展，我国基层社会治理已经步入制度化、法治化的轨道。但同时必须认识到，当前我国经济社会发展已经进入新的阶段，基层法治建设与依法治国的目标任务相比仍存在较大差距，主要表现在：

一是立法方面。地方立法中，存在着下位法与上位法相抵触、不同部门的立法之间相冲突的现象；部分领域存在立法真空和立法不足，治安综合治理、环境保护、防止家庭暴力、矛盾纠纷化解等方面的立法亟须加快和完善；"城乡二元分治"的法律制度安排给基层社会带来了许多障碍和制约，如户籍制度、教育制度、劳动就业制度、医疗制度、社会保障制度等，成为造成目前城乡差距的重要原因；一些立法过多地体现部门和地方利益，为部门和地方谋取自身利益创造条件；一些地方立法的起草、审查过程，公众参与度很低，未体现立法的民主性。另外，一些地方立法和规范性文件没有及时"立改废"，在一些基本法和单行法之间、法律法规与实施细则之间、原则规定与具体措施之间缺乏配套。总之，国家和地方的某些立法短板已经成为制约全面深化改革、推动科学发展的体制性瓶颈，立法的需求强烈与立法的供给不足之间在一定程度上已经产生张力甚至矛盾。②

二是执法方面。随着基层经济社会的发展，基层政府旧的治理思维和执法方式出现了不适应和不相容。执法基本上仍按照传统的"命令—服从"模式，大多以行政命令强制推行。执法人员普遍水平能力有限，执法队伍有待充实，执法机构权力重叠，执法追责机制

---

① 李立国：《深入落实和不断完善基层群众自治制度》，《求是》2012 年第 14 期。

② 李林：《当前我国立法的新要求》，《北京日报》2017 年 9 月 4 日。

缺失，执法程序不规范，存在"钓鱼执法、寻租性执法、非文明执法、限制性执法、选择性执法、运动式执法、疲软式执法、滞后性执法等"①，损害了国家法治的权威和尊严。执法过程中的部门利益化、执法碎片化现象突出。有的执法主体不合法，存在临时聘用人员执法的现象。综合执法、联合执法不够规范，距离严格执法、文明执法有很大差距。

三是司法方面。存在司法不公、司法公信力不高的问题，一些司法人员作风不正、办案不廉，办金钱案、关系案、人情案。司法体制不健全、司法职权配置失当、权力运行机制不科学等，是司法不公的深层次原因。②

四是基层权力运行和监督机制层面。尚未完全形成完善的权力运行制约和监督体系。人大监督刚性不够、监督方式和手段匮乏、监督效果不显；监察监督、行政监督、民主监督、司法监督、社会监督、舆论监督还有待加强。对行政执法过错和司法过错责任追究制度不完善、机制不健全、配套措施不具体、落实不到位。

五是基层法治队伍建设方面。目前我国基层公检法力量和行政执法力量严重不足，政府和政府部门中负责法制工作的机构力量较为薄弱，难以满足高效履职的要求。在经济欠发达的西部地区，问题尤为严重。③

六是社会法治意识方面。部分基层干部群众法治观念淡薄，做决策往往仅凭经验和个人想法，依法办事观念薄弱，知法犯法、以言代法、以权压法、徇私枉法现象依然存在。④ 部分基层群众法律意

---

① 李林：《中国法治的现状、挑战与未来发展》，《新视野》2013年第1期。
② 李林：《司法体制改革彰显中国法律制度的生机与活力》，《北京联合大学学报》（人文社会科学版）2017年第4期。
③ 参见王增杰《推进基层社会治理法治化的思考》，《中共山西省直机关党校学报》2015年第1期。
④ 参见蓝蔚青《深入落实全面依法治国》，《浙江日报》2015年5月22日。

识不强，学法尊法信法守法用法氛围不浓，依法维权意识缺乏，往往"信访不信法"。

七是群众法治获得感层面。基层法律服务和法律援助体系不健全，未能有效满足群众的诉求。法律服务进村庄、进社区、进校园、进企业、进单位的普惠性做得不够。① 法律服务供给不充分，服务产品不丰富，服务的整体性、系统性不强，服务质效不高。公共法律服务亟须由政府任务主导向民意需求导向、由粗放管理向精准服务、由被动服务向主动作为，由司法行政机关自我评价向群众评判转变。此外，基层群众自治制度仍存在一些缺陷和不足，基层民主治理难以真正实现。②

三　新时代推进基层治理法治化的基本要求

中国特色社会主义进入新时代，要充分发挥法治在基层社会治理中的作用，逐步实现基层依法治理，必须在坚持党的领导、人民当家作主、依法治国三者有机统一的前提下，在县乡村居各级推进严格执法、公正司法、全民守法，将各项工作纳入中国特色社会主义法治体系。

（一）围绕全面依法治国这个大局，反对各种形式的"保护主义"

基层依法治理应紧紧围绕"全面依法治国"的整体和大局，基层政府、组织、行业、部门都必须将局部工作和利益置于这个大局和整体利益之下。随着全面依法治国的推进，法治领域改革逐渐进入深水区，基层治理会遇到更多难啃的硬骨头，需要遵从中央顶层设计，整合基层各方面的资源力量，形成攻坚克难的合力。基层治

---

① 唐寿东、孙英：《全面依法治国视域下基层社会治理法治化研究》，《天津行政学院学报》2017 年第 5 期。

② 参见周祖成、池通《国家法治建设县域试验的逻辑与路径》，《政法论坛》2017 年第 4 期。

理必须围绕全面依法治国的大局，自觉融入大局、服务大局、保障大局，反对一切形式的特殊化，反对一切形式的地方保护、行业保护和部门保护，反对立法、行政、司法过程中的地方利益、行业利益和部门利益导向。①

（二）在党的领导下有序推进，保持正确的政治方向

党的十九大报告重申"必须把党的领导贯彻落实到依法治国全过程和各方面"。要更加深刻认识成立中央全面依法治国领导小组的重大意义，更好发挥党总揽全局、协调各方的领导核心作用，确保法治建设沿着正确方向前行。党的领导示范作用在"枫桥经验"中得到深化与验证，坚持党的领导是"枫桥经验"保持正确方向长足发展的政治保障，是发挥法治在基层社会治理中作用时必须坚持的原则和宗旨。

（三）约束和规范公权力，增进人民福祉

基层政府必须严格落实"权力清单""责任清单""负面清单"制度；基层监察机关切实履行监察职能，依法对公职人员进行监督、调查和处置；基层法院、检察院依法独立公正行使审判权和检察权，运用法律机制抵制任何违法干预司法活动的要求。在强化对基层政府公权力行使的制约的同时，推动基层政府在增进人民福祉方面积极作为，以保障和改善民生为重点，加快形成均等化、普惠性、可持续的公共服务体系。

（四）鼓励公众参与，激发基层社会活力

基层民主自治是我国发展社会主义民主政治的重要内容，基层政府应为社会主体保留充分的自治空间，充分发挥村规民约、社区公约、行业协定等在日常治理中的积极作用。同时，深入推进政府信息公开，提高政务透明度，构建基层政府与民众之间良性顺畅的沟通机制，为民众参与公共决策和法治建设提供平台。近些年来，

---

① 李树忠：《全面认识基层社会治理法治化》，《光明日报》2014年11月8日。

"枫桥经验"中新乡贤坚持德治、法治、自治"三治合一"的路径参与基层社会治理，既是对传统基层社会治理经验的推陈出新，反映了对基层精英和民众代表的尊重，也是激发基层社会活力、鼓励公众参与公共决策的良好范例。

（五）培育法治文化，树立法治信仰

法治文化是推进基层依法治理的灵魂。在枫桥地区，用文化或文学艺术的载体和形式进行宣教，已经成为一个重要的日常治理实践。① 普法标语口号俯拾皆是，内容涉及对"枫桥经验"及其工作方法的整体阐释、枫桥派出所的职业道德要求、信访改造和帮教的经验、调解的要求等，用群众喜闻乐见的方式达到"送法下乡"、培养法治氛围、培育法治文化的目的。② 要加强法治宣传教育，在全社会树立"法治的信仰"，健全普法宣传教育机制，推进法治宣传教育的普遍化、常规化和制度化。③

四 新时代推进基层治理法治化的路径选择

我们的执政党将依法治国作为治理国家的基本方略，是在总结治国经验教训基础上的正确抉择。④ 法治国家建设是推进国家治理体系现代化的重要制度性保障和基本途径。而基层社会治理是国家治理的基础，基层安，则天下安；基层善治，则天下善治。应通过总结提炼基层实践探索中行之有效的好做法、好经验，实现基层社会治理制度化、规范化、法治化。⑤

（一）发挥基层党组织的关键作用

"依靠群众、坚持党的领导的政治观；以人为本、仁爱的人本

---

① 参见谌洪果《"枫桥经验"与中国特色的法治生成模式》，《法律科学》2009年第1期。
② 参见《有关"枫桥经验"的口号与格言》，《人民公安》2013年第Z2期。
③ 李树忠：《全面认识基层社会治理法治化》，《光明日报》2014年11月8日。
④ 吴锋：《为深化改革提供法治保障》，《经济日报》2014年10月23日。
⑤ 参见张宝顺《推进社会治理创新 加快平安安徽建设——深入学习贯彻习近平同志关于创新社会治理的重要论述》，《求是》2014年第12期。

价值观；不断制度创新、尊重群众智慧的社会发展观"是"枫桥经验"的基本内容。其中，坚持党的领导被放在极其重要的位置。中共中央、国务院《关于全面深化农村改革加快推进农业现代化的若干意见》提出要改善乡村治理机制，加强农村基层党的建设、健全基层民主制度、创新基层管理服务，为基层依法治理提供了路径方式。一是要充分发挥党在理论、政治、组织、制度等方面的优势，将基层党组织的资源转化为基层社会治理法治化的资源。① 二是要把抓基层、打基础摆在关键位置，引导基层党组织围绕基层法治建设，确立工作的目标、内容、方式和机制。三是强化街道党工委和社区党组织对辖区内党建工作的领导和统筹协调。四是抓好农村基层党员干部理想信念、党的宗旨教育、廉政教育和法治教育。②

（二）建立健全基层社会治理的法律法规体系

"枫桥经验"对法治的遵从，不仅体现在对以国家强制力为后盾的国家制定法（"硬法"）的遵守上，而且体现在对"软法"的重视上。枫桥通过乡规民约（村规民约）这类群众内部高度认同软法治理方式，促进了基层社会自治、法治、德治三者相融合，无论在实体法还是程序法上都取得了卓越的成就。要建立健全基层社会治理的法律法规体系，应从三方面着眼：一是完善基层社会治理法律法规。健全和完善基层社会领域法制体系，形成配套完备的基层社会治理制度体系。③ 按照《立法法》规定的法定权限和程序，制定和修改基层社会治理法律法规。二是加强重点领域（如土地流转、征收补偿等）的立法，准确回应地方治理的规则需求，提高立法的水

---

① 刘佳义：《推进基层社会治理法治化》，《光明日报》2014年12月8日。
② 同上。
③ 唐寿东、孙英：《全面依法治国视域下基层社会治理法治化研究》，《天津行政学院学报》2017年第5期。

平和质量,增强地方立法的针对性和实用性。① 三是充分发挥村规民约在基层治理中的积极作用。党的十八届四中全会通过的《关于全面推进依法治国若干重大问题的决定》强调指出,要发挥市民公约、乡规民约、村规民约、行业规章、团体章程等社会规范在社会治理中的积极作用;党的十九大报告指出,要"健全自治、法治、德治相结合的乡村治理体系"。② 要结合当地实际情况而制定村规民约、自治章程、议事决策规则、居民公约等,创新乡村治理的有效载体,有效引导基层民主法治建设,增强村民遵法守法意识。

(三)健全基层社会治理科学决策体系

在决策机制方面,枫桥镇创新了村(居)公益社会事务"五议一创"机制("五议"是指村"两委"负责人建议、村党支部会提议、村"两委"会商议、党员大会审议、村民代表会议或村民会议决议,"一创"是指民主法治村创建),建立健全"三上三下"民主决策程序("三上三下"是指"一上一下"征集议题、"二上二下"酝酿论证、"三上三下"审议决定),保障村(居)民对村级事务的知情权、参与权、表达权和监督权,提高村(居)民自我教育、自我管理、自我监督、自我服务水平。③ 要健全基层社会治理科学决策体系:一是要建立政府公共决策机构,作为基层党委政府的辅助决策和社情民意收集机构,由基层党委政府直接领导,为党委政府的决策提供专业参考意见。二是要深化政务公开,完善各领域、各部门的办事公开程序。深化群众普遍关心、涉及群众切身利益的基层政务、行政机关内部事务公开,建立重大事项、重点工程项目决策征询公开制度。

---

① 习近平:《关于〈中共中央关于全面推进依法治国若干重大问题的决定〉的说明》(2014年10月28日)。

② 黄霞:《传统乡规民约的基层社会治理与现代转换价值》,《湘潭大学学报》(哲学社会科学版)2017年第2期。

③ 王昌荣:《新时代"枫桥经验"的深刻意蕴——赴诸暨蹲点调研报告》,《浙江日报》2018年6月11日。

(四) 建立健全基层社会治理监督体系

要运用法律监督、民主监督、舆论监督等多种手段,构建全方位监督网络,形成监督合力。建立和完善基层监察体系,畅通社会监督渠道,加强对政府内部权力的制约,形成权力运行监督体系;强化民主监督的职能,充分发挥人大、政协、各民主党派、人民团体和各类群众团体的监督作用,推进民主监督的规范化和制度化;加强群众舆论监督,支持新闻媒体监督,增强监督合力和实效。

(五) 加强基层法治机构和法治队伍建设

枫桥地区一向重视基层法治队伍的建设,充分挖掘和发挥中国特色社会主义制度体制的政治优势、组织体系优势、人民群众创新能力优势的资源,有效整合村(居)委员会基层组织、民间社会组织、民营企业等多元力量,创设综合治理工作中心,积极引导社会组织和社区群众参与社会治理,为推进社会治理社会化提供了坚实的组织保障。在新时期,要解决法治机构设置不完善、法治机构队伍不稳定和人员配备不足、法治工作物质装备和经费保障机制不健全等问题,努力提高基层法治机构工作能力。① 一是建立基层大法治网络。横向整合县一级公检法司力量,纵向在县乡村建立综合综治工作机构,构建县乡村三级联动的法治网络。二是要加强基层社区网格化管理和治保网络建设,加快形成以社区党组织为核心、社区自治组织为主体、各类中介组织充分发挥作用的新型社区组织机构。② 三是要建立健全将人、财、物更多投放到基层的长效机制,确保资源下沉到基层。四是人员编制要向基层一线倾斜,加强和充实基层法治队伍力量,同时提高基层法治队伍整体素质、能力和水平。

(六) 建立力量下沉的法治工作机制

枫桥在56年的治理实践中总结出的"立足基层组织,整合力量

---

① 刘佳义:《推进基层社会治理法治化》,《光明日报》2014年12月8日。
② 《中华人民共和国国民经济和社会发展第十三个五年规划纲要(2016—2020年)》。

资源，就地化解矛盾，保障民生民安"的"枫桥经验"，对于我国目前推进基层依法治理具有非常重要的借鉴意义。① 针对基层法治资源比较匮乏的现实，要推动法治工作重心下移到基层、力量下沉到基层。② 要强化乡村司法所、人民调解站等基层法治单位建设，探索整合基层法治力量的体制机制，健全基层社会稳定风险评估机制，从源头上预防和减少社会矛盾发生。同时要把源头治理、动态管理、应急处置结合起来，完善矛盾纠纷排查、预警、化解、处置机制，变事后处置为事前预防，变治标管理为治本管理，努力掌握预防化解社会矛盾主动权。③

（七）健全基层矛盾调处化解工作机制

枫桥构筑了纵横交叉的防控网络系统，预防和打击违法犯罪活动并举；创建了矛盾分立调解法，根据不同的类型予以区别对待；建立了协调联动的矛盾纠纷多元化解机制，实现了由单一调解向多元化解调解转型升级。借鉴"枫桥经验"，健全基层矛盾调处化解工作机制，一是要建立健全矛盾化解机制，整合政法、综治、维稳、司法行政等力量，完善基层矛盾排查调处化解机制。及时化解社会矛盾，有效解决群众诉求及困难，确保"小事不出村居、大事不出乡镇社区、难事不出县区、矛盾不上交"。二是要深化联动工作机制。做到人民调解与司法调解的联动、人民调解与治安行政调解的联动、人民调解与其他行政调解的联动，积极探索人民调解与刑事和解联动工作机制。三是引导社会力量参与社会矛盾的化解，促进社会和谐。

---

① 蓝蔚青：《枫桥经验是实事求是思想路线的产物》，《观察与思考》2013 年第 11 期。

② 参见王增杰《推进基层社会治理法治化的思考》，《中共山西省直机关党校学报》2015 年第 1 期。

③ 孟建柱：《加强和创新群众工作 为全面建成小康社会创造和谐稳定的社会环境——纪念毛泽东同志批示"枫桥经验"50 周年》，《求是》2013 年第 21 期。

（八）推进公众有序参与

"枫桥经验"作为一种多元、动态、开放的治理模式，有着丰富的民主、参与和协商的内涵。可以说，"枫桥经验"历经数十年仍生机勃勃，其核心动力就在于人民群众的创造。"枫桥经验"明确表明了"以人为本"的宗旨，引导社会组织加强自身建设、积极参与社会治理。党的十八届四中全会决定强调指出：要推进多层次多领域依法治理，坚持系统治理、依法治理、综合治理、源头治理，深化基层组织和部门、行业依法治理，支持各类社会主体自我约束、自我管理；党的十九大报告就加强和创新社会治理提出了一系列新思想、新理念、新战略，明确提出打造共建共治共享社会治理格局，加强社会治理制度建设，完善党委领导、政府负责、社会协同、公众参与、法治保障的社会治理体制，提高社会治理社会化、法治化、智能化、专业化水平。"一种正在进行现代化努力的制度与范式必须囊括将现代化造就的各方社会势力吸收进该体制中来的魄力与方法。"① 要推动公众有序参与：一是基层政府要深化信息公开。信息公开是公众参与的前提，民众了解政府公共决策信息才能有效参与决策；二是拓宽民众的参与渠道，包括制度化的参与和非制度化的参与；三是加强民众参与的有效互动。民众参与是为了影响政策的制定和调整，以使公共政策更为科学，体现多数人的意志并保障多数人的利益。参与效果的提升需要政府和民众的共同努力，政府要尊重、依靠民众；民众则要发挥主体性，认真准备、积极参与。

（九）依托"互联网+"推进基层依法治理

枫桥依托乡村信息化和数字乡村建设的加速推进，成为利用互联网优化基层社会治理的"赢家"。枫桥镇实施了基层社会治理"一张网"工程，依托公共服务平台、微信、微博，建立"党员群""村'两委'群""村民代表群""护村队群""志愿者调解群"以

---

① [美]萨缪尔·亨廷顿：《变化社会中的政治秩序》，上海人民出版社2008年版，第231页。

及"村民群"等多个网络群，形成村（居）事务"人在网下、事在网上""网上网下互联、线上线下互动"的基层社会治理新格局，丰富发展了新时代"矛盾不上交、平安不出事、服务不缺位"的新内涵。① 目前阶段，依托"互联网+"实现基层社会治理法治化、智能化，可学习枫桥，从以下几个方面着眼：一是优化综治资源配置，搭建综治工作、市场监管、综合执法、便民服务平台，建立便捷高效优质的综治综合评价体系及考评标准，提高综治效能，实现由综治事务分散多头管理向综合治理转型升级；二是以综治信息动态感知、社情民意准确分析、社区事务决策智能辅助、群众学习网络运用、对高品质安全环境评价网络监测、人本服务网格实现、社会和谐秩序网络助力为重点内容，构建"互联网+社会治理"新模式，实现由传统治理手段向智能化方式转型升级；三是以打造适合基层社区特点的公民信用体系为切入点，以最大限度发挥村规民约、乡规民约、社区公约"软法"的自治作用，以职业道德、家庭美德、社会公德、个人修德的道德教化为抓手，以释放公民自律潜能、夯实基层社会治理的法治基础、自治基础、道德基础，提升社区公民个体的修德品质、社区群体的公德品质，推动人的全面现代化。

第三节　特殊地方的法治保障定位：首都"四个中心"核心定位与功能实现

本章主题是"地方法治"，首都无疑是"地方"，但又不是一个普通的地方，而是一个承载着特殊功能的地方、一座特别的城市。"国都问题，不可不有所论述也。"②

---

① 周天晓等：《"枫桥经验"历久弥新 诸暨枫桥镇提升基层社会治理水平纪实》，"浙江在线"网，网址：http://society.zjol.com.cn/201709/t20170911_5022653.shtml，最后访问日期：2020年4月10日。

② 邓充闾：《中国宪法论》，湖南省银行湘行印刷厂1947年版，第48页。

德国学者黑伯乐将首都定义为"通过安置特定的国家机关、服务于特定的任务从而带有相应国家功能的地方"[1]，将首都的概念与其特殊功能紧密联系在一起。从城市建设发展的功能定位和实际需要出发，来明确城市法治保障的重点方向及其实现方式，是典型域外城市（尤其是新城）建设法治保障实践的共通之处。[2]

"中华人民共和国首都是北京"，规定在我国现行宪法最后一条，即第 143 条。"首都"和"北京"都是明确的宪法概念。[3] 2014 年 2 月 16 日，习近平总书记视察北京，提出要明确城市战略定位，坚持和强化首都全国"政治中心、文化中心、国际交往中心、科技创新中心"的首都核心功能。2015 年 2 月 10 日，习近平总书记在中央财经领导小组第九次会议上提出，要疏解北京"非首都功能""作为一个有 13 亿人口大国的首都，不应承担也没有足够的能力承担过多的功能。"2015 年 6 月，中央印发《京津冀协同发展规划纲要》，明确了有序疏解北京非首都功能、推动京津冀协同发展的目标、方向、思路和重点。2017 年 4 月 1 日，中共中央、国务院决定设立国家级新区——雄安新区；2018 年 4 月 21 日，《雄安新区发展规划纲要》提出在河北省建立雄安新区，"有效承接北京非首都功能"。中央这一系列顶层设计促使我们思考：什么是首都功能？什么是非首都功能？如何通过法治促使首都功能的实现？

---

[1] Peter Hberle, Die Hauptstadtfrage als Verfassungsproblem, in ders., Rechtsvergleichung im Kraftfeld des Verfassungsstaates: Methoden und inhalte, Kleinstaaten und Entwicklungslnder, Duncker & Humblot, Berlin, 1992, S. 307.

[2] 例如，密尔顿新城旨在建设助力旧城更新发展的卫星城，马恩拉瓦莱新城旨在通过振兴郊区纾解主城负荷，雷德朋新城旨在打造人与自然和谐相处的"田园城市"，多摩新城旨在建设满足居住需求且轨道交通便利的"卧城"，这些城市在法治保障方面或注重新城旧城协调发展，或强调城市功能分散转移，或指向人居环境优化升级，或侧重交通基础设施建设。参见沈定成《国家级新区建设法治保障的域外经验与启示》，《哈尔滨工业大学学报》（社会科学版）2019 年第 4 期。

[3] 对于首都北京的宪法解读，参见王锴《论宪法上的首都》，《中国法律评论》2017 年第 6 期。

首都功能是指首都城市在国家和地区政治、经济与文化发展中所承担的任务和所起的作用。① 首都的功能由其性质决定而呈现二元结构，涵括了体现国家属性的国家功能和体现城市属性的城市功能。正如北京，既是中华人民共和国的首都，又是一个特大城市和省级行政区。

在全球化、信息化、区域一体化和科技迅猛发展时代，应将准确定位首都的核心功能，置于国家总体发展战略的核心组成部分的高度来对待。首都功能的定位，关系到北京与世界其他首都和城市之间相互作用的强度，关系到北京与国内其他城市和地区之间关系的界定，关系到"首都圈"其他部分的发展模式和前景，并直接关系到北京这座城市自身的走向和未来。因而，成功的首都功能定位，应当是在尊重规律的前提下，在国际和国内的双重视野下，对首都原有的各种功能和发展政策进行客观回顾总结，对首都发展所基于的当前和未来的软硬件因素进行科学预测和评估，对相关的目标和指标进行分析，提出具有针对性和操作性的战略规划，以法治引领、推动和保障首都核心功能的实现和京津冀协同发展。

一 首都"四个中心"核心功能定位的提出

（一）"首都功能"定位的格局演进

在现代法治国家，首都功能通常在一段时期的首都城市规划中确定下来。城市规划是政府依靠公共权力和立法手段，针对城市中出现的各种社会经济问题，实施应对性的公共政策②，具有强烈的政策目的性③。北京市目前执行的城市规划是 2017 年公布的

---

① 彭兴业：《首都城市功能研究》，北京大学出版社 2000 年版，第 70 页。
② 冯玉军、裴洪辉：《城市规划与建设法治化研究》，《学术交流》2017 年第 11 期。
③ ［英］彼得·霍尔：《城市和区域规划》，邹德慈、陈燨莎译，中国建筑工业出版社 2008 年版，第 113—118 页。

《北京城市总体规划（2016—2035年）》。它是新中国成立以来首都的第七版总体规划，取代了此前2004年版的城市总体规划，以"合理确定城市的性质、规模……合理确定分阶段发展方向、目标、重点和时序"①。

北京的首都功能定位处在不断变迁当中。"强大的工业基地"曾是新中国成立初期北京的"名片"。1958年，首钢"第一炉钢"炼出。同年，北京市委提出争取在5年内，把北京建设成为现代化工业基地的口号。在改革开放前，北京已经成为政治、经济、文化、技术科学中心和工业基地。北京也为"工业基地"发展模式付出了沉重代价。为了扭转已经偏离的城市定位，1982年，北京修订城市总体规划不再提"工业基地"。1993年，北京被定位为国家的政治、经济、文化中心，"经济中心"仍然保留，在城市发展中仍处于主导地位。2004年版城市总体规划将"经济中心"抹去，代之以"国家首都、政治中心、文化中心、宜居城市"。2010年10月，北京市委再次更新首都的功能定位，为政治中心、文化中心、国际交往中心、国家创新示范区。其中，"国家创新示范区"首次作为首都功能定位出现。这样的新定位，体现出北京为"后奥运时代"寻求新的发展支点，符合新一轮对外开放的趋势。

2014年2月，习近平主席就推进北京发展和管理发表讲话，明确提出了新的首都战略定位，即坚持和强化首都作为全国政治中心、文化中心、国际交往中心、科技创新中心的核心功能。同时调整疏解非首都核心功能，优化三次产业结构，有效控制人口规模，增强区域人口均衡分布。新的"四个中心"定位，明确区分了首都核心功能和非首都核心功能，并以"科技创新中心"替代"国家创新示范区"，展现了国际和全球的视野，首都功能定位进一步科学和准确。2017年9月，中共中央、国务院正式批复

---

① 仇保兴主编：《城乡规划与管理》，人民出版社、党建读物出版社2011年版，第2页。

《北京城市总体规划（2016—2035年）》，又一次确定了首都功能核心区，并将首都功能核心区定位为全国政治中心、文化中心和国际交往中心的核心承载区，要求有序推动核心区内市级党政机关和市属行政事业单位疏解，带动其他非首都功能疏解。要求首都城市北京市的有关机关不能在首都北京这一"中央政务区"内，要腾地换主。这也从侧面说明，首都是北京，但不是北京市。随后2018年3月，北京市规划和国土资源管理委员会发布了《建设项目规划使用性质正面和负面清单》的通知，鼓励工业、仓储、批发市场等用地调整为中央党政军领导机关办公和配套用房，更是表明首都功能核心区主要打造为中央党政军机关办公、国家重要外交活动、重要典礼举行的区域。

中央和首都决策层对首都功能定位的不断修改和调整，一方面体现出首都功能定位问题的战略重要性，以及首都功能定位的历史性和时代性，另一方面也反映出此前的首都功能定位本身存在不科学、不明确之处，加之执行中的偏离，导致首都城市发展过程中暴露出了一系列问题——"城市病"即是诸多矛盾和问题的集中体现。

（二）首都功能定位及其演进的背景："城市病"

所谓"城市病"（Urban Disease），是指在城镇化和工业化的背景下，人口及相关要素向大城市过度集聚，所引起的城市各种要素之间关系严重失调的现象，包括城市人口膨胀、交通拥堵、环境破坏、房价高涨等弊病。[①]"城市病"是几乎所有国家曾经或正在面临的问题，但其轻重因政府重视程度和应对方法的差异而有所不同。

---

① 对于"城市病"概念的表述，形式上有很多，但核心观点都认同它是一种描述性概念，并多从其成因、形成过程、表现来加以描述。本节采用的概念综合了很多学者的观点。包括郑翔、丁琪：《京津冀协同发展背景下对首都地方立法的反思》，《天津法学》2015年第4期；邓伟志主编：《当代"城市病"》，中国青年出版社2003年版，第7页；林家彬、王大伟等：《城市病：中国城市病的制度性根源与对策研究》，中国发展出版社2012年版，第3页；等等。

国外对"城市病"的治理经验表明，需要从宏观和微观层面，考量近期和远期目标，运用行政、经济和法律等多种手段来进行综合治理。① 在理论层面，多年来学者们也对"城市病"提出了各自的理解和主张，形成了不少理论派别。国内提出了"两手失衡论""社会转型论""社会运行论""必然代价论""市场失灵论"等；国外则形成了古典城市社会学理论、早期城市社会学理论、城市生态学派、社区研究学派等。②

总的来看，北京这座超大型城市已然不堪重负，其资源和承载能力已几乎达到极限，人口过度聚集、交通拥堵、空气污染、资源紧张等问题日益突出。

1. "城市病"的表现

从"城市病"的表现出发，有利于正确而全面评价"城市病"的严重程度，进而探索"城市病"发生的深层次原因。北京"城市病"的表现，与其他患"城市病"的城市相比，既有共性也有独特性。具体表现在以下几个方面：

（1）人口膨胀

20世纪90年代后，我国城乡和区域之间的分割状态被打破，人口作为经济要素首先流动起来。北京作为首都，进入了人口快速膨胀的时期。据统计，北京常住人口呈现加速增长的趋势，1990—2000年十年间常住人口年均增长27.8万人，进入21世纪以来，北京常住人口出现大幅增长，2000—2010年十年间年均增长59.8万人，2010—2015年五年间年均增长47.4万人。③《北京城市总体规划（2004—2020年）》提出，到2020年，北京市的人口规模控制在1800万。但官方数据显示，2013年末北京市常住人口数就已达到

---

① 参见郑翔、丁琪《京津冀协同发展背景下对首都地方立法的反思》，《天津法学》2015年第4期。

② 参见邓伟志主编《当代"城市病"》，中国青年出版社2003年版，第9—14页。

③ 杨胜慧：《京津冀人口发展态势》，载《北京人口发展研究报告（2018）》，社会科学文献出版社2018年版，第14页。

2114.8万。① 2019年年末全市常住人口 2153.6万人,比上年末减少 0.6万人。其中,城镇人口 1865万人,占常住人口的比重为 86.6%;常住外来人口 745.6万人,占常住人口的比重为 34.6%。② 外来人口大规模流入,在带来经济发展活力的同时,也带来了城市基础设施和公共服务的压力。

此外,北京的旅游、政治、文化教育资源在国内首屈一指,吸引的瞬时人口规模大,包括来旅游、访问、求医、探亲访友、短期工作、备考参考陪考、办理签证等。③ 这些人群形成了一个"变动的稳定人口",对北京的水资源、公共交通、居住空间等同样有着需求,对北京发展及规划的影响不容忽视。④

(2) 交通拥堵

交通拥堵问题一直困扰着首都。迅速增大的城市规模使得城市交通需求与交通供给的矛盾日益突出,主要表现为主干道全面拥堵、停车困难、交通秩序混乱、服务水平低、换乘不便、自行车交通环境恶化、货物运输效率低下等,及由此带来的安全、污染等一系列问题。产生这些问题的原因包括:交通需求发展超过规划预期、城市建设与交通建设协调不紧密、公共交通发展严重滞后、步行和自行车交通环境恶化、交通需求管理和道路交通管理不到位、道路网结构不合理、停车空间不足、交通系统缺乏有机整合、区域交通发展不够协调等。

2019年年末全市公路里程 22350公里,比 2018年年末增加 94.2 公里。其中,高速公路里程 1167公里,增加 52.4公里。城市道路里

---

① 数据来源:《北京市 2013 年国民经济和社会发展统计公报》。
② 数据来源:《北京市 2019 年国民经济和社会发展统计公报》。
③ 以旅游"瞬时人口"为例。2019 年北京共接待旅游总人数 3.22 亿人次,比上年增长 3.6%。其中:接待国内游客 3.18 亿人次,增长 3.7%;接待入境游客 376.9 万人次,下降 5.9%。入境游客中,外国游客 320.7 万人次,港、澳、台游客 56.2 万人次。数据来源:《北京市 2019 年国民经济和社会发展统计公报》。
④ 参见杨胜慧《京津冀人口发展态势》,载《北京人口发展研究报告(2018)》,社会科学文献出版社 2018 年版,第 14 页。

程 6162 公里，比 2018 年年末减少 40.6 公里。① 然而，道路的加速建设不仅没有缓解交通拥堵的情况，反而使拥堵更加严重，因为汽车数量的增加更快。2019 年年末全市机动车保有量已经多达 636.5 万辆，比 2018 年年末增加 28.1 万辆。民用汽车 590.8 万辆，增加 16.2 万辆。其中，私人汽车 497.4 万辆，增加 18.4 万辆。② 道路的增加、公共交通不便利、居民收入增长、机动车价格可以接受、远郊住房供应增加等多种因素，共同促使了更多市民购买私家车满足出行需求。

首都成为"首堵"的根本原因是北京市区规模扩张和"摊大饼"式的布局带来的交通需求迅猛增长。市区规模较大且成为主要的就业中心，居住功能外迁到市区边缘和远郊区，致使早晚上下班高峰出现了严重的"钟摆式"交通。城市内部的功能结构也不完善，市区内部的区域服务中心不完善，小区服务中心缺位，而远郊区的各类公共服务缺乏或质量很低，从而使城市的多种公共活动都依赖于市区中心提供的服务。公共权力集中且权力机构布局集中，也是重要原因。每逢节假日，各种礼尚往来的车辆缓慢爬行于主要干道，流向各大部委机关、国企总部、国家级文化事业单位。中央集权与中国"礼"的传统，也成为首都交通堵塞的"中国式"原因。

（3）资源短缺

北京还面临着较为严重的水资源短缺和土地资源短缺问题。

北京市地表水的主要水源是密云和官厅水库。由于干旱和上游地区城市、经济的发展，地表水资源呈衰减趋势，用水量却居高不下，水资源总量和用水量之间存在较大缺口。2018 年，水资源总量为 35.5 亿立方米，用水量为 39.3 亿立方米，③ 由于北京城区面积不断扩大，大量城市近郊区的农田被扩建为城区，地面硬化，城市河湖淤积严重，已累计淤积 230 万立方米，并以每年 10 万立方米左右的速度继续

---

① 数据来源：《北京市 2019 年国民经济和社会发展统计公报》。
② 同上。
③ 数据来源：《北京统计年鉴 2019》。

淤积，严重降低了河湖的调蓄和排洪能力。并且，北京现有水源工程和输供水工程大多已进入老龄期，进一步危及供水安全。

在土地资源方面，首都的土地利用已趋饱和。20世纪80年代以后的北京城市发展的特点是，仍延续新中国成立以来以旧城为中心向外扩展的方式，近郊区的大部分逐渐成为城市地区，并且沿着高速公路向远郊区蔓延。近年来市域范围内城市和农村的土地利用结构发生了一些重大变化：一是规划市区和卫星城的城市建设用地大幅度扩展，内城基础设施用地快速增长；二是新村用地中城镇建设用地增长较多，令耕地大幅减少。从本质上看，城市土地利用已经向农村扩展。虽然农村集体用地的总量保持不变，集体用地属性没有改变，但用地结构已发生根本性变化，主要是为服务于城市的第三产业和工业在农村地区落地扩展；三是生态用地中林地面积增长，而水域面积持续减少，生态环境仍十分脆弱。

（4）环境污染

近年来随着首都现代化脚步的快速前行，环境压力越来越大。2013年以前，大气、水体、固体废弃物等的产生总量呈现出递增趋势。其中，大气污染主要表现为污染物排放总量增加，尤其是可吸入颗粒物（PM10、PM2.5等）含量提高，大气质量堪忧；水污染主要表现为地面沉降、主要引水区和取水区有机污染、化肥和农药污染；土壤污染主要表现为多环芳烃污染和重金属污染；城市固体废弃物污染主要包括工业固体废弃物和生活垃圾，其总量逐年递增。2013年以来，北京市在环境治理方面持续加大投入，环境治理投资比重不断提升，工业三废处理及水土保持能力持续增强，大气环境和水环境质量显著改善，土壤环境污染物总量逐年递减，森林覆盖、湿地保护和城市绿化水平稳步提升，保护区面积有所增加。不过中心城区和其他各区相比，情况并不一样：中心城区在环境治理、经济发展和绿色生活方面做得较好，废气减排力度、生活垃圾处理能力和污水处理能力明显强于其他各区，而在环境质量和生态保护方面落后于其他区。①

（5）公共资源紧张

尽管北京市的城市基础设施建设在全国属于领先地位，并且集中了大量的教育、卫生等公共资源，但人均公共资源仍然紧缺。长期的计划经济体制使得首都功能畸形发展，虽然在改革开放后付出了极大的努力进行功能调整，但北京城市发展各项人均指标仍差于西方发达国家的首都。在国家城市化政策尚不明朗的情况下，北京市政府长期未将大部分外来人口的生活服务设施纳入城市规划。自从1993年北京市提出建设现代国际城市目标后，城市发展的各项指标都在潜意识上与国际发达城市比较，并且急于建成现代化的国际大都市，致使各项公共设施和基础设施多追求大型和一流，而忽视了人与自然、人与人的和谐，忽视了小区居民身边的小型和便利性设施，如小区公园、图书馆和体育设施仍缺乏。同时，居民住房市场也出现了过多的大户型和低密度住宅，而保障性住房建设仍然不足；大量低收入的外来居民居住在城乡接合部，他们的居住环境更是长期处于脏、乱、差的状态，加剧了城市贫富的分化和居住隔离现象。

2."城市病"的原因分析

（1）"城市病"的根源

从目前研究"城市病"的文献来看，大部分研究将"城市病"的根源归结为城市规模、人口规模过大。② 基于这种认识，自20世纪80年代起，中国政府一直实施着"严格控制大城市规模，合理发展中等城市和小城市"的方针。但是，大城市、特大城市依然保持高速增长的势头，使得"城市规模过大引发城市病"的理论越来越站不住脚。我们认为，首都的城市和人口规模过大，只是"城市病"

---

① 参见叶堂林、李国梁、邵训泽《北京绿色发展测度与评价》，《京津冀发展报告（2019）》，社会科学文献出版社2019年版，第29页。

② 参见王桂新《中国"大城市病"预防及其治理》，《南京社会科学》2011年第12期；李陈《"城市病"研究述评和展望》，《西北人口》2013年第5期。

的表现;"城市病"的根源在于,首都功能定位过于繁重,并且没有准确区分核心功能与非核心功能。首都功能定位、城市规划、城市(人口)规模三者之间的关系应当是:首都功能定位→城市规划→城市(人口)规模。城市和人口规模巨大,只是基于首都规划所产生的需求;而首都"摊大饼式"的规划,对应的正是首都被赋予的太多应或不应由其承担的功能。

(2)"城市病"的直接原因

具体来看,由首都功能定位不准确所导致的"城市病"出现的直接原因主要包括以下几个方面:

第一,城市结构不合理。由于首都被赋予了过多的功能,致使相应的城市规划没有起到合理的优化城市空间结构的作用,而城市结构的不合理使得城市承载量有限,超出了限度便会引发一系列的"城市病"。以北京为例,城区以8.3%的面积,承载了59.3%的常住人口。① 城市中密集的空间结构不但使生活成本快速增长,而且使大量的优质资源集聚在有限的空间里。从更大范围来看,由于首都周边的城市体系不成熟,首都"一城独大",优势过于明显,难免加剧首都的"大城市病"。相反,如果一个地区的城市体系发育比较成熟,各个不同阶层等级以及空间网络分布结构比较合理,各城市相互依存,彼此之间的福利差异比较小,"城市病"的发病概率就会降低。

第二,城市规划和建设不合理。北京在近年来的建设过程中一味追求规模的扩张,采取"摊大饼"的发展模式。城市功能分区把某种业态集中在一个区域——商业集中、金融集中、高校集中、政府各个部委办公集中。其向外延伸的卫星城和新城,往往只具备居住、购物、休闲等功能,而医疗、教育、文化娱乐等公共资源仍集中在城市中心地带。居住地与工作地高度分离,导致人流在上班时,从居住地倾巢出动,流向上班地和工作场所;下班时,又从工作单

---

① 数据来源:《北京市2013年国民经济和社会发展统计公报》。

位流向居住地。同时，由于车辆多，排放废气多，造成空气污染，加剧了城市环境的恶化。

第三，政府干预过度。首都"城市病"的幕后推手是北京市政府的行为。尽管1982年版的《北京城市建设总体规划方案》就已明确首都城市性质为"全国的政治和文化中心"，不再提"经济中心"和"现代化工业基地"的概念，然而受GDP考核的推动以及自身经济利益的驱使，政府多年来仍未能放弃对首都城市经济功能的追求。追求的结果就是，政府过度干预城市规划，使得首都应有功能的实现受到影响，顾此失彼，影响了城市的综合配套和健康发展。

第四，资源分配失衡。资源过度集中在空间上表现为两个层次：第一个层次是首都周边的资源过度向首都城市集中。[①] 由于首都掌握着优质资源，比如教育文化、社会服务、交通通信、就业机会等，吸引了大量的人才，变得越来越大，导致出现"城市病"；第二个层次是在首都城市内部，资源再度向政府机构所在地区或CBD地区集中。

(三) 首都功能分解及核心功能定位

从世界范围来看，目前世界各国的首都，按城市功能划分大体可分为两类：一类是单一的政治中心和对外交往中心，如美国首都华盛顿、澳大利亚首都堪培拉等，这类首都的数量较少；另一类首都则具有多种功能，这类首都占大多数。对后者而言，大多具备政治与行政中心功能、文化与教育中心功能、信息与科技中心功能、金融与商业中心功能，甚至具备产业中心功能，形成了一个庞大的多功能叠加在一起的集合体，即由"核心功能"与"叠加功能"共同构成的系统。

首都城市的核心功能，是反映首都城市本质的、起主导作用的"国家功能"。因为这个功能反映的是所有国家首都城市皆应具有的功能，是首都城市的一般共性，因此也被称为"一般功能"。首都城

---

① 参见刘作丽《首都地区战略问题研究——基于区域、城市、新城尺度》，山西出版传媒集团、山西经济出版社2016年版，第8—22页。

市的"叠加功能",则是指首都城市在长期的历史发展过程中,基于不同国家历史文化传统与需要,在核心功能之外逐步叠加(或附加)上去的其他各种功能,亦可称为"附加功能"。

首都的过度集聚和功能叠加具有一定的必然性,是现代化大国普遍遇到的问题。① 面对首都的多功能叠加的"大城市病",从国外来看,大多采取巴西的实体迁都模式②、东京首都圈的功能迁都模式③、韩国的分都模式④等。许多国家的宪法对于迁都作了规定。⑤ 我国没有选择迁都,而是选择了功能分疏的模式,这一战略选择集中体现在《京津冀协同发展规划纲要》有序疏解北京非首都功能、建设北京副城市中心和雄安新区等部署中。

功能分疏的模式选择,要求对首都功能必须进行符合本国、本地区、本城市的实际情况和需求的精准定位,厘清首都在一定历史时期应完成的任务和发挥的作用,精确界分"核心功能"和"叠加功能",同时剥离和疏解现阶段不应或不适宜由首都承担的功能。

习近平主席于 2014 年 2 月提出的新的首都战略定位,正是对首都功能的科学和准确定位。首都的核心功能被定位为全国政治中心、文化中心、国际交往中心和科技创新中心,是在广义上使用了首都核心功能的概念。其中,政治中心的功能属于首都"核心的核心功能";文化中心、国际交往中心和科技创新中心的功能,则属于"一

---

① 参见张可云《疏解北京非首都功能研究》,经济科学出版社 2019 年版,序言。
② 参见范和生、唐惠敏《社会发展战略:巴西迁都引发的思考》,《拉丁美洲研究》2015 年第 6 期;任丽洁、张仁、邵兰霞《从巴西迁都巴西利亚谈首都规划与建设》,《松辽学刊》(自然科学版)1994 年第 4 期。
③ 参见陶松龄《东京迁都之举兼论大都市功能疏解的发展战略》,《城市规划》1997 年第 2 期。
④ 参见《韩国"迁都"对北京"疏解"的启示》,《经贸导刊》2015 年第 31 期;刘宁:《巴西与韩国迁都成败之比较》,《世界文化》2015 年第 7 期。
⑤ 例如,有些国家在宪法中规定了迁都的条件:程序条件包括通过全民公决(如刚果)、通过立法(如卢旺达)等,实体条件包括"出于国家最高利益之要求"(如中非)等。还有国家对迁都没有附加任何条件(如塞内加尔)。参见孙谦、韩大元主编《世界各国宪法》(非洲卷),中国检察出版社 2012 年版,第 854 页。

般的核心功能",不仅体现了首都和我国的历史文化传统,也因应了全球化时代和科技迅猛发展的需要。对于这四个不同的核心功能,既要各自认真梳理,根据它们的相异要求进行组织和规划,又要在总体上进行整合,形成共同推进的战略。

二 首都"四个中心"核心功能的内涵

首都的"四个中心"——政治中心、文化中心、国际交往中心、科技创新中心——核心功能,各自有着丰富而独特的内涵,同时彼此间相互联系、相互依存、相互制约,构成一个有机整体。

(一) 政治中心

首都的政治中心功能,是北京作为首都"与生俱来"的、最根本的核心功能。作为国家政治管理与权力中心,以及作为民族国家构建与整合象征的功能,是首都区别于非首都城市的最本质特征。

对首都政治中心功能的内涵和外延,可以从以下几个层面来分析:

第一,首都的政治中心功能,体现在首都的政治动员力(集中性)和政治辐射力(扩散性)方面。从空间结构上看,首都是一国的中央政府和中央行政机构所在地以及各类国家级机关的集中驻扎地[①];从功能上看,首都是国家的政治与行政决策的中心,是国家最高权力和政府的所在地,是国家大政方针的产生和发源地,是全国的信息与指挥中心,是国家的缩影和辐射源,起着保障国家安全、促进民族国家整合、维护政治体系、维系政治结构良性运转、保障公共物品供给,以及国家的"版图控制功能"。

第二,首都的政治中心功能,体现在首都作为民族国家构建与整合象征方面。一国的首都就像一面旗帜,它反映该国的政治意识,

[①] 一般而言,首都是一国的中央政府和中央行政机构所在地,但一国的中央机构不一定都位于首都。例如在德国,联邦宪法法院(联邦最高司法机关)位于卡尔斯鲁厄,联邦银行位于法兰克福。参见王锴《论宪法上的首都》,《中国法律评论》2017年第6期。

表现民众对国家的理想、信念、抱负与期望，表现一个国家永久的稳定与团结。一个国家如果没有一个能够反映民族精神的独具特点的首都，就会缺乏统一的标志与象征，这种标志与象征是其他任何非首都城市都无法取代的。

第三，首都的政治中心功能，体现在首都是国家政治主权的化身或象征符号。每个国体都使用政治象征，每个国家都需要"身份的象征"——如国旗、国歌和首都。在国际政治及外交上，首都的名称可以直接代表其所在的国家及其中央政府。常见的例子有以"北京"取代中华人民共和国、以"莫斯科"取代俄罗斯、以"华盛顿"取代美国等。1949年10月1日，毛泽东主席在天安门城楼上宣告了中华人民共和国的成立，定格了北京在中华人民共和国成立时唯一的、独特的历史地位。此外，现代的首都城市多以中心广场、纪念碑、博物馆等为主要象征物，来体现特定的政治信仰、政治制度等方面的教育、约束和象征功能。比如伦敦的西敏寺、巴黎的凯旋门、柏林的勃兰登堡门。北京有着天安门广场、人民大会堂、人民英雄纪念碑、国家博物馆、民族文化宫等大量反映中华人民共和国具体存在的建筑。① 北京的这些历史和建筑具有"时空唯一性"。

第四，首都的政治中心功能，体现在首都是国家重大活动的举行地。国家重大活动，是指具有重大国际影响的国事活动、国际交往活动、国家庆典等。国家重大活动能否顺利举行，关乎一国的安全、荣誉和利益。首都为保障国家重大活动顺利举行，在采取常规管理措施不能满足需要的情况下，针对可能存在的风险和影响，可以根据有关法律、法规采取预防性、临时性专项行政管理措施；也可以在社会秩序、道路交通、生产经营、环境保护等方面采取保障措施。

第五，首都的政治中心功能，体现在一国首都是政治人物的聚集地。首都往往居住着国家首脑人物、中央政府及其各部门的工作

---

① 王锴：《论宪法上的首都》，《中国法律评论》2017年第6期。

人员、外国使领馆人员、各类国际组织的工作人员,同时还会在无形中吸引有志投身国家治理的各类人才,例如为国家治理献计献策的智囊人士、公益律师、新闻媒体从业人员等,协助政府实施有效的管治。

进言之,就国际层面而言,随着全球化所带来的世界范围的联系加强以及我国国际影响力的增强,北京还将成为所在地区、洲乃至整个世界政治体系的中心之一。

(二) 文化中心

文化中心是历史和现实共同赋予北京的首都核心功能。北京不仅拥有中国古老文化的遗产,也代表着中国现代文明的最高成就。与其他的城市相比,首都必须具有文化上的代表性和多样性。

对首都文化中心功能的内涵和外延,可以从以下几个层面来分析:

第一,首都的文化中心功能,体现在首都是一国主流意识形态的发源地,也是该国的文化艺术、教育科学、生活方式、社会风俗、价值观与审美标准的中心,是创立各种文化、艺术或使之成为"显学"的重要载体。人们认识一个国家的文化,通常是从首都文化开始。北京作为五四运动的发生地,它所代表的反帝、反封建、爱国主义是新中国建立的文化基础,"北平……自五四以来,这里就是新文化思想的摇篮。"①

第二,发挥着文化中心功能的首都,一般都拥有悠久历史,有着丰富的历史文化景观资源,汇聚着历史所沉淀的本民族文化的精粹,被作为该国的名胜象征。这样的首都有罗马、雅典(希腊文明)、巴黎(艺术之乡)、伦敦(科学技术的摇篮)、北京(东方文化)等。北京在3000余年城市建设和近900年都城发展的漫长岁月中,孕育了举世瞩目的中华文明。20世纪中期后,北京这座千年古

---

① 《中华人民共和国首都》,中国政府网,网址:http://www.gov.cn/guoqing/2005-05/24/content_2615214.htm,最后访问日期:2020年4月10日。

都再次被确立为全国的政治、文化中心，成为新的历史时期中华文化汇集发展之地，实现了我国历史文化与现代文化的交融和延续，文化中心功能在新的历史时代继续发展。北京市已先后有6项重要历史文物建筑及人类遗迹被联合国教科文组织列入"世界文化遗产名录"，即故宫、周口店猿人遗址、长城、颐和园、天坛和明十三陵。

第三，首都的文化中心功能，体现在首都是文化创造和文化消费主体的汇聚地，汇聚着拥有高等教育背景、高智力和丰富文化创造力的群体，汇聚着具有思想创新性、政策影响力和公众关注度的著名智库。自1949年以来，北京便被规划为全国的高等教育和科研新基地，并在西北郊划出大批相关土地，经过70年，这一地区已发展为世界上为数不多的高等教育密集区之一，也是全世界高等人才最集中的地方。数量庞大的教育机构培养和造就了大批专业人才和复合型人才，本身也成为拥有大量高素质人力资源的人才库，为文化中心功能的发挥提供了重要的智力资源。而中国"十大著名智库"[①]中，有九个位于北京。

第四，首都的文化中心功能，体现在首都是本国文化与其他文化接触和交流的重要交汇地。首都文化都具有很强的兼容性，它将体现国家功能的政治文化、体现城市社会功能的市民文化以及体现对外交往功能的异地文化荟萃为一地。不排外、善于吸收与融合，是首都文化的一大特色。美国城市学家刘易斯·芒福德曾形象地将首都城市比作"文化的容器"，这个文化容器不但应该具备接续自己民族文化和历史文化遗存的能力，也应该具备善于学习其他民族、国家文化的能力，并且能够将不同类别的文化、风俗和习惯很好地

[①] 十大著名智库是指中国社会科学院、国务院发展研究中心、中共中央党校（国家行政学院）、中国军事科学院、中国国际问题研究所、中国现代国际关系研究院、中国太平洋经济合作全国委员会、中国科学技术协会、中国国际战略学会、上海国际问题研究所。

接纳、延续和传递下去。①"北京精神"——爱国、创新、包容、厚德，创新需要包容，厚德方能载物，充满了对国民的柔情，充满了包容。②

第五，首都的文化中心功能，体现在首都具有很强的文化涵养力。北京是众多文化名人的居住地、大型文化活动的举办地，具有优越的社会文化环境，有全国首屈一指的公共文化设施。2019 年年末，北京共有公共图书馆 24 个，总藏量 7000 万册；档案馆 18 个，馆藏案卷 930 万卷件；博物馆 183 个，其中国家博物馆为世界最大博物馆，故宫博物院是世界五大博物馆之一；群众艺术馆、文化馆 20 个。北京地区登记在册的报刊总量为 3491 种，出版社为 239 家，出版物发行单位为 9623 家。可以通过不断培育首都民众的文化兴趣，提高文化鉴赏水准，持续优化社会文化环境，改善文化氛围，以丰富多样的文化传播、传习、培植方式，借助首都城市的公共文化设施和公共文化空间，有效展开文化涵养行动，推进文化传播，提升市民乃至国民文化文明素养。③

（三）国际交往中心

国际交往中心是历史、现实和国际社会共同赋予北京的核心功能。首都城市作为一国政治中心的核心功能，决定了它必然具有代表国家主权与国际交往的功能。服务国内、面向国际、起到桥梁与纽带作用，是各国首都城市共同的责任和使命。随着世界经济全球化、集团化和区域一体化发展进程，国家和地区的发展受国际政治、经济与军事因素的影响越来越大，使得各国首都城市进入国际化发展阶段，首都城市的开拓国际市场、参与国际分工等方面功能进一

---

① 参见孙斌栋、魏旭红《多中心结构我国特大城市的未来形态》，《学术前沿》2015 年第 9 期。

② 张翔：《包容的首都：国家象征与国家整合》，2016 年 9 月 24 日在第二届"首都十大杰出青年法学家"表彰会上的发言，中国宪政网，网址：https://www.sohu.com/a/207196843_693202，最后访问日期：2020 年 4 月 10 日。

③ 数据来源：《北京市 2019 年国民经济和社会发展统计公报》。

步加强，"外向性"功能更加鲜明与重要。首都城市的聚集力与辐射力已经超越了国家版图界限而扩展到国际社会，成为全球战略资源积聚与配置中心。随着我国国际地位的提高，北京将与华盛顿、纽约、莫斯科、伦敦、巴黎、东京等城市一道，共同成为国际政治、外交、文化等事务交往的中心城市。

对首都国际交往中心功能的内涵和外延，可以从以下几个层面来分析：

第一，首都的国际交往中心功能，体现在首都必然是国际交通枢纽，具有放射全球的、立体的、发达的交通网。经过数十年的发展，北京已经拥有了四通八达的现代化、立体交通网络。北京首都国际机场是亚洲第一大国际机场，已开通 200 多条国际国内航线，通往世界主要国家及地区和国内大部分城市。京港澳、京藏、京承、京新、京哈、京沈、京津塘等多条高速公路流经北京；京秦铁路、京哈铁路、京沪铁路、京九铁路、京广铁路、京原铁路、京包铁路、京承铁路、京通铁路等多条铁路干线汇集于此。此外，北京已与世界上所有国家和地区通邮，国内直拨电话可达所有城市，国际直拨电话可达 200 多个国家和地区。

第二，首都的国际交往中心功能，体现在首都是国际信息的接纳与发布中心，是各种信息的交汇地。北京是党中央、国务院、中央各部委及各大金融机构总部的所在地，而且驻有 100 多个国家的大使馆及 4000 多家外国驻京代表机构，各种信息在这里汇集、交流、传递，使北京成为全国最大的信息集散地。

第三，首都的国际交往中心功能，体现在首都应是全球范围内重要的政治中心，是重要的国际会议、活动和事项的举行地，所产生的决策会对国际产生重要影响。近年来，北京与世界各国、各地区的经济、贸易、科技、教育、文化等领域的交流日益加强，政府、民间和社会团体之间的友好往来十分活跃，已形成了全方位、多层次、宽领域的对外开放格局。截至 2017 年，北京市与 72 个国家的 124 个首都和大城市有友好往来关系，其中已与 55 个城市建立了友好关系。① 在读的外国留学生 29452 人。北京现有外国驻华大使馆 137 个，国际组织和地区代表机构 17 个，外国新闻机构 190 个。在北京设立的国外驻京代表机构已超过 7000 家。②

第四，首都的国际交往中心功能，体现在首都驻扎着重要的国际或区域性机构的代表。首都城市所拥有的国际事务组织机构、使领馆数、高级外交访问数、跨国公司、外国新闻机构记者站、国际金融与贸易机构及财团总部的多少，以及国际旅游经营机构数、国际语言普及率、国际标识普及率、城市人口中的外籍居民比重、外籍留学生数、侨民与外国游客数等方面指标，都是首都城市国际化的重要指标。目前北京除了频繁举办重大外事活动外，还拥有大批的外国驻京机构与人员，使得北京成为世界各国来华从事公务与商务活动的集聚地。随着北京城市环境及现代化设施的不断完善，将有更多的联合国机构、其他国际组织、跨国公司和国际金融机构等在京设立总部或联络处。

第五，首都的国际交往中心功能，体现在首都为人员的国际流动提供较为宽松和自由的空间，具有相对规模的国际流动人群。目前，北京的出入国（境）人口数每年稳步提升，国际旅游人群的数量越来越多，国际化家庭、人群和社区的规模也在稳定地不断扩大。2019 年全年接待旅游总人数 3.22 亿人次，比 2018 年增长 3.6%；实现旅游总收入 6224.6 亿元，增长 5.1%。其中，接待外国游客 320.7 万人次，接待港、澳、台游客 56.2 万人次。③

第六，首都的国际交往中心功能，体现在首都对于国际经济交流的作用。首都城市的国际经济交往功能主要体现在对世界或地区经济

---

① 北京市人民政府外事办公室于 2019 年 10 月 10 日发布《关于北京市解除与捷克布拉格市友城关系的声明》称，捷克布拉格市新一届市政当局主要官员等人，屡屡在台湾、涉藏等问题上采取错误行动并发表不当言论，干涉中国内政，挑战两市的友城关系。北京市表示严正抗议，立即解除与布拉格市友城关系并暂停一切官方往来。

② 数据来源：《北京统计年鉴 2018》。

③ 数据来源：《北京市 2019 年国民经济和社会发展统计公报》。

的协调、控制和决策上，可用国际金融机构数量与国际金融业务交易额、国内外跨国公司总部及地区总部数量和在世界经济中比重来作为指标进行比较。发达的金融业是首都城市发挥国际功能的基本条件，是吸引国际机构与跨国公司以及国际经济功能的重要渠道。

第七，首都的国际交往中心功能，体现在首都对于国际文化交流的作用。首都具有强大的文化交流和传播能力，能吸纳世界各主要文化，是各主要文化展示与碰撞的舞台。国际文化交流功能可从境内接待来宾与国际会议、文化与体育交流数量、入境海外游客数量、航空港年旅客吞吐量等指标反映出来。近年来，在北京举办的国际会议数量越来越多。北京日益完善的硬件设施条件和服务水平为成功举办各种国际会议和交流活动提供了基础条件，正在成为国际著名的"会议之都"和旅游之都。

（四）科技创新中心

科技创新中心是北京以近年来在科技创新领域取得的突出成就为自己赢得的功能定位，亦反映了全球科技迅猛发展时代下国家对科技创新的战略重要性的深刻认识。

对首都科技创新中心功能的内涵和外延，可以从以下几个层面来分析：

第一，首都的科技创新中心功能，体现在首都汇集了国内外某个或某些领域的尖端科技创新型人才和雄厚的科技创新能力。从科研基地情况看，28%的国家重点实验室、33%的国家工程研究中心、45%的国家重大科学工程、30%的国家重点学科设在北京。从国家研究项目看，39.4%的基础研究、31.4%的863计划项目、34.50%的科技攻关计划在北京地区。从科技人才看，北京市人才产出弹性系数表明，在北京市的经济增长中，人才资源投入的拉动力要大于物质资本投入的拉动力。全国两院院士有707人在京工作生活，占全国比重的50.1%，在校大学生、研究生、博士生拥有量居全国前列。2019年，北京市研究生教育招生12.4万人，在学研究生36.1万人，毕业生9.2万人。普通高等学校招收本专科学生15.7万人，在校生 58.6 万人，毕业生 14.5 万人。全市成人本专科招生 4.8 万人，在校生 13.0 万人，毕业生 5.9 万人。① 中国科学院、国务院各部委的高层次科技管理人员基本上都集中在北京。

第二，首都的科技创新中心功能，体现在首都集聚着拥有相当数量的自主知识产权和尖端技术，领先全国和全球的科技创新产业群。目前，北京市拥有超过一万家国家级高新技术企业，数量位居全国第一。在技术进出口交易方面有着良好的基础和实力，2019 年共签订各类技术合同 83171 项；技术合同成交总额 5695.3 亿元。与研发相关的数据也在全面迅速提升。专利申请和专利授权数量，是反映城市科技创新水平的另一个重要指标。据统计，2019 年北京专利申请量与授权量分别为 22.6 万件和 13.2 万件，其中，发明专利申请量与授权量分别为 13 万件和 5.3 万件。2019 年年末拥有有效发明专利 28.4 万件。②

第三，首都的科技创新中心功能，体现在首都应当拥有一套健全的、适合技术创新、知识产权增量的制度和生态环境。北京正充分借鉴国际经验，充分发挥市场在资源配置中的决定性作用，同时更好发挥政府的作用，围绕深化科技改革中反映出的突出问题和薄弱环节，进一步破除制约首都科技创新的思想和制度障碍，促进首都科技创新优势向发展优势转化。此外，在加快构建"高精尖"经济结构方面，正在突破一批关键共性技术和重大公益性技术，培育具有竞争力的产业。同时，以全球视野谋划和推动科技创新为着力点，营造有利于创新创业的生态环境，如建设有国际影响力的国际技术转移枢纽；引导国际知名企业在京设立研发中心和地区研发总部等。2020 年 1 月，"中国城市科技创新发展指数 2019"发布，北京排名第一。③

---

① 数据来源：《北京市 2019 年国民经济和社会发展统计公报》。
② 同上。
③ 《中国城市科技创新发展指数 2019 发布，北京强势领跑》，中国科学技术部网站，网址：http：//www.most.gov.cn/dfkj/bj/tpxw/202001/t20200107_150996.htm，最后访问日期：2020 年 4 月 10 日。

第四，首都的科技创新中心功能，体现在首都拥有促使科技成果向生产力转化的条件和渠道，能较好地将区位优势转化为现实优势和竞争力。其一，北京拥有强大的社会支持来推动重点产业与项目的研发；其二，北京通过资本优势吸引全球资本和大量跨国公司，作为国际技术创新的中转站，将技术创新产品推向世界市场。北京是中央金融决策中心，拥有大量国际、国内金融机构总部，是金融宏观调控部门和监管部门的密集地，"一行两会"（中国人民银行、中国银保监会、中国证监会）总部都在北京，具有利于科技创新和产业化的突出优势；其三，北京是重要的信息发源地和汇集地，政府公共信息资源丰富，科技情报服务机构掌握的科技文献和情报信息占到全国的一半以上，市场主体能便捷、及时地了解科技创新最新进展、行业最新动态和产业政策导向。

第五，首都的科技创新中心功能，体现在首都拥有辐射周边地区的强大能力，能够形成一个覆盖较大区域、涵括较广领域的科技创新区。北京的科技中心功能，能够有效辐射天津、河北甚至山东、辽宁等整个环渤海地区。在这个区域内部，已经开始利用现有资源和区位优势，逐步实现产业之间的相互配合与协调。北京以研发、设计、文化创意等上游产业为主，特别发展不需要大规模占用土地的高端企业；周边地区则围绕这些产品的下游产品展开生产和销售，这样能使产业链条既不发生断裂，同时又能吸引产业链的各个环节的不同企业和单位共同参与到其中，并从中获益。

同时必须注意的是，北京拥有双重地位，一为首都；一为直辖市。这意味着北京同时具有两种功能，一种是首都功能；另一种是省级地方功能。当然，北京的地方功能要受到首都功能的限制，这是作为首都的城市的特殊之处。① 因此，在疏解非首都核心功能的同时，也不能放弃北京的地方功能（如教育、医疗、事业性服务等），必须同时考虑到北京市地方功能的正常发挥，照顾到2100万居民的

---

① 参见王锴《论宪法上的首都》，《中国法律评论》2017年第6期。

正常生活工作学习的需求。

三 首都"四个中心"核心功能定位的实现

首都"四个中心"核心功能定位的提出,是北京和整个京津冀地区发展的一次重大机遇,将关系到北京功能的疏解以及京津冀区域功能的重构,其城市、产业、交通、生态布局都将面临重大调整。必须认真研究、科学布局,为京津冀的科学发展提供长远保障。

(一) 城市生存与城市发展协调并进

对首都功能予以科学定位,强化核心功能,疏解非核心功能,固本舍末,是治理"城市病",保证首都可持续发展的治本之策。

新中国成立70多年来,北京城市发展的急剧膨胀乃至产生的一系列"城市病",与首都地位赋予它过于繁多的功能紧密相关。中国的传统和苏联式的社会主义都倾向于要求北京成为一个很大的城市。在中央规划下,行政中心要成为所有经济和社会活动的统筹中枢,因此它需要拥有大量的办公室、活动场所和相关资源;同时,为了便利中央控制与协调,北京致力于发展多功能来为全国服务,而相对忽视了本地环境的承载能力。虽然在改革开放之后北京付出了很大的努力进行功能调整,目前的土地利用总体结构已趋于合理,但北京城市发展的各项人均指标仍低于西方发达国家的首都,甚至低于国内一些城市。从目前的北京城市功能来看,在许多方面,如城市规模太大、人口过多、交通堵塞、城市用地紧张以及环境污染等诸多问题上有着酷似东京的特点,甚至在某些方面比东京还要严重。

所走过的和正在走的这些弯路给了我们教训:首都城市建设不能操之过急,首都规模不能以"大"为标准,首都功能不能以"全"为标准,而要充分考量首都城市功能定位与城市资源承载能力之间的平衡。首都城市不仅要体现政治和经济的聚集力和辐射力,还应在社会、居民生活水平、人口素质等方面也都具有较高水平;不仅有经济社会系统的高度发达,也有生态自然环境的和谐、可持续。例如,纽约市2006年发布的《纽约城市规划:更绿色更美好的纽约（PlaNYC：A Greener, Greater New York）》中涉及土地、水、交通、能源、空气质量、气候六个方面的目标及一系列子目标，并将自身的未来定位为21世纪的模范城市。① 东京于2016年发布的《打造"都民优先"的新东京——东京2020年发展计划》，提出打造"3个城市"，即安全之城（Safe City）、包容之城（Diverse City）、智慧之城（Smart City），并提出了24条主要政策。② 这些城市的战略发展规划都没有重点刻意强调那些公认的城市标签（即规模、控制力、沟通力等），而是设定了覆盖生产、生活和生态等更为宽泛的"理想城市"评估标准。这给予我们一个重要的提示：一个健康的、没有大城市传统弊病的首都，必然是一个功能适当、可持续发展的城市。北京在实现首都功能的同时，也应注重城市品位和整体水平的提高，努力建设城市功能的社会化、人居环境的生态化、居民素质的现代化、城市发展的可持续化、城市文化的个性化及竞争平台的全球化的首都城市体系。

（二）城市需求与城市供给能力配套

如上所述，首都城市的发展速度和规模受其性质和功能定位影响，反过来，首都功能的发挥又会受到城市发展速度和规模的制约。这在很大程度上是因为，首都功能的有效发挥、维系其权威系统的运转与发展，有赖于良好的物质设施作为载体。首都城市功能承载系统包括城市基础硬件设施系统、软件设施系统、自然生态环境系统三大要素，三大要素之间必须协调同步。

全世界有许多功能承载系统很好的首都城市典范，它们不仅基本满足了首都本质功能发挥需要，而且在满足其他叠加功能需要方面提供了较好外部环境。但客观来看，各国的首都城市或多或少都

---

① PlaNYC：A Greener, Greater New York, http://www.nyc.gov/html/planyc/downloads/pdf/publications/planyc_2011_planyc_full_report.pdf.
② 都民ファーストでつくる「新しい東京」—2020年に向けた実行プラン—http://www.seisakukikaku.metro.tokyo.jp/actionplan_for_2020/honbun/honbun_zentai.pdf.

存在着一些不完善，并在不同程度上影响了首都城市功能的实现。

北京所患的"城市病"，就是城市已超出了其功能承载系统的承载力而罹患的。为此，必须从现实出发，在准确定位首都功能的前提下，疏解北京的非首都功能，改革现行的管理体制，调整并完善对城市发展有重大影响的法规和经济政策，强化依法治都的手段和措施。疏解非首都功能，涉及的利益主体多元，利益关系复杂，利益阶层固化。①

（三）首都区域协同发展

首都圈的区域协同发展，是解决首都城市功能疏解、控制人口和城市规模、治理"城市病"的另一条出路。

一方面，北京可以通过把首都的非核心功能疏解给周边其他城市，推进交通、基础设施互联互通，产业转型升级与转移对接，实现创新驱动发展，统筹对接社会事业和公共服务，加强生态建设与环境保护，提升资源能源保障水平，扩大对内对外开放；另一方面，需要打破地方利益和部门利益，强调协同发展，以基础设施建设、产业升级与协作、生态环境保护、公共服务保障、市场体系构建等为重点，由浅入深、由点到面、由急到缓，有序推进一体化发展，形成真正的京津冀大城市带。

首都区域协同发展的理念最初体现在卫星城的建设中。在1958年"分散集团式"的规划中就提出了卫星城，1993年的北京总规划又提出14个卫星城的模式。从此前的实施效果来看，可以说是失败的。首先，旧的卫星城理论是不科学的，它旨在城市外围建设以居住为中心的中小城市，而忽视了对城市功能的疏解。北京卫星城的建设，并没有实现人口和功能疏解的目的。其次，卫星城在管理上是失败的。1993年总体规划虽然在空间上确定了14个卫星城，但建设机制的主体落在区县一级政府，这造成卫星城的建设，首先用来

---

① 参见连玉明《首都战略定位：京津冀协同发展中的北京之路》，当代中国出版社2015年版，第117—150页。

满足区县开发建设的要求，而不是首都城市功能疏解的需要。

与首都功能重新定位相配套提出的京津冀协同发展，则是在卫星城建设基础上提出的又一个重大战略举措，也是促进首都功能分解、促进区域协调发展的一个新的尝试。①

所谓协同发展，是指通过在城市间合理配置各种资源，通过组织和管理过程不断提高不同城市系统的有序程度，使大系统达到优化和和谐，促进经济发展、社会进步、环境保护协调一致，同步进行。协调机制可以采取这样三种类型：（1）行政协调机制，一般通过上级政府、跨行政区机构和相关城市政府来进行。（2）协商协调机制，有关各方通过"自主参与、集体协调、适度妥协、共同承诺"的过程来建立整合发展关系。（3）市场协调机制，以企业为主体进行，企业通过市场竞争选择合作伙伴，进行重组联合，优化资源配置。从目前中心城市与卫星城市的协调发展看，三种机制应同时存在，共同发挥作用。在协调发展前期和初期，行政机制为主，协商机制为辅；中期是行政机制为主，市场机制为辅；后期则是行政机制和市场机制并重。

实现这三种协调机制要通过以下几个协调：（1）产业协调。包括第一、第二、第三产业以及农轻重比例和发展速度的协调。应根据优势互补原则，从中心城市和卫星城市两个层次统一考虑产业结构和地域结构，形成既有分工又有联系的城乡地域分工和经济体系。（2）市场协调。依据大市场原则，建立跨城乡、跨地区和跨所有制界限的统一市场，规范市场行为准则，反对地方保护主义和市场贸易壁垒。（3）两个层次规划和建设协调。改变过去就城论城、就乡论乡的城乡分割的规划和建设做法，把卫星城市居民点、工业布局、基础设施网络作为整体进行统一规划和建设，尤其要做好城乡土地利用的总体规划。（4）生态环境的协调。目前城乡环境污染有由点

---

① 京津冀区域的合作历程，可参见刘作丽《首都地区战略问题研究——基于区域、城市、新城尺度》，山西出版传媒集团、山西经济出版社2016年版，第3—21页。

到面扩散蔓延的趋势，要扭转城乡相互污染状况，必须从城乡两方面着手，统筹安排有污染工业布局，统一协调环境整治和保护。(5) 立法协调。配合《京津冀协同发展规划纲要》的提出，如果首都地方性法规的效力仅仅适用于北京地区，今后可能难以完全满足京津冀协同发展的现实需求，这就需要考虑首都立法权限的适度扩张问题，以《立法法》为依据，在正确把握北京市人大与北京市人大常委会之间的关系的基础上，不断加强首都地方立法部门与天津市、河北省地方立法部门之间的协调工作，建立相应的协调立法机制。① (6) 体制与政策协调。继续消除或修订计划体制下影响中心城市与卫星城市协调发展的有关制度、法规、条例和政策，使城乡生产要素流动和经济社会发展归入法治轨道。

第四节　地方法治社会化的推进：基于民族地区普法实践的观察

国内学者近年来开始引入"法治社会化"理论②，以论证法治社会化对法治建设的重要性，并将其与我国的普法教育联系起来。

---

① 参见郑翔、丁琪《京津冀协同发展背景下对首都地方立法的反思》，《天津法学》2015 年第 4 期。

② 社会化（socialization）是指"个人被帮助成为一个或多个社会团体成员"的过程，这个过程能通过多种路径发生，还会受到"生物及社会文化因素"的影响且可以发生在人生的任何阶段，其产生的结果包括"习得规则、标准及各种价值观"等。参见 Joan E. Grusec, Paul D. Hastings (eds.), Handbook of Socialization: Theory and Research, Second Edition, The Guilford Publications, 2015, p. xi. 法学家们将社会化这一概念和法学研究相结合，产生了新的研究方法。社会化理论可以较为清晰地了解人们是如何习得权利、义务、公平以及相关的价值观的，法律社会化理论则被用来研究人们的法律价值观以及与之相关联的行为反应，解释法律实施带来的各种积极的或负面的效果。参见 Ellen S. Cohn, Susan O. White, Legal Socialization: A Study of Norms and Rules, Springer-Verlag, 1990, p. 1. 法律社会化带来的积极效果之一，就是社会成员对法治的践行和追求，即法治社会化。

他们认为，我国的普法教育"实质上就是一场法治社会化运动"①，推进法治社会化的重要途径之一即是推行普法教育。② 笔者认同这一理论，认为普法可以帮助公民培养法治思维、提高法治认知、产生法治认同、树立法治价值观，改变偏离法治轨道和要求的行为方式，"有问题依靠法律来解决"③。

我国普法教育迄今已走过 41 年的历程，法治社会化的成效日渐明显。1979 年，中共中央在《关于坚决保证刑法、刑事诉讼法切实实施》的文件中首次提出，要灵活运用多种形式对广大干部、群众开展法制教育。1985 年，第一个全国性的普法规划《中共中央宣传部、司法部关于向全体公民基本普及法律常识的五年规划》公布实施（俗称"一五"普法），拉开"中国历史上乃至人类历史上最大规模的法律启蒙教育运动"④ 的序幕。通过普法提升公民法律素养，继而为经济建设与改革开放"保驾护航"，成为"法制—经济—社会"关系结构的内在运行逻辑。⑤ 在法治与经济、社会发展之间的动态关系演进之中，中国正在不断迈向先进法治大国与文化强国。

普法是地方性很强的事务，需要依托基层，紧贴民众。从"一五"到"七五"普法，在中央的顶层设计下，各地总结出的普遍经验之一就是：普法应结合地方文化，突出地方特色，进而将法治文化融入地方文化，成为地方文化的一部分。西部民族地区在语言、文化、宗教、习俗等方面具有异于其他地区的鲜明特色，考察它们在法治社会化过程中对民族和地方特色的取舍，是一个有价值的视角。

---

① 参见范进学、张明浩《法治社会化：概念及其功能》，《学习与探索》2000 年第 3 期。

② 参见徐邦友《法治社会化：概念、内容与路径——基于"法治浙江"建设的经验》，《观察与思考》2015 年第 1 期。

③ 《习近平谈治国理政》，外文出版社 2014 年版，第 145 页。

④ 莫桑梓：《普法教育绩效测评指标体系的构建》，《法制与社会发展》2018 年第 6 期。

⑤ 参见刘顺峰《我国普法教育的历史沿革》，《时代法学》2019 年第 3 期。

少数民族地区受制于客观条件，一直是我国普法教育的短板。改革开放带来了少数民族地区经济社会的飞速发展，"内蒙古、广西、西藏、宁夏、新疆5个自治区和云南、贵州、青海3个省的地区生产总值由1978年的324亿元增至2017年的84899亿元；贫困人口从2010年的5040万下降到2017年的1032万，累计减贫4008万人，贫困发生率从34.5%下降到6.9%"。① 但与较发达地区相比，民族地区在各方面仍有差距。2017年，民族自治地方的人均国内生产总值为39622元②，而当年全国人均国内生产总值为59660元③，民族自治地方为国内平均值的66.4%。部分民族地区区位偏僻，地广人稀，交通不便，教育落后，产业结构落后，财政自给率低下，生态环境脆弱。④ 不少民众受教育水平相对较低、受传统宗教习俗影响大、法治意识相对淡薄。"本来相对于社会其他阶层，弱势群体的社会地位、经济实力、维权力量就比较弱，当自身权益受到侵害时往往无力甚至不知寻求法律的帮助，长此以往就会使他们脱离法律的关怀和保护，更谈不上对法律的理解和运用。"⑤ 法律在某些民族地区的缺失既说明该地区人民权益保护的缺失，也在一定程度上反映了国家对该地区有效治理的缺失。苏力曾说："今天的司法下乡是为了保证或促使国家权力，包括法律的力量，向农村有效渗透和控制"，推进民族地区的普法是国家实现对民族地区的有效治理、对少

---

① 中华人民共和国国务院新闻办公室：《改革开放40年中国人权事业的发展进步》白皮书，http：//www.scio.gov.cn/zfbps/32832/Document/1643346/1643346.htm，最后访问日期：2020年4月10日。
② 参见《2018年民族自治地方国民经济与社会发展主要指标》，国家民族事务委员会网站，http：//www.seac.gov.cn/seac/xxgk/201912/1139109.shtml，最后访问日期：2020年4月10日。
③ 数据来源：《中华人民共和国2017年国民经济和社会发展统计公报》。
④ 参见吴海荣、张晨煜《社会稳定视域下的四川藏区藏族民族认同和国家认同整合途径》，《四川警察学院学报》2020年第1期。
⑤ 宋慧宇：《公民法律意识在地方法治建设中的功能及提升途径研究》，《理论月刊》2015年第1期。

数民族权利的有效保护的重要途径①,关系到少数民族民众的公民身份认同、民族认同、社会认同与国家认同的整合②。

客观来看,民族地区传统宗教习俗与现代法治并存的格局将长期存在,普法和法治社会化过程呈现出较为明显的地域性和民族性。随着民族地区城镇化率的日益提高以及传统农牧业的现代转型,法律文化的二元格局有望出现积极变化。民族地区的普法教育宜聚焦两个问题:一是体制内的工作责任制、工作机制的建立和完善;二是法治社会化的效果——前者属于快变量,是近期部署;后者属于慢变量,是远期目标。体制内的工作责任制和工作机制的建立完善,在时间上快于法治社会化效果的提升,因为法治社会化效果的显现,不是一个孤立的过程,而是与立法、执法、司法、守法,特别是法律实施的效果显现相伴的过程,也是与社会经济进步相伴随的过程。

一 民族地区普法的特殊性:地域性和民族性的掣肘因素明显

有学者在研究云南边疆民族地区的法治文化认同时指出,民族地区存在法律供给不足、法治观念淡薄、法治建设不力等突出问题,而解决这些问题的途径之一,是进行具有边疆民族特色的普法宣传,发挥法治文化的作用机理。③ 客观上看,近年来民族地区在普法和法治文化建设方面的确取得了显著成绩,但也面临着一些掣肘因素。其中,有些因素具有共性(如普法的理念、经费、人员等方面),与其他地方较为类似;有些则具有较为明显的地域性和民族性特征。

第一,从宗教和历史的视角来看,少数民族的宗教信仰和历史

---

① 参见苏力《送法下乡——中国基层司法制度研究》,中国政法大学出版社2002年版,第35页。

② 参见吴海荣、张晨煜《社会稳定视域下的四川藏区藏族民族认同和国家认同整合途径》,《四川警察学院学报》2020年第1期。

③ 吕朝辉、李敬:《边疆少数民族法治文化认同:问题呈现与生成之道——以云南省为例》,《吉首大学学报》(社会科学版)2017年第1期。

传承的民族习惯，仍然影响着各个民族，存在国家法律与民族习惯共同践行的现象。由于固有的宗教信仰和民族习惯还存留于群众的日常纠纷处理中，国家法律与日常实践有时存在脱节，人们遇到实际纠纷时，普遍诉诸传统的宗教和习惯规则。以西藏为例，延绵近千年的封建农奴制度、特殊的"政教合一"制度、宗教长久以来居于尊崇地位、西藏和中原的法律在历史上分属于不同的法律文化体系。而近几十年来，十四世达赖集团逆历史潮流而动，非但不反思旧西藏"政教合一"制度的黑暗残暴，反而梦想有朝一日把这种制度重新搬回西藏。① 历史悠久的传统、特殊的宗教和制度给少数民族地区的普法工作带来了挑战。

第二，从现实条件来看，尽管近年来已经有了翻天覆地的变化，但与东中部发达地区相比，少数民族地区在交通、信息、经济、文化、教育等方面仍居于较为落后状态，给普法工作的开展造成了障碍。②

第三，从普法对象来看，受少数民族传统观念和宗教信仰的影响，部分少数民族地区民众受教育范围有限，认知能力不高，法律意识较为淡薄，对法治的内涵及其意义理解不够，学法和用法缺乏意识和动力。③

第四，从普法的供给能力看，少数民族地区高校数量极其有限，法律专业人才严重缺失并且流失严重；现有的法律人才培养模式也较为僵化和落后，法学专业学生的知识和能力结构不能满足普法工

---

① 参见国务院新闻办公室《西藏发展道路的历史选择》白皮书（2015年4月）。
② 例如，四川藏区人均GDP仅为全国的39.8%，农牧民人均纯收入为全国的46.9%，绝对贫困人口比例达25%，财政自给率仅为8.8%，2012年财政赤字达到87.19%，近90%的财政支出要依靠上级转移支付支持，上级"输血"成为保运转、保民生、促发展的主要手段。参见吴海荣、张晨煜《社会稳定视域下的四川藏区藏族民族认同和国家认同整合途径》，《四川警察学院学报》2020年第1期。
③ 笔者2015年曾在西藏的牧区调研，通过实地座谈和调查了解到，许多农牧民对于《民族区域自治法》《草原法》《村民委员会组织法》《妇女权益保障法》《劳动法》《个人所得税法》《宗教条例》等法律法规的名称都知之甚少，遑论内容。

作对于法律人才的要求；对于如何在民族自治的重点区域推进普法工作，也缺乏相应的理论作为指导。

第五，从外部影响来看，在西藏、新疆等少数民族地区，不法"藏独""疆独"分子围绕"西藏独立""新疆独立"兜圈子，始终没有停止在国内外的分裂祖国活动，他们的分裂活动仍不时影响着自治区的法治建设，也干扰了普法的顺利开展。例如，新疆是多民族聚居地区，少数民族人口占自治区总人口的60%以上，维吾尔族、哈萨克、塔吉克、蒙古、柯尔克孜、乌兹别克斯坦等民族跨境分布，与境外的一些民族在语言、宗教和文化上有着传统联系。① 与境外同源民族的渊源和联系，一定程度上又使得他们在对国家政治、经济、文化、风俗习惯、生活方式、价值观念和道德观念等的认识方面存在一些偏差。② 东突势力数度借助民族、宗教的"外衣"展开恐怖活动。

二　困难的复杂性：多重因素共同作用

第一，未能充分认识到普法工作的价值和重要意义。领导重视程度不够、法制宣传教育不到位、一些基层领导干部不够重视，是影响基层普法工作的重要因素。当前，少数民族地区经济社会发展的任务十分艰巨，不少基层领导干部对当地经济社会发展十分重视，对于普法和法治文化建设则不那么重视。他们认为普法是软性任务，其效果不易显现，不如抓经济发展、基本建设那么容易出成绩，导致放松了普法和法治文化建设工作，工作上被动应付，存在着"说起来重要，做起来次要，出了问题不得不要，平时没必要"的现象；部分干部不能以身作则，不善运用法治手段解决问题，导致大量的法律法规在农牧区被"忽视"，使得一些农牧区出现了一些难以解决

---

① 参见马丽曼《中亚研究——中亚与中国同源跨国民族卷》，民族出版社1995年版，第149页。

② 参见徐亚清《中亚五国转型研究》，民族出版社2003年版，第208页。

的遗留问题。

第二，普法和法治文化建设工作组织体系仍不够健全。普法工作队伍人员数量不足、一些普法工作人员的法律素质和法律意识不高，制约了普法工作效果的发挥；普法和法治文化建设是一项系统性工作，需要在普法办等法制宣传主管部门主导和协调下，由相关部门特别是文化部门和文艺团体共同协作，形成应有的规模和效应，同时需要动员全社会合力攻坚，方能达到预期的目的。然而，目前政府各相关职能部门组织协调还存在着一些问题，这些部门在普法工作上难以形成真正的合力，造成普法工作的开展不平衡；"上下"不齐心也是普法工作无法有效落实的重要原因。由于道路、交通等问题，普法工作有时流于形式，挫伤了农牧民学法的积极性；乡镇和农牧区普法力量不足，缺少负责普法工作的专门机构，一定程度上影响了乡镇和农牧区的普法工作；基层普法工作缺乏激励机制，普法工作人员工作条件差、待遇低，影响了其工作积极性。

第三，普法机制手段上缺乏针对性的有效方式。少数民族地区乡村地域广，民众文化素质参差不齐，有文化、有知识的青壮年外出经商或务工，老人、妇女和儿童留守，都给基层普法工作带来了难度。尽管已经有了普法方式方法上的创新，但以这些民众的需求作为参照系，普法的形式仍然显得单一和陈旧，创新意识不够，尤其是为少数民族民众所喜闻乐见的方法还不够多，直接套用内地的模式随处可见，难以调动民众学法的积极性，制约了普法的效力。虽然近年来普法的材料有了更新，但一些地方仍在使用很多年以前的材料，制约了普法工作的深入开展。

第四，人、财、物和组织管理制度的缺乏，使得民族地区普法无论是在硬件还是软件建设上都没有完全到位。一些民族地方的普法工作仍存在死角和盲点，普法工作重形式轻内容，表面上轰轰烈烈，但贴近百姓不够，实效性不强。普法成效难以显现，主要表现在：执法人员的法律学习与法治实践脱节，在无法可依的问题已经基本解决的情况下，有法不依、执法不严、违法不究的现象凸显；

理性的法治观念尚未形成，实践中常存在一些错误的法治观念，如"法律与己无关论""法律可畏论""法律无用论""普法可恶论""学法累赘论"等；民众在民主参与和依法维护自身的合法权益方面的意识不强；少数群众在生产生活中遇到一些矛盾或纠纷，不是通过调解或法律途径解决，而聚众闹事，打架斗殴，以致酿成恶性事件，既不利基层民主法治建设，也影响社会稳定。

第五，高昂的普法成本与有限的经费投入之间存在较为尖锐的矛盾。普法教育必须投入一定的人力和财力，才能保证工作正常开展。有些少数民族地区气候恶劣，生活条件艰苦，对人才缺乏吸引力，人才的引进、留用难度很大，普法所需要的法律人才也不例外。普法人力资源的缺乏导致普法工作进展深受限制。有些少数民族地区则地形地貌复杂，人口居住分散，农耕和放牧是主要的生产方式，有的农牧民居住在交通不便、信息闭塞的地方，与外界沟通联系难度很大。有的牧民过着逐水草而居的游牧生活，流动性大。在这样的条件下开展普法工作，倘若不让这些偏远地方成为普法的死角，就需要付出高昂的成本。然而，拉萨的经济发展水平不高，财政投入到普法教育的经费极为有限，普法工作的深入开展受到经费不足的掣肘。

第六，受教育和语言因素制约。由于教育事业发展较为落后，少数民族民众受教育程度普遍比较低，文盲半文盲还占很大比例。[①]文化素质低，导致民众对法律现象在内的社会存在认知能力差，成为制约民族地区普法工作的又一困境。此外，我国法律主要是以汉

---

① 例如，2017 年，四川甘孜全区共有 1 个县级市和 17 个县，常住人口和流动人口总共 130 万。而普通高中只有 19 所，初中 33 所，小学 555 所，幼儿园 356 所，学校数量总体偏少，更严重的是分布不均衡，2/3 的学校集中在城镇居，而广大偏远的农牧区学校数量偏少。城镇适龄儿童入学率稳定在 90% 以上，而农牧区适龄儿童入学率不足 40%，两极分化严重；受地理环境、教师待遇低等诸多因素影响，专任教师提前病退、调离等现象多，一些偏远农牧区有校无师。参见高鸿《甘孜藏区教育扶贫的困境与路径创新》，《吉林省教育学院学报》2017 年第 7 期。

族文化为背景制定的，法律文本绝大多数以汉语言文字表达。而在少数民族普法的过程中，尤其是在偏远的牧区普法，需要一定数量的精通汉语和少数民族语言的普法人才，运用两种语言文字宣讲和解释法律的含义和精神。目前双语法律人才的缺乏，使普法的效果由于受众的理解程度较低而不佳。

第七，国家现行法在少数民族地区的普及缺乏牢固的法律文化根基。在此过程中，少数民族地区习惯法文化由于其源头和宗教、文化背景等原因，有着广泛的群众基础和人文环境而继续存在，并对现代社会的产生影响，与社会主义法律文化具有一定的对立性。例如，民众在发生矛盾纠纷以后，往往通过村落组织的"头人"或者活佛运用习惯法解决，致使国家司法机关的司法权被架空，国家现行法律的适用空间不断受到挤压而萎缩。无论是从法律认知、情感，还是法律信仰来讲，群众对习惯法的认同和接受程度都要高于国家现行法，这决定了国家现行法在少数民族地区受到一定程度的"排斥"。正如马克斯·韦伯所说，"在共同体中被公认为有效的规范不一定都是'法律规范'。构成共同体强制力机制的人所起的官方功能并不都是与法律强制力有关"①，在少数民族地区，大量民族习惯法在国家制定法之外发挥着重要的规范功能。因此，在国家法律和民族习惯法发生冲突时对一些传统习惯法进行承认，或至少不简单地一刀切式废除，仍是适应当前现实需要所采取的折中之举。②

三　近期与远期目标：普法机制建设和普法效果提升

概括来说，少数民族地区的普法和法治文化建设需要聚焦两个问

---

① ［德］马克斯·韦伯：《论经济与社会中的法律》，张乃根译，中国大百科全书出版社1998年版，第15页。

② 例如，鉴于巫蛊信仰的神秘性和民族习惯的特殊性，一些少数民族的巫蛊信仰在司法中得到了不同程度的承认。对缘起这些信仰或迷信的犯罪，司法通常会"从轻"处置。参见李金莲《论巫蛊信仰对西南民族地区女性的影响及其司法干预》，《湖南警官学院学报》2019年第3期。

题：一是体制内的工作责任制、工作机制的建立和完善问题；二是普法的效果问题——前者属于快变量，是近期部署；后者属于慢变量，是远期目标。体制内的普法工作责任制和工作机制的建立完善问题，在时间上快于普法社会效果的提升，因为普法社会效果的显现，不是一个孤立的过程，而是与立法、执法、司法、守法，特别是法律实施效果显现相伴的过程，也是与社会经济进步相伴随的过程。

根据社会型法治的逻辑，法律和各类社会规范所调整的对象不是无差异的人，而是社会性的人及人的组合。"人类是社会性动物这一事实，决定了我们的生活要处于个人价值取向与社会要求遵从的价值取向的紧张冲突状态之中。"[①] 冷静观之，部分少数民族民众特别是农牧区的民众，仍处于从千年习俗向现代性法治转变的历史性跨越中，对民众中的原有习惯习俗要采取"一分为二"和渐进改造的态度，且将此种改造的速度与经济社会文化进步的速度保持同步，也与法律实施效果的显现同步，不能奢望民众法治意识的进步快于社会进步和法律实施的速度。渐进式的改造包括：（1）通过地方创制性立法，将合理的民族习惯转化为地方性法律法规；（2）通过法院判例，将合理的民族习惯合法性；（3）对不宜时代潮流和民众利益的习惯，通过普法宣传，让民众渐进放弃；（4）对虽然不合理但在民众中仍有牢固基础的旧习俗，法律暂时保持妥协的态度，渐进改造。（5）每隔几年定期进行公众法律文化测评，建立相关数据库，进行公众法律文化变化的中长趋势分析，同时记录保留珍贵的民族法治文化变迁的样本。从近期部署看，在普法和法治文化建设的体制机制方面，可以从以下方面做出努力：

（一）立足于培育法律信仰，推动民族习惯法与社会主义法治文化的融合

现行国家制定法与民族习惯法等法律传统既存在着一致的方面，

---

① ［美］E. 阿伦森：《社会性动物》，邢占军译，华东师范大学出版社2007年版，第9页。

也存在着冲突的方面。民族习惯法是民族在长期的历史发展过程中根据生活习惯和传统文化等形成的，是一种不成文法，在民间却是调节社会关系、规范生产生活秩序、解决各类纷争的重要手段。由于受传统习俗、自然环境、基础教育、文化差异等因素的影响，至今仍影响深远，在一定程度上弱化了国家法的法治功能。但习惯法是少数民族经过长期的社会生活沉淀而发展起来的，包含着一定的积极因素。因此，在推进法治文化建设的过程中，在尊重民族传统文化的基础上，可考虑把积极的民族习惯法元素渗透到法治文化建设的实践中，结合现行国家法律法规，对少数民族习惯法中的合理成分进行甄别和扬弃，使之符合国家法的统一性要求，使民族习惯法与国家的法律法规得到合理的调适和融合，使法律规范等更加适应少数民族地区的习惯而更易于贯彻执行，法治文化建设同提高少数民族法制观念、强化法治建设与传承少数民族优良传统结合起来，逐步培养少数民族群众信仰法律、尊重法律、应用法律的法治观念。

（二）结合民众日常生活需求，拓展普法阵地

普法和法治文化阵地是法治文化建设的基础和依托，进一步拓展阵地建设，依托图书馆、文化馆、文化站、农家书屋、社区文化中心等载体，建设不同类型、不同特色、不同规模具有时代特征和地方特色的法治教育场馆、法治画廊、法治文化广场、法治文化街区，设计和开展各种形式的法治文化活动。加强对公共信息资源的整合，充分运用现代传媒传播法治信息。进一步加强与报刊、广播、电视及网络等新闻媒体的合作，发挥大众媒体的独特优势，扩大法制刊物、节目、栏目的覆盖面，努力打造覆盖广泛的法制文化传播平台，发挥法治文化的教育和引导功能。充分利用民族地区丰厚的历史文化资源，在每年的民族节日里，将传统民间文化表现形态与法治文化融合起来，达到传承历史文化脉络和繁荣法治文化建设双赢的效果。组织一批具备一定法律知识、有扎实文艺功底的创作人员，创作出贴近群众生活、形式多样、内容精彩的法制文艺节目，组织法治文艺宣传队进农村、进学校、进社区等活动。同时，加大

对法治文化作品的译制工作，提高译制水平，有计划、有选择性地译制优秀、易懂的法制宣传教育作品，通过广大农牧区习惯的栏目和频道进行传播。

（三）围绕社会经济发展总目标，强化普法和法治文化理论研究

通过开展多层次、多形式的普法和法治文化建设理论研究，丰富社会主义法治文化的内涵，探讨加强拉萨市普法和法治文化建设的途径，把握普法的规律，改进普法方式，力求把社会主义法治的内涵要求具体化、形象化、生动化，与现阶段我市经济发展、民生改善、文化保护、社会稳定等工作中心相结合，为全面提升拉萨市普法法治文化建设水平提供先进的坚实的理论支撑。

（四）整合社会各方力量，建立普法的长效机制

普法和法治文化建设是一项社会系统工程，其公益性、群众性、社会化、经常化的特点，决定了工作需要不断加强合作、交流与沟通，最大限度地调动和发挥各方参与法治文化建设的积极性和创造性，真正建立起与经济社会发展相适应，与依法治国、依法治市战略目标相符合的法治文化建设长效机制。通过部门配合、分工协作、扩大交流，不断提高普法工作的质量和效率。应着力把经过实践检验的成功做法上升为制度，健全领导责任、运作经营、表彰激励等机制，以机制创新推进普法工作。

（五）培养普法建设队伍，提高业务水平

普法和法治文化建设离不开队伍的建设，应从公、检、法、司等单位部门挑选人员，经过专门的教育培训，逐步培养出一支强有力的法治文化建设队伍。充分发挥这支队伍的积极作用，系统地研究社会的实际情况和发展趋势，研究传统的和新时期的法律法规及它们的成功建设经验，大力推动社会主义法治文化建设。针对少数民族地区的少数民族人口占多数，且有些人不懂汉语言文字的现状，近期重点可以放在培训汉语和少数民族语言双语普法骨干上。我国

《宪法》第139条第1款规定了"各民族公民都有用本民族语言文字进行诉讼的权利";《公民权利与政治权利国际条约》(1966年)和《地方或少数民族语言欧洲宪章》(1992年)都确认,在私人生活和公共领域中使用地方语言或少数民族语言的权利是一个不可分割的、不可让与的权利;德国思想家、著名文化民族学者赫尔德也曾指出,"各民族应当珍惜其语言、文学、历史习惯与传统等民族文化"①。这些双语普法骨干人才,可以用少数民族语言讲解法律的含义,解答法律咨询,及时翻译普法宣传材料,在尊重少数民族群众的风俗习惯和宗教信仰的基础上进行沟通交流,有助于拉近普法双方的心理距离,了解群众学法的需求,使受教者积极接受宣传教育,也能够听懂宣传教育的内容,从而取得切实的普法效果。同时,民族地方政府应为各族群众搭建交流平台,增进彼此之间的了解、联系和互动。

(六)引入"新型普法",实现普法方式的转型

首先,从以前的自上而下的强推式转向横向的利益诱导式普法。传统的普法侧重于义务性规范、强制性规范的宣传,群众被动甚至是被迫接受法律。这种守法表象的背后往往隐藏着更大的抵触情绪。在以后的普法宣传中,可以改进方式,让民众知道,如果遵守法律,将得到什么正当利益,或者会避免什么损失,或者人们的生活会因此而更加美好。

其次,普法形式应从单一转向多样。普法要有实效,要求主体多元、渠道多样,因为普法是一项长期而艰巨的任务,仅靠国家专职法制宣传人员的力量是远远不够的,必须动员全社会的力量。当前参与到普法中的有一些社会团体组织、新闻媒体等社会力量,但对这股力量的利用还远远不够,同时还应该开发其他形式的社会普法力量,如大学生队伍、法学专家队伍、法制宣传教育志愿者队伍

---

① 转引自[美]海斯《现代民族主义演进史》,帕米尔,华东师范大学出版社2005年版,第26页。

等能长期稳定地从事普法工作的组织。相对于政府普法机构来说，社会普法力量更具灵活性与亲和力，他们可以更加高效便利地深入农牧区、深入基层，开展丰富多彩的普法活动。

再次，普法渠道应该多样化，包括经费来源多样与普法传播渠道多样。当前我国普法主要是靠政府资金投入的支持，但有限的财政拨款对于工程浩大的普法而言远远不够，这需要通过其他的渠道来补充，譬如可以吸收社会捐助、建立普法基金，甚至参照科学技术普及活动的办法，以项目运作的模式，引进社会资金，走市场经营的道路。目前常见的普法形式是法治新闻、广告模式、法律咨询、单位里的法律讲座和法律培训班、居民座谈会、纪念日活动、以案说法栏目等。虽然形式看似较多，但仍有民众反映形式单调，究其原因就在于这些形式多为枯燥、沉重的说教，给民众的直观印象不好，导致他们潜意识的抗拒。因此，今后的普法应该创新发展出更多轻松有趣的形式，充分利用大众传媒和电脑网络，创作更多的法制文学、戏剧、影视作品，广泛开展有奖问答、知识竞赛、名人代言、评选法治模范等群众喜闻乐见的活动，在潜移默化中培养群众的法律意识。

最后，传统的普法往往是自上而下单向的传播，普法者与民众间缺少互动式的交流。普法者不了解民众所思所想，不知道民众真正的需求，甚至无视他们对法治的困惑，无视他们与法治的冲突，只是为了完成上级的任务而进行普法，普法的形式主义色彩浓重。新型普法应该是一个双向互动的过程，在普法中，普法者要建立交流与反馈机制。譬如可以设立热线电话、公开信箱、网络留言版等沟通途径，建立受众档案，设立受众回访制度，开展普法效果评估调研，通过这些互动机制实现普法者与受众的有效对话，把普法工作真正落到实处，优化传播效果。

第 五 章

公私合作：国家治理法治化的模式创新

第一节 公用事业规制中的公众参与

一 公用事业规制中的公众参与的概述

（一）研究对象的界定

根据《韦氏英文大辞典》的解释，"公用事业"是指"提供某种基本的公共服务并且接受政府管制的行业。"[①] 在我国，一般认为，"公用事业是指通过基础设施向个人和组织提供普遍必需品和服务的产业"[②]，可区分为狭义、广义与最广义。狭义公用事业包括经营供水、供电、供热、污水和垃圾处理、电信等；广义的加上交通运输业；最广义的则再加上卫生、水利等事业。[③] 本节采最广的定义，将重点讨论铁路、民航、重大工程建设、公共医疗卫生等领域的公众参与情况。公用事业具有几个特性：一是具有普遍性和广泛

---

① Webster's Unabridged Dictionary, Random House, 1998, p. 1563.
② 刘戒骄等：《公用事业：竞争、民营与监管》，经济管理出版社2007年版，第1页。
③ 何源：《垄断与自由间的公用事业法制革新——以电信业为例》，《中外法学》2016年第4期。

性，或者说具有民生必需性。公用事业的消费者几乎是全体国民，尤其是在水电气热污信等领域，公用事业是公众及其家庭生产、生活的基础。二是具有较强的自然垄断属性。三是公用企业具有明显的组织、资源优势，与消费者之间存在普遍的"信息不对称"①，且容易形成"管制俘获"②。

我国目前公用事业规制中对消费者的保护，主要通过监管部门对产品和服务的品质、价格，以及不公平格式合同等的监管，消费者协会行使对一般商品和服务的社会监督职能，以及普通消费者作为个人参与公用事业价格听证等方式来实现。③ 从本质上说，政府规制公用事业，目的是向社会公众及时、有效地提供充足、优质的公共产品和准公共产品，保证和发展公众利益。其管理绩效，应用服务数量、质量、满足社会需求的程度和消费者参与等指标进行多维评价和测量，而不能简单地用利润和效率来量度。④

公用事业规制中的公众参与，本节界定为终端消费者在公用事业改革方案和规制决策的形成和执行中的参与。在公用事业实质民营化⑤的领域，公用事业规制中的利害相关方包括政府监管机构、在

---

① 参见徐宗威《公权市场》，机械工业出版社 2009 年版，第 221—250 页。
② Jean Jacques Laffont, Jean Tirole, The politics of Government Decision Making: A Theory of Regulatory Capture", 106 *Quarterly Journal of Economics*, 1089（1991）.
③ 骆梅英：《PPP 与公用事业规制中的消费者保护》，《福建行政学院学报》2016 年第 5 期。
④ 参见郑海燕、刘险峰《公用事业规制与竞争制度模式》，《合作经济与科技》2006 年第 3 期。
⑤ 在德国和我国台湾地区，通常将公用事业民营化分为实质民营化和形式民营化两种类型，区别是私人部门参与公共事务程度的不同。其中，实质民营化指的是特定行政事务的公共属性不变，但国家本身不再负担执行或负担全部执行，而开放由民间部门负责或提供，比如政府特许经营。形式民营化则可称为功能的民营化，指的是特定行政事务仍由国家承担且不放弃自身执行的责任，仅在执行阶段借助于私人部门的力量完成既定的行政任务，主要有行政助手、专家参与、行政委托及合同承包等形式，其中尤以公共服务的合同承包最为典型。在形式民营化的过程中，政府与民营部门之间实际上存在委托关系，即政府仍然承担公共服务的全部责任，只不过把实际生产活动委托给民营部门实施而已。参见许宗力《论行政任务的民营化》，载《当代法学新论》，元照出版公司 2002 年版，第 607—609 页。

位企业、新进入企业和消费者，或者更简单些，包括监管机构、公用事业企业和消费者。其中，消费者是服务的终端用户和付费者，但因为信息、力量、组织等原因，在博弈中处于劣势，在改革方案和规制决策的形成和执行中的参与度远远不够。① 如是，将侵害消费者的实质权益，损害决策的民主性和科学性，并可能成为公用事业领域诱发公共风险的重要因素。②

（二）社会经济背景

我国公用事业规制中的公众参与的肇始和推进，与转型期特定的社会、政治、经济背景和全球的信息化背景密不可分。

政府是公用事业的当然提供者，公用事业尤其是其中的普遍服务一直被视为政府的一种政治性承诺。③ 传统上，受"自然垄断"理论的影响，西方政府对公用事业实行严格监管。④ 在我国，因受计划经济、公有制体制等因素影响，公用事业严格监管理念更加突出。在计划经济条件下，中国的公用事业规制体制曾表现出高度行政化、主体单一化、资源配置非社会化和职能扩大化等基本特征，政府成为唯一的公用事业规制主体，管理僵化、效率低下。改革开放以来，随着市场经济的发展，政府垄断公共物品的局面得以逐步改变，需要营造公开、公平、开放的社会环境，改变封闭的政府公用事业规制体制。同时，公众的价值观念多元化，需

---

① 骆梅英：《PPP与公用事业规制中的消费者保护》，《福建行政学院学报》2016年第5期。

② 公众参与度与公用事业项目实施的效果明显相关。世界银行运用非洲、亚洲和拉丁美洲49个国家121个乡村供水项目的数据来揭示公民参与和项目业绩之间的关系，研究表明：在49个参与程度较低的项目中，只有8%是成功的，在42个受益者高度参与的项目中，成功率达到64%。参见UGAZ C. Consumer Participation and Pro-Poor Regulation in Latin America, http：//archive.unu.edu/hq/library/Collection/PDF_files/WIDER/WIDERdp2002.121.pdf. 2019年和2020年之交，新型冠状肺炎疫情的蔓延和控制，在一定程度上也证明了这点。

③ 余晖：《管制与自律》，浙江大学出版社2008年版，第108页。

④ 参见尹少成《PPP模式下公用事业政府监管的挑战及应对》，《行政法学研究》2017年第6期。

求多元化、民主素质提高和民主意识、参与意识增强也对政府提出了新的要求，政府必须更加灵活高效，具有较强的应变力和创造力，对公众的要求更具有响应力，更多地使公众参与管理。它要求政府官员及其他公共部门服务人员由"官僚"转变为"管理者"，由传统的"行政"向"管理"和"治理"转变，提倡顾客导向，政府提供回应性服务，满足公众（顾客）的要求和愿望，改善政府与社会的关系。作为管理公共事务的政府应具有回应性，它的基本意义就是公共管理人员和管理机构必须对公民的要求做出及时和负责的反应，在必要时还应当定期地、主动地向公民征询意见、解释政策和回答问题。公众参与恰如其分地回应了这种新的管理理念。公众参与实际上是国家的权力向社会的回归。公众参与公用事业规制强调公众对管理过程的决策、实施和监督，体现了政府和公众之间的良好合作。公众参与作为一种新的管理理念，将促使公用事业规制由自上而下逐步向自下而上转变，最终达到两种形式的平衡。

在国际上，20世纪70年代末80年代初兴盛于英、美等西方国家的一种新的公共管理理论和模式——新公共管理运动扩展至西方各国，并成为政府行政改革的趋势。新公共管理运动要求转变角色意识，政府与公众之间不能再是统治与被统治、管理与被管理的关系，而是公共服务提供者与消费者之间的关系。当然，从更长的历史维度来看，西方国家的公用事业运行其实一直在市场竞争与政府监管中徘徊，它经历了一个跌宕起伏的过程，历经"不监管—监管—放松或解除监管—再监管"的反复。①

在这样的国内和国际大背景下，近年来，我国逐步推进着公用事业领域的改革。很多过去由政府承担的公用事业转由企业、社会中介组织来承担，公用事业规制的范围、方式和手段也发生了重大变化，由传统的政府控制管理体制逐步过渡为社会选择性的管理体

---

① 参见周林军《公用事业管制要论》，人民法院出版社2004年版，第1、11页。

制。在政府控制管理体制下,政府部门是公用事业的垄断供给者,公用事业组织直接服务的对象为政府部门而不是社会公众,因此它的活动很大程度上受制于政府的意志。而社会选择型管理体制,是让公用事业组织对社会公众的集体需求作出及时的反映,社会通过自己内在的机制为社会公众提供公共物品和服务,因此公众参与公共物品和服务提供的全过程,并对其进行监督,成为这种管理体制运行良好进而实现其宗旨的前提。

同时,信息化的浪潮正席卷全球。在公用事业规制领域,信息化的发展主要是改变公用事业组织传统的管理模式,使之以消费者主导,发挥公用事业组织在横向和纵向两个联合中的作用。尤其是近年来,随着全球性的信息化、网络化发展,上网逐渐由一种时尚变为人们日常生活的一部分,网络也为我国公众参与公用事业规制提供了更多信息,拓宽了参与渠道,增强了参与力度。另外,由此兴起的一种新型的公用事业组织模式——网上社团,也对以往的公用事业规制的方式构成了新的挑战。

(三) 公用事业规制中公众参与的形成与发展

中国的公用事业规制中的公众参与萌生于公用事业的价格管制领域,原因是对于公众来说,价格是最敏感的因素;对于企业来说,利润是至上的追求;对于行政部门来说,价格管制亦是公用事业领域中主要采用的管制手段。

在公用事业的价格管制领域,听证是公众参与最典型的方式。听证会是舶来品,是政府在事关民生的重大决策前充分听取民意、相互沟通、双方展开公开博弈的一种方式,符合现代政治公开、透明、民主的原则,日益受到各方重视。其自萌芽到发展的过程中发生了一系列值得铭记的事件:价格听证肇始于20世纪90年代末,1993年,深圳在全国率先实行价格审查制度,成为我国价格听证制度的雏形;1998年5月1日起实施的《价格法》对价格听证作了明确规定①；随后，国家计委制定了《政府价格决策听证暂行办法》，对政府价格决策听证的科学性和透明度、听证的组织方式和听证程序做出了规范；2001 年 10 月，国家计委公布了《价格听证目录》；2002 年 1 月 12 日，我国历史上第一个全国性的价格听证会——"国家发展计划委员会旅客列车票价政府指导价听证会"在北京举行，这是听证制度从幕后走向前台的重大范例；2002 年 12 月 1 日，《政府价格决策听证办法》施行，更好地体现了公正、公开、客观和效率的原则，至此，我国实施价格听证具备了较完备的政策和法律依据。② 地方层面，31 个省、自治区、直辖市相继建立价格决策听证制度③；所有的省会城市都举行过价格听证会，听证内容主要集中在水、电、气、电信、民航、铁路、公交、景点门票、教育收费等方面。各地的听证会中，影响较大的有"旅客列车票价政府指导价听证会"、广东省公路春运价格听证会、广州地铁票价听证会、青岛出租车票价听证会、北京水价听证会、北京市世界遗产门票价格听证会，等等。2008 年 10 月，国家发展改革委制定并发布了《政府制定价格听证办法》，取代了《政府价格决策听证办法》。相较于原来的政府价格决策听证制度，修正后的定价听证制度在听证会参加人的制度变革、听证人的设置、听证会的旁听、听证程序的细化以及听证意见的采纳方面有很大改善，但在定价机关的程序义务与责任、听证会参加人的程

---

① 《价格法》第 23 条规定："制定关系群众切身利益的公用事业价格、公益性服务价格、自然垄断经营的商品价格等政府指导价、政府定价，应当建立听证会制度，由政府价格主管部门主持，征求消费者、经营者和有关方面的意见，论证其必要性、可行性。"

② 有学者阐发了建立价格决策听证制度的重要意义，参见黄建水、尚红利《价格决策听证制度立法研究》，《当代法学》2002 年第 6 期。

③ 各省的《价格决策听证实施细则》体例差别较大，但内容基本相同，也有一些创新。如重庆市详细规定了听证会参与人员的权利和义务，福建省对听证会代表根据不同类型而采取不同的选聘方式，石家庄市对初审内容进行细化等。相关分析参见薛刚凌《价格听证制度研究》，《宪政与行政法治评论》2005 年第 2 期。

序权利以及听证程序的设计方面，仍有完善空间。① 2018 年 12 月 13 日，根据《中共中央国务院关于推进价格机制改革的若干意见》（中发〔2015〕28 号）有关要求，国家发展改革委在系统梳理总结价格听证实践经验的基础上，对 2008 年版《政府制定价格听证办法》进行了全面修订。新办法已于 2019 年 1 月 10 日起施行，它扩大了听证范围，鼓励试点开展网络听证，将定价机关人员、专业人士增列为听证人，同时规范了听证参加人产生方式，进一步完善了听证程序，提高了价格听证的公开性和透明度，有望进一步提高政府制定价格的公众参与质量，增强公众参与价格听证的广度和深度。②

公用事业特许经营制度在公用事业规制领域的引入，有利于保障公众利益和公用事业特许经营者的合法权益，促进公用事业的健康发展。2015 年 4 月 25 日，国家发展改革委员会等 6 部门发布了《基础设施和公用事业特许经营管理办法》，该办法规定："实施机构应当将社会公众意见作为监测分析和绩效评价的重要内容；社会公众有权对特许经营活动进行监督，向有关监管部门投诉，或者向实施机构和特许经营者提出意见建议。"目前，在此领域，已经有立法明确规定了需要建立公众参与机制。《深圳市公用事业特许经营条例》《湖南省市政公用事业特许经营条例》《武汉市市政公用事业特许经营管理办法》《杭州市市政公用事业特许经营条例》等地方性法规、规章中也用专条的形式规定必须建立公用事业特许经营中的公众参与机制。

在公用事业规制的其他领域，公众参与的程度也越来越高，涉及面越来越广，方式越来越多样。比如，在重大工程建设领域，工程的建设从立项到实施、完工、运营，每一个过程都能看到公众的

---

① 参见谭波、李晓沛《论〈政府制定价格听证办法〉的缺陷与完善》，《昆明理工大学学报》（社会科学版）2009 年第 4 期。

② 顾阳：《新版〈政府制定价格听证办法〉明年 1 月 10 起施行》，《经济日报》2018 年 12 月 13 日。

参与。三峡工程、南水北调工程、京沪高速铁路建设、北京地铁线路等，都曾引起社会各界的极大关注。在公共交通领域，许多城市出现的出租车罢运事件，引起了政府的高度关注，并使政府的执政理念和具体制度对策发生了改变。在公立学校管理领域，各地通过召开学生家长会、家长委员会、教职工座谈会等，设立校长信箱、监督电话，利用广播、电视、报纸等媒体以及举报记者会、校情发布会、重要事项通报会等，使公众得以充分了解进而积极参与学校管理方面的事务。在国有资产管理方面，专家与国务院和地方各级国资委之间的联系渠道不断地拓宽，政策法规专家论证制度也逐步建立，专家的意见被广泛听取并反复进行论证，决策的民主和科学性因而不断得到提高。国资委政策法律专家咨询委员会的成立和健全的政策法律专家论证制度的建立指日可待。在银行业监管方面，银监会的各派出机构建立了社会监督员制度，社会监督员作为公众的一分子，可以对银行业监管提出意见和建议。可以看到，在听证会上，各利益相关方积极主张自己的权利，据理力争；在网络、报纸、电视等媒体上，公众纷纷发表自己的看法、意见和建议；不同领域的专家从各自的专业角度，阐发对公用事业建设的不同观点；在各种座谈会、论证会上，争取更广泛的利益群体能够参与，更多的意见能被倾听。

总体来看，中国公用事业规制方面的公众参与近年来呈现出参与形式不断更新、参与的领域不断拓宽、参与的力度不断加大的趋势，有力地推动了政府执政理念的改变、具体的制度变革和政策调整。但同时不容回避的问题是，到目前为止的公众参与，仅在公用事业的价格听证领域和政府信息公开领域拥有制度性背景，在其余领域则主要以偶发性事件为动力，步步为营，向前推动。进而，具体的事件中公众参与的效果如何，很大程度上与它们所引起的媒体和政府的关注度的大小直接相关，呈现出一定的偶然性。这种以偶发性事件推动的公众参与的模式虽然是在现实情况下努力寻求突破的一种表现，其动机和效果在一定程度上值得肯定，但长期来看，无疑也会制约公众参与的稳步有效推进。

二 公用事业规制中公众参与的状况

本部分将选取公用事业的几个典型领域，运用有关事例和材料，描述相关领域的公众参与状况，包括铁路运输领域、民航运输领域、重大工程建设领域和重大突发性公共事件处置等。这样的选择，遵照的是"各有特点、避免重复、具有代表性"的原则。在价格听证方面，仅选择了首例全国性的同时也是影响最大的价格听证会——铁路春运票价听证会做分析，在内容上尽量避免重复。

需要指出的是，中国公用事业规制中的公共参与，总体而言仍然呈现出偶发性事件推进的模式，除了公用事业价格听证等领域外，公众参与并没有形成行业性效应。但为了叙述更条理、描述更完整，本部分采用"点面结合"的方式，在聚焦典型性事件的同时，描摹该领域公众参与的大体情况。

（一）公共产品提供领域

1. 铁路运输

铁路运输作为我国多数民众在长、短途旅行时选择的传统运输方式，在大多数公众眼中，都以"铁老大"的形象出现。"十一黄金周""五一黄金周"与春节更是导致特定时段内铁路客流量屡创新高，各地都出现火车票"一票难求"的局面。铁路运输因其便捷、安全、价格低廉，仍是多数民众出行的首选，关系着多数民众的切身利益。随着民众权利意识的提高，近年来在火车票价、铁路设施的建设、铁路服务质量等方面，公众参与的程度越来越高。

（1）火车票价听证会

2001年的"乔占祥诉铁道部案"是首次因价格听证问题提起的诉讼。[1] 在"乔占祥案"中，面对作为上位法的《价格法》规定了听证程序，下位法却没有规定听证的情况，法院以"国家尚未建立

---

[1] 乔占祥诉铁道部铁路旅客票价管理案，案号：（2001）高行终字第39号。

和制定规范的价格听证制度"为由，认定铁道部未举行听证并不违反法定程序，驳回了乔占祥的诉讼请求。① 尽管如此，该案仍直接催生了《政府价格决策听证暂行办法》和铁路价格听证。2002年1月12日的铁路春运票价听证会，是《政府价格决策听证暂行办法》实施之后，首次采用电视直播方式公开举行的全国性价格听证会，堪称当时动作最大、最具影响力、最能体现我国公用事业价格听证实践水平的一次尝试，是听证制度从幕后走向前台的重大范例。

《价格法》是这次听证会的法律依据，而《政府价格决策听证暂行办法》和《国家计委价格听证目录》则是直接的法规依据。《政府价格决策听证暂行办法》对听证的功能定位明确涉及了社会公平（公平）、公开透明（公开）、理性选择（客观），但缺乏公众参与、合法规范、提高效率三项。表现在具体制度上，主要体现在两个方面：一是对听证代表的产生方式只有笼统的规定，留下了很大的自由裁量空间；二是未充分考虑行政效率与成本问题，认为听证的主要形式是听证会，且对听证会的资金来源未作详细说明。针对这些情况，这次听证会的组织者（国家计委）制定了配套的筹备文件——《铁路客运价格听证会组织实施方案》。这个文件除了对申请人提交材料作进一步补充要求、规定听证会公开方式以外，还重点明确了听证代表产生的三项原则（公开透明、广泛性、兼顾利益）、要求（能代表一个方面消费者意见，有一定的调研、分析及语言表达能力）和具体方式。

根据《铁路客运价格听证会组织实施方案》，此次听证会共选出与会的听证代表33名、旁听代表30名。其中，12名消费者代表分别来自8个省、市、自治区，全部都是春运、暑运及节假日铁路运力供给与需求矛盾最为尖锐的地区。在他们中，有工人、基层外来务工者（可代表其周围的打工农民）、公务员、教师、高级知识分子等，职业

---

① 关于乔占祥案的报道和分析，可参见唐莹莹《乔占祥诉铁道部春运票价上浮案之法理思考》，《当代法学》2003年第11期。

广泛，基本可以代表不同的消费层次。经营者代表亦来自调价可能性最大的7个铁路局、集团。这一选择结果较好地体现了计委要求代表产生所具备的"广泛性原则"和"兼顾利益原则"。这次听证会的五类代表的分配数量较为均衡。其中，因铁路价格调整涉及全国消费者，所以此部分代表所占比例（39%）最高，但仍偏少。

这次听证会印发调定价方案共有153页，内容包括财务分析、运营成本等10个相关联的单项文本。为保证这次听证会的公正性，调价方案在听证会召开的当天向全社会公布，并允许人民群众通过媒体、消费者协会、铁道部24小时值班热线等多种渠道发表意见。会议由原国家计委价格司司长李德昆主持。① 在听证会上，各方代表纷纷发表意见，并对一些敏感问题进行了激烈的辩论。听证会结束后，会议主持人表示，大多数代表原则同意了铁路价格调整方案，这标志着在履行价格听证的有关法律程序后，铁路春运票价上涨成为定局。

这次听证会是我国对重要决策民主化、程序化、科学化的大胆探索，充分调动了全社会的积极性，取得了较大的社会效益。但也存在一些明显的问题，包括听证主体力量对比严重失调、程序设计不完善、信息透明度不高、事后监督和反馈机制缺失等，也制约着公众参与效果的实现。这次价格听证会有180多名中外记者见证，并通过中央电视台现场直播和新闻媒体的广泛报道，产生了较大影响。②

---

① 听证主持人对于听证会的公正、顺利举行，作用举足轻重。美国的行政听证，由专门的行政法官担任主持。参见孙玮《试论行政听证主持人的选任》，《甘肃政法学院学报》2005年第4期。美国以外的许多国家和地区（包括我国），基本实行首长指定制，即由行政机关的行政首长在其所属的行政机关公务员中指定。例如，韩国规定，"听证，由行政机关指定之职员或其他由行政令所规定之人主持"；我国台湾地区规定，"听证，以行政机关首长或其指定人员为主持人"；日本规定，"听证，由行政机关指定之职员或其他由政令所规定之人主持"。参见应松年《比较行政程序法》，中国法制出版社1999年版，第199页。

② 参见薛刚凌《价格听证制度研究》，《宪政与行政法治评论》2005年第2期。

(2) 铁路设施建设中的公众参与

除了铁路票价之外，铁路设施的建设和发展也是人民关注的热点。当前我国铁路发展严重滞后，运输能力严重不足，公众对加快发展铁路的要求十分迫切。有鉴于此，铁路部门作出了一些举措，将铁路的发展规划及时公布于社会，广泛听取公众意见，充分了解公众意愿。配合铁道部的宣传，公众对铁路网现状、发展规划和实施效果增加了了解，对加快客运专线、煤运通道等一批重点工程给予了支持。为推进铁路跨越式发展，铁路外的设计、施工、咨询、建立单位大力参与到铁路建设的市场竞争中。公众还可以通过铁道部政府网站上公布的铁路质量监督机构的联系方式，及时就工程质量、工程招投标、施工企业质量信誉评价三类问题向质量监督机构进行投诉和举报。有的铁路段和基层站段还建立了重大决策听证机制、领导和职工代表对话机制等，广大职工的积极性被调动起来。这方面的公众参与突出地表现在京沪高速铁路、青藏铁路等的规划和建设过程中。

(3) 铁路运输服务质量方面的公众参与

在铁路运输服务质量的公众参与方面，引入了旅客和社会满意度测评机制，测评结果在《人民铁道》报上公开，社会公众对铁路服务质量的监督力度加大。同时，定期通报旅客货主反映问题的查处结果，旅客货主的合法权益得以维护。

2. 民航运输

近年来，随着人们生活水平的提高和出行的频繁，民用航空在人们的交通方式选择中占的比例越来越大，与公众的距离越来越近。除了飞机票价听证会之外，在民航运输领域，还出现了一些公众参与的新形式和新趋势。下面拟以空难赔偿标准确定中的公众参与对此作一分析和说明。

2004 年"11·21"包头空难发生后，罹难者陈某的妻子桂某，因无法接受以 21 万元作为对丈夫生命的"廉价补偿"，于 2005 年 3 月 4 日以民航总局行政立法不作为为由将民航总局告上法庭。这是中国民航空难史上遇难者家属首次诉诸法院，请求追究有关部门的行政责任。桂亚宁的行政诉讼震动了法律界，3月27日，八名法学专家在中华全国律师协会召开的"11·21空难法律研讨会"上一致发出呼吁：尽快完善空难理赔相关法规，制定新的赔偿限额。专家指出，民航总局在十年内，始终未制定和调高人身伤亡赔偿限额，这种立法不作为行为客观上保护了民航系统的部门利益，损害了广大乘客的权益。尽管起诉民航总局立法不作为可能不被受理，但希望通过此案引起人们的思考，推动中国航空法制建设的进一步完善，最终达到保护空难遇难者家属以及广大飞机乘客的合法权益的目的。

这次法律研讨会过后，关于空难赔偿的标准引发了争论，有关空难损害赔偿立法滞后的问题引起人们广泛关注，社会公众纷纷参与讨论。2005年6月，正义网专门邀请了几名法学教授和律师做客网站，就空难赔偿标准立法的相关问题与网友进行探讨，网友积极发表自己的意见。

公众对于重新确定空难赔偿标准的关注和广泛参与起到了效果，突出表现就是2006年2月，民航总局发布了《国内航空运输承运人赔偿责任限额规定》，提高了旅客、旅客随身携带物品、托运行李和货物三个方面的赔偿限额，旅客和其随身携带行李如在航空运输过程中发生身体伤害或损害的，获得的航空公司赔偿将分别提高至40万元和3000元人民币。应该说，此次提高赔偿责任限额，既综合考虑了我国公民收入水平、发展水平以及物价指数上升的比例，也是受到了专家意见和公众呼声的影响。

与之前的铁路票价及铁路设施建设中的公众参与情况不同，在空难赔偿标准确定的公众参与有两个特点：第一，从参与的主体来看，专家的角色显得更为重要，网民在参与活动中也表现得十分活跃；第二，从参与方式来看，网络成为公众参与的重要方式之一。究其原因，也主要有两点：一是空难损害赔偿问题的专业性较强，涉及民法、航空法等专门的法学领域的知识，因而只有具备（至少初步具备）此类知识的人士才能较好地参与对话和讨论；二是限于我国目前经济发展水平和公众消费水平，与航空问题利益相关的群体尚占社会公众的一小部分，关注群体自然不如关注铁路运输的群体广泛，而就一般情况而言，网民是我国民众中文化素质较高、经济状况较好也更具有参与意识的一部分，他们积极通过网络参与空难赔偿标准确定的讨论，也是比较容易理解的。

3. 重大工程建设

重大工程建设因其关系到国计民生、涉及千家万户、影响到国家和人民长治久安，因此该领域公众的关注和参与度是非常强，公众以积极的态度参与到重大工程建设的决策中，发出了很多不同的、甚至是针锋相对的声音。此外，近年来，在重大工程建设领域的公众参与中，还有一个有别于其他领域公众参与的重要特点，即政府表现得非常主动，在公众参与的推进中起到了重要作用。

关于长江三峡工程的论争，持续了几十年并仍在继续中。从1955年长江水利委员会进行长江流域规划三峡工程初步勘设开始，到1992年全国人大通过《关于兴建长江三峡工程的决议》，就经历了近四十年的研究论证历程。各领域的专家在论证中发挥了各自不同的作用。如在重新论证时成立的14个专家组的412位专家组成员中，水利电力系统以外的专家人数达213人。为避免"偏听则暗"，在1988年年底提交的14个专题论证报告中，对所有不同意见进行了客观记录；对未予签字专家的专题意见均收录为论证报告附件。几年前，就三峡工程所引发的一场对水电开发利与弊的争论，在全社会达到了白热化的程度，并且这种争论不仅局限在国内，而是蔓延到了全世界，《纽约时报》也曾就此问题发表文章。

南水北调工程是国家确定的重大水利工程，为解决黄河地区缺水问题从长江流域引水济黄，分东线、中线和西线工程。针对南水北调工程曾经多次召开座谈会，来自工程沿线的代表直接和南水北调建设专家、有关政府人士直接对话。受邀民众的意见和建议主要集中在征地拆迁、移民安置、环境保护及工程建设管理三方面。政府人士表示，将充分吸取代表意见，从加强政策措施研究、做细做好工程项目规划等方面解决所提出的问题，尽力做到以人为本，最大限度考虑人民群众的利益。据了解，此前，在吸取公众意见方面，有关方面对南水北调每个单项工程已做了总计1000多人次的民意调查，公众参与的力度还将继续加大。

值得指出的是，对于三峡大坝建设和南水北调工程这样的涉及多学科知识、专业性和系统性都很强的大型技术工程，公众所表现出来的参与热情值得赞赏，但冷静分析后会看到，大多数人没有能够获悉第一手的真实资料，未能对所争论的问题进行适当的调查分析，了解其背景，了解相关领域的现状和发展趋势，甚至没有认真去了解争论双方的主要观点，进行一些独立的思考，而仅仅怀着美好的愿望和没有加以思索的理由发表意见。

4. 重大突发性公共事件

在汶川地震这场重大自然灾害的灾情处理和灾后重建中，公众通过媒体（尤其是网络）积极参与，及时表达了民意，其中一些得到了政府的积极回应。比如，地震发生后，媒体和网络上陆续有人建议设立国家哀悼日与降半旗致哀，2008年5月18日，国务院决定5月19日至21日为全国哀悼日。部分公众因担心救灾款项和物资使用，要求加强对这些款物的监管，5月19日民政部遂发出通知，要求及时、妥善、公开透明地使用捐赠款物，公开透明，接受群众监督；5月22日，中纪委、监察部、民政部、财政部、审计署五部门联合发文要求加强救灾资金监管，提高救灾款物管理使用效益和公开透明度；5月27日，最高人民法院发出通知，要求从重惩处贪污救灾款物等七类犯罪。在抗震中，公众还对灾区建筑质量提出质疑。公众（尤其是网民）的意见于政府的举措形成了良好的互动。值得指出的有两点：一是之前频受"质疑"的"80后""90后"，表现出了对抗震救灾真诚的关切，他们参与的方式具有强烈的个性化风格和务实、理性色彩；二是民间组织积极参与了灾后重建工作，主要集中在教育、心理救助、孤儿抚养、社会福利机构的组织管理运作社会福利机构等方面，同时深度参与了灾后重建工作的监督及民意收集工作。①

"三聚氰胺"毒奶粉事件是一场严重的公共食品安全危机事件，在这场危机中，公众行为和政府之间产生了一定程度的互动。2008年9月，毒奶粉事件构成了国内几乎所有媒体的头版头条。从刚开始媒体报道的三鹿婴儿奶粉被确认为含有三聚氰胺，发展到后来确认的22个国产品牌（其中包括了伊利、蒙牛等知名品牌）均包括有三聚氰胺，真相逐步浮现，公众的愤怒也通过大量激烈的言论表达出来。在最初的愤怒表达过去后，公众关于毒奶粉事件展开了广泛的理性评论，有的评论指向企业问责、民族品牌的生存和公共卫生的安全，还有的评论看到了制度后的东西，对社会阶层结构中城乡差距、贫富分化发表了担忧，并攻击了国家"免检制度"、制度出台背景以及中央与地方利益纷争的核心问题。可以说，公众的舆论使得问题本身和问题背后的问题被"层层剥茧"，展现在公共事务治理者——政府的面前，后者也相应采取了一系列举措。毒奶粉事件曝光后不久，国务院断然宣布废除食品免检制度，而《食品安全法》草案三审稿则以立法的形式，进一步确认食品"免检"从此走入历史。此外，针对毒奶粉事件发生后的瞒报缓报、拖延处理、应急不力等问题，《食品安全法》作出重大修改，进一步完善了食品安全事故的处置机制。

尽管如此，政府、企业、非政府组织、舆论媒体等本应积极参与社会公共治理的主体还是没有尽到其应尽的责任。其中，作为信息传播媒介的新闻媒体的表现很不理想：首先，在传播导向上存在着偏差。在事件爆发后，媒体没有借助其传播优势向公众宣传相关的医疗卫生知识和替代性可食用的食品，而是为了增加收视率和网络点击率，一味报道丑闻和花边新闻，这既反映出媒体"吸引眼球

---

① 参见清华大学媒介调查实验室《NGO组织参与5.12地震灾后重建形式与传播效果调查调研报告》，网址：http：//netranking.nppcn.com/albumshowphotoSTATICfilesid_2363-filesclass_3-blogname_netranking.

的求利欲",也反映出媒体公共责任缺失的问题;其次,缺乏公正性。在这起事件中,媒体对于早期涉及企业的负面信息,不仅有漠然置之的表现,还有参与企业"伪形象"危机公关的表现。事件出现端倪并渐渐露出真相的过程中,不少媒体不但没有独立追踪事件的原因和过程,而且热衷于发布"模糊信息",并且大多数媒体在报道之中对除三鹿之外的蒙牛、光明、伊利、雀巢等奶制品所存在的问题罕见提及,媒体信息公开严重滞后。媒体这种信息发布延迟的做法,一定程度上增加了政府和企业在后期的危机处理中的高成本,同时也使得公众的监督效力和有效参与度也大大降低。

三 对公用事业规制中的公众参与的评价

(一) 公用事业规制中的公众参与的主要特点

1. 参与的形式

相较于其他领域的公共参与,如立法决策层面、环保领域、城市规划领域等,公用事业规制中的公众参与形式中,非制度化的公众参与所占比重较大,但这一趋势已逐步有了一些改变。

价格听证是最重要的制度化的公众参与形式。《价格法》的第23条规定和2001年8月1日生效的《政府价格决策听证暂行办法》和国家计委于2001年10月公布的《价格听证目录》是价格听证的主要依据。各省也为规范价格听证出台了一些地方性法规、规章和规范性文件,比如《河北省实施价格听证会制度的规定》《青海省发展计划委员会关于进一步做好价格听证工作的通知》和各省价格听证目录等。在公用事业特许经营领域,也有一系列地方性法规和规章对公众参与机制的具体形式进行了规定,如《深圳市公用事业特许经营条例》《湖南省市政公用事业特许经营条例》《武汉市市政公用事业特许经营管理办法》《杭州市市政公用事业特许经营条例》等规定,政府有关部门应履行公开和告示的义务、提供咨询服务、组织建立公用事业特许经营公众监督委员会、召开听证会等,这些规定有待在实践中逐步落实。

除此之外，目前公用事业规制领域的大部分公众参与，比如座谈会、专家论证会、公民建议等，都呈现出非制度化的特点，即没有法律、法规、规章或规范性文件对此作出规定。但也唯其如此，公众参与显得形式丰富、灵活多样。如，江西省九江市的公用事业规制部门运用意见箱、召集群众座谈会等形式，征集公众意见建议，先后开展了"与69名小巷居民恳谈""与741名城市流动形象大使恳谈"等活动，当场听取群众意见，解决提出的问题。

还有一点值得强调，网络在公众参与途径中所占的比重越来越大。比如，公众参与在政府网站上的主要形式就包括：网上投诉、领导信箱、民意征集、在线调查、在线访谈、公众论坛等。这些公众参与方式，在政府与公众之间架起了沟通的桥梁，使公众和政府之间有了更好的互动，有效拓宽了公正参政议政的渠道。

2. 参与者的构成

由于公用事业的管理几乎关乎所有社会成员的切身利益，因此公用事业规制中的公众参与者涉及面非常广，既包括城镇居民也包括乡村农民，既包括知识分子也包括普通民众，包括各个行业、各个地域、各个收入水平的公民。

但通过观察不难发现，城镇居民和知识分子在参与者中所占的比例更大。究其原因，在主观方面，固然与他们参与公共事务的意识和能力较强有关；在客观方面，也与他们参与公共事务管理的客观条件更有利有关，如他们能获知公共事务管理不同领域的信息、能更方便地使用参与公共事务管理的各种途径等。

3. 不同领域的公众参与发展不均衡

从前面的分析可以看出，在公用事业规制的不同领域，公众参与的程度是不同的。不同领域公众参与的程度不仅与该领域的专业化和技术化程度有关，也与公用事业规制部门对于公众参与的重视程度和推进力度有关。

比如，在公用事业价格规制领域，由于事关全体民众，且公众参与不需要太多的专业知识，价格管制部门又将价格听证作为公用事业定价制度的一个重要环节,因此,公用事业的价格听证制度在各地都开展得如火如荼,而且起到了很好的效果。而在国有资源和银行业监管等领域,由于需要非常专业的知识,而政府在这方面又趋向于保守,因此,公众参与的程度相较之下就比较低。

(二) 对公用事业规制中的公众参与的评价

1. 参与的代表性和代表的参与能力都不够

参与的弱代表性是公用事业规制领域的公众参与最为人诟病之处。以价格听证为例。虽然《政府价格决策听证》第9条规定,听证会代表应该具有一定的广泛性、代表性,一般由经营者代表、消费者代表、政府有关部门代表以及相关的经济、技术、法律等方面的专家、学者组成,规定得很抽象,导致实践操作中随意性较大。《政府制定价格听证办法》第9条将比例具体化,规定消费者人数不得少于听证会参加人总数的2/5,但实践中"消费者"怎么遴选,遴选出的代表是否具有真正的代表性,仍然是个问题。

比如,在浙江省衢州市的自来水价格听证会上的13名代表中,政府代表占7人,比例高达54%,委托消费者协会推荐的6名代表也是消协直接指定的,由工商局、工会、街道的干部和律师组成,而普通的市民代表没有出现在公共代表人名单中。[①] 同样是在自来水价格听证会上,2005年年底广东省电白县的听证会代表名单上,22名参加听证会的代表大多是当地政府官员,而被物价局副局长称为"5名群众代表"的成员,其"职务"一栏无一例外写着"居委会主任"。而绝大多数的实际费用承担者——普通市民却没有自己的代表,听证会上无法真正听到他们的声音,这样的代表构成是不充分的。2007年6月,安徽省合肥市污水处理费每吨上调了两毛到一块钱不等,导致自来水的价格提高到2块多一吨,突破了市民的心理价位。事后人们还发现,调价听证会的8位听证代表中有4位的名

---

① 姜裕富、程道平:《价格听证会上公共代表人制度的缺陷及其完善——以Q市自来水价格调整听证会为例》,《中共浙江省委党校学报》2005年第2期。

字经常在其他听证会上出现，被民众戏称为"会托"。

"听话"代表也不少见。这类代表往往对定价方案表现出与经营者高度一致的理解和支持，而不需要举证和质证。2004年12月，北京故宫等6个世遗景点的门票可能大幅度调高的消息传出后，反应强烈，反对呼声一浪高过一浪。国内主流媒体如《人民日报》、新华社等纷纷发表文章或读者观点，对调高门票价格进行质疑；在网络上，反对提价的主张更成为压倒之势。新华网上相关帖子1000余条，持反对态度的占95%。但是，参加世遗门票调价听证会的21名听证代表却都表示支持。同样，黄山市物价局公告黄山风景区门票涨价的听证公正性也成为众矢之的。参加听证会的6名消费者代表全部来自黄山本地。而与以外地游客占90%以上的游客构成明显不相称。①

有研究机构针对2008年的"降低移动电话国内漫游通话费上限标准听证会"做了社会调查。调查显示：2058名被调查者中，64.8%的公众认为听证会上的消费者代表并不能代表多数民众的意愿；63.2%的人感觉消费者代表在听证会上只是"走个过场"；82.7%的人认为"很难实现真正的平等，消费者还是处于弱势地位"；69%的人表示听证会应该"提前公布代表的选择流程和联系方式"，并存在正式名单迟迟没有公布等程序不透明问题。② 由此可见，公众参与的代表性严重不足，很多所谓的"代表"并不具有真正的代表性，不是真正的利益相关人，特别是不同利益相关人的表达严重欠缺。

公众的弱参与能力同样制约着决策的科学性。目前的公众参与普遍缺乏组织性，不能形成有组织的、有力的声音，使得参与形式化。对于价格听证会而言，参加人构成及其专业素质对于听证

---

① 蒋德海：《反思价格听证》，《检察风云》2005年第16期。
② 参见黄冲《手机漫游费听证会调查过半数人认为代表走过场》，网址：http://news.sohu.com/20080128/n254914317.shtml，转引自骆梅英《PPP与公用事业规制中的消费者保护》，《福建行政学院学报》2016年第5期。

会的成功与否具有决定性的作用。① 如果价格听证会上，消费者代表全部是普通消费者，由于缺乏成本监审信息和专业能力，很难进行实质性的反驳和对抗，在更多的程度上是以感性认识而不是理性认识来看待问题，这会直接导致消费者代表的作用很难发挥，听证会的效力也大打折扣，②"好像两个不同重量级的拳手在同一个拳台上在比赛"③。

2. 透明度和责任

公用事业规制领域的公众参与透明度普遍不高。从程序到实体，都严重制约着公众参与的效果。例如，申请人申请材料在实践中大都不公开，有的价格听证会的代表事先被要求与有关部门签订保密协议。

在公用事业价格听证领域，由于听证制度的主要目的是希望通过消费者参与价格制定的过程中，提出意见和建议，缓解政府与垄断生产者之间的信息不对称问题，使政府价格决策科学化。但形式上的信息公开也难以改变事实上的信息不对称现象。比如，从铁路价格听证会上可以看出：虽然铁路部门首次公布了其成本账，包括铁路的客运成本、价格构成及水平、铁路运输管理成本构成及水平、铁路经营盈亏状况、铁路劳动生产水平、工资福利与其他行业比较等内容，但是这些资料技术性强，即便是这方面的专家也不能完全掌握所有的信息。而在专业性和技术性都很强的国有资产和银行业监管、重大工程建设等领域，由于特定的知识和技术掌控在少数专家学者手中，因此，如何才能确保公众真正地行使参政议政的权利，如何才能保证决策的公开性和透明性，如何保证社会上弱势群体的

---

① 湛中乐、邓姝珠：《价格听证制度的确立及成功实践》，《价格理论与实践》2003 年第 5 期。

② 康健、刘大伟：《公用事业价格听证的法律研究》，中国公法网，网址：www.chinapublaw.com。

③ 马洪涛、周汉华：《让听证会双方力量相当》，网址：http://www.cctv.com/special/362/3/32369.html，最后访问日期：2020 年 4 月 10 日。

利益不受侵害，成为更难以回答的问题。

　　总的来看，我国公共事务管理中的公众参与的公开与透明程度仍比较低，尤其是大多数价格决策听证的透明度备受置疑和批评。大众媒体的参与程度通常是衡量听证程序透明度的重要指标。据清华大学公共管理学院的几位学者对全国 11 个地方价格听证制度文本进行的统计，大众传媒在报道听证会时处于明显的被动状态。目前我国的听证制度仍在不断的完善中，关于听证制度中大众传媒的作用和地位也没有得出统一的明确的共识。最早引入听证会制度、创设价格咨询委员会的深圳市，在十几年的探索中总结出的听证会"六公开原则"很值得借鉴：第一，听证会的时间、地点、内容等情况事先通过媒体公告向社会公开。第二，公开听证代表的姓名、单位和联系方式。第三，公开申请听证方的听证方案。第四，听证过程公开，通过媒体直播等方式让市民了解听证会的全过程。第五，信息反馈渠道公开，通过媒体，将价格主管部门的通信地址、联系电话、网站等全部公开。第六，价格决策的最终结果公开。这六个方面的公开较好地概括了在听证制度中大众传媒的信息披露功能，强调了媒体在促进听证制度公开透明中的重要作用。①

　　在公共参与的责任方面，就目前我国现行的价格决策听证制度而言，听证代表意见影响决策的过程缺乏刚性制约。代表们慷慨激昂的陈词和旁征博引的论证不时可见，但听证会代表的意见究竟在多大程度上影响了最终决策却鲜有报道，而决策部门对听证会代表意见取舍过程和依据更罕有公布。福建省泉州市各县（市、区）义务教育阶段学校"一费制"中的"杂费"标准听证，代表们所提出的几个相对比较集中的建议最后均未被采纳，各县（市、区）都按省定最高标准执行收费。听证代表因此提出异议：听证意义何在？而媒体也有提升价格听证会结果刚性约束力的呼声。总体来看，价

---

① 参见束媛媛《听证制度在我国公共政策制定中的作用及限度》，《法制与社会》2009 年第 12 期。

格听证的结果的刚性约束力有待进一步提高。①

3. 可持续性

各地域和各领域的公众参与的代表性和透明度良莠不齐。特别地，在许多地方的政府定价领域，听证会几乎成了涨价的前奏，"逢听证会必涨"几乎成了规律。② 时至今日公共政策的制订一般都会举行听证会，但听证会的公信力受到了普遍质疑。某大城市出租车涨价，听证会上全票通过并实施后，市民却怨声载道。在《甘肃经济日报》开展的一次调查中，七成被访者表示，听证会已流于形式或成摆设，像这样"不开也涨，开了也涨"的听证会再也没有必要去开。2006年召开的全国人大会议上，有一些代表发出批评，认为有的价格听证会存在着形式主义的现象，而"形象秀"般的听证会最终必然丧失公信力，群众对听证会会一步步丧失热情。"伪民主"甚至比真垄断更可怕，因为它不仅白白增加了行政成本，还会让人民丧失对民主的信心，必然导致公众参与的可持续性越来越弱。客观上，一方面，政府对各种形式的听证会表现出持续的、高涨的"热情"；另一方面，公众却表现出越来越明显的不信任，甚至对此产生了"公共信任危机"。③

4. 参与的效果

在不同的领域，不同形式的公众参与，效果不同。总的来说，利益各方通过各种方式参与公用事业规制领域，表达自己的意见，切实反映和维护自己的利益，能使公共决策者能对各方的利益需求和矛盾焦点有更准确的把握，从而在最终的决策中进行合理平衡，实现政策制定的公正性。

公用事业价格听证会的举行，揭开了政府定价的神秘面纱，体

---

① 蒋德海：《反思价格听证》，《检察风云》2005年第16期。
② 奚彬：《"听证秀"有缺憾 听证会存在三大软肋》，《北京青年报》2005年2月4日。
③ 王菁、张鑫：《对价格听证程序中的消费者代表的法律思考》，《河北法学》2009年第11期。

现了国家对人民群众知情权和参与决策权的尊重，不但提高了政府定价的科学性、民主性，促使经营者进一步加强和改善经营管理，降低成本，而且给老百姓带来了实惠。公众参与也能规范公共决策过程，促进决策的公开透明，提高决策的质量和效益。决策的公开透明，既能有效监督决策者的行为，又能促进社会各方在公共决策阶段相互沟通，增进了解，达成共识，使公共决策的过程更加规范，提高其合法性和法治性程度，易于得到社会各方的支持，降低执行成本。同时，决策过程中专家的介入，提高了决策的理性化和科学化水平，最终提高了决策的有效性。如在内蒙古呼和浩特市公共车价格听证会上，有听证代表提出在价格上涨时，应该延长公交路线和改善乘车环境，这项建议最终被采纳，提高了决策的成效。[①]

公众参与的程序设计优劣也会影响公众参与的效果。比如，《政府价格决策听证办法》规定至少在举行听证会前 10 天将聘书和听证材料送达听证会代表。但 10 天时间里，让一个业余人士来阅读长达几十页的听证材料，就是专家也难以做到。并且就算一个真正热心公益的专家阅读完材料后，还要深入调查，倾听普通市民的意见，收集资料，全职干这一事时间也是很紧张的。如一次民航价格听证会中，国家发展和改革委员会寄来的民航票价改革方案达 207 页，来自北京的代表任穗英说她看了一上午只读了不到 20 页。只有给予代表们更充分的时间，才有利于更好地参与，才能使听证会组织者能够真正听到有价值的意见和建议，从而提高公众参与的效果。[②]

在参与效果方面，还可以发现一条规律，即参与的主体层次越高，参与效果一般来说就越好。比如包头"11·21"空难发生后，死亡赔偿标准确定中的公众参与。多位著名法学家的参与使空难赔

[①] 呼和浩特市物价局：《公交问题听证会会议纪要》2000 年 7 月 30 日。
[②] 姜裕富、程道平：《价格听证会上公共代表人制度的缺陷及其完善——以 Q 市自来水价格调整听证会为例》，《中共浙江省委党校学报》2005 年第 2 期。

偿标准问题引起了高层的重视,最终民航总局发布了《国内航空运输承运人赔偿责任限额规定》提高了三个方面的赔偿限额。

(三)公用事业规制中的公众参与的推进

中国公用事业规制中的公众参与,由于参与的代表性、参与的程序、透明度、责任等方面存在的问题,其持续性和效果均有很大的提升空间,公众参与的机制有待进一步完善。同时,公用事业规制中公众参与的地方差异也从某种角度说明,尽管在国家层面公众参与已得到了广泛认同,但在各地方由于主客观原因而有着不同的反映。个中原因,主观上是部分行政机关理念需要真正转变,之前因为长期受官本位观念的束缚,"官智民愚"的观念还有一定市场;同时,由于公众参与可能增加政府的公务成本、短期来看将影响政府的行政效率,也可能使得公众参与在某些部分地方遇到较大阻力。总的来说,为确保公众参与公用事业规制,目前阶段需要着眼于增强公众参与公用事业规制意识、完善公众参与机制、完善消费者利益代表机制、健全其他有关法律制度几个方面,以逐步实现真正意义上的公众参与。

1. 增强公众参与公用事业规制的意识

公用事业规制事关全社会发展前途和全民利益,必须让全社会认知、理解以支持和最大限度地参与管理。政府部门、媒体和非政府组织发挥各自的影响,致力于公众参与意识的提高,形成公众参与意识和参与效果的良性循环非常重要。一方面,政府部门可以畅通各种渠道,创造新的方式,通过各种程序来积极引导公众参与,并在事后接受人们以舆论监督、司法救济等形式实现的"参与";另一方面,媒体作为"第四种权力",可以提供尽可能真实的信息,并为各种不同观点、不同利益的表达提供一个公共平台,使各种观点和利益能够在言论层面上平等竞争,使公众逐渐意识到,自己的声音会被倾听、意见会被吸纳,并在一定程度上影响公共决策,从而被激发起参与的热情。广泛的公众参与,反过来也可以强化公民的社会责任感,增强公民主体意识。

2. 拓宽公众参与的渠道

因应信息化社会的发展，可以利用信息网络平台促进公众参与。各种电子政务平台甚至自媒体，为公众参与公用事业规制开辟了新的空间。利用现代信息技术建立公开的信息库，公众能够方便、快捷地了解所需要的各种政策信息，并提高对公众需求的回应性。网络信息平台可以整合公用事业听证和听证效果评价制度，并且将大大地降低成本，使更多的人参与到公用事业规制中来，以促进决策的科学化与民主化。

3. 完善公众参与公用事业规制机制

（1）将公众参与纳入公用事业规制立法体系

逐步明确公众参与公用事业规制的目标、性质、内容、职能、机构、组织、权限、程序、处罚等，并将公众参与纳入公用事业规制的立法体系中，通过法律保障公众参与公用事业规制的权力得以切实实现。当然，鉴于各地具体情况各异，对于参与的具体内容和形式，可由各地于地方性法规中明确。

（2）完善公众参与公共政策制定的机制

主要需要考虑以下事项：一是参与代表的选择应更具有科学性。注意从阶层结构、职业状况、地域分布等多个角度来选择代表，特别是结合具体的公共政策议题，选择一定比例的相关领域的专家学者、律师和基层工作者；二是明确公众参与的权利和义务。既明确参与代表调查研究和收集信息的权利、与主管部门沟通协商的权利、调查研究和意见表达受保护的权利，又明确其遵守国家法律的义务、保守国家机密的义务等；三是规范公众参与程序。通过制定必要的规定、办法，使公众参与有章可循。

4. 完善消费者利益代表机制

目前我国的普通消费者在参与公用事业规制中，呈现单个、分散、未能有效组织的特点，难以在监管机构、企业和消费者的三角关系中，有力地代表自己发声从而发挥监督和制衡作用。从相对发达国家的经验来看，有必要建立专业的、法定的、制度化的消费者保护机构,作为消费者背后的"专家智囊团"和代言人。① 进而,建立好的利益代表机制,把单个、分散的消费者组织起来,以解决集体行动的无序问题;发挥信息优势与企业形成对抗,以解决信息不对称问题;利用组织优势和专业素养参与和影响规制决策,以解决参与能力弱小和权力制衡问题。②

第二节 "互联网+"时代的公众参与及其法律规制

互联网的出现,是一场划时代的"革命"。这一于1998年即已被联合国教科文组织定义为"第四媒体"③ 的事物,为开展社会和政治讨论开辟了一个潜在的、新的公共论坛,并使得公众的直接式民主参与成为可能。在中国,互联网时代也以前人所意想不到的速度到来。尤其是自2014年"互联网+"正式提出以来,随着移动互联、大数据、云计算等新产业和新应用的加速发展,社会公众参与政府治理的机制在一定程度上被重塑。中国互联网络信息中心(CNNIC)2019年8月发布的44次《互联网发展状况统计报告》显示,截至2019年6月,我国网民规模达8.54亿,较2018年年底增

---

① 例如,英国政府1998年在《面向消费者的公平交易:公用事业监管的现代化重构》(绿皮书)的改革报告中,提出了"在规制体系中建立一个独立的强大的真正代表消费者声音的机构"的建议。2000年,在绿皮书提出的改革方案基础之上,英国议会通过了《公用事业法》,设立了统一的GECC(Gas and Electricity Consumer Committee)。GECC是一个独立于监管机构之外的专门机构,配置了系列使之能够与监管机构相匹敌、能够与公用事业供应企业相抗衡的权力。绿皮书的内容,详见 Department of Trade and Industry, *A Fair Deal for Consumers*: *Modernising the Framework for Utility Regulation*. London: The Stationery Office, 1998.

② 参见骆梅英《PPP与公用事业规制中的消费者保护》,《福建行政学院学报》2016年第5期。

③ 参见潘跃华《Web2.0时代的网络新闻传播》,《新闻爱好者》(理论版)2009年第2期。

长 2598 万，互联网普及率达 61.2%，较 2018 年年底提升 1.6 个百分点。① 同 1997 年 10 月第一次调查的 62 万网民人数相比，现在的网民人数已膨胀了近 1400 倍。以不可抗拒之势席卷而来的微博、微信等自媒体更是背弃传统媒体和社交方式，培育着"新常态"的电子公民社会的雏形。庞大的网民群体，凭借技术日新月异的信息传播平台，正积极践行着民主参与，有力推动着中国的民主和法治进程。

进言之，互联网不仅改变了人们沟通、交流和活动的方式，更是引发了政府治理模式的变革和社会组织结构的变迁。各国在信息化和全球化的大背景下，大力发展电子政务，运用信息通信技术来穿透行政机关之间的藩篱，来连通政府与社会、与公众之间的信息鸿沟。例如，政府门户网站已然成为政府与公民之间互动的重要平台；政府和公民之间通过政务论坛、政府邮箱、在线咨询、民意征集、网上信访等形式，进行互动交流。②

客观来看，互联网在为公众提供参与平台、丰富参与形式的同时，却也构成了一些法律上的挑战：一方面，网络环境下的公众参与失范导致公众参与呈现出一定程度的非序化；另一方面，电子政务发展滞后、政府信息公开不充分导致的信息不对称，使得公众无法有效参与甚或无法参与；此外，中国现阶段还存在其他一些妨碍公众参与的因素。针对这些问题，应予以法律层面的规制，以促进互联网时代公众参与的健康有序发展。

一 电子政务的发展及其对公众参与的影响

电子政务是"在信息与通讯技术的基础上对传统行政流程的再造和改革"③，是运用信息和通讯技术"实现组织结构和工作流

---

① 中国互联网络信息中心：《第 44 次中国互联网发展状况统计报告》。
② 参见李勇、惠鸿曜《电子政务环境下政民交互的特征及管理对策探讨》，《现代情报》2012 年第 32 期。
③ 周汉华：《电子政务法研究》，《法学研究》2007 年第 3 期。

程的重组优化，打破部门分割，向社会提供优质、规范、透明的管理和服务"①。相应地，电子政府的实质，就是为了适应新到来的信息社会的需要，由传统"官僚型"的政府改造而成的扁平的、自动回应式的、高效率的、全天候提供优质公共服务的主体。电子政务的核心价值不仅在于透明高效的政府治理，还在于社会、民众的良性互动，它将原本需要投入海量资源处理的公共事务，通过数字转化，自动在虚拟空间中处置，从根本上突破原本自足的治理体系和封闭的决策体系，将个人和团体纳入决策的主体甚至置于核心。

政府有保证公民参与的责任和义务。联合国经济和社会事务部（United Nations Department of Economic and Social Affairs, UNDESA）对成员国家宪法的一项研究（United Nations Public Administration Country Studies, UNPACS）表明，超过150个国家的宪法明确规定了公民享有不同形式的公共事务参与权。②"电子民主和参与"是电子政务的四大要素之一。③ 电子政务不仅能为公众提供知情的平台，而且搭建了新的公众参与平台，为公众提供了便捷参与公共事务的渠道，为其准备了主观和客观条件，有利于整个社会参与文化的培养。随着信息技术的不断发展，政府（Government）和公民（Citizen）（G2C）及政府和政府（G2G）之间进行充分交流，会促进民主的进步，并进而使得公民和公民（C2C）之间的交流成为可能。以全球视野分析电子政务的宏观走向并观察各国的具体情形可知，一国电子政务的发育程度与该国公众公共参与的成熟程度之间，存在比较大的正相关性。

另外，网络社会的逐步形成，对民主参与的形式也起着重新形

---

① 张锐昕：《电子政府与电子政务》，中国人民大学出版社2011年版，第37页。

② See, United Nations Department of Economic and Social Affairs, United Nations E-Government Survey 2014, E-Government for the Future We Want, p. 237.

③ Kuno Schedler, Lukas Summermatter, E-government: What Countries Do and Why: A European Perspective, Journal of Political Marketing, 2003 (2), pp. 255–277.

塑的作用。公众通过互联网直接参与公共事务，实现民主过程中价值理念、政治观点等的电子交换，使得：第一，参与更为直接。除却一些例外情形，当今世界的民主基本是一种间接民主，广大公民通过人数较少的代表（人大代表、议员等）来代表自己参与政治生活；而在网络世界，民众则可以直接表达其诉求。第二，参与更为自由和平等。平等的"网络世界"为所有人提供了均等的公共参与的机会和自由。第三，参与更为快捷和便利。第四，参与的成本更为廉价。第五，由于网络实名制尚未真正落地，参与还具有一定的隐匿性。

二 互联网时代的公众参与面临的问题

（一）网络公众表达与参与的非理性

关于网络公众的定义，可以援引美国公众新闻理论最早提出者卡雷（James Carey）在《新闻与公众对话》的说法："公众是一群聚在一起讨论新闻的陌生人，他们为讨论共同关心的事聚合起来就形成公众"。① 也就是说，公众是对社会负有责任感、参与感和使命感的人群，他们是社会事件的亲历者而非漠然的旁观者，是信息社会的参与者而非一旁的沉默者。

相较传统媒体，互联网更为自由、开放和随意，信息发布更为及时和便捷，信息传播更为快速和普遍，这使得政府难以对信息的发布和传播施加有效控制。尽管如此，总体来看，网络公众和政府绝非对立甚至敌对的关系，而仍是一种良性的互动。统计表明，目前86.4%的网民是50岁以下的年轻人。② 然而，尽管绝大多数公众并非有意制造冲突或恐慌，而是更愿意追求和谐、自由的网络舆论

---

① 转引自李岩《网络"公众新闻"实践与"网络公众的形成"——对关于〈突发事件应对法（草案）〉中有关对媒体的处罚规定的网络讨论分析》，《当代传播》2008年第1期。

② 中国互联网络信息中心：《第44次中国互联网络发展状况统计报告》。

环境，仍然屡见互联网上的发言和评论夹杂着一些非理性的因素，表现出一些情绪化的冲动和发泄。近期围绕"雷洋案""魏泽西事件""南海仲裁案"等产生的舆论冲突，都在一定程度上体现了网络公众的情绪化和非理性思考与表达。

（二）网络环境下公众参与的非序化

公众非序化参与，是指公众以非法甚至违法的方式或采取非法甚至违法的途径参与公共部门的决策（包括立法、执法、司法等），并企图对决策施加影响。[1] 这一概念与公众有序参与的概念相对。所谓的有序参与，有三个方面的要求：第一，应当首先是一种合法的活动，这是参与的前提和基础。而"合法"，一是指公众参与必须在法律法规允许的行为、程度等范围内，必须符合法律所规定的参与程序、条件和规则；二是指公众参与必须符合互联网自身的规则和行为规范；三是指参与的动机必须是为了追求合法的权利和利益，或避免合法的权益受损。第二，它应当是一种制度化的、理性的行为。理性是秩序之源，互联网中有序的公共参与者必须秉持理性和克制来享受宪法和法律所赋予的权利和自由，履行应尽的义务，必须保持冷静和理智来表达合理的利益诉求，参与利益协调，必须自主决定和自愿表达，避免被非理性的情绪和思想所控制和左右，防止被别有用心的势力所利用。第三，它发生在政府与公众的互相回应和关照中。公众作为参与主体，关注自身所处的社会和政治环境，将公共参与看作行使其民主权利、追求合法利益之举；政府则逐渐建立回应机制，以回应公众的合法诉求，并将其实质性地反映在决策过程和结果中。

互联网作为一个"技术中立"的事物，在为公众参与提供了便捷渠道的同时，也不可避免地拓展了非序化参与的途径，提升了非序化参与的"能力"，扩大了它的影响范围的广度和深度。[2]

---

[1] 参见杨三涛《电子政务中公众参与法律问题的研究》，硕士学位论文，西南政法大学，2007年。

[2] 同上。

可以说,"互联网络的扩张几乎在各个方面都成为国家政治的'克星',它正以自己的节奏甚至摧毁传统意义的政治控制机器,影响公民的政治参与"①,为各国带来了强大的挑战。在目前我国的互联网舆论中,极"左"、极右的思想仍有一定市场,甚至在一定时期和范围内有泛滥之势,误导了少数公众,也在一定程度上扰乱了舆论环境和公共参与空间。尤其是我国正处在转型的特殊时期,工业化、城镇化和农业现代化进程的快速推进,改革步入"深水区",决策所涉及和支配的各种利益关系和利益格局日趋复杂,敏感的、不确定的因素增加,积累的矛盾和问题不断暴露,决策权的主体多元化,公众的民主和法治意识增强,决策过程更加错综复杂。相应地,决策的内容和对象需要大幅度的调整,需要考虑更多的因素,制定和实施科学决策的难度不断加大。因此,充分重视公众参与的规范发展,有序推进改革决策的民主性和科学性显得日益重要。

(三)电子政务发展滞后削弱了公众参与的有效性

除了非序化参与外,在我国电子政务发展的现实下,公众参与还面临着其他一些特有的问题,使得公共参与的有效性受到不同程度的削弱。

第一,政府信息公开滞后。政府(主动或依申请)公开相关信息,是公众有效参与公共事务的前提,也是发展电子政务的初衷之一。中国社会科学院信息化研究中心的一份调查结果显示,现阶段,政府和普通用户都将政府信息的提供列为政府在线服务第一位的功能(列第二位、第三位的是网上办事和民意收集)。②

2008年5月1日,中国的"阳光法案"——《政府信息公开条

---

① 李永刚:《网络扩张对后发展国家政治生活的潜在影响》,《战略与管理》1999年第5期。
② 中国社会科学院信息化研究中心:《中国电子政务实施与应用调查报告》,2006年3月。

例》开始实施,使政务公开步入了"规范发展的 2.0 时代"。① 《政府信息公开条例》实施 12 年来,从中央到地方,各级政府依法主动公开信息并应民众申请公开了大量信息,为公众有效参与决策和公共事务管理提供了基础。然而客观地说,条例在各地的实施效果参差不齐。提供一组数据:近几年,中国社会科学院法学研究所法治国情调研组对国务院部门网站、省级政府网站和较大市的政府网站等持续进行观察和统计,测评其信息公开透明度指数。2015 年,测评指标包括政府信息公开专栏、规范性文件、财政信息、行政审批信息、环境保护信息、依申请公开工作情况等。参加测评的 54 家国务院部门中,有 8 家不及格,最高分(海关总署)88.14 分,最低分(国家烟草专卖局)只有 35.97 分;31 个省级政府中,有 3 家不及格,最高分(上海)85.91 分,最低分(西藏)只有 39.03 分。② 几年前,该调研组也曾客观指出中国电子政务建设中的一些问题:部分网站运行状况不佳,与通过推行电子政务来打造"永不下班的政府"的目标相去甚远;重复建设问题比较严重;部分网站缺乏有效信息,信息公开流于形式;部分网站信息的更新严重滞后,类似于"休眠"状态;还有一些政府网站为公众获取信息增加了难度和成本,非"用户友好型"。③ 这些做法极有可能造成信息的不对称,并削弱公众参与的有效性。更为严重的是,对于一些敏感事件(如环境污染、食品安全、自然灾害、重大生产事故等),若无权威机构及时准确地向公众发布信息、澄清事实,想象将"插上翅膀"任意驰骋,甚或给谣言的传播制造市场,引起或激化矛盾,导致混乱。

---

① 周汉华:《打造升级版政务公开制度——论〈政府信息公开条例修改〉的基本定位》,《行政法学研究》2016 年第 3 期。
② 参见中国社会科学院法学研究所法治指数创新工程项目组《中国政府透明度指数报告(2015)——以政府网站信息公开为视角》,载中国社会科学院法学研究所编《中国法治发展报告(2016)》,社会科学文献出版社 2016 年版。
③ 参见中国社会科学院法学研究所法治国情调研组《中国政府透明度年度报告(2014)》,载中国社会科学院法学研究所编《中国法治发展报告(2014)》,社会科学文献出版社 2014 年版。

第二，电子政务发展缺乏顶层设计，政务资源共享尚未实现。公众参与需要大量的信息，要求各部门的协调配合，克服信息垄断。然而实际情况是，由于电子政务的建设长期以来由单个的部门作为主导，它们较少会将纵向不同层级之间和横向不同部门之间的信息共享和协同纳入考量范畴，从而导致信息壁垒和信息孤岛的出现。

第三，"重电子建设，轻政务应用"①。在信息化领域，常常存在着信息化的能力、应用和绩效三者之间的矛盾，这被称为"信息化不等式"，即能力≠应用≠有效②。这一不等式在中国的电子政务领域尤其凸显。对于电子政务的要旨、重心和发展趋势等，目前中国相当一部分政府部门还存在着认识误区，尚未深刻地认识到电子政务建设"不是'作秀'，而是要真正建设一个内容实用、信息丰富、互动性强、服务快捷的电子政府"③，不少地方或部门的门户网站内容丰富、功能强大，而当地上网用户很少，政府网站的访问量少，网站的办事服务、信息收集和反馈功能不彰。④ 电子政务重硬件轻应用，也影响了公众电子参与的热情。根据联合国经济和社会事务部（United Nations Department of Economic and Social Affairs，UN-DESA）的调查，2010年我国公众的电子参与度指数（E-participation Index）在全球排第32名，较之2004年没有进步，比2008年（第20名）退后了12位。⑤ 2014年，这一排名后退至第33位。⑥

---

① 参见周汉华《电子政务法研究》，《法学研究》2007年第3期。
② 汪向东：《我国电子政务的进展、现状及发展趋势》，《电子政务》2009年第7期。
③ 参见陈国柱《浅谈我国电子政务存在的问题与对策》，《科技信息》2013年第6期。
④ 汪向东、姜奇平、田铮：《电子政务的行政生态学调查》，《中国计算机用户》2006年第11期。
⑤ 转引自肖拥军、姚磊、李宏伟《我国电子政务发展研究》，《中国信息界》2012年第2期。
⑥ See, United Nations Department of Economic and Social Affairs, United Nations E-Government Survey 2014, E-Government for the Future We Want, p. 237.

三 互联网时代公众参与的法律保障

网络时代的参与，是受到我国宪法①确认和保障的公民基本权利。但在法律层面，无论是对参与的法律保障还是法律规制，都明显不够。突出表现之一是，经合组织所列举的电子政府建设的外部障碍中，法律障碍高居首位。② 法律方面存在的问题，对推动和规范网络时代的公众参与构成了严重阻碍，对现行法律进行修改和补充十分迫切。

（一）制定和修改政府信息公开法律法规

在一定范围内，信息公开程度越高，公众的心理承受能力就越强，公众参与能力也相应越高，社会自主能力越强。

制定以公开为原则、以不公开为例外的政府信息公开法已成为国际趋势。在中国，《政府信息公开条例》发布于2007年，它首先对政府信息进行了明确界定，并且明确行政机关公开政府信息，应当遵循公正、公平、便民的原则。同时，对中国政府信息公开制度（分主动公开和依申请公开）进行了架构，具体包括政府信息公开的主体制度、范围制度、发布制度、豁免制度、审查制度、保障制度、监督制度，等等。

客观来看，目前中国的政府信息公开制度体系已初步建立，但远未臻成熟。具体表现在：第一，立法层级过低。除了《政府信息公开条例》这部行政法规外，现行有效的均为地方性立法，且立法内容上不是照搬行政法规就是相互借鉴，缺乏地方特色和针对性。第二，立法大多为原则性的粗略规定，可操作性较差。例如，对于政府信息范围的界定、政府信息公开保密审查机制如何运作、"三需

---

① 《中华人民共和国宪法》第33条规定：国家尊重和保障人权。其他条款还规定了公民享有平等权，选举权与被选举权，言论、出版、集会、结社、游行、示威自由，通讯自由和秘密权，批评、建议、检举、申诉权，参与权等公民基本权利。

② OECD, The e-Government Imperative, 48 (2003). 转引自周汉华《电子政务法研究》，《法学研究》2007年第3期。

要"和"三安全一稳定"等条款如何适用等,都规定得过于原则,使得政府部门和申请人经常无所适从。

因应这些问题,可以尝试从立法层级、立法观念、立法体系等层面对现阶段中国政府信息公开的制度建构作进一步完善。第一,立法层级。目前主流意见认为,应上升至法律的形式,制定《政府信息公开法》。目前最高行政机关制定的《政府信息公开条例》无法涵盖人大、法院、检察院和党的机关,使得大量信息脱出规制范围。第二,立法体系。参考各国立法经验,难以由单一的政府信息公开法典对政府信息公开进行统一规制,而应分步骤、分阶段地进行相关立法。在立法体系架构上,可以由以下几部分构成:(1)关于政府信息公开的法律规定;(2)关于政府信息获取、存储、管理、使用和在政府系统内部分享、传递的法律制度;(3)关于公共数据库的开发和共享的法律制度;(4)关于网络和政府信息安全及个人信息保护的法律制度,如《网络安全法》和《个人信息保护法》,等等。

(二)尽快制定电子政务法

首先,要制定电子政务基本法。"电子政务法是专门调整现代信息技术在公共行政中应用的范围、条件、方式、地位和效力等事项的法律规范的总称。"[1] 其中,最为重要的当为电子政务基本法,它是整个电子政务法律体系的基础。[2] 目前我国尚无关于电子政务的纲领性(基础性)立法,整个立法层次较低。[3] 应当尽快制定《电子政务法》,作为电子政务领域的基本法,涵括电子政务法律体系的基本内容,对电子政务法的立法原则、目的及重要的相关制度等作出明确规定,使其发挥"电子政务宪法"的作用。其次,应加快制定

---

[1] 高家伟:《论电子政务法》,《中国法学》2003年第4期。
[2] 张继超:《电子政务立法规制研究》,硕士学位论文,黑龙江大学,2011年。
[3] 参见周汉华、苏苗罕《我国信息化电子政务立法规制研究法律法规建设六十年》,《电子政务》2009年第10期;蒋琼:《电子政务的法律现状、困境与出路》,《广西师范大学学报》(哲学社会科学版)2012年第2期。

政府网站管理法，以规范网络域名，规范政府网站内容，规范政府网站的日常管理，确保网站的可用性和安全性。此外，应选择良好的立法时机，出台关于电子签名、网络安全、政府数据开发利用、征信管理等方面的法律法规。

(三) 修改政府组织法

中国的电子政务主要依循两套系统展开，一套是各级政府及其部门的上网工程和门户网站，一套是以"金"字工程为主体的纵向业务应用系统（包括金卡、金关、金桥等）。由于我国现行的关于政府组织方面的法律法规并未明确就本级政府与实行垂直管理的同级行政管理部门之间的关系作出规定，因而各级政府的门户网站难以整合实行垂直管理的部门，从而影响了综合性政府网站作用的发挥，引致信息化过程当中的"信息孤岛"现象。因应信息化的大势和信息资源共建共享的要求，有必要对组织法的相关规定作必要修改。

(四) 完善规制网络公众参与行为的立法

针对前文论及的网络非序化参与行为，必须补充和完善相关立法。目前中国尚无针对网络公众参与的制度规范，只有《刑法》及其修正案的相关条款[①]和《电子签名法》《全国人大常委会关于维护互联网安全的决定》《全国人大常委会关于加强网络信息保护的决定》《计算机信息系统安全保护条例》《信息网络传播权保护条例》《互联网信息服务管理办法》《互联网安全保护技术措施规定》《互联网新闻信息服务管理规定》《计算机信息网络国际联网管理暂行规定》《互联网网络安全信息通报实施办法》《国务院关于大力推进信

[①] 例如，《中华人民共和国刑法》第285条、第286条针对侵入计算机系统和破坏计算机系统的行为作出规定；2015年11月1日起实施的《刑法修正案（九）》增加了第286条之一，对网络服务提供者不履行网络安全管理义务造成了危害后果构成犯罪作出了规定；完善了对出售、非法提供公民个人信息的犯罪的规定；对在信息网络上编造虚假的险情、疫情、灾情、警情这四种比较容易引起社会恐慌的谣言的行为，以及明知是这些谣言而传播，严重扰乱社会秩序的行为，增加规定为犯罪等。

息化发展和切实保障信息安全的若干意见》《国务院关于积极推进互联网行动的指导意见》，以及最高人民法院、最高人民检察院《关于办理利用信息网络实施诽谤等刑事案件适用法律若干问题的解释》等涉及对网络行为的规制。建议立法、行政和司法机关在对网络公众参与的特点和规律进行深入分析和研究的基础上，参考其他国家经验，制定规则、建立和完善各种制度以规范网络公众参与。具体地，可从落实和完善网络身份管理制度、建立网络诚信评价体系、健全网民信用记录、完善网络行为奖惩机制、强化网络舆情管理、完善网络信息服务市场准入和退出机制等方面着力。

四 结语

"互联网＋"时代的公众参与，是一个尚待深入讨论和研究的主题。这种"电子民主"的兴起，集中来看，是基于两个关键因素——传统民主政治中公众参与度的低下和新兴信息技术的广泛应用。主观上，为了提升决策的民主性和科学性，政府有提升公众的参与度的动力，公众也因长期压抑而有着参与的愿望和诉求；客观上，信息技术的发展和应用促动了透明政府和电子政府的建设，进而为公众参与公共治理提供了更为便捷的渠道和平台。2016年7月，"依托网络平台，加强政民互动，保障公民知情权、参与权、表达权、监督权"作为提高社会治理能力、推进国家治理现代化的重要举措，被写入了中共中央办公厅、国务院办公厅印发的《国家信息化发展战略纲要》这一将指导和规范未来10年中国信息化发展的纲领性文件。这表明，电子民主在国家战略层面已得到了再度的肯认和支持。

但客观来看，仍须承认，尽管互联网的澎湃浪潮为电子民主创造了条件和氛围，但无论在中国还是世界上其他大多数国家，至少在公共事务的层面，公众对电子民主的反映仍较为平淡。毋宁说，电子民主的实现还在或远或近的未来。

第三节　个人信息保护中的公私共治

个人信息保护是信息社会的制度基础。① 各种政府部门和非政府部门在进行各类活动时，往往会收集、保存大量的个人信息。大数据时代，信息技术的飞速发展在促进生产和便利生活的同时，更是给个人信息带来了巨大的风险，个人信息遭受着不当收集、恶意使用、篡改以至扰乱公民个人安宁生活进而危及其生命、财产安全的隐患。另外，人们普遍对个人信息没有安全感，必然会本能地拒绝任何信息处理或者提供虚假的信息，由此制约信息的自由流动，加大市场主体的交易成本。可以说，制定个人信息保护法，改善个人信息问题治理，已刻不容缓。

第十三届全国人民代表大会常务委员会已将"个人信息保护法"列入立法规划第一类项目，② 这表明立法机关认为制定统一的"个人信息保护法"的条件已趋成熟。从个人信息保护理念来看，应坚持企业和行业自律与政府适度管制相结合，政策导向、法律制定与舆论跟进相结合，政府监管与市场杠杆相结合，加强外部规制与强化内部管理相结合，鼓励应用信息技术，保护个人信息。从具体制度设计来看，要引入"成本—效益"分析方法，合理分配政府、企业、个人的义务和责任。一言以蔽之，应公私共治，保护个人信息。③

---

①　程关松：《个人信息保护的中国权利话语》，《法学家》2019 年第 5 期。
②　参见"十三届全国人大常委会立法规划"，中国人大网，网址：http://www.npc.gov.cn/npc/c30834/201809/f9bff485a57f498e8d5e22e0b56740f6.shtml，最后访问日期：2020 年 4 月 10 日。
③　公私共治是保护个人信息的世界趋势，目前国际上较为成熟的模式中，美国模式采用的"隐私权 + 行业自治模式"、欧盟采用的"基本权利 + 国家监管模式"，都体现了公私共治的理念。"脸书"创始人扎克伯格更是一再呼吁，要在世界范围内建立多元主体参与的互联网治理体系。Mark Zuckerberg, "The Internet needs new rules. Let's start in these four areas", The Washington Post, 2019 – 03 – 30.

一 个人信息保护立法的理念：他律与自律相结合

（一）企业和行业自律与政府适度管制相结合

采取企业和行业自律与政府适度管制相结合的策略，就是在鼓励企业及行业自我规范、自我约束的同时，主张政府的适度管制；政府参与过程中注重加强对行业自律的指导、管理和服务，激发行业内部自我拘束机制的活力，并为逐步实现由政府直接管理向行业自律组织管理过渡创造条件。

与国外相比，目前我国政府对互联网产业监管的参与程度较深。在互联网管理和电子商务实践中，已基本形成了政府主导型的管理制度。无论在政务领域还是商务领域中，政府在维护个人信息安全方面的作用都是至关重要的，个人信息保护制度各方面的内容都紧紧围绕政府的角色和职能展开。

与此同时企业及行业协会的潜力也不应忽视，提高行业的自我管理、自我约束能力对维护信息服务领域个人信息的安全十分重要。倡导、鼓励加强自律自治，利用企业及行业的技术优势提高管理水平和服务质量，在此基础上逐步形成维护个人信息安全与促进个人信息合理使用的规范体系。ISP业者、征信业、电信业等可以通过明确订立产业成员应遵守的行为，鼓励产业成员和消费者达成个人信息处理契约，或建立保护消费者个人信息的同业惯例等方式，减少双方的利益摩擦。行业协会也可以发挥其沟通企业与消费者的桥梁作用，督促企业自觉提供维护信息安全的隐私政策，并在搜集个人信息时引导消费者采取措施维护自身权益。

2004年6月，中国互联网协会公布了《中国互联网行业自律公约》，承诺：自觉遵守国家有关互联网发展和管理的法律、法规和政策，鼓励、支持开展合法、公平、有序的行业竞争，自觉维护消费者的合法权益，保守用户信息秘密，自觉遵守国家有关互联网信息服务管理的规定等。2016年4月，百度、新浪、搜狐、爱奇艺等20余家从事网络表演（直播）的主要企业负责人共同发布《北京网络直播行业自律公约》，作出了共同承诺。这些行业自律性规范，有助于互联网行业从业者的自律水平和公民个人信息保护意识的提高。随着行业协会逐渐剥离行政色彩而获得自主性，相信消费者的个人信息保护问题会得到进一步改善。①

（二）政策导向、法律制定与舆论跟进相结合

在信息社会，信息得到更迅速的传播和更充分的利用，社会变迁的速度远远高于工业社会，社会经济关系也越发复杂。传统的法律规制模式因其刚性和保守性，已经不能很好地满足高度变迁的社会的要求；政策则因其具有的原则性、规制性、灵活性、适应性的诸多特点，能够针对迅速变化和新出现的事实进行规制和管理，对人们认识这种变化和新生事物有着引导、规范功能。

我国在推进信息化建设的过程中，充分使用了制定政策的方式，对信息产业和信息经济的快速发展起到了积极的推动作用。但另外，由于我国的信息化建设起步较晚，总体信息化水平落后，因此信息政策的制定大多涉及信息基础设施建设，如信息基础设施、信息产业、信息高速公路、信息资源与供求方面的问题，而对于个人信息保护、个人征信、跨境信息流、信息安全等则涉及较少。这一信息政策制定的现状也决定了，加强个人信息保护方面的政策制定为形势所亟需。②

但政策这种社会调整措施也有一定的局限性：第一，政策调整往往缺乏明确性和系统性。政策规范的内容倾向于原则、抽象，权

---

① 业界自律也存在一定缺陷，它仅仅是一种道德上的约束，而企业追求利润最大化的本性决定了这种约束的效果必然不会令人满意。比如，它的执行实效受业界成员与行业团体的疏密关系所左右，尽管可以以取缔行业成员资格或取消具有某种商标性质的"认证"作为督促和惩罚的手段，但在没有法律强制力的保障下，受侵害者不能获得有效的救济；同时，各行业的自律规范不尽相同，保护个人信息的力度和方法仍然可能因行为的自私和垄断而收效甚微。因此，更应强调业界自律与政府管制的结合。

② 值得强调的是，个人信息保护方面政策的制定离不开国情和社会实际，它与国家和社会的总体发展目标、体制、经济、社会状况、文化背景及信息化水平等有关，不同的地区根据本地的情况制定不同的信息政策，其目标、内容和侧重点也有所不同。

利与义务的规定不明确、不具体，相比之下，法律则倾向于明确、具体、有保障，要求有严格的逻辑结构、统一的体系；第二，政策缺少法律规范所具有的普遍性和国家强制性，不能像法律直接凭借国家强制力来保障实行。因此，在政策的运行逐渐成为一种稳定的状态，经受了社会发展的检验后，可以考虑就此制定法律，以其对整体利益的保护和调整，相对稳定地使社会信息关系固定下来，这也符合我国"成熟一个，制定一个"的立法模式。可以说，灵活机动的政策与明确稳定的法律相结合，有助于两种社会调整手段相得益彰，构建适应信息化社会发展的社会规制体系。

政策和法律二者作用于社会的模式是自上而下，这种模式决定它们发挥作用的范围是有限的。舆论则作为一种社会自生的力量，无时无刻不散发着巨大的能量。尤其是在以虚拟和无形为重要特征的信息社会，其作用更是不可小觑。正因如此，政府负有引导舆论的不可推卸的责任——"以正确的舆论引导人"不仅是新闻媒体的责任，也是政府工作的任务。政府应积极引导人们保护本人信息、尊重他人隐私，帮助人们增强安全意识，建构珍视个人权利、平衡各种利益的良好舆论氛围。

（三）政府监管与市场杠杆相结合

互联网的发展在社会主义市场经济的大背景下进行，而市场经济的特点就是市场在资源配置中起主要作用，这意味着，在个人信息保护领域引入经济手段，将个人信息保护从单纯的政府强制行为变成企业经营决策的一部分，不失为一种可行的尝试。加强市场在个人信息保护中的杠杆作用，使企业侵害个人信息的行为效应内部化，使企业的个人信息保护行为与企业的成本和收益挂钩，可以依托企业的成本效益意识，引导企业作出客观上利于保护个人信息的行为选择。

应该指出的是，加强市场的杠杆作用，并不是要消减政府监管。市场杠杆和政府监管要两手并重、双管齐下。信息产业作为新兴的产业，一直是政府规制的重点区域，政府规制手段也确实起到了比较好的作用。近年来，随着《个人信息保护法》起草工作的推进，个人信息保护领域的政府规制力度也在加强。但政府监管的手段也要创新，在个人信息保护领域，可以结合《行政许可法》的贯彻与实施，设立登记与许可制度，并结合《行政处罚法》和《行政强制法》等法律的规定，切实在法治的框架内行政。

（四）加强外部规制与强化内部管理相结合

在立法对企业和政府机关加强外部规制的同时，必须强化企业和政府机关的内部管理。因为企业和政府机关是个人信息保护立法的直接适用对象，尽管立法中也会规定相关企业员工和政府机关工作人员的法律责任，但是，导致相关人员承担法律责任的行为情节和后果都比较严重，且动用法律手段追究其责任，成本高昂。这样，相当一部分违规但不违法的行为可能得到纵容，长此以往，为祸日甚。比如，企业员工和政府机关工作人员在接触和处理个人信息的过程中，可能会因个人信息保护意识的淡薄、对相关规定的理解不清、对工作程序的轻微违反、对外联络中的疏忽，或者利益的驱动等，作出不当收集个人信息或泄露个人信息等行为，尽管大部分行为的情节和后果都未达到承担法律责任的标准，但在客观上仍会侵害个人信息安全。

因此，在政府机关的纪律规范和企业的内部管理规范、员工守则、聘用合同中引入个人信息保护条款，严格规定个人信息收集、处理、传播等方面的要求和程序，将员工在保护个人信息方面的工作情况作为评价员工总体工作绩效的重要指标，并与员工的任职资格、经济效益、升迁等挂钩，可以起到更好的激励和约束作用，弥补个人信息保护立法在这方面的不足。

（五）鼓励应用信息技术，保护个人信息

无论法律制度规范或业界自律的成效如何，要改善信息服务领域非法收集、处理个人信息行为泛滥的现状，一个很实用的方法就是加强对公民的教育，提高人们的文化水平和个人信息保护意识，养成利用现有的技术条件维护个人信息安全的习惯。网民的网龄越长，对浏览器安全、隐私等设置修改的比例越高。这说明，教育和经验对于网民的安全意识的增强起着至关重要的作用。可以说，把握自己是防止个人信息被非法收集和滥用的最好途径。

二 个人信息保护立法的具体制度设计：合理分配公私责任

（一）政府层面

1. 建立健全个人信息保护工作的领导体制，设立工作机构

争取地方政府的支持，在监管部门内部抽调人员或新增编制，组建专门的推进个人信息保护的工作班子，并增加相应预算，负责个人信息保护的日常工作，抓紧研究制定个人信息保护地方性法规。

2. 建立健全管理部门与行业协会、企业在个人信息保护方面的沟通机制

（1）建立企业定期报告制度。信息服务业内企业，除遵守法规规定的登记、许可程序外，还应定期向信息委提供报告，内容包括本企业收集、使用、处理个人信息方面的情况、遇到的问题、积累的经验、需要的支持、在个人信息保护方面增加的资金和人员投入、用户满意的先进典型等。由信息委予以汇总、分析，并因应其中反映的主要问题及时作出协调、处理。

（2）与企业定期报告制度相配合，确定各企业在个人信息保护工作方面的联络员，定期或不定期地以各种形式向信息业管理部门汇报情况，以利于信息委掌握一手情况，及时采取应对措施。

3. 建立健全企业个人信息保护工作监督抽查制度

鉴于互联网企业数量众多，在有限的时间内对所有企业展开全面的、大规模的检查并不现实，因此建议由信息委负责，本着公正、公平、客观、有效的原则，采用人工调查、测试、检验等手段，采取明查或以普通用户身份"暗访"的方式进行。根据不同情况的需要，抽查可以是全面检查、随机进行的抽样检验，也可以是针对某行业或某些选择的对象的检验。建议在开始阶段，重点可以确定为电信服务业和网络服务业内的企业。

4. 建立健全个人信息侵权纠纷的认定和处理制度

（1）落实各地《消费者权益保护条例》中关于消费者协会作为纠纷处理主体之一的规定。

（2）指导相关行业协会内设立专门受理投诉和纠纷的部门，开通热线电话和电子邮箱，在接到信息主体的投诉后，公正、迅速地进行处理，提出处理意见或建议，并定期对投诉对象、事由等进行分析。并及时进行信息汇总，分析各子行业中个人信息保护的情况，确定下一阶段工作的重点。

（3）在市一级成立个人信息保护申诉受理中心，设专门机构、专职人员，负责受理、处理用户申诉工作。

（4）通过地方性法规授予监管部门对于个人信息侵权纠纷案件的执法权，据此加强查处个人信息侵权案件的力度。

5. 深入考察、谨慎借鉴国外经验，在全国推动建立首席隐私官制度

首席隐私官（CPO）的任务是处理内部和外部隐私事务，内部事务包括政策的制定、开展和适应同公司现在及过去员工的联系，外部事务包括公司和其他商家及公共领域、股东、客户、媒体的交流。类似CPO这样的职位在美国和欧洲已相当普遍。

6. 采取投资、人才、税收等激励机制，加大相关企业对防范个人信息受到侵犯的信息技术和软件等的开发力度，以从技术上保护个人信息

7. 加强对公民的教育，提高人们的文化水平和个人信息保护意识，养成利用现有的技术条件维护个人信息安全的习惯

（1）与电视、广播、网络等媒体等合作，以保护个人信息为主题制作系列节目、制作公益广告，在报刊、网络、广播等中宣传加强个人信息保护的重要性，教育市民采用自助式科技防止个人信息被非法收集和滥用，组织市民进行以个人信息安全知识普及为目的的竞赛等。

（2）鼓励中小学和高校的参与，在经常从事网络活动但自我保

护意识不强的学生中派发自我保护手册,让专家深入学校开展有关讲座、解答问题。

8. 建立健全个人信息保护工作质量监管制度

(1) 实行个人信息保护工作质量通告制度,采用定期和不定期的方式向公众就有关个人信息保护工作的情况进行公布。定期通告:各行业协会内负责申述受理部门处理用户申诉的情况,建议每季度公布一次;企业定期上报的个人信息保护工作质量的有关内容,建议每半年公布一次;用户对于个人信息保护满意度指数调查评价结果,建议每年公布一次。不定期通告:对企业个人信息保护工作质量检查的结果和其他需要通报的事项等。

(2) 成立社会监督机构。成立信息服务业用户委员会,设立机构,把具有法律和法规知识、关心信息服务业发展、能联系广大用户、反映用户呼声、有参政议政能力的人士选为用户代表,对信息服务业内企业进行社会监督。

(3) 委托社会调查中介机构实施"用户满意指数"测评,把用户反映的"重点""热点""突出"问题和涉及的相关行业、企业,列为重点测评的内容和参加测评的范围。被测评的行业、企业按照所评价的业务抽样用户的比例,支付用户满意度评价经费。

9. 建立健全个人保护方面的人才的培养制度

(1) 在高校的相关专业(如计算机、信息管理、电子、信息工程等)中开设个人信息保护课程。

(2) 建立持证上岗制度。建议分两步走:第一步,建立和完善在职人员职业培训注册制度;第二步,打破学历、资历限制,推行个人信息保护人才执业资格证书制度,加速形成培养、储备、推荐与使用一体化的人才新机制。

(3) 加强对与个人信息保护工作相关的人员的培养和继续教育工作。定期举办与个人信息保护工作有关的高级研修班;定期聘请海内外专家举办专题讲座或开展资讯活动,为个人信息保护提供最新信息和技术。

10. 个人信息保护是一个系统工作，可以考虑整合全国高校、研究机构、政府部门、企业等的政策、法律、技术、管理等方面的专家资源，建立专家库，各自发挥所长，为决策过程提供智力支持，对决策效果作出客观评价，为改进工作方法献计献策。

（二）行业协会层面

在推进互联网空间的个人信息保护工作中，相关行业协会的作用不可或缺。

（1）配合监管部门，进一步发挥其作为行业自律机构在开展信息服务行业统计、调查、发布行业信息，为会员提供各类咨询、宣传推介、培训等服务中的重要作用。

（2）借鉴国外的"隐私标识"制度，定期由行业协会在监管部门的指导下，向在个人信息保护方面达到一定标准的企业颁发隐私标识或可信度认证标志，以公示其个人信息保护水平，也有利于发挥优秀企业的示范、带头作用，利用市场杠杆，加强对个人信息的保护。在这方面，行业协会具有比较丰富的经验和良好的基础。可以考虑将个人信息保护纳入名牌评价体系之中。

（3）督促企业建立并严格遵守个人信息保护方面的内部规章制度。制定并发布企业管理和工作人员在收集和处理个人信息方面的内部规章制度和工作守则的最低标准，由各企业根据各自情况具体确定，但最后采用的标准必须高于该最低标准，严格规定个人信息收集、处理、传播等方面的要求和程序。企业采用的标准应报行业协会备案。

（4）为企业的管理人员和接触个人信息的其他人员就在工作中规范个人信息的收集和处理行为、加强个人信息保护开展系列培训。形成本行业对于保护个人信息的共识，逐步使其被接受为行业文化，为行业发展创造一个良好的环境。

（三）企业层面

互联网企业是收集和处理个人信息的主体，其行为直接决定着信息服务业内个人信息保护的情况和效果，必须加强自律，并接受监督。

（1）企业应比照有关规章和制度，自查自纠，对本企业涉及个人信息收集、处理等的活动进行全面清理、整顿，规范工作流程，避免侵害个人信息权益的事件发生。

（2）在企业与从业人员的聘用合同中，应有个人信息保护纪律方面的明确规定。

（3）实行奖励与惩罚结合、激励和约束并举：将员工在保护个人信息方面的工作情况作为评价员工总体工作绩效的重要指标，一方面，对表现良好的员工，予以续聘、职位升迁、经济奖励、继续培训等鼓励；另一方面，严格执行内部规章制度和合同中的责任条款，落实责任到人，分情况予以解聘、降职、扣奖金等处分。严重的，可追究其行政或刑事责任。

（4）定期上报个人信息保护工作质量情况，并配合监管部门和行业协会的检查和调查工作，提供有关资料和情况。

（5）自觉做好用户的投诉工作。

①向社会公布投诉电话、投诉受理点。

②配备受理用户投诉的工作人员。

③对用户的投诉应确定时限及时予以答复。

④对监管部门督办的事项，应在规定时限内将处理结构或处理过程及时报告。

⑤对用户提出的改善服务的意见和建议要认真研究，主动沟通。

（四）个人层面

个人作为信息主体，其信息保护意识和技术、水平的提高对于推进个人信息保护工作亦非常关键。无论法律制度规范、政府规制或业界自律的成效如何，要改善信息服务领域非法收集、处理个人信息行为泛滥的现状，一个非常有效的方法就是提高人们的文化水平和个人信息保护意识，养成利用现有的技术条件维护个人信息安全的习惯。

可以采取的主要方式包括：

——通过拒绝 Cookies、经常清理浏览器缓存、设置受限制的站点等方式降低个人信息被拦截的风险。

——在浏览网页时先阅读相关的隐私政策再做决定也有助于预防个人信息的泄露。

——将重要资料和网络物理隔离。当计算机中有重要资料时,最好的办法就是将重要的资料和上网的计算机切断连接。这样,可以有效避免个人数据、资料和数据库被删除、修改等所带来的经济损失。

——在重要文件的传送过程中,使用加密技术。在计算机通讯中,采用密码技术将信息隐蔽起来,再将隐蔽后的信息传输出去,使信息在传输过程中即使被窃取或截获,窃取者也不能了解信息的内容,发送方使用加密密钥,通过加密设备或算法,将信息加密后发送出去。接收方在收到密文后,使用解密密钥将密文解密,恢复为明文。如果传输中有人窃取,他只能得到无法理解的密文,从而保证信息传输的安全。

——在计算机系统中安装防火墙。防火墙是一种确保网络安全的方法。防火墙可以被安装在一个单独的路由器中,用来过滤不想要的信息包,也可以被安装在路由器和主机中,发挥更大的网络安全保护作用。

——鼓励网络消费者使用自助式科技(self-help technology)来自觉保护个人数据,也是行之有效的方法。麻省理工学院研究开发的 The World Wide Consordium(W3C)标准就是一个例子。W3C 技术在各色信息横行网络的今日,可以帮助父母为子女筛选网络内容(internet content selection)。还有著名的个人隐私偏好平台 P3P(Platform for Privacy Preference Project)软件,通过一个共通的隐私权保护措施和技术通讯协定,在网络经营者收集个人数据时,提供使用者是否同意提供个人数据的程序选择权。一旦使用者和网络经营者一致同意一项个人隐私协定,资料的收集将在一个比较安全的环境下进行,使用者也可随时掌握自己的资料应用情况。P3P 提倡消费者"拒绝的选择权"的定出规则,以对话框的形式出现,消费者点击的项目为其明确表示反对收集和利用的个人资料,其他未选的个人资料项目视为消费者默示同意网络服务商收集和利用。①

三 个人信息保护的地方立法设计与展望

在中央层面,《个人信息保护法》已经进入立法程序,目前正在积极推进中,但由于中央立法需要面对许多具体的问题和困难,需要协调多方的利益和关系,其复杂性使得这部法律究竟能在何时推出,仍然是个问号。地方立法在这方面则具有明显优势,许多省市近些年来,无论是在信息产业的发展还是在信息化立法方面,都一直走在其他地方的前面,积累了不少宝贵经验。

(一)立法形式的选择

省一级推进个人信息保护的地方立法,宜采取综合立法、特别立法、自律与技术保护相结合的形式。即制定关于个人信息保护的地方性法规,并根据该地方性法规,针对互联网服务业内特定的子行业制定特别规范。

第一,选择综合立法还是行业立法模式?

行业立法模式有其独特的优势,它可以较好地照顾本行业的发展水平,基于本行业企业在业务范围、运作方式、营销渠道、规模、从业人员素质等方面的共同特点,针对本行业在个人信息保护方面所面临的主要问题和挑战,使立法更有针对性和实效性。但考虑到

---

① 信息技术保护的方法虽有针对性强、以牙还牙的优点,但就目前的技术水平来看,其安全性和实效性有待提高。随着技术的不断进步,反击这类反制软件的新软件仍会产生,仅靠技术的再进步来解决有亡羊补牢的遗憾。而 P3P 的缺陷更在于行业利益的因素削弱了保护初衷的技术优势,因为电子商务业者谙熟在线消费者少有考虑同意或反对的消费习惯,在未被要求作出某种选择的情况下,消费者往往不作选择也不细究网络商家的隐私政策,所以 P3P 相对于定入规则,实际上是网络商家推行个人资料保护但在一定程度上又有所保留的产物。可见,技术标准其实无法公正客观地衡量某一收集行为是否正当,收集行为是否正当应从收集行为本身来判断。近来,欧盟也对某些这类技术进行了评估,声称这些工具性的技术软件并不能完全取代个人信息保护的法律框架,而仅具有辅助保护的作用。

个人信息保护领域的立法具有一定特殊性,单就行业进行立法不一定能切合实际需要。因为对于个人信息的保护,不仅涉及在个人信息的流转过程中接触个人信息的互联网行业中的企业及其从业人员,还包括因职权接触个人信息的政府机关及其工作人员,因其他原因(如个人信息的交易)接触个人信息的其他行业的企业、组织和个人等;不仅涉及个人信息在信息服务业内的流转过程,还包括个人信息在个人、政府机关、信息服务业内外企业掌握之下的收集、处理和使用等的全过程。因此,个人信息保护立法,需要规范多个主体、多个环节的行为和社会关系。单制定一部适用于互联网行业的个人信息保护规范,将其适用范围囿于个人信息流转的一个或几个环节,囿于接触个人信息的其中一批或几批人员,无法切实保护个人信息的安全。因此,较为可行的做法,是针对地方的特点制定一部适用于该省(直辖市、自治区)的个人信息保护规范。

第二,选择地方性法规还是规章?

(1)从我国《宪法》对地方权力机关立法权的规定看,地方性法规属于创制性立法,即以"不同宪法、法律、行政法规相抵触"(《宪法》第100条、《立法法》第63条)为前提。虽然,作为宪法性法律的《立法法》在第64条第1款第(1)项中规定地方性法规可以"为执行法律、行政法规的规定"而制定,但在第(2)项中又明确规定地方性法规可以规定"属于地方性事务需要制定地方性法规的事项"和"国家尚未制定法律或者行政法规"的"除本法第八条规定的事项外"的其他事项。所以,从立法的内容看,地方性法规既可以有执行性内容,也可以有创设性内容;从立法权限看,地方性法规无疑也具有创设性立法权。而《立法法》对地方政府立法的要求是"根据法律、行政法规和本省、自治区、直辖市的地方性法规"(第73条)。这是制作地方行政规章的前提。在此前提下,虽然赋予了地方政府规章就"属于本行政区域的具体行政管理事项"做出规定的权力(第73条),但主要强调地方政府规章应是"为执行法律、行政法规、地方性法规的规定需要"而制定(第73条)。

所以，地方政府规章主要是执行性立法。

在个人信息保护领域，我国尚未有上位法律和行政法规的规定，因此，采用地方性法规的形式，规定"国家尚未制定法律或者行政法规"的个人信息保护事项，符合《立法法》的规定；基于同样的原因，在尚无上位法律和法规的情况下，不能就个人信息保护制定属于执行性立法的政府规章。

（2）根据我国《行政许可法》第12条的规定，从事个人信息的收集、处理、使用，与个人信息的保护密切相关的行业，属于"提供公众服务并且直接关系公共利益的职业、行业"，其从事的对个人信息的收集、处理和使用的活动，属于"需要确定具备特殊信誉、特殊条件或者特殊技能等资格、资质的事项"，可以设立行政许可。行政许可这种规制方式的引入，可以加强对个人信息收集、处理等行为的有效政府监督和公众监督。而根据《行政许可法》第15条关于行政许可设定权的规定，"……尚未制定法律、行政法规的，地方性法规可以设定行政许可；尚未制定法律、行政法规和地方性法规的，因行政管理的需要，确需立即实施行政许可的，省、自治区、直辖市人民政府规章可以设定临时性的行政许可"，但这种"临时性的行政许可实施满一年需要继续实施的，应当提请本级人民代表大会及其常务委员会制定地方性法规"。因此，考虑到政府立法的行政许可设定权过于有限，还是适宜采取权力机关立法的形式，制定地方性法规。

（3）根据《行政处罚法》第11条、第12条的规定，地方性法规和地方政府规章对行政处罚的设定权不同。地方性法规可以设定除限制人身自由、吊销企业营业执照以外的行政处罚。地方政府规章则只能在法律、法规规定的给予行政处罚的行为、种类和幅度的范围内做出具体规定；尚未制定法律、法规的，地方政府制定的规章对违反行政管理秩序的行为，可以设定警告或者一定数量罚款的行政处罚；罚款的限额由省、自治区、直辖市人民代表大会常务委员会规定。考虑到实施违法处理个人信息、侵犯个人信息保护行为的主体和情节严重程度不一，仅以地方政府规章的形式设定"警告或者一定数额罚款的行政处罚"，显然不能满足需要。

（4）从我国现行行政审判制度来看，也适宜制定地方性法规。根据《行政诉讼法》的规定，地方性法规是除法律和行政法规之外，法院审理行政案件的依据，而地方政府规章则只是法院审理行政案件的参照，法院在是否依照政府规章判案方面拥有自由裁量权。同时，地方政府规章在法院审判依据中较低的地位在客观上也将极大地制约它对于规章适用主体的约束力和威慑力。

第三，在综合性立法的基础上，针对互联网各行业的发展状况和特点，制定"若干规定"，保护个人信息。

互联网信息服务业是与个人信息保护关系最密切的行业，也将是对个人信息保护构成最大威胁的行业。因此，在制定一部普遍适用的个人信息保护地方性法规之外，还有必要针对信息服务业进行特别立法，切实保障个人信息的安全和流通。

信息服务业内部各行业之间发展水平的不平衡是需要对之分别作出特别规定的理由。信息服务业内，传统电信业已高度发达且相对成熟，其通信能力、服务水平、投资和业务收入不断提高；计算机应用与软件业保持了高速发展态势，产业规模日趋扩大，其中软件产品出口增长趋势显著；以计算机软硬件维护与支持、信息技术咨询服务、信息技术教育与培训、信息技术外包服务为主的信息技术服务业快速发展；网络及数字增值业务服务业则进入快速起步阶段。在产业形态上，电信服务业随着电信市场整体的扩张而稳健发展。宽带互联网应用发展迅速，电子商务日益广泛，众多网络服务模式带来了巨大的市场。广电的传媒业转向数字电视及其内容提供领域，基于数字技术的新媒体正逐步成为市场主力。可以看出，信息服务业内的计算机技术、软件、网络、电信等子行业逐渐形成了各自独特的发展模式，并处于不同的发展水平。而各行业的成长水平与保护个人信息的需求之间往往成正相关的关系。因此，必须作进一步的可行性研究，做好立法预测工作以及立法的成本效益分析，既综合考虑也分别信息服务业内部发展的现实情况，对于发展不同步、对制度的需求不一致的不同行业采取不同的规制模式，制定不同的规则。对于立法时机尚不成熟的行业，暂缓立法，避免因盲目立法而浪费立法资源且收不到实效；对于立法需求旺盛、立法时机成熟的行业，抓紧立法，避免因贻误时机而造成问题丛生、矛盾尖锐化。

（二）立法需要协调的几组关系

第一，立法必须兼顾微观信息产业和宏观经济环境的需求。

信息经济是经济增长和效益提高的主要驱动力。新的商业模式和良好的商业互动取决于信息的有效流转，而信息流转涉及大量个人信息，需要良好的信用作为基础。因此，应采取恰当的方法，使得制定出的个人信息保护制度能够服务于整个宏观经济发展的大环境，成为孵育信用的基础规范，把握信息经济带来的潜在经济效益的增长。

但也需要看到，我国信息业尚不成熟，正处于初级发展阶段，其前景不稳定、发展方向不确定，盲目地寻找规制模式容易造成滞后性，导致制度一出即废的恶果，因此，决策者在个人信息保护的立法问题上宜采取谨慎的态度，保持策略上的稳健，在防范非法搜集、滥用个人信息的同时，为新兴产业的成长提供一个适当的制度平台，促进这一经济增长点的健康发展。换言之，过于严格的个人信息保护政策必然使这一新兴产业发展受到压抑，其结果是扼杀了信息使用者的创造力，还可能造成信息资源及人才外流，从而导致个人和国家遭受双重损失，为此，个人信息保护的基本政策应兼顾宏观社会经济环境的需求，不能盲目跟风，提出过高的标准。

第二，立法必须协调保护个人信息与促进信息自由流动的关系。

个人权利的保护与信息的自由流动构成个人信息保护立法利益权衡的两极。个人信息保护立法一方面需要保护个人权利；另一方面又不能阻碍正常的信息流动，致使加大市场主体的交易成本、阻碍社会的进步。促进个人信息自由流动对于推进公共利益的意义是巨大的。比如，执法机关可以依靠所收集的信息来防止、侦查和消除犯罪；个人信息可以用于监督政府官员；可靠的、标准化的个人信息共享可以减低消费信贷的成本，促进消费便利和服务，进而增加经济的活力，促进经济的发展；信息共享可使客户能迅速和低成本地知道他们最有可能感兴趣的消费领域，这也意味着商业企业的回报率更高，企业、公司等在推销上所花的每一分钱都能得到更多的回报；尤其在信息时代，信息作为战略性资源，其自由流动具有重要的基础性意义。如何协调好个人信息保护与促进信息自由流动的关系，可以说是各国立法当中最为重视的一对核心价值。对这个问题的不同回答，也就决定了诸如是否立法、如何立法、法律的规制程度这样的问题。在这一对价值中，偏废任何一个方面，都是不足取的。

第三，立法必须结合传统规制方法和新的规范思路。

对法律的变革，理想的方式是渐进、有序，尽可能地让它自身进化，从而完善而不是改变现行的法律。这一法治内在的保守倾向决定了，与政策、规划等方式不同，立法必须谨慎，必须最大限度地遵守传统。个人信息保护立法方面的立法亦是如此。另外，进入数字化时代后，信息技术工具迅速改变了社会交往的方式，改变了商业交易过程，改变了政府工作的形式，改变了个人生活的各方面，促进了跨越国界的物流和思想交流。在这种情况下，传统的规制方法越发捉襟见肘，需要寻找新的思路对各种社会关系予以规范。因此，如何在原有的法律规范框架内，引入新的规范思路，也是个人信息保护立法需要谨慎对待的问题。

第四，立法必须结合信息发展的客观规律与当地的特点。

随着信息化及相关制度的不断推进，个人信息保护立法也将一直处于变化和扩张之中。某些法律框架，例如安全和流通，从逻辑上看都是有生命周期的，需要根据信息发展的客观规律定期予以审查和更新。同时，不同的地区处于信息化发展的不同阶段，技术和商务模式不一样，个人信息保护文化的发展和社会、经济对于个人信息保护立法的需求也是不同的，起主导作用的法规以及其他规范都不应该是同一模式的调整。因此，地方个人信息保护规则的制定必须遵循信息发展的客观规律，同时因应地方的具体特点，力求与现行经济体制相协调，继续对企业保持强大吸引力，促进地方产业的发展，并继续促进信用的发展。

第五，立法必须综合考虑大中小企业的不同情况。

信息服务业发展的特点之一是不均衡。以上海为例。上海信息服务业内企业众多，有着一批具有国际竞争力的旗舰企业，如上海电信、上海移动、联通上海公司等电信服务企业，互连星空、东方网等全国著名门户网站，携程、易趣等著名的行业性电子商务公司等，但还有大量的中小企业存在，实力和竞争力普遍还不强，中小企业在发展初期对于个人信息自由流通的需求非常迫切。这是因为，信息共享对于新生的中小企业尤为关键，他们一般缺乏自己详细的客户名单或者参与大型市场营销的资源。个人信息保护立法客观上会起到限制客户信息流通的效果，保护已有的企业（通常是大企业）免受竞争。①

因此，鉴于不同规模的企业对个人信息的掌握、利用以及违法行为后果的严重程度不一，对个人信息自由流通的需求也不同，在对企业对于个人信息的收集、处理和使用的行为进行规制时，

---

① 举美国在线·时代华纳（AOL Time Warner）为例。AOL 刚成立时，常向那些很可能对其互联网访问感兴趣的人发送免费软件。禁止成立之初的企业获取有关消费者的地址和计算机所有权的信息将会使消费者失去许多好的机会，也会增加企业需要发送的营销资料的数量，并影响到宝贵的创新服务的金融灵活性，影响到企业之间的公平竞争。在这里，旨在保护个人信息的法律起到了信息共享的壁垒的功能，从而正如美国经济研究计划主任、布鲁金斯学会副主席 Robert E. Litan 所写道的，"提升了对小企业，常常也是更具创新能力的企业和组织的进入壁垒"。参见 Robert E. Litan, Balancing Costs and Benefits of New Privacy Mandates, Working Paper 99 – 103, AEI Brookings Joint Center for Regulatory Studies (1999).

需要综合考虑大中小企业的不同情况和需求，以作出不同强度的要求。①

第六，个人信息保护立法之间必须相互协调。

个人信息保护立法应该尽可能完善。在地方，这个重任应该更多地由作为核心的个人信息保护法规来实现；并且，如现实有必要，可以根据信息服务业自身的特点制定信息服务业内的个人信息保护细则。尽管如此，从各地的法治大环境考虑，行业内的个人信息保护立法还是尽量少为妥当。因为，虽然给每个行业或政府机构都制定特别法的想法很诱人，但是，这样制定出来的个人信息保护法经常无法运转。比如说，政府向企业采购产品时，企业就必须替政府机关处理个人信息。而许多企业是跨行业发展的，如果个人信息保护法散见于行业之间、私营机构和政府之间的规范之中，企业就必须查阅许多法律、法规、规范性文件，才能知道是否会触犯之。再加之各个行业的具体规定经常不一致，就更增加了企业守法的难度。总之，个人信息立法的数量越少，立法之间的协调性就可能越强，企业守法的成本也就越低。

第七，立法必须简洁，其尽量与国际标准和实践相容。

尽管全面和完善是个人信息保护立法的目标之一，但也必须意识到，人类不可能制定出一部完备得足以规制所有应该规制的主体行为的法律。从一定意义上说，个人信息保护立法越简洁，越有利于企业和消费者。立法应当规定得比较原则，而且容易为企业和消费者所理解；立法应该具有灵活性，能够充分考虑大多数经济部门的工作实际。大多数情况下，个人信息保护是一个共识问题，是对

---

① 就这一点需要做更深入的调研和论证。国际上个人信息保护立法中有过对于中小企业在一定情况下予以豁免的立法先例，但有的并不成功。如澳大利亚隐私法规定了一些小企业的豁免权，但实际上，这些豁免权非但并没有给小企业带来多少益处；而且还规定，大企业在适用隐私法时，必须与小企业伙伴签订附加合同条款，制定守法措施。这些豁免条款让许多企业都无所适从，因为它们不知道是否应该遵守这些法律。

相关个人或公民利益的尊重问题。因而，个人信息保护原则应该尽可能反映这些共识。把握了这些，规则执行起来就会容易些，指导执行的实施细则也会少些。

同时，世界各地在个人信息保护政策方面的差异一直阻碍着各国和各地区间，甚至是各国内和各地区内的信息交流，因此各国政府（包括国内的地方政府）应当尽量保证本国或本地方的个人信息保护政策与国际标准和实践相容，不致削弱因特网所带来的巨大经济利益和社会利益。

（三）地方性法规中的结构、制度和规则设计

第一，法规的结构设计。

在总则部分，根据我国的立法惯例，建议法规对立法的目的、依据、原则、适用范围等予以明确。

在分则部分，考虑到政府机关和企业等其他个人信息处理者在个人信息处理中的不同角色、在个人信息保护方面的不同职能和对个人信息安全所可能造成的不同程度的侵害，建议分别以专章的形式对政府机关的个人信息处理和其他个人信息处理者的个人信息处理活动予以规定，对二者采用不同的规制手段，明确它们在各自活动中的不同权利和义务。具体而言：

对于政府机关的个人信息处理，建议法规规定登记程序，即政府机关在开始收集个人信息之前，应就个人信息文件的名称、使用目的、个人信息的主要内容、收集方法等事项向政府信息资源主管部门进行登记，并规定政府机关只能在收集个人信息时所明确的使用目的范围内处理个人信息；政府机关应当为公众申请获得个人信息提供帮助，以公开为原则、不公开为例外；法规还可对政府机关应申请公开个人信息的程序、方式和收费标准作出规定；对于政府机关更正与停止使用个人信息的程序和实体性规定也可体现在法规中。

对于其他个人信息处理者的个人信息处理，建议从政府管理制度、个人信息的收集和使用、信息主体的权利、行业自律机制几方

面进行规定。其中可涉及个人信息收集、处理的登记和行政许可制度，收集和处理个人信息时须遵循的原则和规则，信息主体所拥有的获得个人信息的权利、更正与停止使用请求权，行业自治组织的职能等。

为保障法规的贯彻实施，法规还应当明确法律的实施保障与救济制度，规定法规的实施主体、违反法规所须承担的法律责任，并为违反法规的行为所侵害的信息主体提供充分的救济途径（包括行政复议、行政诉讼等）。

第二，法规可以确立的重要制度和规则。

具体而言，法规中的重要的制度和规则主要可以包括以下方面：

1. 对于法规的适用范围的规定

法律、法规大多有对于适用范围的规定。就个人信息保护立法而言，由于其中使用的"个人信息""信息处理"等概念与人们的一般理解可能有所出入，加之这些概念在此前的法律、法规和规范性文件中界定并不统一，因此，建议立法对这些概念作出界定，这对于明确法规的适用范围、明晰执法者乃至公众对这些概念的理解，十分必要。

建议法规将适用范围确定为"本行政区域内政府机关和其他个人信息处理者对个人信息的处理"。对于其中的"政府机关""其他个人信息处理者""个人信息""处理"等概念，建议作出进一步界定。其中的"政府机关"应指行政机关与法律、法规授权行使行政管理职能或提供公共服务的其他组织；"其他个人信息处理者"是指政府机关之外，依据本法规规定进行个人信息处理的法人、组织或个人；"个人信息"指个人姓名、住址、出生日期、身份证件号码、医疗记录、人事记录、照片等单独或与其他信息对照可以识别特定的个人的信息；"个人信息文件"指存储于计算机或其他媒介之上，依据一定的标准或方法，可以检索个人信息的文件；"处理"指政府机关或其他个人信息处理者根据一定的编排标准或检索方式，以自动或非自动方法对个人信息的收集、存储、使用、交换、公开、修改、删除、销毁等行为;"信息主体"指通过个人信息可以识别出来的特定个人。

2. 对于法规的适用例外的规定

几乎在所有的国家,个人信息保护的立法都有适用例外的情况存在。即在某些法定情况之下,个人信息保护法的规定全部或部分不予适用。

立法中,建议充分吸收和借鉴各国的经验,在总则部分规定统一的事先完全排除机制,在随后各章规定多元化的事后适用限制机制。对于第一层次的事先完全排除,可规定三种类型:一是不适用于国家安全机关为保障国家安全而进行的个人信息处理。①二是不适用于公民在纯粹的个人或家庭活动中所进行的个人信息处理。三是不适用于法人或其他组织数量较少,且不太可能对个人权利造成侵害的个人信息处理活动。

这种规定方式具有一些优势:首先,通过第一层次的事先完全排除,可以免除人们对国家安全问题的担忧,扫清个人信息保护法立法中可能遇到的阻力;实质性地减少法规的覆盖范围,降低执法成本;为将来制定实施细则提供依据,协调好个人信息保护与信息的自由流动之间的关系,防止立法的社会成本过高,影响社会的发展。其次,通过第二层次的事后适用限制,可以针对具体问题,在实践中平衡个人信息保护与其他权利之间的关系,保持法律的灵活性和必要的张力。

3. 对个人信息处理的基本原则的规定

为有效保护个人信息,同时也为了便利信息的有序流动,许多国家或地区的个人信息保护法律均规定了一些基本原则,用以指导个人

---

① 只是排除这类活动不适用个人信息保护法,并不排除其他法律可能对这类行为的规定。

信息处理活动。① 各国或地区究竟采用哪些基本原则，很大程度上取决于对个人信息保护的不同认识。由于各国的国情不同，对个人信息保护的方式有差异，对不同价值之间的关系排序未必一致，因此，法律采用的基本原则的范围和强度都是有差别的。有的法律规定的基本原则非常广泛、全面，或者容许例外或限制的情况非常少；有的法律则只侧重规定某些方面的基本原则，如禁止滥用、对信息主体公开等，或者规定比较广泛的例外或限制。这是各国或地区法律中对于基本原则问题上的差异之处。但是，域外立法在这个问题上也有相同之处，那就是基本原则覆盖的主要是个人信息处理过程中的三个主要环节，即信息的收集、信息的使用与信息主体对个人信息的权利。这种同与异的并存，使不同法律之间既有多样性，又有普遍性。

在这个问题上，建议立法充分辨析、吸收、借鉴域外立法的经验，基本上覆盖域外个人信息保护法所确立的基本原则。

4. 通过具体规定，确保规制的有效性

为确保规制的有效性，建议在立法中规定如下具体制度和措施：（1）建立市场准入机制，除符合严格的几种法定条件外，其他个人信息处理者不得进行个人信息处理。并且，其他个人信息处理者必须通过合法、正当的方式，收集个人信息。这些规定可以防止个人信息收集环节上的失控。（2）其他个人信息处理者在开始进行个人信息收集之前，须向政府信息资源主管部门进行登记，或者须经政府信息资源主管部门行政许可，政府信息资源主管部门分别进行形式审查和实质

---

① 经合组织指南规定了八项原则，分别是收集限制原则、数据质量原则、列明目的原则、使用限制原则、安全保护原则、公开原则、个人参与原则、责任原则。欧洲理事会协定规定的基本原则包括七个方面，分别是：数据质量、数据的特殊类型、数据安全、对数据主体的保护、例外与限制、赔偿责任和扩大的保护。其他国家或地区的立法所确立的基本原则大致上都在上述这些原则的范围之内，但也有的国家在此基础上确立了一些更进一步的原则，比如德国的《联邦数据保护法》第3a条就确立了"信息缩减与信息节约"的规定，要求信息处理系统尽可能不采用或者采用最少的个人信息，而且，应尽可能采用匿名的个人信息。同样，美国专门制定了公文削减法，要求政府机关收集信息尽可能降低社会的成本。

审查，由此可以保证对个人信息收集的政府监督。(3) 政府信息资源主管部门的登记或许可决定需要予以公告，供公众查阅。其他个人信息处理者需要将登记或许可事项制作个人信息文件登记簿，供公众查阅。这样，可以形成对个人信息处理的公众监督。(4) 其他个人信息处理者收集或处理个人信息必须有明确、特定的使用目的。超出特定的使用目的处理个人信息的，必须经信息主体事先同意。由此可以防止个人信息的使用泛滥。(5) 其他个人信息处理者直接自信息主体收集其个人信息时，应将有关事项告知信息主体，由此保证信息主体的知情权和选择权。(6) 符合条件的，政府信息资源主管部门可以限制跨境个人信息传输，这样既可以维护国家利益，也可以保护信息主体的权利。(7) 通过赋予个人行使获得个人信息的权利，可以防止其他个人信息处理者违法进行个人信息处理。(8) 设计救济机制（包括投诉机制、行业自律机制和行政管理机制），保证其他个人信息处理者迅速解决争议，依法进行个人信息处理活动。(9) 通过明确各种形式的违法行为的法律责任（包括未经登记或许可进行个人信息处理），确保个人信息保护法的规定能够得到实施。

5. 对行业自律机制的规定

隐私权是一种非常容易受到侵犯的权利，某些个人信息（如个人健康信息）一旦公开或泄露，后果就无法再挽回。另外，为了保证社会的信息自由流动，又必须让政府机关或其他个人信息处理者进行必需的个人信息处理。因此，处于政府与单个信息处理者之间的行业自律机制就显得具有特别的意义。没有行业自律机制，仅仅依靠政府规制，要么会造成高昂的执法社会成本，要么不可能达到保护个人信息的目的。[①] 正因为如此，不论是美国立法模式还是欧盟

---

① 例如，在澳大利亚，作为行业自律组织的网络产业联盟（Internet Industry Association）通过其行为规范，在以下三个领域规定了比法律更高的保护标准：对于13岁以下的儿童的个人信息视为敏感信息；对于网上的直接推销要求事先得到信息主体的同意；对于欧盟居民的个人信息使用、收集和披露规定了额外的保护。见 Peter Coroneos, Flexible Approaches to Privacy Regulation: The Austrilian Experiences, *APEC Symposium on Data Privacy Implementation Mecanisms: Developing the APEC Privacy Framework*, Santiago Chile, 23 – 24 Feb. 2004.

立法模式，均对行业自律机制给予了充分的肯定。

在我国，行业自律机制（尤其是传统的行业协会）面临的各种问题就更多，更需要长时间在实践中逐步培育。综合考虑域外立法的经验和信息服务业的实际，建议法规对行业自律机制作出规定，鼓励企业等其他个人信息处理者在自愿的基础上成立行业自律组织，并创造条件，逐步向行业自律组织转移政府职能。建议做出这种制度安排是基于如下考虑：（1）行业自律机制是个人信息保护制度中不可缺少的一个环节，尽管其作用的发挥需要许多外部条件的支撑。（2）法规中规定的内容应详细一些，这样不仅有利于在实践中进行各种形式的探索，也有利于传递政府职能转变的信号。（3）这样的规定并不违反我国对行业协会的现行管理制度。同时需要明确，行业协会的成立仍需要履行相应的法律程序，政府信息资源主管部门只是在协会成立以后，对其业务工作进行指导和监督。并且，行业自律机制要真正发挥作用，必须在政府机关与协会之间形成良性互动。（4）行业自律组织在个人信息处理领域能够承担的责任非常广泛，可以根据实际情况进行试点。

6. 对信息主体的权利的规定

信息主体的权利分别涉及个人信息处理的三个主要环节，即信息的收集、信息的使用和信息主体获得与自己有关信息的权利。域外立法在最后一个环节上差别不大（尤其是均授权信息主体可以自政府机关获得与自己有关的信息的权利），但在前面两个环节上则存在不同的选择。有些立法更多偏向信息主体的控制权，有些则更多地偏向社会"知"的权利。从域外立法的相关规定看，信息主体主要享有：决定是否提供本人的个人信息的权利，请求信息处理者告知个人信息的利用目的等事项的权利，请求个人信息处理者告知是否拥有本人的个人信息并公开该个人信息的权利，请求订正、删除或者停止使用有关个人信息的权利，获得救济的权利，等等。

立法应对信息主体的权利给予高度的关注，并体现如下几个方面的意图：（1）须体现以信息主体的个人权利来制约违法信息处理的基本思路，以减少执法层次，提高个人权利的保护效率。（2）信息主体获得个人信息的权利（包括要求更正与停止使用的权利）应是整部法规的重点之一，意图在于以最为严格的措施来防止个人信息被滥用，满足信息主体的知情权与参与权。（3）在个人信息的收集与使用环节，建议由法规划出明确的界限，使政府机关与其他个人信息处理者知道应该如何行为；同时，明确规定公开透明的查询机制，通过公开机制来制约违法的个人信息收集与使用。当然，在这两个环节，也应授予信息主体一定的控制权，以减少不必要的信息收集与使用。（4）建议建立全面设计可行的救济制度，使信息主体的权利能够得到切实的保障。（5）建议在总则部分明确规定信息主体行使其权利不得妨碍他人的权利与自由，不得损害国家利益与社会公共利益，在制度设计上尽量体现信息主体的权利与其他合法权益之间的平衡，保证信息的自由流动。

第四节　公私合作治理的兴起与规范

公私合作伙伴（Public-Private Partnerships，PPP）[①] 并非晚近产生的概念，追本溯源，其雏形出现于比较早的时期。有学者认为，"从合作及协商的角度来看，PPP 最起码可以追溯到第二次世界大战之后于欧洲国家所兴起的统合主义（corporatism）制度。"[②] 它于20世纪80年代风行于欧洲，尤其是撒切尔执政时的英国。[③] 欧盟执委

[①] 我国官方文件中称之为"政府与社会资本合作"，学术上有的译作"公私合作伙伴""公私合伙"，我国台湾地区译作"公私协力"。

[②] 陈敦源、张士杰：《公私协力伙伴关系的吊诡》，《文官制度季刊》2010年第3期。

[③] Bonk, Fortentwicklun des öffentlichen Vertrags unter besonderer Berücksichtigung der Public Private Partnership, DVBl 2004, p. 143. Budäus, Public Private Partnership-Konzepte und Probleme eines Instruments zur Verwaltungsreform aus Sicht der Public-Choice-Theories, in D. Buddäus & P. Eichhorn, Public Private Partnerchips, 1996, p. 25.

会于 2004 年发布了《关于公私合作及政府采购与特许欧盟法规绿皮书》（以下简称"欧盟绿皮书"）①，受它的推动，公私伙伴关系已从美国非型式化之协商合作方式，演进成为欧盟（以德国为代表）以合同为基础的型式化公私伙伴关系。

历史地来看，公私合作伙伴关系的出现与各国政府由传统的威权性政府转变为公民社会的过程相伴随。在此过程中，公权机关逐步体现出对公共利益、民主参与、公平竞争、平等协商、合作互助等价值的追求。具体动因是，世界各国在全球化、国际区域整合、市场开放竞争和自由化的趋势面前，迫于资金、技术、人力等的压力，对国家角色进行调整，通过开放市场、打破藩篱、引入民间各种资源和优势来推动公共建设，并为此建构了相应的法律和制度框架。②

公私合作是提供公共产品和服务的一种方式，也是政府治理模式和政府职能的一次重大变革。它旨在通过适当的安排，善用公、私两种领域的品质，达致综合不同部门优势、资源和专业的效果。PPP 模式的推广有助于厘清国家与社会、政府与市场的关系，有助于政府明确其作为出资人和监管人的双重角色，有助于在政府、企业和公众之间建立起良性的互动互利关系，最终实现治理能力的持续改善。从各国实践来看，它在改善公部门绩效、降低服务成本、引入竞争、满足公共服务需求、减少财政紧缩带来的冲击等方面，发挥着愈益重要的作用。

一 公私合作的概念和要素

公私合作伙伴关系目前是国际、国内市场开放与行政改革中非常热门的概念。学者们对公私合作关系有不同界定。例如，美国学

---

① 该绿皮书虽然属于不具有拘束力的初步性官方文件，但对于欧盟各国近年来关于公私合作伙伴关系的学说讨论重心和实务政策的拟定，具有很深的影响。

② 参见周游《担保行政：公用事业公法治理模式探析》，博士学位论文，苏州大学，2011 年。

者 Stephenson 认为，公私合作关系是公、私部门之间一种动态的相互合作过程①；Langton 认为公私合作关系意味着政府、企业、非营利团体和有些市民共同合作并分享资源，以满足社会需求②；Kouwenhoven 认为公私合作关系是公共部门和私人企业之间的一种相互影响的互动关系，其互动的核心在于通过合作的互动来达成共同目标，但在互动过程中公私部门仍保有其原来的身份，并担负起所应负的责任③。我国台湾地区学者李宗勋认为，公私合作伙伴并非局限于引入"市场机制"或推动"公共服务民营化"范畴，而是更具深意。据他看来，PPP 是指公、私部门寻求最适合的治理网络关系，以"合作与参与"代替"竞争与控制"，以信任为基础签订合同相互规范的模式，以增加公民附加值为主要导向，且利害关系人的互动模式转为由公民、使用者和管家与管理者共同参与设计之服务需求回馈机制的双向互动模式。④

事实上，对于公私合作这种集合性概念，由于形态多样，在法学上加以描述困难较大，甚至被认为不适宜当作法学上的关键概念。⑤ "要将公私合作加以定义，就好像尝试将布丁钉在墙上一样。"⑥ 简而论之，"公私合作"中的"公"，指的是国家，具体化为

---

① Max. O. Stephenson, Jr., Whither the Public-Private Partnership: A Critical Overview, 27 *Urban Affairs Quarterly* 109 – 127 (1991).

② S. Langton, Public-Private Partnerships: Hope or Hoax?, 72 *National Civic Review* 256 – 261 (1983).

③ V. Kouwenhoven, Public-Private Partnership: A Model for the Management of Public-Private Cooperation, in J. Kooiman ed., Modern Governace: New Government-Society Interactions, London, 1993.

④ 李宗勋：《公私协力与委外化的效应与价值——一项进行中的治理改造工程》，《公共行政学报》2004 年第 12 期。

⑤ Voßkuhle, Schlüsselbegriffe der Verwaltungsreform, 92 Verw Arch 213 – 214 (2001).

⑥ Schuppert, Grundzüge eines zu entwickelnden Verwaltungskooperationsrechts (Regelungsbedarf und Handlungsoptinnen eines Rechtsrahmens für Public Private Parnership), Gutachten im Auftrag des Bundesministeriumsdes Innern, 2001, p. 5.

政府部门和机构;"私"则指与"公"相对的私人主体,包括自然人和私法人;"合作"指的是双方为追求共同的公共目的予以整合后的共同作用,而非指所有国家和私人间的往来。公私合作有时在广义上与民营化相提并论,泛指所有公共部门和私人部门共同处理事务的情形。① 它描述的是处在以高权形式履行公共任务,和公共任务完全民营化这两端之间的所有形态。②

同时,在不同语境下,对公私合作与民营化关系的理解也有所不同。在美国,所有将政府责任向私人部门转移的安排都属于民营化,因而公私伙伴关系是民营化的一种形式,主要应用于基础设施领域,通常需要私人部门的资本投入。而在英国,民营化则多被理解为出售政府资产的代名词,只是公私合作关系的一种极端方式。③这和各个国家的历史情形有着很大的关系。

公私合作关系的前提是,公共部门和私人部门具有各自的比较优势,因而形成一种互补性的合作关系,共同分担风险、共享收益。公私合作强调公私部门之间的"伙伴""合作"和"共同作用"关系。④ 而"合作"作为公私合作的要素,蕴含公、私部门间解决问题的共同方向。就法律和经济层面而言,公私部门如何互相整合并形成适当的合作模式,居于决定性地位。因而,双方协商确定共同目的、确定行为和决定的策略,是公私合作的必要。⑤ 公私合作的运

---

① 参见詹镇荣《论民营化类型中之"公私协力"》,载詹镇荣《民营化法与管制革新》,元照出版有限公司2005年版,第5页。

② 参见董保城《台湾行政组织变革之发展与法制面之挑战》,载台湾行政法学会主编《国家赔偿与征收补偿公共任务与行政组织》,元照出版公司2007年版,第292页以下。

③ 余晖、秦虹主编:《公私合作制的中国试验》,世纪出版集团、上海人民出版社2005年版,第5页。

④ Bonk, Fortentwicklun des Öffentlichen Vertrags unter Besonderer Berücksichtigung der Public Private Partnership, DVBl 2004, s. 141.

⑤ Bonk, Fortentwicklun des Öffentlichen Vertrags unter Besonderer Berücksichtigung der Public Private Partnership, DVBl 2004, s. 146.

作逻辑，是参与的当事人为着共同的目的分工合作，力争能在平行方向上取得所预期的丰硕成果，而不致产生利益和目的的冲突。① 这种方式或思维方式，显示出公私合作是国家履行公共任务方式的变迁——它再度朝向私人的方向来配置，而在国家任务理解方面具有更深层的意涵，是以对国家和社会间各自角色的重新理解为基础。② 也就是说，公私合作同时涉及国家和社会两方面，既非在一定市场关系下纯粹的财务和给付的交换，也不是单独由国家来执行公共任务。③ 国家和私人之间不只是相互利用，更是以彼此的伙伴合作关系为机制。④

对于公私合作的特性和要素，一方面要把握公私部门之间"伙伴"关系的特别要素——合作；另一方面要强调公（行政）部门作为合作伙伴的特别地位和责任。⑤

二 公私合作治理的国内外进路

历史地来看，公私合作治理模式的出现，伴随着各国由威权政府向公民社会的过渡。在此过程中，公权机关逐步体现出对公共利益、民主参与、公平竞争、平等协商、合作互助等价值的追求，也产生了多种治理理念，如合作（Collaboration）、公私合作伙伴、新

---

① Kyrein, Baulandentwicklung in Public Private Partnership, C. H. Beck München 2000, s. 1.

② Schuppert, Verwaltungswissenschaft, Verwaltung, Verwaltungsrecht, Verwaltungslehre, Baden-Baden, 2000, s. 431.

③ Jan Ziekow, Verankerung verwaltung srechtlicher Kooperationsverhältnisse, Verwaltungforschung, Speyer, 2003, s. 29.

④ Graham Finney & David A. Grossman, Public-Private Partnerships in the Twenty-First Century, in Frederick S. Lane ed., Current Issues in Public Administration, Belford/St. Martin's Press, 1999, p. 341. 另可参见［英］达霖·格力姆赛、［澳］莫文·K. 刘易斯《公私合作伙伴关系：基础设施供给和项目融资的全球革命》，济邦咨询公司译，中国人民大学出版社2008年版，第10—12页。

⑤ Jan Ziekow, Verankerung verwaltung srechtlicher Kooperationsverhältnisse, Verwaltungforschung, Speyer, 2003, s. 31.

公共管理（New Public Management）、新公共服务（New Public Service）等概念。就中国的情形而言，公私合作的重要意义还在于回应了政府职能转变的需要。

中国在公共任务履行（包括基础设施建设、公共产品供应、社会福利提供等领域）中引入公私合作模式，始自20世纪80年代。但事实上，公私合作模式并非晚近产生的概念，其雏形在较早的时期就已隐现，一直可上溯至19世纪下半叶的"官督商办"。1860年至19世纪90年代的洋务运动中，洋务派创办了不少大型民营企业，大多以"官督商办"形式经营，其原则是：企业的用人权、财务使用和监督权由官府掌握，而具体业务则由商人经手。在李鸿章的主持下，1872年在上海成立的轮船招商局，是第一个官督商办的洋务企业。解放后的过渡时期所实行的"公私合营"，也可看作公私合作的一种形式。即社会主义经济进入私营工商业企业内部，国家通过一系列从低级到高级的国家资本主义形式，实现社会主义改造。1958年反右扩大化后，中国进入"一大二公"，农业、手工业、工商业中的私人经济成分被消灭，在随之采行的"政府把控一切"的计划经济体制下，公私合作一度失去了支撑。

私营经济直至20世纪70年代末期实行改革开放后，市场经济体制逐渐建立才渐渐重受重视，但其法律地位并未明显改善。直至20世纪90年代，中央和部分地方政府在政府投资不足、建设和运营效率低下的沉重压力下，陆续出台了一系列导向性政策，以吸纳民间资金和外资参与公用事业的投资、建设和营运，公私合作才重回历史的舞台。当时的公私合作的实践主要集中于公用事业领域，进入21世纪，各地市场化改革走向深入，公私合作开始在公共行政的各个领域大规模出现。例如，北京地铁4号线的B部分就是国内城市轨道交通中首个以PPP模式进行建设的项目，2008年奥运会主场馆的建设和运营也采取了PPP模式。

PPP的发展与中央政府主导的大规模政策推动和制度创设关联密切。以1999年和2004年宪法修正案的出台作为良好契机，国家通过了一系列鼓励公私合作的法规、规章和政策，为公私合作的进一步发展提供了支持。但总的来看，我国关于公私合作立法的法律位阶较低，尚没有针对公私合作模式的专门法律，对于公私合作模式的发展，也欠缺主导机构。

在深化改革和经济"新常态"的背景下，从 2014 年开始，作为一种公共产品和服务的创新供给机制，在我国新一轮推广基础设施和公共服务领域，PPP 模式和项目建设迎来高速发展。六年间，中央层面密集发布了一系列激励政策，要求在基础设施建设和公共服务提供等领域推进 PPP 模式。在地方层面，各地纷纷出台相关的"指导意见""实施意见"和"操作指南"，并积极推出试点 PPP 项目。数据显示，截至 2019 年第三季度末，全国 PPP 综合信息平台项目管理库累计项目数 9249 个、投资额 14.1 万亿元，落地项目累计 6039 个，投资额 9.2 万亿元，落地率 65.3%，开工项目累计 3559 个，投资额 5.3 万亿元，开工率达 58.9%。[①]

国外理论上大致将公私合作界定为一种公私组织之间的合作关系，并期望能够通过长期稳定的制度安排来推动公私参与者之间的合作过程，有效促进参与者利益和目标的达成，从而获得参与者各自独立行动所无法获致的好处。对于公私合作治理带来的好处，一般认为，公部门控制许多关键法律和管制性资产，而私部门则带入外部资本、技术专业和诱因结构。在适当安排下，公私合作善用公、私两种领域的品质，将市场活力引入公共行政，将创造出不同部门优势、资源和专业的综合效果。公私合作治理模式渐受推崇的具体动因在于，世界各国在全球化、国际区域整合、市场开放竞争和自由化的趋势面前，迫于资金、技术、人力等的压力，对国家角色进行调整，通过开放市场、打破藩篱、引入民间各种资源和优势来推动公共建设，并为此建构了相应的法律和制度框架。

---

① 韩鑫：《到三季度末全国 PPP 项目投资金额超 14 万亿元》，《人民日报》2019 年 12 月 2 日。

正因如此，无论在发达国家还是发展中国家，公私合作治理模式均得到推崇，它在改善公部门的绩效、降低服务成本、引入竞争、满足公民需求的公共服务提供、减少公共财政紧缩带来的冲击方面，发挥着举足轻重的作用。

到目前为止，在世界范围内，公私合作已遍及从道路、桥梁、地铁、隧道、港口等各种基础设施的建设，水、电、气、电信、垃圾处理等传统公用事业的提供，到教育、医疗、社会福利机构的建设和运营，并逐步扩展到信息、航天、军工等科技领域，甚至渗入治安、监狱、军队等传统上为政府所垄断的领域。

三 公私合作治理的价值与风险

国外在理论上大致将 PPP 界定为一种公私组织之间的合作关系，并期望能够通过形塑一个长期稳定的制度安排来推动参与者之间的合作过程，从而有效增进参与者利益、实现合作目标，而这一结果是参与者各自独立行动所无法获致的。[1]

通常认为，公私合作的价值在于公/私部门优势和资源的结合——公部门控制许多关键法律和管制性资产，而私部门则带入外部资本、人力资源、专业技术和诱因结构。美国联邦政府最初与私人组织签订合同，一个重要原因就在于，政府薪金不足以吸引那些对实现特定目的而言不可或缺的人才。[2] 在适当安排下，公私伙伴关系可以将市场活力引入公共行政，创造出结合不同部门优势、资源和专业的综合效果。[3] 类似的观点认为，公私合作作为一种介于公、

---

[1] Lowndes & Skelcher, 1998, p. 318; Glasbergen, 2007, pp. 5 – 6. 转引自陈敦源、张士杰《公私协力伙伴关系的吊诡》，《文官制度季刊》2010 年第 3 期。

[2] Johnson, The Expanding Role of Contract in the Administration of Research and Development Programs, 31 *George Washington Law Review* 747, 758 (1963).

[3] Dima Jamali, Success and Failure Mechanisms of Public Private Partnerships in Developing Countries: Insights from the Lebanese Context, 17 *The International Journal of Public Sector Management* 414 – 430 (2004).

私领域之间的组织，公领域具有民主、公民和垄断性生产等特征，私领域则拥有价格体系、所有人、竞争等特征，善用这两种领域的品质，公私合作将可获得位居"模糊地带"（twilight zone）的优势。① 在满足公民需求的公共服务提供方面，联合国欧洲经济委员会（United Nations Economic Commission for Europe，UNECE）也对这种模式深为推崇。② 发展中国家近年来 PPP 也日渐盛行，原因也在于其有助于改善公部门的绩效、降低服务成本、引入竞争并减少财政紧缩而带来的冲击。③

公、私部门所追求的目的和利益，是合作架构与风险分配的基础。其中，公部门通过公私合作欲达成的利益在于：（1）财政负担的减轻；（2）公共给付的完善；（3）组织和程序上负担的减轻；（4）弹性化；（5）接受度和公共形象的改善。相对地，对私部门而言，它们参与公私合作所生的利益可能包括：（1）开创和发展事业，扩张自身活动至更广的领域；（2）获利，即获得经纪商的利益，其形式包括公部门支付费用、第三人支付费用或出售资产时的利益分享等；（3）利用行政资源解决问题，相对于单纯由私人自行规划和执行，公私合作可让私人有机会运用行政组织或信息等资源，加速任务实现的过程。④

---

① Sven-Olof Collin, In the Twilight Zone: A Survey of Public-Private Partnerships in Sweden, 21 *Public Productivity and Management Review* 272 – 283（1998）.

② UNECE, Guidebook on Promoting Good Governance in Public-Private Partnerships, the United Nations Econoic Comission for Europe, http://www.unece.org/ceci/publications/ppp.pdf/.

③ Dima Jamali, Success and Failure Mechanisms of Public Private Partnerships in Developing Countries: Insights from the Lebanese Context, 17 *The International Journal of Public Sector Management* 414 – 430（2004）.

④ Jan Ziekow, Verankerung verwaltungsrechtlicher Kooperationsverhältnisse（Public Private Partnership）in Verwaltungsverfahrensgesetz, Wissenschaftliches Gutachten, erstattet für das Vunderministerium des Innern, 2001, pp. 95 – 99. 另可参见詹镇荣《行政合作法之建制与适用——以民间参与公共建设为中心》，载台湾行政法学会主办《"行政契约与民间参与公共建设适用之行政法理论研讨会"论文集》，2007 年 7 月 21 日。

公私合作也会对公部门产生一些不利益或风险，例如：（1）不均等的市场力量：尤其是在公部门本身没有能力自己提供公共产品的服务而不得不选择与私人合作的情形下，则可能在一开始形成合作关系时，双方就处于不对等的市场地位；（2）信息不对称，尤其是在公部门没能拥有私人的技术和专业知识（但却又要利用私人的技能）时，则会产生（私人）信息优势，并因此损害合作关系；（3）公共利益的沦丧，因为私人在追求利益最大化的同时，可能会使公共利益处于不利情况，进而造成相关第三人的不利负担（如消费者的权益保障）；（4）民主控制和正当性的降低甚至掏空；（5）公部门调控能力的丧失。长期的合作关系下，可能使得公行政部门丧失其在给付过程中的影响力。再者，随着公共服务由私人为提供主体所引发的公行政组织的调整（如机构精简、裁撤冗余人力），会影响公部门对于给付品质的审查和管控能力，甚至越来越依赖私人，而造成对公行政的压力。

进而，采用公私合作的模式，在实际运作过程中有时会陷入的困境，比如：

（1）政府机关将公私合作视为目的，对市场机制过于依赖，而忽视其作为手段的工具价值和特性。主管机关和业务承办人将公私合作当作"绩效"，大力推动的同时却忽略其实质效益，最典型的是在评估一项业务是否适合采用公私合作的模式来完成时，未能确实做好成本—效益分析的工作。

（2）政府机关和私人部门之间因为权力不对称关系而衍生出许多问题。在一些情况下，政府机关基于权力上的优势，迫使私人部门接受不敷成本或不符期望效益的条件，这样反而提高私人部门发生道德风险的概率；另一些情形下，一些私人公司和企业规模庞大，与它们拥有的专业知识与技术相比，公部门在议价中优势无存，对于私人企业无法履约（即发生给付障碍）的可能情形如何处理，并无很好的答案。

（3）由于政府部门人员对公私合作模式的运作缺乏相应的专业认

知和能力，使得与私人部门交易时出现一些不利于达成既定目标的问题。主要包括：要约的项目和既定政策目标的关联度不够、要约的项目不够详细明确、缺乏健全的监督机制。这些问题可能会造成合同履约和管理上的困难，也可能会导致私人部门发生道德风险的概率。

（4）如何衡量交易成本和组织成本，是政府部门采行公私合作模式时的重大挑战。如何建立长期关系和信任问题，是公私合作中的重点之一。采用市场竞争机制，固然可以带来经济、效率和效能，但却可能造成市场频率增加，进而导致协调、谈判、履约、风险管理等交易成本的大幅增加。以政府业务的素质而言，大多适合与厂商建立长期交易和相互信赖的关系，然而这样一来可能又会破坏市场机制，增加组织成本，寻租行为的出现概率也会大增。

（5）公共利益难以确保。公私合作体现的是公、私部门各自价值的协调和互动。具体来看，公部门必须追求提供持续、符合要求的给付，维护公民基本权利的公法价值；而私部门则在提高效率、提升服务品质、节省成本、提高管理水平、参与市场竞争等方面具有其独特价值。但是，在公、私二者利益难以兼顾之时，难免有公部门的价值湮灭于私人企业对自身利益最大化的追求之虞。

（6）民主正当性减损的危险。在现代民主法治国家，公共行政的正当性必须以充分的民主作为基础。因而，在公私合作伙伴关系中，私部门参与国家公共设施建设与公共服务提供必须仍被视为对公共任务的执行。但由于公私合作中，公共任务的直接执行主体不是公部门，而建设经费又非出自国家预算而是民间（或大部分来自民间），则民主的正当性和民主监督的功能会受到一定减损。

总而言之，公私合作的运用，体现着国家对于公共任务的政策，但同样蕴含着各种风险。要彰显公私合作的价值、确保公共建设或服务的持续性和品质，防范其可能的风险，必须在国家和私人间，就风险分配的评估、认定和责任分配等有配套机制安排。从这个意义上说，公私合作是否成功的关键判断基准，在于风险配置。这一风险配置的前提，是风险评估机制、风险认定以及事后的风险管理。

四 迈向公私合作治理：观念更新与制度建构

蕴生公私合作的时代背景所昭示的，是它作为一种新型治理模式因应于时代产生的历史必然性。然而，作为一种新型的治理模式，它也不可避免地需要面对一些挑战和问题。公、私领域有着不同的经验、文化和传统，公、私部门有着各自的利益、逻辑和期待，在协商与合作过程中，难免会形成某种紧张关系，甚至威胁到彼此的信任。例如，公私合作中的"权力不对等性"（Power Imbalance）就可能损害双方互信并进而影响合作成果。公部门对外宣称以"伙伴关系"名义来推动相关政策，实际上却可能与传统的"命令—服从"关系相距不远。毋宁说，公私合作是一把"双刃剑"，若不加以规范和约束，也许不仅无从发挥其功能和价值，反而有增加政治、社会和经济风险之虞。

在PPP项目迅速扩容等闪亮数字的背后，是PPP项目签约率不甚理想、诸多项目进程缓慢、部分入库项目夭折、优质项目基本被国企垄断的现实，PPP被贴上"公热私冷""叫好不叫座"的标签。这一现实所凸显的，是"公"与"私"之间对待合作的动机未能有效协调——政府在经济下行压力驱使下，将PPP作为经济增长的引擎和缓解地方债务压力的新的融资渠道；社会资本则出于追逐利益、回避风险的本能，畏于政府缺乏契约精神、难以信守承诺的"不良记录"，对参与合作顾虑重重。

加上目前PPP相关法制并不完备，各部委、各地为推动PPP而竞相发布的多项政策之间存在诸多不一致，令实践部门无所适从；政府决策程序不规范，官僚作风仍在，缺乏项目运作经验和能力；双方信息不对称、前期准备不足等导致项目决策过程冗长甚至失误，进而导致良性竞争难以形成、对公众消费者保障不足、国家担保责任难以落实、监督机制的功能未能彰显等重重问题。不断见诸报端的高速公路收费、水电涨价、地方政府债务危机、PPP项目失败等新闻，也足以引发对PPP模式的限度、公私双方权利义务配置的思考，对从"公私合作"蜕化为"公私合谋"的质疑，对"公法遁入私法"之可能的担忧，以及对公共任务的内容和责任以及公众消费者的权利及其保障等的追问。为了尽可能消弭PPP中的风险和可能的危机，推动PPP的健康快速发展，有必要从制度构建、观念更新、能力提升等各方面作出努力。

第一，构建包含法律与政策、公法和私法规则在内的制度框架，充分利用法律、政策、指南和合同等规制工具，建构多维立体的PPP规制体系，规范和约束公私合作行为，预防和制止负面效果的发生。通过法律和政策界定政府和市场的关系，设定PPP适用和实施的界限，妥善桥接各方资源，明确合作各方的行为准则，合理分配各方的风险，落实公部门的监督和担保责任。建构贯穿合同缔结前、缔结和履行阶段的PPP合同法制，将民主、法治、人权保障等宪法要求具体化，并贯彻公开、公平、参与和问责等现代法治原则。完善PPP合同指南，对合同中的服务标准、价格管理、回报方式、信息披露、违约责任、政府接管等内容进行更为系统和全面的规范，实现对PPP的有效微观规制。以法律和规则的权威性、确定性和可预见性，增强社会资本对PPP的信任度和安全感。

第二，增强政府的契约和责任意识，提高综合治理能力。PPP所涉项目资金量大、周期长、涉及多个领域和多方法律关系，在项目的谈判、合同的草拟、缔结和履行过程中会面临大量不可预知的情势，对政府部门的智识、经验和综合能力构成很大挑战。在这一"倒逼机制"下，政府必须提高行政能力，增进政府的契约意识、平等意识、竞争意识、市场意识和责任意识，站在长期性、系统性和整体性的高度，"有所为有所不为"。现阶段来看，政府的主要任务应是妥善规划设计PPP项目，搭建项目评估框架，完善评估制度，建立监管机制（可以尝试指定专门机构或部门负责，避免多头管理的弊端），监控公共产品的价格、质量及服务，与社会资本合理分担项目风险和收益，为吸引社会资本营造良好的投资和经营环境。

第三，反思传统的"统治"观念，转变政府职能，适应新的治理模式。传统的政府有一套完整而正式的组织架构，它是一种"精确、迅速、理性"的组织方式，将"生产线式"的逻辑带入政府运作。通过这一架构，政府曾拥有管理公共事务的绝对能力并承担决策成败责任，这一"统治"观念目前仍被许多公职人员奉为圭臬。来到21世纪，国际间对政府职权的认识已发生极大转变，在公私合作的背景下，公部门已不再是所有公共服务提供者，传统"统治"型政府也面临极大挑战和解构。在PPP的背景下，必须强调政府与民间、公部门与私部门的平等合作，尊重公私部门不同的运行逻辑，利用各自的特点和优势，适应在公务执行不同阶段中的角色转换，重视效率、参与、平等，逐步确立"整合与引导"的角色，在新的治理模式下，维持治理需求和治理能力之间的动态平衡。

参考文献

一 经典文献

《马克思恩格斯选集》第三卷，人民出版社2012年版。

《马克思恩格斯文集》第九卷，人民出版社2009年版。

《毛泽东选集》第三卷，人民出版社1991年版。

《邓小平文选》第一卷，人民出版社1994年版。

《邓小平文集（一九四九——一九七四年）》下卷，人民出版社2014年版。

《十六大以来重要文献选编》（中），中央文献出版社2006年版。

《十七大以来重要文献选编》（上），中央文献出版社2009年版。

《十八大以来重要文献选编》（上），中央文献出版社2014年版。

《习近平谈治国理政》，外文出版社2014年版。

中共中央文献研究室编：《习近平关于全面依法治国论述摘编》，中央文献出版社2015年版。

习近平：《在庆祝中国共产党成立95周年大会上的讲话》，人民出版社2016年版。

习近平：《习近平谈治国理政》第二卷，外文出版社2017年版。

习近平：《决胜全面建成小康社会 夺取新时代中国特色社会主义伟大胜利——在中国共产党第十九次全国代表大会上的报告》，人民出版社2017年版。

习近平：《习近平主席新年贺词（2014—2018）》，人民出版社2018年版。

彭真：《彭真文选（1941—1990年）》，人民出版社1991年版。

二 中文著作

本书编写组：《〈中共中央关于全面推进依法治国若干重大问题的决定〉辅导读本》，人民出版社2014年版。

陈弘毅：《法治、启蒙与现代法的精神》，中国政法大学出版社2013年版。

陈新民：《中国行政法学原理》，中国政法大学出版社2002年版。

陈振明：《政府再造——西方"新公共管理运动"述评》，中国人民大学出版社2003年版。

程燎原：《从法制到法治》（增订版），广西师范大学出版社2014年版。

费孝通：《乡土中国》，中华书局2018年版。

甘文：《行政诉讼司法解释之评论——理由、观点与问题》，中国法制出版社2000年版。

高全喜：《政治宪法学纲要》，中央编译出版社2014年版。

郭润生、宋功德：《论行政指导》，中国政法大学出版社1999年版。

何海波：《行政诉讼法》（第二版），法律出版社2016年版。

季卫东：《法治秩序的建构》，中国政法大学出版社1998年版。

季卫东：《通往法治的道路：社会的多元化与权威体系》，法律出版社2014年版。

江必新：《法治社会的制度逻辑与理性构建》，中国法制出版社2014年版。

姜明安主编：《法治国家》，社会科学文献出版社2016年版。

李步云主编：《中国特色社会主义法制通论》，社会科学文献出版社1999年版。

李步云：《论法治》，社会科学文献出版社2015年版。

李飞主编：《中华人民共和国各级人民代表大会常务委员会监督法释义》，法律出版社2018年版。

李洪雷：《行政法释义学：行政法学理的更新》，中国人民大学2014年版。

李林主编：《中国依法治国二十年（1997—2017）》，社会科学文献出版社2017年版。

李林：《中国特色社会主义法治发展道路》，中国法制出版社2018年版。

李龙：《依法治国——邓小平法治思想研究》，江西人民出版社1998年版。

李培传主编：《中国社会主义立法的理论与实践》，中国法制出版社1991年版。

连玉明：《首都战略定位：京津冀协同发展中的北京之路》，当代中国出版社2015年版。

林家彬、王大伟等：《城市病：中国城市病的制度性根源与对策研究》，中国发展出版社2012年版。

刘戒骄等：《公用事业：竞争、民营与监管》，经济管理出版社2007年版。

莫纪宏：《现代宪法的逻辑基础》，法律出版社2001年版。

莫纪宏：《法治中国与制度建设》，方志出版社2004年版。

莫于川：《行政指导要论——以行政指导法治化为中心》，人民法院出版社2002年版。

皮纯协主编：《行政程序法比较研究》，中国人民公安大学出版社2000年版。

钱弘道主编：《中国法治实践学派》（总第4卷），法律出版社2017年版。

沈壮海：《文化强国建设的中国逻辑》，人民出版社2017年版。

苏力：《法治及其本土资源》（第3版），北京大学出版社2015年版。

苏力：《送法下乡——中国基层司法制度研究》，中国政法大学出版社2002年版。

孙宪忠：《我动议——孙宪忠民法典和民法总则议案、建议文集》，北京大学出版社 2018 年版。

台湾行政法学会主编：《国家赔偿与征收补偿公共任务与行政组织》，元照出版公司 2007 年版。

田禾主编：《广东经验：法治促进改革开放》，社会科学文献出版社 2012 年版。

王利明：《法治：良法与善治》，北京大学出版社 2015 年版。

王人博、程燎原：《法治论》（增订版），广西师范大学出版社 2014 年版。

翁岳生主编：《行政法》，中国法制出版社 2002 年版。

吴大英等：《中国社会主义立法问题》，群众出版社 1984 年版。

肖军、张亮：《法治政府的司法指数研究》，上海社会科学院出版社 2020 年版。

徐牧：《大变局：中国模式的崛起与西方模式的衰落》，九州出版社 2010 年版。

杨海坤、黄学贤：《中国行政程序法典化》，法律出版社 1999 年版。

应松年、袁曙宏主编：《走向法治政府：依法行政理论研究与实证调查》，法律出版社 2001 年版。

应松年主编：《当代中国行政法》，人民出版社 2018 年版。

於兴中：《法治东西》，法律出版社 2015 年版。

余晖、秦虹主编：《公私合作制的中国试验》，世纪出版集团、上海人民出版社 2005 年版。

余晖：《管制与自律》，浙江大学出版社 2008 年版。

余凌云：《行政法讲义》，清华大学出版社 2010 年版。

詹镇荣：《民营化法与管制革新》，元照出版有限公司 2005 年版。

张可云：《疏解北京非首都功能研究》，经济科学出版社 2019 年版。

张千帆：《权利平等与地方差异》，中国民主法制出版社 2011 年版。

张锐昕：《电子政府与电子政务》，中国人民大学出版社 2011 年版。

张炜：《人民代表大会监督职能研究》，中国法制出版社 1996 年版。

张蕴岭主编：《中国与世界：新变化、新认识与新定位》，中国社会科学出版社2011年版。

周林军：《公用事业管制要论》，人民法院出版社2004年版。

周尚君等：《法治定量：法治指数及其中国应用》，中国法制出版社2018年版。

卓泽渊：《法治国家论》，法律出版社2018年版。

三 中译著作

［古希腊］亚里士多德：《政治学》，吴寿彭译，商务印书馆1965年版。

［美］博西格诺：《法律之门：法律过程导论》，邓子滨译，华夏出版社2002年版。

［美］戴维·奥斯本、特德·盖布勒：《改革政府：企业家精神如何改革着公共部门》，周敦仁等译，上海译文出版社2006年版。

［美］德沃金：《认真对待权利》，信春鹰、吴玉章译，上海三联书店2008年版。

［美］富勒：《法律的道德性》，郑戈译，商务印书馆2005年版。

［美］格尔茨：《地方知识》，杨德睿译，商务印书馆2014年版。

［美］亨利·基辛格：《论中国》，胡利平，林华等译，中信出版社2014年版。

［美］霍姆斯：《法律的生命在于经验——霍姆斯法学文集》，明辉译，清华大学出版社2007年版。

［美］拉塞尔·M.罗兰：《无缝隙政府：公共部门再造指南》，汪大海、吴群芳等译，中国人民大学出版社2002年版。

［美］卢埃林：《荆棘丛——关于法律与法学院的经典演讲》，明辉译，北京大学出版社2017年版。

［美］罗尔斯：《正义论》（修订版），何怀宏、何包钢、廖申白译，中国社会科学出版社2009年版。

［美］庞德：《通过法律的社会控制》，沈宗灵译，商务印书馆1984年版。

〔美〕塞缪尔·P. 亨廷顿：《变化社会中的政治秩序》，王冠华等译，生活·读书·新知三联书店1989年版。

〔美〕斯蒂芬·布雷耶：《规制及其改革》，李洪雷、宋华琳、苏苗罕、钟瑞华译，北京大学出版社2008年版。

〔美〕苏珊·罗斯·艾克曼：《腐败与政府》，王江等译，新华出版社2000年版。

〔英〕阿克顿：《自由与权力》，侯健等译，商务印书馆2001年版。

〔英〕达霖·格力姆赛、〔澳〕莫文·K. 刘易斯：《公私合作伙伴关系：基础设施供给和项目融资的全球革命》，济邦咨询公司译，中国人民大学出版社2008年版。

〔英〕戴维·威尔逊、克里斯·盖姆：《英国地方政府》，张勇等译，北京大学出版社2009年版。

〔英〕哈特：《法律的概念》（第3版），许家馨、李冠宜译，法律出版社2018年版。

〔英〕拉兹：《法律的权威——法律与道德论文集》，姜峰译，法律出版社2005年版。

〔英〕洛克：《政府论》（下篇），叶启芳、瞿菊农译，商务印书馆1964年版。

〔英〕罗伯特·鲍德温、马丁·凯夫、马丁·洛奇编：《牛津规制手册》，宋华琳、李鸻、安永康、卢超译，上海三联书店2017年版。

〔英〕托尼·普罗瑟：《政府监管的新视野——英国监管机构十大样本考察》，马英娟、张浩译，译林出版社2020年版。

〔英〕维克托·迈尔—舍恩伯格等：《大数据时代——生活、工作与思维的大变革》，盛杨燕、周涛译，浙江人民出版社2013年版。

〔英〕亚当·斯密：《国民财富的性质和原因研究（下卷）》，郭大力等译，商务印书馆1974年版。

〔英〕约翰·密尔：《论自由》，许宝骙译，商务印书馆1959年版。

〔德〕弗兰克·巴约尔：《纳粹德国的腐败与反腐败》，陆大鹏译，译林出版社2015年版。

［德］拉德布鲁赫：《法哲学》，王朴译，法律出版社2013年版。

［德］马克斯·韦伯：《论经济与社会中的法律》，张乃根译，中国大百科全书出版社1998年版。

［法］孟德斯鸠：《论法的精神》，张雁深译，商务印书馆2005年版。

［法］让－皮埃尔·戈丹：《何谓治理》，钟震宇译，社会科学文献出版社2010年版。

［日］盐野宏：《行政法》，杨建顺译，法律出版社1999年。

［奥］埃林希：《法社会学原理》，舒国滢译，中国大百科全书出版社2009年版。

四 外文著作

Bonk, *Fortentwicklun des Öffentlichen Vertrags unter Besonderer Berücksichtigung der Public Private Partnership*, DVBl 2004.

Budäus, *Public Private Partnership-Konzepte und Probleme eines Instruments zur Verwaltungsreform aus Sicht der Public-Choice-Theories*, in D. Buddäus & P. Eichhorn, Public Private Partnerchips, 1996.

C. Penn, *Local Authority Health & Safety Enforcement*, Shaw & Sons Limited, 2005.

Frederick S. Lane ed., *Current Issues in Public Administration*, Belford/St. Martin's Press, 1999.

I. Ayers & J. Braithwaite, *Responsive Regulation: Transcending the Deregulation Debate*, Oxford University Press, 1992.

Jan Ziekow, *Verankerung Verwaltung Srechtlicher Kooperationsverhältnisse*, Verwaltungforschung, Speyer, 2003.

Jürgen Habermas, *Between Facts and Norms: Contribution to a Discourse Theory of Law and Democracy*, William Rehg (trans.), The MIT Press, 1996.

Kyrein, *Baulandentwicklung in Public Private Partnership*, C. H. Beck

München 2000.

Schuppert, *Verwaltungswissenschaft, Verwaltung, Verwaltungsrecht, Verwaltungslehre*, Baden-Baden, 2000.

Urlich Beck, *Risk Society: Towards a New Modernity*, London: Sage, 1992.

J. Kooiman ed., *Modern Governace: New Government-Society Interactions*, London, 1993.

W. Funk & R. Seamon, *Administrative Law: Examples and Explanations*, Citic Publishing House, 2003.

五 中文论文

毕洪海：《瑞典信息公开原则的诞生与演进》，《环球法律评论》2016 年第 3 期。

蔡定剑：《人大制度二十年发展与改革讨论会综述》，《中外法学》2002 年第 2 期。

陈端洪：《论宪法作为国家的根本法与高级法》，《中外法学》2008 年第 4 期。

陈甦：《构建法治引领和规范改革的新常态》，《法学研究》2014 年第 6 期。

程琥：《公众参与社会管理机制研究》，《行政法学研究》2012 年第 1 期。

成协中：《行政行为违法性继承的中国图景》，《中国法学》2016 年第 3 期。

封丽霞：《中央与地方立法事权划分的理念、标准与中国实践——兼析我国央地立法事权法治化的基本思路》，《政法与法律》2017 年第 6 期。

付子堂、张善根：《地方法治建设及其评估机制探析》，《中国社会科学》2014 年第 11 期。

高秦伟：《美国规制影响分析与行政法的发展》，《环球法律评论》2012 年第 6 期。

葛洪义：《"法治中国"的逻辑理路》，《法制与社会发展》2013 年第 5 期。

顾培东：《中国法治的自主型进路》，《法学研究》2010 年第 1 期。

韩大元：《"五四宪法"的历史地位与时代精神》，《中国法学》2014 年第 4 期。

郝建臻：《廉政与社会的关系辨析》，《政法论坛》2017 年第 2 期。

郝铁川：《论良性违宪》，《法学研究》1996 年第 4 期。

郝铁川：《中国改革开放以来法治现代化的范式转型》，《法学》2019 年第 5 期。

何家弘：《重刑反腐与刑法理性》，《法学》2014 年第 12 期。

何源：《垄断与自由间的公用事业法制革新——以电信业为例》，《中外法学》2016 年第 4 期。

胡建淼、蒋红珍：《论合意理念在行政领域中的渗透——基础、表现及其支撑系统》，《法学杂志》2004 年第 7 期。

胡健：《新中国立法工作七十年》，《中国法律评论》2019 年第 5 期。

黄文艺：《认真对待地方法治》，《法学研究》2012 年第 6 期。

姜明安：《论法治反腐》，《行政法学研究》2016 年第 2 期。

李海滢：《海外追逃、追赃背景下反腐败立法的协调与联动》，《当代法学》2019 年第 3 期。

李洪雷：《论行政法上的信赖保护原则》，《公法研究》2006 年第 2 期。

李洪雷：《深化改革与依法行政关系之再认识》，《法商研究》2014 年第 2 期。

李立国：《深入落实和不断完善基层群众自治制度》，《求是》2012 年第 14 期。

李良栋、汪洋：《再论中国式国家治理及其现代化》，《马克思主义研究》2015 年第 2 期。

李林：《统筹经济社会发展的几个立法问题》，《法学》2005 年第 9 期。

李林：《改革开放 30 年与中国立法发展》（下），《北京联合大学学报》（人文社会科学版）2009 年第 2 期。

李林：《全面推进依法治国是一项宏大系统工程》，《国家行政学院学报》2014 年第 6 期。

李晟：《"地方法治竞争"的可能性：关于晋升锦标赛理论的经验反思与法理学分析》，《中外法学》2014 年第 5 期。

李雪勤：《扎实构建不敢腐不能腐不想腐的有效机制》，《求是》2017 年第 5 期。

李忠：《合宪性审查七十年》，《法学论坛》2019 年第 6 期。

李忠夏：《合宪性审查制度的中国道路与功能展开》，《法学研究》2019 年第 6 期。

刘仁文：《贪污受贿定罪量刑的修改与评析》，《江淮论坛》2017 年第 5 期。

刘仁文、黄云波：《行贿犯罪的刑法规制与完善》，《政法论丛》2014 年第 5 期。

刘敬东：《"一带一路"法治化体系构建研究》，《政法论坛》2017 年第 5 期。

刘旺洪：《论法治政府的标准》，《政法论坛》2005 年第 6 期。

刘艳红：《〈监察法〉与其他规范衔接的基本问题研究》，《法学论坛》2019 年第 1 期。

卢超、马原：《社会稳定风险评估机的基层实践及其功能异化——以西北某省 H 镇的风险评估为例》，《行政法论丛》2015 年第 1 期。

鲁鹏宇：《法治主义与行政自制》，《当代法学》2014 年第 1 期。

吕艳滨：《政府信息公开制度实施状况》，《清华法学》2014 年第 3 期。

罗智敏：《论正当行政程序与行政法的全球化》，《比较法研究》2014 年第 1 期。

马怀德、孔祥稳：《中国行政法治四十年：成就、经验与展望》，《法学》2018 年第 4 期。

马怀德:《"法治 GDP":新政绩观的一个支点》,《法制日报》2008 年 2 月 22 日。

莫纪宏:《合宪性审查机制建设的 40 年》,《北京联合大学学报》(人文社会科学版) 2018 年第 3 期。

莫纪宏:《直面"三个挑战":衡阳贿选事件的法理透析》,《法学评论》2014 年第 2 期。

莫于川:《柔性行政方式法治化研究——从建设法治政府、服务型政府的视角》,厦门大学出版社 2011 年版。

庞正:《法治秩序的社会之维》,《法律科学》2016 年第 1 期。

乔晓阳:《论宪法与基本法的关系》,《中外法学》2020 年第 1 期。

青峰:《关于深化行政执法体制改革的几点思考》,《行政法学研究》2006 年第 4 期。

沈荣华:《地方政府法治化是建设我国社会主义法治国家的突破口》,《政法论坛》2000 年第 6 期。

石佑启、李锦辉:《法治指数背后的价值哲学之争》,《哲学研究》2015 年第 8 期。

宋功德:《行政执法责任制的结构性缺陷及其调整》,《中国行政管理》2007 年第 2 期。

苏力:《变法、法治建设及其本土资源》,《中外法学》1995 年第 5 期。

孙宪忠:《论民法典贯彻体系性科学逻辑的几个要点》,《东方法学》2020 年第 4 期。

宋华琳:《电子政务背景下行政许可程序的革新》,《当代法学》2020 年第 1 期。

谭宗泽、杨抒见:《综合行政执法运行保障机制建构》,《重庆社会科学》2019 年第 10 期。

唐明良、骆梅英:《地方行政审批程序改革的实证考察与行政法理》,《法律科学》2016 年第 5 期。

童之伟:《"良性违宪"不宜肯定》,《法学研究》1996 年第 6 期。

万江:《中国的地方法治建设竞争》,《中外法学》2013年第4期。

汪海燕:《中国刑事审判制度发展七十年》,《政法论坛》2019年第6期。

汪向东:《我国电子政务的进展、现状及发展趋势》,《电子政务》2009年第7期。

王晨光:《法律的可诉性:现代法治国家中法律的特征之一》,《法学》1998年第8期。

王敬波:《相对集中行政处罚权改革研究》,《中国法学》2015年第4期。

王静:《中国网约车的监管困境及解决》,《行政法学研究》2016年第2期。

王万华:《开放政府与修改〈政府信息公开条例〉的内容定位》,《北方法学》2016年第6期。

王锡锌:《公众参与和中国法治变革的动力模式》,《法学家》2008年第6期。

王湘军:《国家治理现代化视域下"放管服"改革研究——基于5省区6地的实地调研》,《行政法学研究》2018年第4期。

王亚新:《法学研究的另一思路》,《中外法学》1995年第3期。

王怡:《社会主义核心价值观如何入法:一个立法学的分析框架》,《法学》2019年9月。

文正邦:《应开展区域法治研究——以西部开发法治研究为视角》,《法学》2005年第12期。

肖金明:《人民代表大会制度的政治效应》,《法学论坛》2014年第3期。

杨海坤、金亮新:《中央与地方关系法治化之基本问题研讨》,《现代法学》2007年第6期。

姚建宗:《法治中国建设的一种实践思路阐释》,《当代世界与社会主义》2014年第5期。

阴建峰、李思:《反腐败党纪与刑事法律关系论纲——以新时代"全面从严治党"为背景》,《法学杂志》2018 年第 7 期。

尹少成:《PPP 模式下公用事业政府监管的挑战及应对》,《行政法学研究》2017 年第 6 期。

俞荣根、刘艺:《地方性法规质量评估的理论意义与实践难题》,《华中科技大学学报(社会科学版)》2010 年第 3 期。

喻文光:《PPP 规制中的立法问题研究》,《当代法学》2016 年第 2 期。

张红:《监管沙盒及与我国行政法体系的兼容》,《浙江学刊》2018 年第 1 期。

张庆福、冯军:《现代行政程序在法治行政中的作用》,《法学研究》1996 年第 4 期。

张生:《中国古代监察制度的演变:从复合性体系到单一性体系》,《行政法学研究》2017 年第 4 期。

张淑芳:《行政法治视阈下的民生立法》,《中国社会科学》2016 年第 8 期。

郑智航:《超大型国家治理中的地方法治试验及其制度约束》,《法学评论》2020 年第 1 期。

周汉华:《变法模式与中国立法法》,《中国社会科学》2000 年第 1 期。

周汉华:《电子政务法研究》,《法学研究》2007 年第 3 期。

周尚君:《地方法治试验的动力机制与制度前景》,《中国法学》2014 年第 2 期。

周祖成、池通:《国家法治建设县域试验的逻辑与路径》,《政法论坛》2017 年第 4 期。

六 外文论文

Antonin Scalia, The Rule of Law as a Law of Rules, 56 *University of Chicago Law Review* 1175 (1989).

Banerjee & A. F. Newman, Occupational Choice and the Process of Development, 101 *Journal of Political Economy* 274 (1993).

Basquiat, J. P., Le guichet unique dans l'administration francaise, in New Interfaces between Dima Jamali, Success and Failure Mechanisms of Public Private Partnerships in Developing Countries: Insights from the Lebanese Context, 17 *The International Journal of Public Sector Management* 414 – 430 (2004).

David Kairys, Searching for the Rule of Law, 36 *Suffolk University Law Review* 307 (2003).

David R. Robertson, Examining the Rule of Law, 5 *International Legal Theory* 23 (1999).

Dima Jamali, Success and Failure Mechanisms of Public Private Partnerships in Developing Countries: Insights from the Lebanese Context, 17 *The International Journal of Public Sector Management* 414 – 430 (2004).

Eric W. Orts, The Rule of Law in China, 34 *Vanderbilt Journal of Transnational Law* 43 (2001).

Herbert W. Briggs, Towards the Rule of Law, 51 *American Journal of International Law* 517 (1957).

Jean Jacques Laffont, Jean Tirole, The politics of Government Decision Making: A Theory of Regulatory Capture", 106 *Quarterly Journal of Economics*, 1089 (1991).

Johnson, The Expanding Role of Contract in the Administration of Research and Development Programs, 31 *George Washington Law Review* 747, 758 (1963).

Kuno Schedler, Lukas Summermatter, E-government: What Countries Do and Why: A European Perspective, *Journal of Political Marketing*, 2003 (2).

Laurence H. Tribe, Revisiting the Rule of Law, 64 *New York University Law Review* 726 (1989).

Margaret J. Radin, Reconsidering the Rule of Law, 69*Boston University Law Review* 781 (1989).

Mark Zuckerberg, "The Internet needs new rules. Let's start in these four areas", *The Washington Post*, 2019 – 03 – 30.

Max. O. Stephenson, Jr., Whither the Public-Private Partnership: A Critical Overview, 27*Urban Affairs Quarterly* 109 – 127 (1991).

Michael C. Dorf, Prediction and the Rule of Law, 42*UCLA Law Review* 651 (1995).

Peter Coroneos, Flexible Approaches to Privacy Regulation: The Austrilian Experiences, *APEC Symposium on Data Privacy Implementation Mecanisms: Developing the APEC Privacy Framework*, Santiago Chile, 23 – 24 Feb. 2004.

R. Baldwin & J. Black, Really Responsive Enforcement, in *Modern Law Review*, (2008) 71 (1): 59 – 94.

Robert E. Litan, Balancing Costs and Benefits of New Privacy Mandates, Working Paper 99 – 103, AEI Brookings Joint Center for Regulatory Studies (1999).

Robin West, Reconstructing the Rule of Law, 90*Georgetown Law Journal* 215 (2001).

S. Langton, Public-Private Partnerships: Hope or Hoax?, 72*National Civic Review* 256 – 261 (1983).

Samuel L. Bufford, Defining the Rule of Law, 46 *Judges' Journal* 16 (2007).

Steven G. Calabresi & Gary Lawson, The Rule of Law As a Law of Law, 90*Notre Dame Law Review* 483 (2014).

Sven-Olof Collin, In the Twilight Zone: A Survey of Public-Private Partnerships in Sweden, 21*Public Productivity and Management Review* 272 – 283 (1998).

Voßkuhle, Schlüsselbegriffe der Verwaltungsreform, 92*Verw Arch* 213 –

214 (2001).

Yingyi Qian, and Barry R. Weingast, Federalism, Chinese Style: The Political Basis for Economic Success in China, 48 (1) *World Politics* 50 (1996).

七 网络文献

中华人民共和国国务院新闻办公室:《改革开放40年中国人权事业的发展进步》白皮书, http://www.scio.gov.cn/zfbps/32832/Document/1643346/1643346.htm。

中国互联网络信息中心:《第44次中国互联网络发展状况统计报告》, http://www.cac.gov.cn/pdf/20190829/44.pdf。

国务院办公厅政府信息与政务公开办公室:《全国综合性实体政务大厅普查报告》, http://www.gov.cn/xinwen/2017-11/23/content_5241582.htm。

武增:《关于监督法中的几个主要问题》, http://www.npc.gov.cn/npc/xinwen/lfgz/lfdt/2006-08/29/content_352035.htm。

信春鹰:《加强备案审查制度和能力建设 完善宪法法律监督机制》, http://www.npc.gov.cn/npc/c30282/201606/a854e7a2fb8f4b02b207d94efaf6eb10.shtml。

国务院新闻办公室:《西藏发展道路的历史选择》白皮书, http://www.scio.gov.cn/zfbps/ndhf/2015/document/1415609/1415609.htm。

UNECE, Guidebook on Promoting Good Governance in Public-Private Partnerships, the United Nations Econoic Comission for Europe, http://www.unece.org/ceci/publications/ppp.pdf/.